# 행동의학과 마음챙김·수용

## 최신 이론과 실제

Lance M. McCracken 편저 | 김완석 · 김계양 공역

Mindfulness and Acceptance
in Behavioral Medicine

학지사

## 역자 서문

명상은 인류의 오랜 문화유산이다. 기록된 역사만으로도 3,000년은 족히 넘게 행해진 자기 수련법이며, 거의 대부분의 세계적인 종교와 민족 전통에서 찾아볼 수 있다. 그중에서도 특히 인도와 티베트 지방에서 발생한 힌두교와 불교 전통의 명상법은 독특한 철학적 토대와 다양한 수련 방법을 제공하고 있다.

최근의 명상은 종교의 영역을 넘어서 세속적인 삶에도 커다란 영향을 미치고 있으며, 특히 각종 질병의 치료와 관리에 본격적으로 적용되고 있다. 예를 들어, 집중명상법은 하버드 의과대학의 허버트 벤슨이 개발한 이완반응(Relaxation Response)이라는 명상기반 의료 프로그램의 토대가 되었고, 현재 의료 분야에서 널리 사용되고 있다. 매사추세츠 의과대학의 존 카밧진이 개발한 마음챙김 기반 스트레스 감소(Mindfulness-Based Stress Reduction: MBSR) 프로그램은 주로 초기 불교의 통찰명상을 토대로 개발된 것으로서, 다양한 만성질환뿐 아니라 여러 심리장애의 치료와 관리에까지 응용되고 있다.

'마음챙김'은 현재 순간의 개인적 · 내적 경험을 온전하게 알아차리는 것이 핵심으로서, 이에 기반을 둔 마음챙김 접근법은 과거 심신이원론에 기반을 둔 의료적 개입과는 전혀 방식이 다르다. 관습의학이 심신이원론과 기계적 신체관을 토대로 약물과 수술 중심의 개입법에 의존한 것과 달리, 마음챙김 접근법은 심신의학과 같은 심신일원론을 토대로 마음의 작동과 몸의 작동이 밀접한 관계를 가지고 있음을 가정하는 접근법이다. 이런 관점의 과학적 타당성은 심리신경내분비면역학(PNEI)과 같은 첨단의 의학적 증거로 입증되고 있다. 최근의 행동의학은 이러한 관점을 수용하면서 발전하고 있으며, 이 책에 실린 연구 결과들은 이런 경향을 잘 보여 주고 있다.

한편, '수용'은 네바다 대학교의 헤이스가 중심이 되어 개발한 수용전념치료(Aceptance Commitment Therapy: ACT)의 핵심 개념 중 하나로서, 통증이나 불안, 괴로움 같은 부정적인 정서 및 이와 관련된 생각을 있는 그대로 받아들이는 것이 핵심이다. 수용전념치료는 인간의 언어행동에 대한 행동주의적 분석과 기능적 맥락주의를 토대로 하고 있어서 마음챙김과 같은 명상 기반 개입법과는 전혀 다른 전통에서 발달하였다. 그럼에도 수용전념치료는 마음챙김 기반 개입법과 상당히 많은 유사점을 가지고 있다. 예컨대, ACT의 핵심 개념 중 하나인 '수용'은 마음챙김과 약간의 차이는 있지만 매우 유사하며, 실제로 ACT 모형에서 두 가지 모듈 중 하나는 마음챙김으로 구성되어 있다.

마음챙김이나 수용 기반 접근법은 기존의 증상 분류나 진단명 중심의 치료법과 달리 다양한 진단명의 질병에 적용될 수 있는 일종의 초진단적(transdiagnostic) 개입법이다. 마음챙김 기반 개입법은 그것이 특정 질병이나 장애를 겨냥해서 개발된 것이든 아니든 간에 상당히 다양한 문제들에 효과가 있는 것으로 밝혀져 있다. 예컨대, MBSR은 처음부터 질병 종류에 상관없이 기존의 의료 처치의 효과를 더 이상 기대하기 어려운 다양한 만성질환과 말기질환에 적용되었고, 특정 심리장애를 겨냥해 개발한 MBCT(마음챙김 인지치료)나 DBT(변증법적 행동치료)와 같은 마음챙김 기반 개입법들도 당초 겨냥했던 재발성 우울증이나 경계선 성격장애뿐 아니라 다른 여러 심리장애들에도 효과가 있음이 밝혀지고 있다. 이런 결과는 마음챙김 기반의 개입법이 심신장애 전반에 걸쳐 공통적인 측면에 효과를 미치는 것일 수 있음을 시사한다. 수용전념치료는 특정 증상이나 심리장애를 겨냥하

는 것이 아니라 대부분의 심리행동장애 기저에 '생각에 대한 잘못된 관점'
과 이에 따른 '경험 회피'라는 공통의 과정이 있다는 주장과 증거를 바탕
으로 개발된 일종의 초진단적 개입법이다(Harvey et al., 2004).

이 책에서는 마음챙김과 수용 기반 접근법이 만성통증, 당뇨병, 비만,
금연, 수면장애, 간질, 암과 말기질환과 같은 다양한 행동의학적 질병에 효
과를 발휘할 수 있음을 보여 주고 있어서 이들 접근법의 초진단적 특징을
잘 알 수 있게 해 준다.

이 책은 『Mindfulness and Acceptance in Behavioral Medicine: Current
Theory and Practice』(McCracken, 2011)를 완역한 것이다. 편저자인 맥크
라켄(McCracken)은 다양한 전문가들을 통해 마음챙김과 수용 기반 접근의
개념과 실증 증거를 제시하고, 만성통증과 간질, 당뇨병, 금연, 수면장애,
암과 같은 여러 행동의학적 질병에 대한 적용의 사례를 제공하며, 과학적
연구를 위해 각 질병 환자들에게 실시할 수 있는, 최근 개발된 측정도구를
소개하였다. 그 외에 보건의료 전문가들 자신의 건강 문제에 대한 마음챙
김과 수용 적용의 이점과 방법을 소개하는 글을 따로 싣고 있으며, 마음챙
김과 수용 접근법을 다루는 건강 관련 심리학자들이 보건의료 분야 전문가
들과 협력하여 의료현장에 마음챙김과 수용을 도입할 때의 효과적인 방법
과 유의점까지 논의하고 있다.

이 책은 행동의학이 마음챙김과 수용 같은 주로 마음을 다루는 접근법들
을 받아들임으로써 상당한 발전을 할 수 있음을 보여 준다. 사실상 행동의
학 내에는 이미 '정신신체의학'이라 부르는, 심리적 개입을 통해 질병의
병태생리와 증상의 변화를 꾀하려는 접근법이 있었지만, 최근의 마음챙김
과 수용 기반 접근법의 발달은 행동의학 내에서 신체 질병에 대한 심리행
동적 접근법의 역할을 더욱 신장할 것으로 기대된다. 이렇게 기대할 수 있
는 이유는 마음챙김과 수용 기반 접근이 이론적 토대를 갖추고 있으며, 구
체적으로 조작 가능하고 검증 가능한 치료 과정을 밝히고 있고, 이를 바탕

으로 하는 개입 지침을 제공하고, 이런 접근법의 효과에 대한 증거도 풍부하게 축적되고 있어서 과학적인 접근법으로 확고한 위치를 다지고 있기 때문이다.

역자들은 건강심리학을 공부하는 사람들로서 주로 명상을 기반으로 하는 건강 증진을 주요 연구 주제로 삼고 있다. 명상이 오랜 세월 이어지며 인류의 문화유산으로 남았을 뿐 아니라, 그 유익함에 대한 조상들의 체험이 서구사회에서 과학적 방법에 의해 새삼 입증되고 있다는 것은 그만큼 명상이 인간 삶의 여러 영역에 유익하다는 것을 반증한다. 명상의 철학과 관점, 기법을 토대로 하는 다양한 프로그램과 개입법들이 미국에서만 해도 거의 700곳이 넘는 대형 의료기관에서 활용되고 있고, 일부 프로그램은 의료보험의 대상이 될 정도로 서구의 의료현장에서 널리 받아들이고 있기는 하지만, 이 책의 출판이 시사하듯이 여전히 전통의학 또는 관습의학의 보건의료 전문가들에게 명상 기반의 개입법은 생소한 것이다. 우리나라는 매우 오래된 다양한 명상 수련의 전통을 가지고 있음에도, 오히려 서구사회에 비해서도 명상에 대한 인식은 신비한 종교의 영역을 벗어나지 못하고 있다. 이 책이 인간의 심신건강 증진을 위해 일하고 있는 많은 전문가들에게 명상에 대한 관심과 적용을 촉진하는 계기가 되기를 바란다.

이 책의 번역은 역자를 포함한 대학원생들의 도움을 받았다. 일부 장들의 초벌 번역을 이성준, 강은주, 심교린 등의 건강심리 전공생들이 하였고, 이를 전체적으로 역자들이 통합하여 수차례의 검토와 수정 작업을 거쳤다.

우리는 번역을 가볍게 여기지 않았다. 하지만 번역에 잘못된 부분이 있다면, 이는 전적으로 역자들의 잘못이다. 일부 장의 초벌 번역을 맡아 준 이성준, 강은주, 심교린 등 대학원 건강심리 전공 박사과정생들의 도움에 감사드린다. 또한 꾸준히 심리학 분야의 책을 출판함으로써 심리학의 발전

에 많은 기여를 하고 있는 (주)학지사와 김진환 사장님, 편집 담당자님께
도 감사드린다.

2014년 3월
역자 일동

※ 개념어의 번역

용어 통일은 쉽지 않다. 동일한 외국어 개념의 단어도 학문 분야에 따라 상응하
는 우리말 용어가 다르고, 심리학자들 사이에서도 이런 현상은 흔하다. 예를 들어,
이 책에 가장 자주 등장하는 'mindfulness' 라는 개념조차 학자들에 따라 '마음지
킴' '알아차림' '마음챙김' 등 여러 가지 용어로 번역하고 있다. 한국심리학회는
외국어의 우리말 번역어의 혼란을 줄이기 위해 홈페이지를 이용해서 번역어 수렴
작업을 해 오고 있다. 이 책을 번역하면서 용어 번역은 기본적으로 한국심리학회 홈
페이지의 '심리학 용어사전' 을 따랐다. 하지만 아직 이 사전에 오르지 않은 단어들
도 많이 있고, 또한 하나의 외국어에 대해 복수의 번역어가 있기도 해서 독자들이
이 책에서 사용한 용어의 의미를 더 잘 이해할 수 있도록 책 뒤에 주요 용어의 '한영
대조 색인' 을 따로 실었다.

## 서 문

## 건강한 유연성: 수용, 마음챙김, 가치의 행동의학적 적용

심리적 유연성은 인간이 직면하는 건강 문제를 다루는 데 도움이 된다. 이 책을 읽고 나서 이런 결론을 피하기는 힘들다. 이 책에서 검토한 행동의학의 주요 분야 모두에서 수용과 마음챙김 그리고 가치는 건강과 만성질환을 관리하는 새로운 방법을 제공한다. 최근의 행동과학과 심신질환의 전문분야에 어떻게 이런 방법들이 도입되었는가를 생각해 보면 이 책에서 기술한 적용 범위는 매우 인상적이다. 암과 만성통증, 당뇨병, 간질, 비만, 흡연, 불면증과 생애 말기의 문제, 그리고 건강 문제에 대한 낙인찍기와 같은 광범위한 문제를 다루고 있다. 이 외에도 다발성 경화증에서 운동 프로그램에 이르는 폭넓은 분야에서 다양한 프로젝트와 초기 연구 성과들이 보고되면서 수용과 마음챙김, 가치의 새로운 적용 분야로 떠오르고 있다.

랜스 맥크라켄(Lance McCracken)은 다양한 목적으로 이 책을 편집하였다. 이 책은 임상가들이 수용전념치료 도구와 마음챙김 기반의 개입법 그리고 행동 및 인지치료의 기타 맥락적 방법들을 선정하고 이런 방법이 도움을 필요로 하는 광범한 의료집단에 대한 임상장면에 적용될 수 있는지를 탐구하도록 자극할 것이다.

만성통증과 같은 분야에서는 이미 충분한 작업이 이루어져서 완성된 절차를 바로 활용할 수 있을 것이다. 이 책에서 임상 실무자들은 이런 절차가 어떤 것인지, 그걸로 기대할 수 있는 것이 무엇인지를 알게 될 것이다.

　대개의 분야에서 절차를 처음 도입하고자 하는 사람들은 자신만의 구체적인 필요에 맞게 프로그램 수정이 필요하다. 이는 무척 큰 도전이지만 이 책에서 보고하는 혁신적인 작업들이 든든한 토대가 되어 분명한 이유를 가지고 그 문제를 쉽게 간소화할 수 있도록 해 줄 것이다. 수용과 마음챙김, 가치에 관한 연구와 개발은 구체적인 기법에만 초점을 맞추지 않고, 오히려 행동의 변화를 낳는 결정적으로 중요한 과정에 초점을 맞추었다. 이 책의 첫 장에서 제시한 것처럼 이 과정은 측정 가능한 것이어서 임상가나 치료법 개발자가 중요하다고 알려진 과정을 창의적으로 변화시키고, 이런 과정의 변화를 장기적인 성공을 위한 기본 지침으로 사용할 수 있다.

　이 책은 또한 향후의 실증적 연구와 평가를 촉진하도록 만들어졌다. 연구자와 학생 그리고 프로그램 개발과 평가자들은 전략적으로 실용적이고, 임상적으로 의미 있으며, 실증적인 토대를 갖추는 방식으로 자신들의 작업을 개선할 수 있는 많은 시사점을 발견할 수 있을 것이다. 이 책이 이룬 진전이 하나의 지표가 된다면, 우리는 새로운 프로그램들의 빠른 확산을 보장하는 문턱에 서 있는 셈이다.

　심리적 유연성, 즉 도전에 대해 개방적이고 깨어 있으면서 능동적인 방식으로 직면하는 능력은 수용 기반 개입법과 마음챙김 기반 개입법들이 전반적으로 공유하는 하나의 모형이 되고 있다. 이 책의 여러 장에서 언급하듯이 이 모형은 노출이나 기술 훈련, 동기화 면담과 같은 기존의 실증적 기법들을 기꺼이 포용한다. 사실상 이 모형은 실증적으로 기존 개입법의 성공에 핵심이 되는 것으로 알려진 요소나 방법 중 어느 것도 버린 것 같지 않으며, 다만 기존 개입법 중에서 그 실효성에 결정적이지 않은 요소를 포기한 것이다. 단순히 용어를 바꾸거나 새로운 일부 기법을 추가하는 것을 넘어서 하나의 모형으로서 심리적 유연성이 하는 역할은 우리의 방법론의 목적을 재구성하고, 그 형태를 바꾸고, 변화를 확립하는 데 필요한 방향을 잡아 주고, 치료 요소들을 하나의 응집된 전체로 통합하는 것이다. 이는 이론과 전략상으로는 물론 실무적으로도 엄청난 진전이다.

이 책의 뒷부분은 이런 발전이 보건의료인 당사자에게 어떤 시사점이 있는가를 다루는 장들로 구성되어 있다. ACT와 마음챙김 연구는 수용과 마음챙김 그리고 가치가 환자뿐 아니라 임상가 자신에게 적용될 수 있음을 보여 주었다. 이 개입법에는 편견과 건강 격차, 그리고 보건의료인이 받는 스트레스에 대한 시사점이 있다. 또한 보통 관습적으로 '고쳐서 퇴원시킨다'는 관점을 가지고 있는 경우가 많은 보건의료 장면에 수용과 마음챙김 그리고 가치를 통합하는 문제를 다루어야 한다는 도전도 있다. 다행히 심리적 유연성은 이 같은 보건의료 체계 내에서 바로 그러한 사회적이고 교육적인 도전에도 적용할 수 있다. 우리는 어떻게 하면 개방적이고, 깨어 있으면서도 가치를 토대로 하는 팀이나 조직 또는 체계를 만들어 낼 수 있는지를 알아야 한다. 이 책에서 설명하는 과정들은 바로 이런 프로젝트의 지침이 될 수 있다.

과학에서 모든 이론과 모형은 결국 틀린 것으로 판명된다. 과학이란 우리의 조망을 확장하고 빠른 발전을 가능케 하며, 우리가 지금 알고 있는 것들을 체계화함으로써 또 다른 미래를 향해 출발할 수 있도록 시발점의 역할을 하는, 새로운 정보와 진전의 단단한 토대를 남기는 혁신이 발생하는 분야다. ACT와 마음챙김 기반 치료 및 기타 여러 가지 행동 및 인지치료법들은 행동의학의 진전을 가져왔다. 이 기법들은 실제로 우리의 전망을 확장했고, 이제 급속한 발달과 체계화의 국면으로 이끌었다. 이 책은 행동의학이라는 분야가 이런 국면에서 적극적이고 철저한 방식으로 참여함으로써 우리의 내담자에게 도움이 될 수 있는 실질적인 진전을 가져오도록 하는 데 한몫할 것이다.

2010년 10월
네바다 대학교
스티븐 헤이스(Steven C. Hayes, Ph. D.)

# 차 례

• 역자 서문 / 3
• 서 문 / 8

| 제1부 들어가며 |

 **제1장** 행동의학의 역사와 맥락 그리고 새로운 발전 …… 17
Lance M. McCracken

행동의학의 초기 역사에 대한 간략한 개관 / 18

행동의학의 과정과 결과 / 21

행동의학과 근거 기반 치료 / 24

보건의료에서 마음챙김 기반 접근법의 발달 / 25

ACT 모형과 과정 / 27

마음챙김 기반 치료법에 대한 메타분석 / 36

요 약 / 39

| 제2부 특정 질병과 인구집단에 대한 수용과 마음챙김의 적용 |

 **제2장** 만성통증에 대한 수용전념치료 …… 47
Kevin E. Vowles & Miles Thompson

만성통증에 대한 심리학적 모형의 발달 / 49

만성통증에 대한 인지행동 접근법 비판 / 52

만성통증에 대한 ACT와 마음챙김 기반 접근법 / 54

측정도구 / 57          치료 효과 / 60

임상적 쟁점 / 65          요 약 / 69

**제3장** 마음챙김, 수용, 가치, 대처를 통한 간질의 분석과 치료 ······ 79
JoAnne Dahl & Tobias Lundgren

조건화와 간질 발작 / 82　　　중지시키기 / 83
기 능 / 84　　　간질의 심리학적 치료에 대한 개관 / 85
수용전념치료와 간질 / 86　　　수용과 변화 / 88
중증 간질 치료를 위한 단기 ACT 절차 / 89
결 과 / 92　　　요 약 / 95

**제4장** 당뇨병과 비만, 2차 예방에서 건강행동의 문제 ······ 99
Jennifer A. Gregg, Priscilla Almada, & Eric Schmidt

비만 / 99　　　당뇨병 / 107
비만과 당뇨병을 넘어서: 대사증후군과 2차 예방의 미래 / 117
요 약 / 118

**제5장** 수용전념치료: 금연에 대한 유망한 접근법 ······ 129
Jonathan B. Bricker

현재의 금연 개입 접근법 / 130　　　수용전념치료 / 132
ACT와 CBT는 어떻게 다른가 / 133
금연에 대한 ACT: 짧은 임상적 개관 / 135
향후 방향 / 143　　　요 약 / 145

**제6장** 불면증 ······ 153
Lars-Gunnar Lundh

수면방해 과정과 수면해석 과정 / 156
실증 연구 / 171　　　요 약 / 176

**제7장** 암과 말기질환에 대한 마음챙김 ······ 183
Linda E. Carlson & Joan Halifax

암 진단과 치료의 심리적 후유증 / 184

암 환자에 대한 마음챙김의 적용 / 185

말기 환자 돌봄을 위한 마음챙김 기반 개입법 / 197

요 약 / 203

| 제3부 **측정도구** |

**제8장 행동의학에서 마음챙김과 수용의 측정** ······ 213
Ruth A. Baer & Jessica R. Peters

마음챙김과 수용의 정의와 설명 / 214

마음챙김을 측정하는 척도들 / 216

행동의학 장면에서 마음챙김 척도의 적용 / 223

수용, 가치 또는 심리적 유연성을 측정하는 척도들 / 226

결 론 / 236

| 제4부 **임상적 방법** |

**제9장 건강행동 변화를 위한 수용전념치료와 동기화 면담** ······ 247
David Gillanders

동기화 면담의 주요 특징 / 248      ACT와 MI의 유사점 / 250

ACT와 MI의 차이점 / 256       임상적 쟁점 / 259

요 약 / 270

**제10장 노출 기반 및 전통적 CBT 기법과 수용 및 마음챙김의 통합**
······ 277
Rikard K. Wicksell

배경과 이론 틀 / 278

전통적인 방법과 함께 ACT 개입법 시행하기 / 282

치료자 고통의 수용 / 298        요 약 / 299


| 제5부  **보건의료 전문가의 교육 훈련** |


**제11장** 보건의료의 편향과 편견 및 격차 ······ 307
Miles Thompson

세계 보건의료 격차 / 308        이유와 해결책 / 312

향후 방향 / 315        관계 틀 이론 / 318

수용과 전념 훈련 / 326        범위 확장하기 / 332


**제12장** 보건의료 전문가를 위한 마음챙김 수련 ······ 345
Nicole L. Kangas & Shauna L. Shapiro

보건의료 전문가를 위한 마음챙김과 자기돌봄 / 347

임상가 스트레스의 결과 / 347

자기돌봄 수단으로서의 마음챙김 수련 / 349

전문가적 효능과 환자 결과 향상을 위한 치료에 마음챙김 통합하기 / 356

요 약 / 373


**제13장** 보건의료의 협력 작업과 사회적 맥락 ······ 387
Jeremy Gauntlett-Gilbert

전문가 훈련과 문화 / 389        조직과 시스템 문화 / 396

환자의 가정과 기대 / 400        ACT 훈련과 적용 / 402

요약 및 결론 / 413


용어정리 / 419

찾아보기 / 429

# 제1부

# 들어가며

제1장  행동의학의 역사와 맥락 그리고 새로운 발전

Mindfulness and Acceptance
in Behavioral Medicine

# 행동의학의 역사와 맥락 그리고 새로운 발전

랜스 M. 맥크라켄(Lance M. McCracken)
Centre for Pain Services, Royal National Hospital for Rheumatic Diseases and
Centre for Pain Research, University of Bath, Bath, United Kingdom

신체건강이나 질병 경험에 영향을 미치거나 그럴 가능성이 있는 행동들에 대한 영향 요인들이 많이 있다. 행동의학은 이런 영향 요인을 연구하고 원리와 치료법을 찾아내어 건강과 질병의 결과를 개선하는 데 적용하는 분야다. 행동의학에서 '행동'이란 좁은 의미의 '외현적 행동'을 의미하는 것이 아니라 인지와 정서, 신체 및 사회적 영향의 맥락에서 한 개인이 하는 모든 활동이라는 넓은 의미를 갖는다. 행동의학의 적용 분야는 질병 예방과 건강 증진, 증상 관리 및 질병 관리를 포함하며, 특히 의학적 방법으로 해결이 불충분한 만성질환과 같은 분야를 포함한다. 여기서는 특히 환자가 자신의 일상생활을 제약하거나 제약할 수 있는 건강 문제가 있는 경우 이들이 일상의 삶에 더 충분히 참여할 수 있게 돕는 것을 매우 강조한다. 행동의학 분야는 지난 30년간 주목할 만한 성공을 거두었다. 그리고 행동의학의 원리와 방법들은 계속 확장되면서 진화하고 있다.

행동의학에서 치료기법은 언제나 인지치료와 행동치료의 발달에서 많은 것을 가져왔으며, 이런 경향은 계속되고 있다. 가장 최근의 발달로 수용

전념치료(Acceptance and Commitment Therapy: ACT)(Hayes, Strosahl, & Wilson, 1999)의 적용이 있다. 이런 기법들의 현장 적용은 이미 어느 정도 자리 잡고 있는 또 다른 흐름인 마음챙김 기반 기법(예: Kabat-Zinn, 1982)의 활용과 통합되고 있다. 마음챙김과 ACT는 비슷한 다른 기법과 함께 건강 증진과 질병 치료의 촉진에 엄청난 기여를 하고 있으며, 이런 경향은 꾸준히 가속되는 것으로 보인다.

행동의학 분야의 발달은 덧셈과 뺄셈 과정인 것으로 보이는데, 뺄셈보다는 덧셈이 더 많은 것 같다. 새로운 변수나 기법들이 호응을 받게 되고 낡은 것은 폐기되거나 더 이상 관심을 끌지 못하게 된다. 현재 행동적·인지적·정서적 변수와 기법들의 목록은 꾸준히 늘어나는 것 같다. 마음챙김과 ACT 기반의 접근법은 기존의 것과는 다른 무언가를 제공할 수 있다. 이 접근법들은 이론이나 실제 모두에서 통합적인 역할을 할 수 있다. 특히 ACT는 광범위하면서도 응집력 있는 이론적 위치를 차지하고 있으면서 기존 기법들의 성공이나 약점을 모두 조망하는 것으로 보인다. 사실 이 접근법들은 의학적 진단명이나 심리적 증후군의 종류, 그리고 문제의 심각도에 관계없이, 심지어는 보건의료 서비스 제공자나 수혜자의 범주에 관계없이 일반적으로 적용될 수 있다는 점이 이미 밝혀졌다.

첫 장의 목적은 행동의학의 역사를 간략하게 살펴보고, 이런 역사의 확장으로서 마음챙김과 ACT의 이론과 일반적 배경을 그려 보려는 것이다. 후속 장들은 이러한 통합이라는 주제를 더 심화하고, 구체적인 적용을 위한 증거를 제시할 것이다.

# 행동의학의 초기 역사에 대한 간략한 개관

경험과 정서 및 행동이 신체의 기능에 어떤 식으로든 영향을 미칠 수 있다는 주장은 워낙 오래된 것이어서 기원을 추적하기가 어려울 수 있다. 하지만 오늘날 우리가 이해하는 바와 같이 최초의 행동의학의 공식적 발달은 1970년대 스튜어트 아그라스(Stewart Agras)가 이끌었던 스탠퍼드 대학교의 행동의학연구실(Laboratory for the Study of Behavioral Medicine)과 폴 브래디(Paul Brady)와 오비드 포메로(Ovide Pomerleau)가 이끌던 펜실베이니아 대학교의 행동의학센터(Center for Behavioral Medicine)에서 시작되었다고 한다(Agras, 1982; Pattishall, 1989). 행동의학이라는 용어는 1973년 출간된 리 버크(Lee Birk)의 『바이오피드백: 행동의학』이라는 책에서 처음 출현했다. 이 분야의 초기 학술지인 『행동의학 저널(Journal of Behavioral Medicine)』은 1977년 처음 발간되었는데, 같은 해에 예일 대학교에서 열렸던 행동의학대회의 결정에 따른 것이었다(Schwartz & Weiss, 1977). 이 대회에서 처음으로 이 분야가 무엇인가에 대한 정의를 공식적으로 발표했고, 다음 해인 1978년에 행동의학회가 만들어졌다.

　행동의학은 거의 40년에 이르는 역사 속에서 다양하게 정의되었다. 이 분야의 범위와 목표를 확립한다는 과제가 주어진 것이 1977년의 예일 행동의학대회였다. 심리학과 사회학, 인류학, 역학, 공중보건, 심리치료, 심장병학, 내과학 등의 대회 참석자들은 다음과 같은 정의를 공표했다(Schwartz & Weiss, 1977, p. 379).

　'행동의학'은 신체건강과 질병 이해와 관련된 행동과학적 지식과 기법을 개발하고, 이런 지식과 기법들을 진단과 예방, 재활에 적용하는 분야다. 정신증, 신경증 및 약물 남용은 그것이 최종적으로 신체적 장애에 기여하는 경우에만 포함된다.

　곧이어 포메로와 브래디(1979)는 행동치료와 행동수정의 기여를 특히 강조하면서 이 기법들이 행동의학 분야에 큰 동력을 제공한 것으로 보았다. 이들은 다음과 같이 정의 내렸다.

> '행동의학'은 a) 질병이나 신체적 기능 이상을 평가하고, 예방하고, 관리 또는 치료하기 위해 행동에 관한 실험적 분석을 토대로 개발된 기법들—행동치료와 행동수정—을 임상적으로 활용하며, b) 의학적 질병이나 보건의료의 문제를 이해하고, 기능적 분석에 도움이 되는 연구를 수행하는 것이라 정의할 수 있다(p. xii).

하지만 그들은 "결국 한 분야는 그 분야가 무엇을 하는가로 정의된다. 조건이 달라지면 행동의학의 정의도 그에 따라 달라져야 할 것"(p. xii)이라 말함으로써 자신들의 정의를 나중에라도 바꿀 수 있는 여지를 남겨 두었다. 행동의학의 범위와 한계, 목표에 대한 불일치가 있다 해도 행동의학이 평가와 예방, 치료와 관리에 관한 연구와 실제적 적용을 모두 포함한다는 데는 합의가 있었다.

행동의학의 등장은 여러 중첩되는 사건들이 합쳐진 결과다(Agras, 1982). 여기에는 초기 행동치료의 형태로 행동 변화를 가져오는 효과적인 기법의 개발이나 행동적 위험 요인을 포함한 질병에 대한 특정 위험 요인을 찾아낼 수 있는 역학의 발달, 치료보다는 예방을 통해 얻을 수 있는 건강의 효율성에 대한 관심 증가 등이 있다. 이 마지막 영향은 역설적이게도 의학의 성공에 의해 나타난 것이다. 항생제가 1940년대에 처음으로 대량생산되어, 1960년대에 이르러 감염성 질병들을 훨씬 잘 통제할 수 있게 되었다. 이것은 이런 질병들의 행동적 위험 요인으로 밝혀진 것들을 포함하여, 암과 심혈관 질환 그리고 치료보다는 관리를 필요로 하는 만성질환에 더 초점을 둘 수 있는 길을 열어 주었다(Blanchard, 1982).

# 행동의학의 과정과 결과

행동의학에는 애초부터 독립변수와 종속변수, 말하자면 '과정과 결과'에 관하여 여러 초점이 있었다. 바이오피드백을 주창하는 일부 연구자나 임상가들, 생리심리학에 일차적인 관심을 가진 사람들, 그리고 소위 '정신 신체의학'에 관심을 가진 사람들은 개인의 '안'으로 파고들어서 질병의 병태생리를 바꾸고 증상을 감소시키기 위한 심리적 기법들에 초점을 맞추었다. 정신신체의학 자체는 비록 훨씬 '전체론적'이어서, 질병의 원인으로 심리적 요인들을 포함시키기는 하지만, 그렇다 해도 생물의학 모형에서 진화한 것이며, 따라서 신체 질병을 강조하고 병인론과 병리 및 진단을 강조한다(Alexander, 1950). 이런 식의 초점, 즉 생리학을 핵심적으로 강조하는 것이 심리신경면역학에 반영되어 있으며, 여기에는 두통을 근육긴장과 혈관반응을 통해 접근하거나 만성요통을 근육긴장이나 근육반응성을 통해 접근하거나 혈당 통제를 당뇨 치료의 일차적 결과로 간주하는 접근법들이나 기능적 자기공명영상(fMRI)과 같은 신체평가기술을 사용해서 환자의 경험이나 행동을 이해하려는 연구들이 포함된다. 이런 접근법들은 어느 정도는 하나의 질병 모형을 통해 작업이 이루어지며 징후와 증상의 감소를 일차적 결과로 보고 심리적 기법들을 적용하는 경향이 있다. 그래서 일상생활의 기능 향상은 부차적인 결과로 본다. 이런 관점에서는 행동의학이란 심리 과정이 신체 과정에 영향을 미친다는 기반 위에서 그 존재가 정당화된다.

정신신체의학과 달리 질병이나 증상이 아니라 행동에 일차적인 초점을 두는 또 다른 행동의학적 접근이 있다. 로버트 카플란(Robert Kaplan)은 20여 년 전에 보건의료에서 행동을 핵심적 결과로 보아야 한다는 주장을 폈다(Kaplan, 1990). 그의 말에 따르면, "행동적 결과가 보건의료와 의학에 대한 연구에서 가장 중요한 결과다. 이런 결과에는 장수, 건강 관련 삶의 질,

증상 호소가 포함된다."(p. 1211) 그는 행동적 결과가 아니라 생물학적 결과에 초점을 맞추는 것이 많은 연구자들을 잘못된 길로 이끈다고 제안한다. 즉, 무엇이 행동에 영향을 미치는가가 아니라 무엇이 생물학에 영향을 미치는가에 일차적인 초점을 맞추게 한다고 주장했다. 그는 또한 자신이 당대에 목격한 흐름에 대해 행동과학과 생물의학 모두를 '생물학화(biologicalization)' 하는 것이라고 의심했다. 그는 연구에서 혈액의 화학적 측정과 진단 범주가 갈수록 결정적인 것으로 간주되며, 행동 지표 대신에 생리 과정을 더 순수하고 믿을 만하며 타당한 것으로 간주하고 있음을 지적하고 이에 의문을 제기했다. 행동측정치들은 한계가 있기는 하지만 생리 측정치들도 역시 마찬가지다. 이에 관한 문헌들을 모두 개관하는 것은 이 장의 범위를 벗어난다(Kaplan, 1990 참조). 그저 사망률과 이환율은 생리 과정보다는 행동 과정을 통해 더 잘 추적할 수 있다는 많은 보건의료 분야의 사례들이 있음을 밝혀 두는 것으로 충분하다. 이에 관해서는 뒤의 장에서 일부 다루게 된다.

여기서 주장하려는 것은 행동의학 내에서 서로 대조적인 접근법들이 있다는 점이다. 연구자나 임상가들의 작업에서는 이런 접근법들이 뚜렷하게 드러나지 않는 경우가 있다. 취하는 관점이 의도하지 않게 모호하거나 서로 다른 관점이 뒤섞여 있는 경우도 있지만, 어떻든 여기서는 두 가지 접근법 간의 대조점을 조금 과장했다. 한 접근법에서 행동이 중요한 이유는 그것이 질병 과정에 영향을 미치거나 또는 증상 감소에 쓰일 수 있기 때문이다. 이 접근법에서 질병 과정과 증상 감소는 온전한 건강과 기능을 이끄는 통로로 간주된다. 하지만 다른 접근법에서 행동이 중요한 이유는 온전한 건강과 기능이 일차적으로 행동적 결과이며, 어느 정도는 증상이나 질병과 독립적이라고 보기 때문이다. 둘 간의 차이를 설명하는 또 다른 방법은 이들 접근법이 매개변수를 강조하는 정도가 상대적으로 다르다는 점이다. 우리가 '정신신체(psychosomatic)' 접근법이라고 부를 때에는 생리 과정과 증상 경험이 건강을 매개한다고 본다. 우리가 '행동적' 접근법이라고 부를 때에는 행동에 영향을 미칠 수 있는 것의 직접적 조작을 강조하며, 심리적인 방법으로 직접 조작할 수 없는 중간 변수들을 강조하지 않는다.

오늘날의 중요한 건강 문제들은 의학적 진단이나 진단명으로 완전히 설명될 수 없다고 말하는 것이 옳을 것 같다. 암이나 당뇨병, 심장질환, 만성 통증 내에서도 결과의 차이가 많이 난다. 발암물질에 노출되거나 종양이 있거나, 고혈압, 고지혈증이나 신경손상 또는 통증에서도 마찬가지다. 우리가 그런 질환이나 심지어 병태생리적 과정에 붙이는 이름표들은 누가 잘 살고 있고 누가 그렇지 못한가에 대해서 알려 주지 않는다. 그럼에도 진단명이 전혀 터무니없는 것은 아니다. 그래서 그저 질병을 가지고 있거나 또는 생화학적 분석 시 특별한 결과가 있는 것이 건강이나 기능 발휘에 결정적인 것이 아님을 의미한다. 다른 영향 요인들과 결합되어야 문제가 되는 것이다.

우리는 모두 암묵적인 편견을 가지고 있다. 또한 우리의 마음은 개념이나 관점, 전략에 고착되는 경향이 있고 다른 방법이 더 성공적일 수 있는 경우에도 과거의 방법을 고수하는 경향이 있다. 우리는 경험을 판단하고 범주화해서 이런 판단과 범주화를 지침으로 삼아 행동할 뿐, 직접적 경험을 지침으로 삼지 않는다. 여기서 핵심은 두 가지 접근법이 있어서 둘 중 하나를 선택해야 하거나 하나는 맞고 다른 하나는 틀린 것처럼 보일 수도 있지만, 정신신체적 접근과 행동적 접근을 조율하고 통합하는 것이 충분히 가능하다는 점이다. 행동의학에서 연구하고 서비스를 제공하는 사람은 신체 질병의 과정과 증상 통제에 관심을 가지면서 행동적 결과에도 관심을 가지는 것이 가능하다. 또한 신체 질병의 과정을 행동과 건강한 기능의 매개 요인으로 보든 아니든 관계없이 행동적 결과에 관심을 가지는 것도 가능하다. 주된 목적이 환자의 건강과 기능을 향상시키고 확장하는 것이라면 이런 원하는 결과를 얻을 수 있는가에 따라 의식적으로 이 관점이나 저 관점을 적용하는 데 아무런 차이가 없을 것이다.

# 행동의학과 근거 기반 치료

효과성이 입증된 치료법들의 전파를 촉진하기 위해 미국심리학회는 1993년 연구팀을 구성했다. 이 팀은 경험적 증거가 있는 치료법인지를 결정하는 기준을 열거한 근거 기반 치료의 준거 목록을 작성했는데, 이 목록은 ESTs(Empirically Supported Treatments)로 불리기도 한다. 이 준거들은 처음에는 1995년에서 1998년 사이에 여러 저작물로 보고되었고, 곧이어 유용한 개관 논문이 출간되었다(Chambless & Ollendick, 2001). 이 작업의 기본 가정은 ① 심리치료가 더 확실한 연구 증거를 토대로 한다면 환자 돌보기가 더 향상될 것이며, ② 임상가들이 자신의 치료적 개입법을 최신의 연구 결과에 맞추어 유지할 수 있는 지침이 필요하다는 것이다. ESTs의 촉진은 다른 심리치료 분야에서와 마찬가지로 행동의학에서도 중요하며 마음챙김과 ACT 기반의 치료법을 개발하는 데도 중요하다.

ESTs를 촉진하는 것에 대해 논란이 없지는 않다. 이런 접근에 반대하는 주장에는 양적인 분석이 심리치료의 지침이 되기에는 일반적으로 부적절하다는 신념, 이런 접근법에서 준거의 일부로 치료 매뉴얼을 사용하는 것은 치료의 질을 저하시킨다는 신념, 연구 시행을 토대로 한 증거는 실제 임상장면에 일반화할 수 없다는 신념 등이 포함된다(Chambless & Ollendick, 2001). 또한 ESTs가 보험회사나 관리의료 조직이 적용을 거절하는 근거로 사용될 수도 있고, 의료사고 소송의 근거가 될 수 있으며, 이런 과정이 실무 장면의 융통성과 혁신을 저해할 수 있다는 우려도 있다. 이런 주장과 우려는 가능한 한 많은 장면에서 다루어졌다(Chambless & Ollendick, 2001). ESTs는 상당한 주의를 끌었고, 이제는 추진력을 얻고 있는 것 같다.

집단비교 설계를 토대로 하는 잘 확립된 ESTs의 준거에는 다음과 같은 것들이 있다. 첫째, 최소한 2개의 우수한 실험을 통해 어떤 약물이나 심리치료 위약 조건에 비해 우세하거나, 대안적 치료 또는 기존 치료에 상응하는 치료에 비해 우세함이 입증되어야 한다. 둘째, 매뉴얼 같은 치료법에 대한 자세한 기록물을 사용해야 한다. 셋째, 표본 특성을 구체적으로 자세히 기술해야 한다. 넷째, 최소한 둘 이상의 서로 다른 연구집단에서 결과가 입증되어야 한다(Chambless & Ollendick, 2001).

현재의 ESTs 목록을 개관한 결과, 전형적으로 행동의학의 분야에서 널리 고려하는 아홉 가지 질환에 대한 효과적 치료법이 드러났다. 여기에는 만성요통, 비만, 불면증, 신경성 거식증, 폭식장애, 신경성 대식증, 만성 두통, 근섬유통, 류머티스성 통증이 포함된다(Society of Clinical Psychology, 2010). 이런 질환에 대한 효과적 치료법에는 보통 여러 형태의 인지치료와 행동치료가 포함된다. 2010년 8월에 ACT가 여러 종류의 통증을 포함하는 일반적 만성통증의 치료법으로서 어느 정도 지지를 확보한 것으로 인정되었다. ACT나 마음챙김 기반 치료법들은 아직 위에 제시한 다른 질환들에 대한 ESTs로는 자리 잡지 않았다. 이는 이 기법들이 상대적으로 개발 초기 단계에 있으며, 하나 이상의 연구집단에서 많은 우수한 연구들이 출간되기까지는 아직 시간이 더 필요하기 때문이다. 최근 ACT는 우울증의 EST로 인정받았다.

## 보건의료에서 마음챙김 기반 접근법의 발달

마음챙김은 심리학 연구와 건강관리 분야에 널리 보급되고 있다. 이런 작업의 동력 대부분은 1980년대 매사추세츠 주 우스터에 있는 매사추세츠 의과대학의 존 카밧진(Jon Kabat-Zinn)의 작업에서 비롯되었다. 그 프로젝트가 진행될 당시에는 스트레스 감소 및 이완 프로그램(SR & RP)이라 불렸는데, "전통적인 의학적 치료가 성공적이지 않았던 장기 만성 환자들을 위한 자기조절적 대처전략으로서 명상의 임상적 효과성을 연구하기 위한" (Kabat-Zinn, 1982, p. 33) 것이었다. 이전에도 마음챙김 연구가 있기는 했지만, 이 치료 및 연구 프로그램이 중요한 이유는 행동의학 진영 내에서의 적용(Kabat-Zinn, 2004)은 물론 행동의학 이외 분야에서의 적용(예: Teasdale et al., 2000)을 포함하여, 대부분의 치료법들이 여기서 유래한 일종의 원형 프로그램이기 때문이다. 처음에는 10주짜리 SR & RP 과정으로 시작된 것이 결국 8주짜리 MBSR(Mindfulness-Based Stress Reduction)로 알려지게 되었다. 이 분야의 증거가 늘어나면서 2004년 6월에는 마음챙김의 임상적 적용에 관한 과학적 논문이 100편이 넘게 되었고(Kabat-Zinn, 2004), 이 수치는 그 이후 더욱 증가하게 되었다.

마음챙김은 여러 가지로 정의할 수 있다. 가장 공통적인 특징들을 포함하는 한 가지 효과적인 정의는 "의도적으로 매 순간 전개되는 현재의 경험들에 비판단적으로 주의를 기울여 알아차리는 것"(Kabat-Zinn, 2003, p. 145)이다. 관심을 받은 지 수십 년이 되었지만 마음챙김에 대한 좀 더 기술적인 또는 조작적인 정의를 제공하려는 시도는 없었다. 이를 개선하기 위해 11명의 전문가들이 일련의 회합을 거쳐서 하나의 정의를 제안했다(Bishop et al., 2004). 이들이 제안한 것은 마음챙김을 두 개의 요인으로 보는 모형으로서, 첫 번째는 "주의의 자기조절로 즉각적인 경험에 주의를 유지하여 현재 순간의 정신적 사건에 대한 인식을 증가시키는 것"이며, 두 번째는 "현재 순간의 경험에 대한 특별한 지향성, 즉 호기심과 개방성, 수용을 특징으로 하는 지향성을 갖는 것"이다(Bishop et al., 2004, p. 232).

마음챙김은 과학적 개발이라는 경로를 통해 보건의료와 심리학에 들어온 것이 아니라는 주장이 종종 제기된다. 마음챙김은 과학 이외의 영역에서 개발된 것이며, 나중에서야 과학적인 엄밀한 검증이 이루어졌다. 그래서 마음챙김을 정의하면서 그것이 본래의 전통에 부합하면서도 임상심리학의 과학적 요구에 기여해야 한다는 도전이 있었다. 비숍 등(Bishop et al., 2004)의 정의는 후속 연구와 개발에 기여하는 것이기는 했지만, 그 정의에는 잠재적으로 인식하지 못한 '철학적 믿음'이 포함되어 있어서 한계가 있을 수 있다는 주장이 있었다(Hayes & Shenk, 2004). 예를 들어, 그 정의에 포함된 '주의'의 개념을 지적할 수 있다. 어떤 사람에게는 '주의'가 주의를 기울이는 사람의 의지에 따라 정보원을 향하고 검토하기 위한 정신적 자원 또는 도구다. 인지행동치료라는 좀 더 행동적 진영의 사람에게 주의란 행동에 영향을 미치는 상황 요소들에 대해 말하는 한 가지 방식에 불과하다. 여기서는 '나는 X에 주의를 기울인다.'는 것은 '나는 내 행동을 X의 영향하에 둔다.' 또는 'X가 나의 행동에 영향을 미친다.'고 말하는 것과 같다. 이런 관점에서는 주의에 아무런 가시적인 것이나 '사물 같은' 특질을 가정하지 않는다. 즉, 이런 관점에서 주의란 가설적 구성개념이며, 그래서 주의를 처음 기울이거나 그 방향을 돌리는 에이전트가 필요하지 않다.

## ACT 모형과 과정

ACT에 관한 첫 번째 책의 첫 문장은 다음과 같이 시작한다. "인간이라는 존재의 가장 두드러진 한 가지 사실은 인간이 행복하기가 얼마나 어려운가다."(Hayes et al., 1999, p. 1) 저자들은 인간의 괴로움에 대한 관련 자료를 간략하게 개관하고 나서 괴로움은 인간 삶의 기본적 요소라고 빠르게 결론을 내린다. 괴로움은 도처에 존재하며 이것이 ACT의 기저에 있는 하나의 근본적인 가정이다.

ACT를 정말로 이해하려면 어느 정도는 그것의 철학적 토대를 이해해야 한다. 이를 모조리 검토하는 것은 이 책의 범위를 넘는 것이지만, 몇 가지 핵심 개념을 제시할 수는 있으며, 더 자세한 분석은 다른 문헌들에서 찾아볼 수 있다(예: Hayes et al., 1999; Hayes, Luoma, Bond, Masuda, & Lillis, 2006). 이 주장들 일부는 뒤의 장들에서 계속 반복되거나 확장된다. 간단히 말해서 ACT의 근간이 되는 철학은 '기능적 맥락주의'다. 심리학에 적용되면서 이 철학은 그 목적을 행동의 예측과 행동에 영향을 미치는 것이라 규정한다. 기능적 맥락주의의 '진리 준거'는 실용성이다. 즉, 분석의 목표를 성공적으로 달성하는 것이 '진실'이다. 이는 알 수 있는 외적 실체를 가정하고 '진실'에 대해 이런 실체를 정확하게 반영하는 것이라 정의하는 상응진리(correspondence truth) 기준과 반대된다. ACT는 인과성을 분석할 때, 직접 조작할 수 없는 모든 사건들을 원인으로 고려하지 않으며, 이것이 ACT가 맥락에 초점을 두는 토대다. 치료를 제공하는 사람들은 환자나 내담자의 행위를 둘러싼 맥락에 존재하는 것으로 간주되며, 그래서 이들이 행동 변화를 창출할 수 있는 유일한 수단은 이 맥락의 요소들을 조작하는 것뿐이다. 이런 측면에서 보면, 사고와 감정만으로는 다른 행위를 야기하지 못하며, 행위는 맥락에 의해 결정된다. 예를 들어, 불안한 감정은 그 자체만으로 회피를 야기하지 않지만 불안을 경험하고 싶어 하지 않는 맥락에서는 불안감이 회피를 야기한다. 따라서 ACT의 작업은 어떤 가정을 토대로 하는데 이런 가정들은 다른 접근법들과는 다르다. 이 가정들이 사용되는 방법이나 해석을 결정하며, 이 가정들을 이해하지 못하면 혼란스럽게 된다.

ACT는 부분적으로 관계 틀 이론(Relational Frame Theory: RFT)(Hayes, Barnes-Holmes, & Roche, 2001)이라는 인간의 언어와 인지에 관한 기본 이론을 토대로 한다. 이 장에서 관계 틀 이론의 모든 복잡한 개념들과 함의를 설명하기는 어렵지만 이 이론의 일부 중요한 특징과 함의를 살펴볼 필요가 있다. RFT의 중요한 특징들은 짧은 개관으로는 기술적으로나 실제적으로 이해하기 어렵지만, 독자들이 RFT의 자세한 부분들을 완전히 이해하지는 못하더라도 이 이론의 독창성과 깊이를 인정할 수 있을 것이고, 잠재적인 폭넓은 적용 가능성을 이해할 수 있을 것이다.

RFT에서 인간의 언어와 인지의 핵심은 학습되는 것이고, 사건들을 조합하는 것을 포함해서 사건들을 맥락적으로 상호 관련짓고 조절되는 능력이다. 이런 능력은 사건들을 다른 사건들과 연결 지음으로써 사건 특유의 기능을 변화시킬 수도 있다. 이런 연관 짓기의 기저 과정에는 핵심 사건으로서 단어와 사고 또는 이미지가 포함된다. 예를 들어, 연관 짓기라는 행위에 적용된 관계에는 동등한, 반대인, 더 큰, 더 작은, 이전의, 이후의 등이 포함될 수 있다. 단어와 사고, 이미지는 그것이 묘사하는 사건에 심리적으로 상응하는 것이 될 수 있으며, 사건 자체와 마찬가지로 행동을 조정하거나 행동에 영향을 줄 수 있으며, 그 사건과 이미 연관 지어진 사건들의 심리적 의미나 행동적 영향을 바꾸거나, 증폭시키거나 줄이거나 전환하는 과정에 개입할 수도 있다. 이는 자연세계의 유관성[1]과 접촉하는 것에는 무관한 학습이다. 예를 들어, 거의 모든 사건은 재앙이나 위험, 해로움이나 고통과 같은 의미를 갖게 되며 이에 따라 행동을 조정 당하게 된다. 이런 과정은 전적으로 언어 능력에 달려 있으며, 언어 없이는 발생하지 않는 것으로 보인다.

RFT의 핵심 주장은 인간의 인지란 학습된 행동이며, 이것이 다른 행동 과정에 영향을 줄 수 있고, 어떤 영향을 주는가는 이런 영향이 발생하는 상황의 맥락적 특성에 의해 조절되거나 결정된다는 것이다. 그래서 이런 특성은 행동이나 행동 변화에 다음과 같은 직접적인 시사점을 갖는다.

---

1) ACT의 지적인 기초는 거의 대부분 맥락적 행동 분석의 시각에서 나온 것이다. 행동 분석에서는 오래전부터 유관성에 의해 조형된 행동(contingency-shaped behavior)과 규칙에 지배되는 행동(rule-governed behavior)을 구분해 왔다. '유관성에 의해 조형된 행동'이란 시행착오를 거쳐 공 잡는 법을 배우는 것처럼, 일련의 행동에 대한 점진적 조형을 통해 확립된 행동을 말한다. 많은 유형의 인간행동이 이런 방식으로 습득되지만, 다른 많은 부분들은 사건들에 대한 언어적 공식과 그들 간의 관계에 기초한다. 이런 종류의 행동을 '규칙에 지배되는 행동'이라 한다 ─ 역주.

- 괴로움이나 행동 문제는 주로 언어에 기반을 둔 과정에서 발생하기 때문에, 언어에 기반을 둔 문제해결이나 추론은 이런 문제를 충분히 약화시키기에는 부적합하다.
- 인지는 학습된 행동이고, 학습은 억제될 수는 있지만 제거되지는 않는다고 알려져 있기 때문에 인지적 연결망을 제거하거나 논리적으로 줄이려 하는 것은 자가당착이다.
- 인지를 직접적으로 변화시키려는 시도는 표적 요소들의 기능적 중요성을 줄이는 것이 아니라 오히려 늘릴 수 있다.
- 인지적 연결망의 내용과 영향력은 다양한 맥락적 요소에 의해 통제되기 때문에 해당 인지의 형태나 발생빈도를 변화시키지 않고도 그 인지의 영향을 줄이는 것이 가능하다.

전체적으로 보면, 이런 시사점은 본질적으로 인지 과정의 내용을 변화시키는 데 초점을 맞추는 것이 불필요하며 현명하지 못할 수 있다는 것을 의미한다. 그 대신, 치료는 인지 과정의 '기능' 또는 그런 인지 과정의 영향력이 발생하는 주변의 심리 과정에 초점을 둘 수 있다(Hayes et al., 2006).

예를 들어, RFT는 병원에 가거나 의사를 만나는 것이 왜 무서운 경험이 되는지, 병원에서 사람이 죽는 것을 보거나 의사의 치료를 받다가 위험에 처하게 된 것을 본 후에는 왜 병원을 피하게 되는지, 그리고 이런 광경을 직접 관찰하지 않았는데도, 회피하는 상황이 본래 '배운' 학습 상황과 그저 외견상 비슷할 뿐인데도 왜 회피하는지를 설명하는 데 도움이 된다. 심한 흡연가가 흡연을 계속하는 것을 자신의 할아버지도 심한 흡연가였는데 백 년을 넘게 사셨다는 사실과 어떻게 관련짓는지를 설명하는 데 도움이 된다. 또한 등을 심하게 다친 것에 대한 의사의 설명이 어떻게 어떤 사람으로 하여금 '10kg이 넘는 물건은 절대 들지 마라.' 는 의사의 말에 평생 집착하게 하는지도 설명할 수 있다. 각 사례에서 설명한 경험들은 직접 경험한 것이 전혀 아니지만 이를 단어와 사고를 통해 다른 사건과 관련지음으로써 건강을 해치거나 행동을 심하게 제약하는 극단적인 행동양식을 고집하게 만든다.

ACT의 기저모형에 따르면, 사람들은 **심리적 경직성** 때문에 심리적 문제로 고통받는다. 이는 전형적으로 환경 유관성이라는 직접 경험과 함께 언어와 인지의 상호작용에 기반한 과정으로 기술된다. 이런 상호작용이 자신의 목표나 가치와는 상반되는 방식으로 특정 행동을 못하게 하거나 특정 행동을 하염없이 하도록 만든다. 사람들은 종종 과거와 미래 또는 자기라는 구성개념을 포함하는 세상에 관한 언어적 구성개념 안에서 세상을 경험한다. 이렇게 언어 기반의 경험에서 나온 행동 양상은 언어 과정을 벗어난 매 순간에 대한 직접 경험과 접촉하고, 그것을 따르는 행동 양상에 비해 덜 유연하고 덜 효과적인 경우가 많다. 행동이 언어 기반의 경험에 의해 지배될 때, 그리고 소위 '머릿속' 과정의 영향하에 있을 때, 그런 행동은 가치나 목표와 관련해서 환경이 요구하는 것과 일치할 수가 없다.

심리적 경직성의 과정은 소위 **문자적 맥락**이라는 것에 의해 유지되고 정교화된다. 문자적 맥락이란 묘사와 평가를 동일한 것으로 혼동하게 되는 심리적 상황을 말한다. 이런 맥락에서 '나는 쓸모없다.'는 생각과 같은 평가는 마치 그것이 '나는 한 인간으로서 가치가 없다.'는 의미를 가진 묘사인 것처럼 취급된다. 경직성은 또한 행위에 대한 인지와 정서적 '이유'를 실제적인 '원인'으로 여기게 되는 사회적 맥락에 의해 유지되며, 또한 더 나은 삶을 위해 인지 및 정서적 경험과 싸우도록 조장하는 소위 **통제적 맥락**에 의해 유지된다. ACT는 때로는 분석하고, 설명하고, 옳은 것을 위해 방어하고, 우리가 누구인가 하는 이야기를 방어하고, 내부에 초점을 두어 우리의 행동을 조절하려 하는 인간의 평범한 성향의 유용성에 의문을 제기한다. ACT는 행동 선택과 관련되는 긍정적이고 바람직한 삶의 특질은 가져오고, 부정적인 특질, 가령 사람들이 경험을 회피하도록 하거나 어떤 행위를 '꼭 해야만 하는' 것으로 여기게 하는 영향 요인들은 해체하는 것을 목표로 한다.

심리적 경직성은 6개의 상호 관련된 요소들의 산물이다. 즉, 경험 회피, 인지적 융합, 개념적 과거나 미래의 지배, 개념적 자기에 대한 집착, 가치 명료성이나 가치 기반 행위의 부족, 그리고 행위에 대한 전념의 부족이 그것이다(Hayes et al., 1999). 이들 각각은 본질적으로 ACT 치료 과정이 추구하는 것과 반대된다.

[그림 1-1]은 ACT의 여섯 가지 핵심적 치료 과정을 상자 내의 마음챙김 방법이 겨냥하는 과정과 함께 설명한 것이다. 이들 상호 관련된 여섯 가지 과정은 ACT가 전체적으로 심리적 유연성을 제고하기 위해 다루는 과정들이다. ACT의 핵심 과정 각각은 일종의 행위의 질을 표현한다. 이들 중 어느 것도 신념이나 인지구조, 대처전략 또는 일차적인 증상 감소 방법이 아니다. 각 과정의 질은 행동 양상에 대한 통제적 영향이라는 맥락 속에서 발생한다.

수용이란 부정적으로 평가된 경험에 대해 그것이 자신의 목표와 가치에

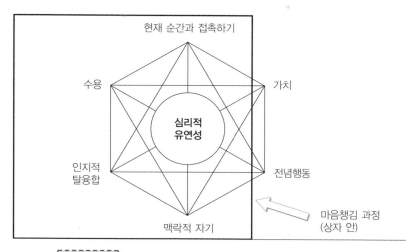

**그림 1-1** ACT 치료 과정과 마음챙김이 망라하는 과정

도움이 될 때, 그리고 그리하지 않으면 심리적 문제를 야기하거나 불필요한 기능 제약을 야기할 때는 개방적으로 접촉하는 것을 말한다. 이는 느낌과 신체감각, 기억이나 충동과 같은 원치 않는 경험의 존재를 허용하면서 자신이 원하는 방향의 행동을 취하는 것이다. 수용은 이런 경험들에 대해 존재를 허용하면서도, 그것들을 방어하거나 통제하려 하지 않음으로써, 그 경험들이 행동에 대한 통제력을 갖지 못하도록 하는 것이다. 수용은 가끔 의사결정이나 신념 또는 통제가 효과가 없다거나 문제를 바꿀 수 없다는 심리적 포기와 같은 정신적 행위, 아니면 일종의 현명한 증상 통제 전략으로 잘못 취급된다. ACT에서 수용은 이런 것들이 아니고 이런 것들에 의존하지도 않는다.

인지적 탈융합은 사고나 기타 인지 내용이 경험되는 방식을 바꾸어서 이런 내용의 일부 기능이 달라지도록 하는 것이다. ACT 연구자나 치료자들은 형태와 기능 간의 차이에 대해 같은 말을 단조롭게 반복하는 것처럼 보이는데, 여기서도 인지적 탈융합에 대해 마찬가지 말을 할 수밖에 없다. 탈융합이란 기능을 바꾸는 것에 관한 것이다. 이는 종종 사고의 내용이 아니라 과정에 대한 알아차림을 의미한다. 이 과정에는 우리의 실제 자기나 실제 사건들과 이런 자기와 사건에 대해 가지고 있는 생각의 차이를 인식하는 것이 포함된다. 탈융합이란 사고나 그것이 다른 잠재적인 현재 경험을 지배하는 영향력에 대해 '믿는 정도'를 감소시키는 것이라 한다. 탈융합은 단순히 사람의 사고나 그것에 대한 지식을 말하는 것이 아니다. 탈융합은 이런 사고에 포함될 수 있는 지배적 영향력을 감소시키는 경험을 말한다.

현재 순간과 접촉하기는 마음챙김 수련에서 하는 것의 일부다. 이는 지속적인 매 순간의 환경 경험을 유연하게 따라가는 것이다. 어떤 점에서는 사람이 사건, 특히 과거 발생 사건이나 미래에 발생할 수도 있고 그렇지 않을 수도 있는 사건들의 언어적 구성개념과 융합되면 자동적으로 현재 순간의 경험에 둔감해진다. 이는 사람이 다른 시대에 살고 있는 것과 같다. 마음챙김에서 하는 것과 마찬가지로 현재 순간과 접촉하기는 현재에 대한 경직된 고착이 아니며, 다른 시점의 사건에 대한 접촉 실패도 아니다. 이 접촉은 시간에 따라 흘러가는 것이다. 이는 다른 곳에 가 있음을 알아차리고 필요하면 현재로 돌아오는 반복적인 과정이다.

맥락적 자기란 경험과 경험하는 사람의 차이를 구분하는 능력이다. 달리 말하면, 이는 우리 자신을 하나의 맥락 또는 장소, 즉 상황과 우리의 역사가 우리의 심리적 경험과 행동을 조정하는 곳으로 경험하는 능력이다. 이는 우리 자신의 경험과 신념, 자신에 대한 이야기를 개인적 정체성의 문제로서 과도하게 집착하지 않는 능력이다. 그래서 나는 예를 들면, 완벽주의자, 결코 포기하지 않는 사람, 희생자, 쓸모없는 사람, 무기력한, 희망 없는, 매력 없는 사람 등 나 자신에 대한 언어적 묘사나 평가로 정의되지 않는다. 나는 신념이 아니라 경험으로서 그런 사고와 신념을 가지고 있음을 알아차리는 관찰자다. 이렇게 본 맥락적 자기란, 존재론이나 참조적 진리의 문제가 아니라 ACT의 기타 원리나 방법이 말하는 것처럼 실효성의 문제다.

가치는 한 개인이 중요하고 바람직하다고 믿는 것과 일치하는 행위의 질 또는 삶의 방향을 말한다. 목표와 달리 가치는 결코 도달할 수 없다. 목표란 미래 초점적이며 도달할 수 있는 것이지만, 가치는 순간의 흐름이며 지속적인 과정이다. 사랑스러운 사람이 되는 것이 가치의 씨앗이라면, 가치 기반 행위에는 개방적 의사소통과 애정을 보이는 것, 필요하면 상대의 더 나은 삶을 위해 희생하는 것 등이 포함될 수 있다. 가치는 ACT가 현재에 초점을 유지하면서도 장기적인 행동을 조정할 수 있게 하는 것이다. 그동안에는 증상이나 통증 또는 '부정적' 정서 경험이 행동에 대해 하나의 지배적 지침을 제공하였다면, 가치는 그 대신에 행동을 위한 현재의 지침을 제공한다. 동시에 가치는 통증이나 기타 원치 않는 경험들과 접촉하는 것을 당연히 여겨 이를 수용하면서 효과적인 선택을 할 수 있는 기준을 제공하는 것이다.

전념행동이란 삶의 특정 방향에 대한 능동적인 선택과 재선택이라 하기도 한다. 치료에서 전념행동을 구축하는 것은 보통 하나의 가치영역 내에서 목표를 설정하고 이를 달성하기 위한 단계를 밟는 것에서 출발한다. 수용이나 탈융합, 현재 순간과 접촉하기와 같은 다른 과정들은 목표를 향한 단계가 심리적 장벽에 부딪칠 때 해당된다. 일단 행동 변화가 시작되면 전념행동에는 좀 더 큰 행동 양상을 단계적으로 구축하고 이를 일상의 삶에 통합하는 과정이 포함된다. 전념행동은 어려움과 실패 경험 또는 고통을 마주하는 것, 그리고 필요하면 진행 방식을 바꾸고, 특정 상황의 특정 목표를 포기하고 그러면서도 선택한 방향으로 행동을 계속하도록 하는 것이다.

ACT의 나머지 한 부분은 항상 명시적으로 설명되지는 않는 것인데, 이는 ACT의 치료적 관점이다. 보통 ACT는 특정 이론적 과정을 기반으로 하는 심리치료적 접근이라 하며, 비록 거기에 행동 변화 기법이 포함되기는 하지만 ACT 자체는 단순한 기법 이상의 것이다. ACT가 등장하게 된 외연에는 치료 관계에 대한 명백한 접근법이 포함된다. 사실 ACT에서 소위 '치료적 자세'라 부르는 것은 단순한 비특정적 요인이 아니고 또한 다른 치료기법의 모듈도 아니다. 이는 환자의 행동에 심리적 유연성을 만들어내는 과정들의 완전한 통합을 말한다. 이런 치료적 자세의 요소들을 〈표 1-1〉에 정리하였다. 첫 번째 '핵심 역량'은 ACT의 자세를 가장 잘 망라한 것이다. 이 요소들은 '병들었다'나 '괜찮다' '전체적인'이나 '망가진'과 같은 평가적 개념들이 어떤 사람의 내재적 특성을 의미하는 것이 아니라 우리의 문화에서 발달한 화법에 불과해서 어떤 때는 쓸모가 있지만 어떤 때는 그렇지 않다고 보는 ACT의 언어적 접근을 잘 나타낸다. ACT에서는 사람을 이런저런 상황에 처하게 하는 것은 그의 삶이 성공과 진짜 고통으로 채워진 것이냐, 아니면 좌절과 이에 대한 투쟁으로 채워진 것이냐에 관계없이 각 개인의 역사에 따라 다르며, 그 차이는 때로는 매우 작다고 본

---

**〈표 1-1〉 ACT 치료적 자세의 핵심 역량**

---

1. 내담자에게 공평하고 유연하며 열정적이고 진솔한 관점에서 이야기하고 내담자
   의 타고난 변화 능력을 존중하기
2. 내담자를 위해서라면 기꺼이 자신을 개방하기
3. 내담자의 필요와 상황에 맞는 방법을 적용하고, 필요하면 치료 과정을 변경하기
4. 내담자의 경험과 문화, 언어 습관에 맞는 방법과 연습을 제공하기
5. 내담자의 힘든 느낌을 포함해서 도전적인 내용을 바꾸려 하지 않고 수용하는 모
   범을 보이기
6. 적절한 체험적 연습과 역설, 은유를 사용하며 이런 것들의 문자적 의미를 강조하
   지 않기
7. 자신의 견해가 아니라 내담자의 경험을 강조하기
8. 논쟁이나 강의, 강요, 확신시키려 하지 않기
9. 치료 관계에서 그 순간의 유연성을 알아차리고 이를 지원하기

---

Luoma, Hayes, & Walser(2007)를 토대로 함.


다. 하지만 핵심은 개인의 역사가 적절한 것인지에 관계없이 심리적 문제
를 둘러싼 맥락의 변화가 평생 지속되는 변화를 가능하게 하는 강력한 수
단이 될 수 있다는 점이다.


# 마음챙김 기반 치료법에 대한 메타분석


2002년도에 다양한 질환에 대한 MBSR 연구문헌들을 개관한 논문이 발
표되었는데, 가장 흔한 질환은 만성통증이었다(Bishop, 2002). 이 개관에
서 저자는 "지난 20년간 의료 분야에서 이 접근법이 점차 많이 이용되고
있는데"(p. 71), MBSR의 효과성과 작용 기제를 연구할 필요가 있다고 제
안했다. 1985년에서 2000년 사이 통제집단이 있거나 없는 연구 30개를 찾
아내어 이를 요약했다. 말미에 저자는 방법론적 문제를 지적했고, "살펴
본 증거들은 현재로서는 이 접근법을 강력하게 지지하는 것은 아니다. 하

지만 면밀한 검토의 필요성은 충분하다."(Bishop, 2002, p. 71)라고 결론을 내렸다.

베어(Baer, 2003)는 '개념적' 이면서도 최초로 양적인 분석을 한 개관 논문을 발표했다. 그녀는 사전-사후 비교와 집단비교 설계를 모두 포함시켰고, 만성통증 환자와 1축 정신장애 환자들, 기타 다른 질환자들, 동반이환 질환자들과 비임상 집단에 대한 연구들도 포함시켰다. 이 개관에는 1982년부터 2001년 사이에 출간된 22개의 연구가 포함되었는데, 15개의 독립적인 사후처치 효과크기를 산출했다. 효과크기($d$)의 평균은 .74였고, 표본크기를 가중치로 하면 .59였다. 이 평균에 포함된 효과 중 10개는 집단 간 설계에서 나온 것이고, 이 10개 중 7개는 무선 할당을 적용한 연구에서 나왔다. 이들 연구의 평균 처치 후 효과크기는 .75였다. 여기서 비교 조건은 대부분 대기자 집단이거나 통상치료 조건이었다. 베어(2003)는 "심각한 방법론적 약점이 있기는 해도, 현재까지의 연구들은 마음챙김 기반 개입법이 다양한 정신건강 문제를 완화시키고 심리적 기능을 개선하는 데 도움이 될 수 있음을 시사한다."(p. 139)라고 결론지었다.

그 후 그로스만 등(Grossman, Neimann, Schmidt, & Walach, 2004)은 매우 흡사한 메타분석을 발표했다. 이들은 자신들이 선정한 기준에 맞는 20개의 MBSR 연구를 뽑아서 개괄적인 양적 분석을 했다. 분석 대상으로 삼은 연구들은 베어(2003)와 마찬가지로 비임상 집단 외에도 만성통증, 암, 심장질환, 불안, 우울과 같은 다양한 질병들을 망라하고 있다. 이들은 통제된 연구나 그렇지 못한 연구 모두에서 .54 정도의 효과크기($d$)를 산출했다. 통제집단을 가지고 있으면서 신체건강 변수를 결과 변수로 포함한 5개의 연구에서 평균 효과크기는 .53이었다. 저자들은 "우리의 발견은 MBSR이 광범위한 만성질환과 문제들에 대한 개입법으로서 유용하다는 것을 보여 준다." (Grossman et al., 2004, p. 39)라고 결론지었다. 이들은 또한 "상당히 다른 유형의 표본들에서 비교적 일관되고 강력한 수준의 효과크기를 보인 것은 마음챙김 훈련이 특별히 심각한 질환뿐 아니라 일상생활에서 겪는 스트레스와 장애 극복의 일반적인 특질들을 향상시켜 주는 것임을 시사한다." (p. 39)라고 보았다.

현재 표준 MBSR은 회기당 2.5시간의 8회기에 하루 6시간의 추가 회기로 구성된 26시간짜리 프로그램이다. 하지만 12시간짜리나 10.5시간짜리, 심지어는 6시간짜리 단축 프로그램도 있다. 30개의 MBSR 연구에서 회기 내 총 시간 및 가정 내 수련 시간과 효과크기 평균의 상관을 계산한 연구가 있다(Carmody & Baer, 2009). 두 상관계수 모두 유의하지는 않았다. 이런 연구들은 MBSR 표준형이 실증 증거가 가장 많이 축적되어 있기 때문에 표준형을 권하기는 하지만, 단축형이 표준형에 비해 덜 효과적이라는 증거를 발견하지는 못했다.

## 수용전념치료에 대한 메타분석

외스트(Öst, 2008)는 최근 ACT, 변증법적 행동치료(DBT), 심리치료의 인지행동 분석체계, 기능 분석 심리치료, 통합적 행동 커플치료를 포함하는 '제3의 동향' 치료법들에 초점을 맞춘 개관과 메타분석을 발표했다. 이 연구에는 13개의 ACT 연구가 포함되었다. 이 중에는 스트레스에 대한 5개의 연구와 기타 스트레스와 통증, 흡연, 진통제 의존, 당뇨병에 대한 연구들이 있었다. ACT 연구에서 통제된 효과크기($d$)의 추정치는 대기집단에 비해서는 .96, 통상적 처치에 비해서는 .79였고, 적극적 비교집단에 비해서는 .53이었다. 전체적인 효과크기의 중앙값은 .68이었다. 외스트는 ACT 연구의 연구 방법의 질을 비판하면서 ACT 처치나 기타 다른 접근법들이 모두 ESTs의 기준에 맞지 않는 것이라 결론지었다. 이런 결론은 비슷한 학술지에 비슷한 시기에 실린 ACT 연구와 CBT 연구를 골라서 방법론적 엄격성을 평가한 결과를 근거로 한 것이었다.

가우디아노(Gaudiano, 2009)는 외스트의 개관에 대해 언급하면서 그의 개관이 제공하는 피드백을 환영하면서도 사용된 방법론 일부에 대해 비판했다. 그는 ACT와 CBT 연구 간 설계상의 품질 차이는 각기 받은 연구비 양의 차이와 치료 개발 단계의 차이 그리고 연구한 구체적 모집단의 차이 때문이라 볼 수 있다고 주장했다. 그의 분석에 따르면, ACT 연구의 연구비는 CBT 연구비의 23% 정도에 불과한데, 이는 발표된 ACT 연구들이 사전 연구의 성격을 갖는다는 것을 고려하면 놀라운 일은 아니다.

두 번째 개관 및 메타분석은 파워스 등(Powers, Zum Vörde Sive Vörding, & Emmelkamp, 2009)이 발표했다. 이 개관에서 18개의 무선 통제 연구를 다루었는데, ACT 집단은 대기집단에 비해 .68, 통상치료집단에 비해 .42의 유의한 효과크기(Hedges의 $g$)를 보였다. 이들은 ACT가 현재 잘 확립된 치료법에 비해 효과크기는 .18로 유의하지 않아($p = .13$) 특별히 우수하지는 않다는 결과를 얻었다. 또한 ACT 연구와 설계의 품질 간의 상관도 $\beta = -.06$으로 유의하지 않았다($p = .50$). 18개 연구 중 절반은 직무 스트레스, 스트레스와 통증, 흡연, 당뇨병, 약물 오용, 체중 조절, 간질, 요통과 같은 행동의학 관련 분야의 연구였다.

# 요 약

행동의학은 여러 가지로 불린다. 이 분야는 과정으로서나 결과로서나 주로 행동에 초점을 둔다. 이는 넓은 의미의 '행동'이다. 행동의학은 의학에도 초점을 두지만, 질병 치료를 위한 약물 사용의 의미라기보다는 건강을 유지하고, 질병을 예방하고 치료하는 과학이자 실행(Merriam-Webster, 2010)이라는 대안적 의미로서 의학에 관심을 둔다. 이같이 비교적 새로운 행동의학 분야는 많은 성공을 거두었고, 계속 발전 중이다. 마음챙김에 관한 30년간의 작업과 ACT에 관한 10~15년간의 작업은 이러한 발전의 일부다.

마음챙김과 ACT는 뿌리가 다르다. 마음챙김은 고대 아시아의 종교 전통에 뿌리를 두고 있고, ACT는 과학, 특히 현재의 인지행동 접근법의 행동분석 연구에 뿌리를 두고 있다. 마음챙김은 여러 가지로 잘 발달된 방법이지만 그것이 담고 있는 심리 과정은 과학적 견지에서는 다소 모호하다. '대상을 아는' 존재는 그 대상을 보고 인식할 수 있으며 그런 경험을 신뢰할 수 있게 재현할 수 있지만, 과학은 그것을 정교하게 정의할 수 없었다. 반면에 ACT는 20년도 안 되는 실증 연구에서 도출한 이론과 원리를 가지고 있는 훨씬 더 잘 개발된 접근법이다. ACT에 기반을 둔 치료는 2000년대에 들어서야 겨우 신중하게 설계되고 검증되었다.

이런 역사와 전달 방법의 차이에도 불구하고 마음챙김과 ACT는 비슷한 심리학적 함의를 가지고 있다. 둘 모두에서 언어와 사고, 판단, 평가가 인간의 행동과 일상의 기능에 함정을 만들고 한계를 부과한다. 두 접근법 모두 소위 '문자적 언어의 환상', 즉 세상의 실체는 우리의 생각이 구성해 낸 것임에도 그런 생각으로 세상을 보는 잘못된 인식을 걷어 내는 방법을 포함하고 있다. 둘 모두 우리가 자신의 심리적 경험과의 투쟁에 말려들지 않으면서 이 경험들과 접촉하고 여지를 둘 수 있도록 도와주는 방법인 수용을 포함하고 있다.

행동의학 내에서는 이미 다른 접근법들이 있었다. 그들 자신은 몰랐지만 소위 우리가 '정신신체' 및 '행동' 학파라고 부르는 전문가들이 작업을 하고 있었다. 아마도 너무 초창기여서 이들은 마음챙김과 ACT가 새로운 것인지, 같은 것인지, 또 이런 접근이 뭔가 혁신적이고 발전적인 것인지 확실하게 알지 못했을 뿐이다. 이런 증거는 그들이 얼마나 ① 정교하면서 널리 적용할 수 있는 핵심 원리들에 관한 당대의 관찰을 통합했고, ② 연구를 위한 생산적인 프로그램들을 촉진했으며, ③ 구체적으로 조작 가능하고 검증 가능한 치료 과정을 밝혀냈고, ④ 효율적이면서 강력한 효과가 있는 치료법의 설계 지침을 제공했는지를 보면 알 수 있다. 지금까지의 자료들을 봐서는 전망이 밝다.

　물론 마음챙김과 ACT는 하나의 접근법 또는 지향점에 불과하다. 행동 의학 내의 발전은 이런 접근법들이 이 분야 종사자들의 행동양식과 얼마나 잘 조화를 이루는가에 달려 있다. 이런 과제를 무시하지 않고 이런 행동들을 이해하고 관리하는 것도 발전 과정의 일부가 될 것이다.

# 참·고·문·헌

Agras, W. S. (1982). Behavioral medicine in the 1980's: Nonrandom connections. *Journal of Consulting and Clinical Psychology, 50,* 797-803.

Alexander, F. (1950). *Psychosomatic medicine: Its principles and applications.* New York: Norton and Company.

Baer, R. A. (2003). Mindfulness training as a clinical intervention: A conceptual and empirical review. *Clinical Psychology: Science and Practice, 10,* 125-143.

Bishop, S. R. (2002). What do we really know about mindfulness-based stress reduction? *Psychosomatic Medicine, 64,* 71-84.

Bishop, S. R., Lau, M., Shapiro, S., Carlson, L., Anderson, N. D., Carmody, J., et al. (2004). Mindfulness: A proposed operational definition. *Clinical Psychology: Science and Practice, 11,* 230-241.

Blanchard, E. B. (1982). Behavioral medicine: Past, present, and future. *Journal of Consulting and Clinical Psychology, 50,* 795-796.

Carmody, J., & Baer, R. A. (2009). How long does a mindfulness-based stress reduction program need to be? A review of class contact hours and effect sizes for psychological distress. *Journal of Clinical Psychology, 65,* 627-638.

Chambless, D. L., & Ollendick, T. H. (2001). Empirically supported psychological interventions: Controversies and evidence. *Annual Review of Psychology, 52,* 685-716.

Gaudiano, B. A. (2009). Öst's (2008) methodological comparison of clinical trials of acceptance and commitment therapy versus cognitive behavior therapy: Matching apples with oranges? *Behaviour Research and Therapy, 47,* 1066-1070.

Grossman, P., Niemann, L., Schmidt, S., & Walach, H. (2004). Mindfulness-based stress reduction and health benefits: A meta-analysis. *Journal of Psychosomatic Research, 57,* 35-43.

Hayes, S. C., Barnes-Holmes, D., & Roche, B. (Eds.). (2001). *Relational frame theory: A post-Skinnerian account of human language and cognition.* New York: Kluwer Academic/Plenum Publishers.

Hayes, S. C., Luoma, J., Bond, F., Masuda, A., & Lillis, J. (2006). Acceptance and commitment therapy: Model, processes and outcomes. *Behaviour Research and Therapy, 44*, 1-25.

Hayes, S. C., & Shenk, C. (2004). Operationalizing mindfulness without unnecessary attachments. *Clinical Psychology: Science and Practice, 11*, 249-254.

Hayes, S. C., Strosahl, K. D., & Wilson, K. G. (1999). *Acceptance and commitment therapy: An experiential approach to behavior change.* New York: Guilford Press.

Kabat-Zinn, J. (1982). An outpatient program in behavioral medicine for chronic pain patients based on the practice of mindfulness meditation: Theoretical considerations and preliminary results. *General Hospital Psychiatry, 4*, 33-57.

Kabat-Zinn, J. (2003). Mindfulness-based interventions in context: Past, present, and future. *Clinical Psychology: Science and Practice, 10*, 144-156.

Kabat-Zinn, J. (2004). Introduction to the 15th anniversary edition. In J. Kabat-Zinn, *Full catastrophe living: How to cope with stress, pain and illness using mindfulness meditation* (15th Anniversary Edition, pp. 5-11). Chippenham, UK: Anthony Rowe, Ltd.

Kaplan, R. M. (1990). Behavior as the central outcome in health care. *American Psychologist, 45*, 1211-1220.

Luoma, J. B., Hayes, S. C., & Walser, R. D. (2007). *Learning ACT: An acceptance & commitment therapy skills-training manual for therapists.* Oakland, CA: New Harbinger Publications.

Merriam-Webster. (2010). Online Dictionary. Retrieved March, 11, 2010, from http://www.merriam-webster.com/dictionary/medicine

Öst, L. (2008). Efficacy of the third wave of behavioral therapies: A systematic review and meta-analysis. *Behaviour Research and Therapy, 46*, 296-321.

Pattishall, E. G. (1989). The development of behavioral medicine: Historical models. *Annals of Behavioral Medicine, 11*, 43-48.

Pomerleau, O. F., & Brady, J. P. (1979). *Behavioral medicine: Theory and practice.* Baltimore: Williams & Wilkins Company.

Powers, M. B., Zum Vörde Sive Vörding, M. B., & Emmelkamp, P. M. G. (2009). Acceptance and commitment therapy: A meta-analytic review. *Psychotherapy and Psychosomatics, 78*, 73-80.

Schwartz, G. E., & Weiss, S. M. (1977). Editorial: What is behavioral medicine. *Psychosomatic Medicine, 39,* 377–381.

Society of Clinical Psychology, American Psychological Association, Division 12. (2010). Retrieved February 13, 2010, from http://www.psychology.sunysb. edu/eklonsky-/division12/disorders.html

Teasdale, J. D., Segal, Z. V., Williams, J. M. G., Ridgeway, V. A., Soulsby, J. M., & Lau, M. A. (2000). Prevention of relapse in major depression by mindfulness–based cognitive therapy. *Journal of Consulting and Clinical Psychology, 68,* 615–623.

# 제2부
# 특정 질병과 인구집단에 대한 수용과 마음챙김의 적용

제2장 만성통증에 대한 수용전념치료

제3장 마음챙김, 수용, 가치, 대처를 통한 간질의 분석과 치료

제4장 당뇨병과 비만, 2차 예방에서 건강행동의 문제

제5장 수용전념치료: 금연에 대한 유망한 접근법

제6장 불면증

제7장 암과 말기질환에 대한 마음챙김

Mindfulness and Acceptance
in Behavioral Medicine

# 만성통증에 대한 수용전념치료

케빈 E. 바울스(Kevin E. Vowles)
Musculoskeletal Pain Assessment and Community Treatment Service Haywood Hospital,
Stoke-on-Trent PCT & Primary Care Sciences Research Centre,
Keele University

마일즈 톰슨(Miles Thompson)
Bath Centre for Pain Services, Royal National Hospital
for Rheumatic Diseases NHS Foundation Trust

만성통증은 사람들이 흔히 겪는 증상이다. 만성통증 유병률은 보통 성인의 15~21%로 추정되는데, 일부에서는 이보다 상당히 높은 46.5%로 추정하기도 한다(Breivik, Collett, Ventafridda, Cohen, & Gallacher, 2006; Elliott, Smith, Penny, Smith, & Chambers, 1999). 많은 사람들에게 만성통증은 일상 활동, 직업, 관계, 정서기능에 심각하게 부정적인 영향을 미치며(Breivik et al., 2006), 보건의료 이용과 지출을 야기하기도 한다(Haetzman, Elliott, Smith, Hannaford, & Chambers, 2003). 만성통증 문제에서 중요한 것은 통증이 악화되지 않게 하기 위해 사람들은 일련의 끈질기고 융통성 없는 노력을 하게 되는데, 이러한 노력이 실패할 때 고통과 장애의 끊임없는 악순환으로 이어지는 현상이다(Crombez, Eccleston, Van Hamme, & De Vlieger, 2008).

안타깝게도 현대 의료 장비나 약물은 만성통증 문제를 해결하기에 적합해 보이지 않는다. 예를 들면, 아편계 약물로도 통증 완화가 지속되지 못하는 경우가 종종 있으며, 약물 의존이나 오용 또는 변비, 졸음, 메스꺼움 등의 부작용이 생기기도 한다(Ballantyne & Fleisher, 2010; Martell et al., 2007).

주사와 경피적 전기신경자극(transcutaneous electrical nerve stimulation), 이식형 의료기기, 외과수술과 같이 장비나 개입 시술로 일단 통증이 줄었다 하더라도 오래 지속되지 못하는 경우가 종종 있으며, 이러한 절차들이 기능이나 보건의료 비용에 긍정적으로 기여하는 경우는 드물다(예: Armon, Argoff, Samuels, & Backonja, 2007; Chou et al., 2009; Nnoaham & Kumbang, 2010). 적어도 만성통증으로 고통받는 사람들 중 일부는 통증 그 자체가 근본적으로 치료가 불가능하다고 주장할 수 있다. 달리 말하면, 적어도 만성통증을 겪는 일부 사람들에 대해서는 지속적으로 통증을 줄여 주면서 임상적으로 신뢰할 만한 치료법은 없을 것이다. 비록 통증 완화를 위한 새로운 개입법이 통증과 고통을 줄여 주는 훌륭한 방법일 수도 있고, 종종 그래 왔다 하더라도, 새로운 치료법을 끊임없이 찾아 나선다는 것은 적절한 기능을 회복하기 위해서 통증이 없어져야 한다는 식의 잘못된 메시지를 강화하는 꼴이 된다(McCracken, 2005). 게다가 통증 완화 치료의 실패 경험이 누적되면 종종 패배감과 혼란, 절망감이 올라오며, 나아가 이러한 경험 때문에 통증 관련 고통이 더욱 악화되기도 한다(예: Benner, 2007).

역사적으로 심리학 지향 치료 접근법은 통증 감소라는 주류 접근법에 대한 대안적인 방법을 추구해 왔다. 본질적으로 이러한 접근법들은 통증이 지속되는 상태에서 효과적·적응적 기능을 회복한다는 목표를 둔다(예: Mayer & Gatchel, 1988). 수용전념치료(ACT)(Hayes, Strosahl, & Wilson, 1999)의 개발은 이러한 목적과 직접적으로 관련되는 많은 개선점들을 제공한다.

이 장에서는 만성통증에 대한 심리학적 개입법의 역사를 개관하고, 임상심리학이 발달하면서 어떻게 만성통증 장면에 구체적으로 통합되었는지를 살펴볼 텐데, 여기에는 최근에 개발된 ACT와 마음챙김 기반 접근법을 주축으로 하는 '제3의 동향'(Hayes, 2004)이 포함된다. 역사를 살펴봄으로써 ACT와 마음챙김 접근법이 어떻게 발전했는지 이해하고, 구체적으

로 만성통증에 적용 가능한지를 밝히는 데 도움이 되기를 바란다. 마음챙
김과 ACT는 각기 다른 전통에서 나왔지만, 이들 사이에는 논의할 만한 유
사점들이 있다. 그중에서 ACT와 마음챙김 기반 접근법은 임상 목표에서
서로 상당히 중복되는데, 여기에는 행동에 대한 언어 기반 영향력을 느슨
하게 하기, 현재에 초점을 두고 매 순간 알아차림 강화하기, 불쾌한 경험
에 반응할 때 유연성을 늘림으로써 생생하고 의미 있는 삶에 다가가기를
포함한다.

심리학 기반 접근법의 역사가 어떻게 ACT와 관련 접근법에 기여했는지
를 검토하려는 것 외에도 다른 목적이 많이 있다. 먼저 ACT 내부에서 변화
를 목표로 하는 핵심 치료 과정을 살펴보고, 마찬가지로 이러한 과정의 하
위 부분을 측정하는 방법을 살펴볼 것이다. 또한 만성통증에 대한 ACT의
효과성에 대한 증거도 다룰 것이며, 두 가지 구체적인 임상적 쟁점에 대한
간단한 논의로 마무리할 것이다.

# 만성통증에 대한 심리학적 모형의 발달

만성통증에 대한 심리학적 모형은 인류 역사의 초창기부터 존재했지만,
1965년에 멜작과 월(Melzack & Wall)이 통증에 관한 관문통제이론(Gate
Control Theory)의 윤곽을 보여 주는 논문을 발표한 이후 좀 더 현대적인 접
근법이 나오기 시작했다는 주장도 있다. 관문통제이론의 핵심은, 통증 지
각이란 역동적인 것으로서 생리적 변수는 물론 심리적 변수에 의해서 조정
되기도 한다는 것이다. 논문에 직접적으로 명시되지는 않았지만, 두 번째
주요 시사점은 상황적 · 역사적 변수들이 통증 지각에 영향을 주기도 한다
는 사실인데, 이러한 변수들은 계속되는 생리적 · 심리적 경험에 부가적인
영향을 미치기 때문이다(Fordyce, 1976; Skinner, 1953).

## 관문통제이론에서부터 인지행동 접근까지

관문통제이론의 밑바탕에 있는 이론적 가정은 임상심리학과 시사적 관련성이 있다. 그 당시 임상심리학은 문제가 되는 인간행동의 원인과 결과 및 치료와 관련하여, 프로이트 등의 정신역동이론의 가정과 다른 대체 개념화를 전개하고 있었다. 특히 조작적 접근법은 점차적으로 우위를 점하면서, 다양한 개인 및 사회 문제에 대한 성과를 입증했다(예: Baum, 2003; Franks & Wilson, 1974). 만성통증 분야에서도 윌버트 포다이스(Wilbert Fordyce) 등(예: Fordyce, 1976)은 만성통증에 대한 조작적 이론의 타당성뿐만 아니라 노출과 기술 훈련, 조성, 모델링, 구체적인 강화 계획 사용과 같은 치료기법의 잠재적 활용도를 인식했다.

예를 들면, 포다이스, 파울러, 레만, 그리고 델라토(Fordyce, Fowler, Lehmann, & DeLateur, 1968)는 임상 분석에 이용할 수 있는 단위로 '통증행동'이라는 개념을 도입했다. 통증행동은 통증이 있다는 사실을 호소하기 위해 사용하는 언어적이며 관찰 가능한 행동의 조합이다. 예를 들어, "아야!"라고 말하고 나서 통증이 생긴 부위를 문지르면 이는 통증행동의 한 예다. 통증행동의 발생도 다른 행동과 마찬가지로 상황과 맥락, 역사에 영향을 받는다고 이론화되었다. 위의 예를 가지고 한 걸음 더 나아가면, 문질러서 통증이 감소되면 문지르는 행위는 강화되며, 따라서 나중에 그러한 행동을 다시 할지도 모른다.

포다이스와 동료들이 개발한 접근법은 상당히 정교하며, 이를 포다이스(1976)가 자세히 기술해 놓았다. 통증환자가 병원에 오면 통증행동과 기능 상태에 대해 세밀하게 평가한다. 평가와 기능 분석, 환자가 보이는 행동 양상에 대한 개념화를 하고 나면, 조작적 방법을 사용하여 도움이 안 되는 행동이나 과도한 진통제 복용과 같은 문제행동을 점진적으로 소거하고, 지속적인 활동 개선 같은 좀 더 적응적인 행동을 조성하고 강화하며, 장애가 있

는 기술을 훈련한다. 만성통증을 앓고 있는 사람들의 통증행동과 진통제
복용을 현저히 감소시키고, 전반적인 기능 수준을 향상시키는 면에서 조작
적 접근법에 대한 설득력 있는 증거가 있다(예: Flor, Fydrich, & Turk, 1992
의 메타분석 참조). 이러한 성과는 조작적 행동 이론 기반 개입법의 효과가
입증된 다른 임상 분야에서 관찰되는 결과와도 일치한다(Baum, 2003;
Skinner, 1981).

그러나 일찍부터 조작적 접근법으로는 인간의 인지와 언어를 적절히 설명
할 수 없다는 우려가 있었다(예: Bandura, 1969). 특히 혼잣말이나 생각과 같
이 관찰 불가능한 행동을 포함하여 언어행동은 다소 독특하며, 실험실에서
증명되어 나온 행동 원칙을 적용하지 못한다는 문제가 제기되었다(Chomsky,
1959; Hayes, Luoma, Bond, Masuda, & Lillis, 2006 참조). 동시에 인지에 대한
상식적인 모형이 임상심리학의 폭넓은 영역에 자리 잡고 있었는데, 잘 알
려진 예는 벡, 러시, 쇼, 그리고 에머리(Beck, Rush, Shaw, & Emery, 1979)의
인지치료다. 인지치료의 원리는 역기능적이거나 부적응적으로 보이는 생
각을 논리적으로 분석하고, 수정하고, 검증하는 것이다(Clark, 1995). 인지
기법은 그 유용성이 입증된 조작적 접근법과 결합하여 인지행동치료, 흔히
CBT로 알려졌다.

조작적 행동 접근법을 포함한 이전의 작업과 마찬가지로, 더욱 폭넓게 발
전한 임상심리학은 만성통증 분야에서 활용하도록 수정되었다. 특히 만성
통증의 핵심 문제는 통증에 관한 문제 신념과 함께 다루어야 한다는 생각은
그럴듯해 보였고, 치료 접근법은 윤곽이 잡혔다(예: Turk, Meichenbaum, &
Genest, 1983). 이후 수십 년 동안 만성통증 환자의 기능에서 사고와 신념의
역할을 지지해 주는 증거들이 생겨났다. 사실상 지금은 널리 알려진 만성
통증과 관련한 많은 개념이 이러한 상식적 인지 전통에서 출현했고, 기능
과 관련이 있었다. 이들 개념은 재앙화, 불안 민감성, 자기효능감, 통제 신
념, 질병 지각, 변화 동기와 같은 구성개념을 포함한다(Gatchel, Peng,

Peters, Fuchs, & Turk, 2007).

조작적 기법뿐만 아니라 더 일반적으로 CBT와 일치하는, 인지 변화 접근법을 통합하는 치료법이 출현하였다. 지금까지 CBT 접근법이 만성통증에 대해 상당히 잘 작용한다는 타당한 증거가 있다. 예를 들면, 적어도 세 편의 메타분석에서 조작적 접근법과 인지행동 접근법이 만성통증에 비교적 좋은 효과가 있는 것으로 나타났다(Hoffman, Papas, Chatkoff, & Kerns, 2007; Morley, Eccleston, & Williams, 1999; Ostelo et al., 2005). 반면에, 가장 최근에 수행된 메타분석에서는 기존 문헌의 여러 결점을 언급했고, 이전 문헌과 비교하여 좀 더 엄격하고 보수적인 메타분석 접근을 활용하면 그 결과가 기존에 보인 만큼 좋지는 않을 것이라고 지적했다(Eccleston, Williams, & Morley, 2009).

# 만성통증에 대한 인지행동 접근법 비판

비록 만성통증에 대한 CBT 접근법에 관한 연구들이 일반적으로 가설을 지지하는 증거를 제시한다 하더라도, 많은 부분에서 명료성이 부족하거나 모형에서 나온 원리를 데이터가 구체적으로 뒷받침해 주지 못한다. 이러한 한계가 CBT를 전체적으로 약화시키지는 않더라도 명료성을 향상시키는 집중적인 작업이 필요하거나 모형에 대한 수정을 고려해야 할 가능성은 있다.

첫째, CBT는 기법들의 광범위한 조합을 위한 잡동사니 용어가 되어, 분명하고 잘 통합된 이론 틀이 없을 때 종종 적용된다(Eccleston et al., 2009). 특정한 CBT 일괄 프로그램은 치료마다 상당히 다른 구체적인 요소들을 포함하기도 한다(Morley et al., 1999). CBT 일괄 프로그램 간에 이러한 일관성의 결여를 고려하면, 특정 결과에 대한 특정 치료기법의 개별적인 기여를 구분해 내기가 어렵고, 치료의 비효과적인 요소를 효과적인 요소로부터 분리하기도 어려워 보인다. 간단히 말하면, CBT의 작동 과정은 분명하지 않다.

둘째, 인지적 접근의 핵심 가설 중의 하나인 구체적인 인지 변화 기법이 적응적 행동 변화를 가져오는 데 핵심이라는 가정(Clark, 1995; Beck et al., 1979)은 경험적으로 검증되지 않았다. 예를 들어, 만성통증의 긍정적인 치료 결과를 얻기 위해 인지 변화를 목표로 하는 방법을 포함할 필요는 없다(Vowles, McCracken, & Eccleston, 2007). 더구나, 인지 변화 방법을 포함한다고 해서 만성통증에 대한 개입의 효과성을 신뢰할 만하게 향상시킨다고 보기도 어렵다(Smeets, Vlaeyen, Kester, & Knottnerus, 2006). 그러한 결과들은 우울과 불안에 대한 치료 시행에서도 나타나는데, 이 경우 구체적인 인지 변화 기법이 긍정적인 결과를 위한 필수 요소도 아니며, 그러한 기법을 포함한다고 해서 더 큰 향상을 보이는 것도 아니다(Hayes et al., 2006; Longmore & Worrell, 2007).

셋째, CBT 내에 일치된 이론 모형이 없다는 사실은 모형 자체가 지나치게 복잡하고 모호하다는 의미이기도 하다. 기존에 만성통증 장면에서 통증과 관련이 있는 것으로 알려진 많은 사고와 신념, 지각이 다른 사고와 신념, 지각과 어떻게 구분이 되는지 또는 서로 영향을 미치는지에 대해서는 명확하지 않다(Vowles, Wetherell, & Sorrell, 2009). 실제로 관련 구성개념들 간에 유의한 공유변량이 있다는 증거가 있다(예: Foster, Thomas, Bishop, Dunn, & Main, 2010).

넷째, 실험 패러다임에 기반한 조작적 행동 기법들과는 대조적으로(Franks & Wilson, 1974; Hayes et al., 2006), 적용된 인지치료 개입법들과 기초 인지과학 사이에는 관련성이 약하다. 예를 들어, 인지신경과학은 점차로 통증 지각과 같은 인지 과정을 이해하기 위해 피질 기능을 검사하는 영상 연구 방향(예: Borsook & Becerra, 2006; Guedj, 2009)으로 가고 있는 데 반해, 이러한 연구가 임상장면에서 타당한지, 또는 통증환자의 적응적인 행동 변화를 가져올 기법을 만들어 내는 데 도움이 되는지는 분명치 않다.

마지막으로, 실용적인 관점에서 만성통증에 대한 인지행동치료의 변화를 위한 목표 행동들은 현재나 미래 기능과는 거의 관련성이 없다. 이러한 행동들은 이완이나 주의 분산 전략, 활동 속도 조절, 운동, 긍정적으로 사고하기를 포함한다. 현재는 많은 연구들에서 이러한 전통적으로 고안된 '대처전략'은 정서 및 신체 기능과 약한 정도로만 관련이 있음을 보여 주는 설득력 있는 증거들이 있다(간단한 개관을 위해 Curran, Williams, & Potts, 2009; Vowles & McCracken, 2010 참조). 이러한 결과는 특히 이완이나 주의 분산, 활동 속도 조절, 운동, 부적응적인 인지에 대한 도전과 같은 개입법이 강조되고, 종종 만성통증에 대한 학제적 치료 프로그램의 핵심 요소로 간주될 때 현저하게 나타난다(예: Main, Sullivan, & Watson, 2008의 9~11장 참조). 적어도 만성통증 치료에서 이러한 특정 구성요소들의 역할을 재평가하는 작업은 타당한 듯 보인다.

요약하면, 만성통증을 다루는 CBT 문헌들에는 어느 정도의 모순이 있다. 우선 그것은 인간의 인지와 관련한 좀 더 정교한 모형의 가능성을 제공하며, CBT의 효과성을 보여 주는 타당한 데이터도 있다. 그러나 구성요소와 핵심 과정에 관한 모형이 명료하지 않으며, 기존의 데이터는 특히 인지 기법과 인지 변화가 개선에 필수적이라는 핵심 가정과 관련해서 수립된 구체적인 가설들의 일부를 지지하지 못한다.


# 만성통증에 대한 ACT와 마음챙김 기반 접근법


최근 '제3의 동향' 접근법은 기존의 조작적 모형과 인지 모형의 변형이며, 더 발전된 형태로 보이기도 한다. 이러한 새로운 방법은 많은 점에서 조작적 행동 이론과 더욱 일관되게 결합되는데, 행동 기술에 대한 기능 분석을 강조하고, 여러 환경과 증후군을 관통하는 공통적인 기본 과정을 찾아내려는 작업을 한다는 점에서 그렇다(Hayes et al., 2006). 뿐만 아니라, 그들은 인간의 언어와 인지, 특히 언어 기반 과정의 임의적 속성, 그리고 이러한 과정이 인간의 삶에 미치는 해로운 결과에 관해 더욱 정확하고 정교하게 이해함으로써 초기 인지적 접근법들의 목표를 따른다. 이러한 접근법의 핵심은 인간의 고통에 대한 좀 더 적절한 이해를 이끌어 내고, 그 이해를 직접적으로 치료 기술에 적용하고, 궁극적으로 이러한 치료가 인간의 고통을 감소시킬 뿐 아니라 더욱더 효과적이고 의미 있게 기능하도록 하는 것이다.

만성통증과 관련해서 '수용'이 도움이 될 수 있다는 생각은 상당히 그럴듯하다. 이러한 생각은 사실상 새로운 것이 아니며 포다이스(1976) 이래로, 아니 그 이전부터도 있었다(예: Rogers, 1946). 실제로 만성통증 문제에 적용된 ACT 모형은 통증을 수용하는 것이 바로 치료라는 단순한 생각과 달리 훨씬 더 폭넓고 복잡하다. '수용'이라는 용어 자체는 불필요한 의미를 내포하기도 해서, 통증환자는 그것을 '희망을 포기하는 것'과 같은 의미로 받아들일 수도 있다(Viane et al., 2003). 이 분야의 초기 저작(예: McCracken, 1998)에서 수용으로 논의되었던 개념이 이제는 심리적 유연성이라는 개념으로 더욱 폭넓고 정확하게 정의될 수 있으며, ACT의 일차 목표는 심리적 유연성을 촉진하는 것이다(Hayes et al., 2006). '심리적 유연성'은 주어진 기회와 자신의 목표, 가치에 따라 행동을 유지하거나 변화시키면서 매 순간 현재의 경험에 직접적이고 개방적으로 접촉하는 것으로 정의된다(Hayes et al., 2006). 또한 ACT에서 '심리적'이라는 말은 생각과 느낌과 같은 사적인 심리적 경험을 포함하는 것뿐만 아니라 사적인 행동인지 공적인 행동인지와 관계없이 행위의 유연성을 포함하기 위해서도 사용된다는 점을 주목할 필요가 있다(Hayes et al., 2006).

〈표 2-1〉 만성통증의 경험에 적용된 ACT 과정

| ACT 과정 | 심리적 경직성 | 심리적 유연성 |
|---|---|---|
| 경험 회피/수용 (비자발적/자발적) | 통증, 피로, 기타 불편한 신체감각, 곤란한 생각, 외상적 기억, 불쾌한 정서를<br><br>그냥 존재하도록 두지 않고, 회피하려 하거나 기꺼이 경험하려 하지 않거나 또는 억제나 도피, 회피를 위한 실효성 없는 시도를 통해 억제하려고 애쓴다. | 통증, 피로, 기타 불편한 신체감각, 곤란한 생각, 외상적 기억, 불쾌한 정서는<br><br>여전히 존재하지만, 자신의 가치와 목적을 추구하는 과정에서 지금 이 순간, 그다음, 그리고 그다음 순간에도 그것들을 기꺼이 경험하려고 한다. |
| 융합/탈융합 | 개인의 사적 경험이 사고나 심상, 기억이나 기타 다음과 같은 반응의 지배를 받는다.<br><br>예측과 평가, 추론, 규칙, '해야만 한다.' '할 수 없다.' | 예측, 평가, 추론, 규칙, '해야만 한다.' '할 수 없다.'<br><br>'나는 실패자다.' '나는 아프다.' '나는 환자다.' '나는 노력해야 한다.' '나는 완벽주의자다.' '나는 항상 끝까지 해낸다.' |
| 내용적 자기/ 맥락적 자기 | 행위는 자기를 나타내는 이야기, 평가, 판단에 의해 결정된다. 예를 들면, 다음과 같다.<br><br>'나는 실패자다.' '나는 아프다.' '나는 환자다.' '나는 노력해야 한다.' '나는 완벽주의자다.' '나는 항상 끝까지 해낸다.' | 이와 같은 반응은 여전히 일어나지만, 이러한 사고와 특정 행위 간의 강력한 결합은 느슨해지고, 이제 선택과 기회의 가능성이 생긴다. |
| 과거나 미래의 지배/ 현재 순간의 알아차림 | 행위와 선택은 과거 기억과 미래에 대한 두려움에 의해 결정된다. | 마음은 여전히 과거에서 미래로 방황하지만, 개인은 이를 관찰하고, 다른 시기의 생각과 유동적으로 연결시키며, 자각을 현재 순간의 행동으로 되돌릴 수 있는 능력을 가지고 있다. |
| 가치 결여/ 명료한 가치 | 개인적으로 무엇이 가장 중요한지 명확하지 않다. 대신에 행동은 통증을 줄이거나 기타 고통스러운 심리적 경험을 제거하려는 강렬한 욕구에 의해 결정된다. | 개인은 자신의 삶(가치)에 부여한 의미와 분명하게 접촉하며, 이러한 의미에 도움이 되는 행동에 전념한다. |
| 아무것도 안 하거나 '완고하게' 고집하기/전념행동 | 행위는 충동적이거나 일시적이며, 지속적이지 못한 특징을 갖는다. | 행위는 유연하게 지속되고, 적극적이면서 회피 아닌 목표 행동을 선택하고 재선택하는 과정을 포함하며, 특정 방식이 효과가 없으면 그것을 변경하는 것이 가능하다. |

본질적으로, ACT 기반 치료는 통증환자로 하여금 통증과 고통, 거기에 수반되는 경험에 유연하게 반응할 수 있도록 하여, 이러한 경험과 쓸데없이 투쟁하는 것이 줄고, 그것들과 함께 잘 살아가기 위한 선택이 늘어나며, 자신의 목표와 가치에 따라 행동하게 하는 것이다. 예를 들어, 만약 통증을 겪고 있는 사람이 충만하고 의미 있는 삶을 살아가기 위해 의심이나 조건 없이 그 통증을 온전히 경험하려 한다면, 그러한 행동 양상은 심리적 유연성의 한 예가 될 것이다. 나아가 순간순간, 때때로 제멋대로인 욕구와 생각, 느낌, 감각의 변화에, 그리고 자신의 가치의 지속적인 현존에 좀 더 민감해지면, 이러한 경험을 할 때의 행동 선택 폭이 좀 더 넓어지고, 통증이나 다른 불쾌한 경험의 영향으로부터 좀 더 자유로워질 수 있다. 이러한 과정이 ACT 치료의 주된 관심사다.

ACT 모형에서, 심리적 유연성은 대단히 중요한 과정으로 6개의 상호 연관된 과정으로 구성되어 있으며, 이 책의 제1장에서 자세히 다루었다 (Hayes et al., 2006 참조). 이 6개 과정을 만성통증과 연관시키면 〈표 2-1〉과 같이 간략히 요약될 수 있다. 여기서 각각의 과정은 서로 관련되며 하나의 과정이 다른 과정과 중복될 수 있다는 것을 주목할 필요가 있다. 따라서 의미상 어느 하나를 분석하는 것은 적어도 다른 과정에 대한 주변 분석을 포함한다.

# 측정도구

현재까지 여러 측정 도구가 ACT 모형에서 개발되어 만성통증 장면에 사용되었는데, 이어지는 절에서는 이러한 척도들을 검토할 것이다. 또한 여기서 다루지는 않지만 ACT 과정을 활용하는 많은 측정도구가 있는데, 마음챙김 측정도구(예: Mindful Attention and Awareness Scale)(Brown & Ryan,

2003)와 만성통증에 특화되지 않은 측정도구[예: 수용행동척도(Acceptance and Action Questionnaire)](Bond et al., 발간 중)가 그 예다. 8장에서는 수용과 마음챙김에 관련된 더 다양한 측정도구를 살펴볼 것이다. 우리는 이들 측정도구 중 나중에 제시할 치료 과정과 결과에 적절한 두 가지를 검토할 것이다.

## 만성통증 수용척도

확신컨대 만성통증에서 가장 폭넓게 사용된 ACT 과정 측정도구는 만성통증 수용척도(Chronic Pain Acceptance Questionnaire: CPAQ)일 것이다. 원판 CPAQ는 미발간 박사학위 논문에서 사용되었다(Geiser, 1992). 이 측정도구의 초판을 사용한 문헌은 CPAQ 총점이 통증 강도에 의해 설명되는 변량 외에도 만성통증 환자의 기능의 유의한 변량을 설명한다는 것을 보여 준다(Esteve, Ramírez-Maestre, & López-Martínez, 2007; Mason, Mathias, & Skevington; 2008; McCracken, 1998). 또 다른 연구(McCracken, 1999; McCracken, Vowles, & Eccleston, 2004)에서는 척도의 내용과 내적 합치도, 요인 구조를 살펴보았다. 분석 결과에 따라 수정된 20개 문항 척도가 만들어졌고, 이는 두 개의 하위척도인 활동참여(activity engagement)와 통증수용(pain willingness)으로 이루어져 있다. 활동참여 하위척도는 지속적인 통증을 겪으면서도 활동에 직접적으로 참여하는 정도를 나타내며(예: "나는 만성통증이 있을지라도 충만한 삶을 산다."), 통증 수용척도는 통증을 회피하거나 통제하려는 시도를 하지 않고, 그것을 온전히 경험할 수 있는 능력을 반영한다(예: "통증이 없어야 중요한 계획을 세울 수 있다."-역산). 수많은 연구가 수정판 CPAQ를 지지하며, 또한 우수한 수렴타당도와 변별타당도를 보여 준다(개관을 위해서는 Reneman, Dijkstra, Geertzen, & Dijkstra, 발간 중, 참조).

좀 더 최근 연구(Vowles, McCracken, McLeod, & Eccleston, 2008)에서는

2개의 대규모 표본에 대해 탐색적 요인분석과 확인적 요인분석 모두를 실시하였으며, 위에서 기술한 2요인 구조, 20개 문항에 대해 추가로 지지해준다. 많은 통증 수용척도의 심리측정 속성에 대한 최근의 체계적인 개관에서, CPAQ는 내적 합치도와 구성타당도, 신뢰도에 대한 긍정적인 평가에 의해 전체적으로 가장 좋은 결과를 보인 것으로 나타났다(Reneman et al., 발간 중). CPAQ는 독어(Nilges, Koster, & Schmidt, 2007), 스페인어(Esteve et al., 2007), 스웨덴어(Wicksell, Olsson, & Melin, 2009), 광둥어(Cheung, Wong, Yap, & Chen, 2008)로 번역되었으며, 청소년용(McCracken, Gauntlett-Gilbert, & Eccleston, 2010)도 개발되었다.

## 만성통증 가치척도

ACT 모형으로 작업하는 이들에게 가치의 중요성은 자명하다. 그러나 그것을 주의 깊게 측정하려는 시도는 여전히 초보 단계에 머물러 있다. 만성통증 가치척도(Chronic Pain Values Inventory: CPVI)는 자기보고식 척도로, 가족, 친척, 친구, 직업, 성장 및 학습을 포함한 6개의 가치 있는 생활영역들의 중요도와 성공도 그리고 영역 간의 불일치를 자기보고식으로 측정한다. 주요 점수는 평균 성공 점수와 성공과 중요도 간의 불일치 점수를 포함한다(McCracken & Yang, 2006). 지금까지 연구에서는 가치 성공 점수가 가장 많이 사용되었다. 결과는 가치 활동에서의 더 큰 성공은 더 나은 현재와 미래 기능과 연관성이 있으며(McCracken & Yang, 2006; McCracken & Vowles, 2008), 가치 성공의 더 큰 향상은 치료 과정 동안, 특히 3개월 추수 측정에서 더 큰 기능 개선과 상관이 있음을 시사한다(Vowles & McCracken, 2008).

# 치료 효과

우리가 알기로는 현재 만성통증 분야에서 발간된 ACT 특화 치료 효과 연구에는 아홉 편이 있으며, 간단한 실험조작의 효과를 검증한 연구가 한 편 더 있다. 그 외에 일차적으로 마음챙김 기반 치료법의 효과를 검증하는 아홉 편의 연구가 더 있다.

첫 번째 ACT 특화 연구는 소규모의 무선 통제 시행(RCT)으로 달, 윌슨, 그리고 닐슨(Dahl, Wilson, & Nilsson, 2004)에 의해 이루어졌다. 이 연구에서 통증과 스트레스에 시달리는 공공의료서비스 근로자 19명이 통상적 의학 치료, 또는 통상적 의학 치료에 더하여 4회의 60분짜리 개별 ACT 회기에 등록을 했다. 6개월 추수 측정에서 ACT를 받은 참가자는 아픈 날이 평균 0.5일($SD=1.8$일)로 통상적 의학 치료 집단의 56.1일($SD=78.9$일)에 비해 상당히 적었다. 흥미로운 것은 통증과 스트레스 수준에서는 집단 간에 유의한 차이가 없다는 것인데, 이는 이들 요인 때문에 집단 간의 차이나 ACT 집단의 개선이 나타난 것이 아님을 의미한다.

영국바스통증서비스센터(The United Kingdom-based Bath Centre for Pain Services: BCPS)는 ACT와 만성통증 관련 치료 효과 연구를 다수 발간해 왔다. BCPS에서 제공하는 치료는 집단 기반으로, 임상심리학과 물리치료, 작업치료, 간호 및 의학적 접근을 포함한 학제적 치료다. 치료 중 활성기는 3주에서 4주로, 환자는 주 5일, 하루 약 6.5시간 참여한다. 전형적인 치료 일정은 신체훈련 약 2.25시간, 심리기법 1시간, 마음챙김 훈련 30분, 활동 관리 1시간으로 이루어져 있다. 시간은 기술 훈련과 건강 및 의학 교육에 고르게 배분된다. 치료방법과 철학에 대한 개관은 맥크라켄(McCracken, 2005)을 참조하기 바란다.

이 연구집단은 여러 영역에 걸쳐 효과를 측정한다. 비록 연구마다 구체적인 측정도구는 일부 다르지만, 효과 측정은 전형적으로 신체 및 심리사회적 장애, 우울, 통증 관련 두려움, 통증으로 인한 일상의 휴식, 통증 관련 의료기관 방문, 통증 강도를 포함하며, 이뿐만 아니라 신체 기능에 대한 두 가지 측정도구로 2분짜리 걷기 속도 검사와 1분간 앉았다 일어나기를 반복하는 검사가 있다.

BCPS가 처음 발간한 효과 연구는 3~4주 거주치료 프로그램을 연속해서 마친 108명의 참가자에 대한 것으로, 이들은 3개월 추수 측정도 마친 사람들이다(McCracken, Vowles, & Eccleston, 2005). 치료와 추수 동안의 변화를 치료 대기 동일 환자집단에서 관찰된 변화와 비교 평가했다. 결과는 대기 단계에서는 거의 변화가 없었고 단지 직업적 지위만 예외적으로 개선되었는데, 이에 대해서는 설명이 어렵다. 치료가 끝난 시점에는 다른 모든 효과 측정도구에서 유의한 향상이 나타났고, 이러한 향상은 대체로 추수 측정에서도 유지되었다. 이러한 결과는 나중에 252명의 확대표본을 가지고 실시한 연구에서도 반복 검증되었다. 또한 치료로 인한 CPAQ 점수 향상은 통증 강도와 재앙화로 설명할 수 있는 변량을 제외하고도 기능 측정치들의 향상 전반에 걸쳐 유의한 독자적 설명변량을 가지는 것으로 나타났다(Vowles, McCracken, & Eccleston, 2007).

두 번째 연구는 입원치료가 요구되는 심각한 장애를 가진 환자 53명으로 이루어진 집단에서 효과 검증을 하였는데, 여기서 심각한 장애를 가진 환자란 자가 치료나 치료에 참가하기 위해 이동할 때 도움이 필요한 집단을 의미한다(McCracken, MacKichan, & Eccleston, 2007). 결과는 치료 후와 추수 단계의 전체 결과 측정에서 통계적으로 유의한 향상을 보였다. 덧붙여 임상적 유의성의 좋은 증거도 있었는데, 결과 측정 전체에서 효과크기가 중간 정도에서 큰 것으로 나타났고, 표준화된 거주형 치료 과정을 마친 환자 개인들에게서 나타난 변화 크기에서도 신뢰할 만한 변화 징후를 유사하게 보였다는 점에서 그렇다.

　　BCPS에서 나온 가장 최근의 효과 연구는 치료를 마친 171명을 대상으로 했으며, 이전 시행과 완전히 독립적으로 이루어졌고, 대상자 중 3분의 2는 3개월 추수 과정도 끝마쳤다(Vowles & McCracken, 2008). 기존 연구에서 밝혀진 결과 측정에서 유의한 향상이 추수 측정까지 반복 검증되었다. 치료의 효과크기는 중간이거나 큰 것으로 나타났다. 또한 추수 측정에서, 환자의 75.4%가 장애와 통증 관련 불안, 우울과 같은 주요 영역 중 최소 한 가지에서 신뢰할 만한 변화를 보였다. 게다가, 61.4%는 이들 영역 중 최소 두 가지에서 신뢰할 만한 변화를 보였다. 과정 분석은 통증 수용(CPAQ)과 가치 기반 행위(CPVI)의 향상이 기능의 향상과 관련이 있다는 것을 보여 주며, 측정 결과에 대한 설명량의 평균 17%를 차지하는 것으로 나타났다.

　　스톡홀름의 카롤린스카 병원에 근거지를 두고 있는 스웨덴 그룹 또한 여러 효과 연구를 발간했는데, 이 중 두 가지는 만성통증을 겪는 청소년용 ACT를 검증한 것이다. 첫째는 만성 특발성 통증을 겪고 있는 14명의 청소년에 대한 사례군(case series) 연구다(Wicksell, Melin, & Olsson, 2007). 치료 기간은 청소년 혼자서 매주 1회, 평균 14.4회기($SD=6.6$), 청소년과 부모가 함께하는 부가적인 만남은 평균 2.4회기($SD=2.9$)였다. 치료가 끝난 시점과 3개월 추수 및 6개월 추수 측정에서 기능적 능력과 학교 출석, 통증 강도, 통증으로 인한 방해, 재앙화에서 유의한 향상을 보였다. 두 번째 연구는 만성통증을 겪는 청소년 32명을 대상으로 한 RCT였다(Wicksell, Melin, Lekander, & Olsson, 2009). 환자들은 회기당 60분짜리 ACT 10회나 ACT가 아닌 학제적 치료에 무선 할당되었다. 치료 후와 3개월 추수 및 6개월 추수 측정에서 두 개입법 모두 유의한 향상이 나타났다. 그러나 ACT에 참여한 청소년이 장애와 통증 강도, 통증으로 인한 방해, 통증 관련 불편감에서 더 큰 감소를 보였으며, 중간에서 큰 효과크기로 ACT를 더 지지하는 것으로 나타났다.

　　이 그룹은 또한 편타성 손상 관련 장애를 앓고 있는 성인을 대상으로

RCT를 이용해 ACT 효과를 검증하였다(Wicksell, Ahlqvist, Bring, Melin, & Olsson, 2008). 성인 21명의 결과를 대기집단과 비교하였다. ACT 집단은 60분짜리 개인 회기를 10회 받았다. 치료 종료 후 4개월 추수 및 7개월 추수 측정까지, ACT를 받은 사람들은 대기 통제집단과 비교하여 장애와 삶의 만족도, 통증에 대한 두려움, 우울, 심리적 유연성에서 더 큰 향상을 보였다.

위의 연구들에 더해, 보울스 등(Vowles et al., 2009)은 두 개의 예비연구 결과를 발표했는데, 하나는 대학병원 외래환자 통증관리 클리닉에서 수행되었고, 다른 하나는 재향군인병원에 근거지를 두고 이루어졌다. 외래환자 연구는 90분짜리 집단 회기를 8회 진행하였으며, 결과를 보면 11명의 환자 중 9명이 정서와 신체 기능 측정에서 적어도 중간 정도의 향상을 보였다. 두 번째 연구는 ACT 또는 CBT 집단 회기로 실시되었다. 결과는 ACT 집단의 환자 6명 중 5명이, 그리고 CBT 집단의 환자 5명 중 3명이 정서와 신체 기능 측정에서 적어도 중간 정도의 향상을 보였다.

마지막으로, 한 무선 통제 실험연구는 요통을 겪는 74명의 표본에 신체 기능 검사에 대한 짧은 교육용 안내문의 효과를 평가하였다(Vowles, McNeil, et al., 2007). 참가자에게 일곱 가지 일련의 신체 과제를 두 번 완성하도록 했다. 두 번의 과제 사이에 참가자는 무선 할당되어 과제 수행 능력을 향상시킬 수 있는 방법을 녹음한 간단한 교육용 안내문 세 가지 중 하나를 들었다. 첫 번째 안내문은 참가자에게 통증을 통제하도록 지시했고(통증 통제), 두 번째 안내문은 기꺼이 통증을 느껴 보면서, 그것을 통제하려는 시도는 하지 말도록 지시했다(통증 수용). 세 번째 안내문은 비활성 통제를 의도한 것으로, 참가자로 하여금 이전 과제 수행을 단순히 반복하도록 지시했다(지속 수행). 일차 분석은 통증 수용을 지시받은 참가자가 통증 통제를 지시받은 참가자에 비해 기능에서 전반적으로 더 큰 향상을 보였다. 통증 수용 집단은 수행에서 16.3% 향상을 보였고, 통증 통제 집단은 8.3% 악화되었으며, 지속 수행 집단은 2.5% 향상되었다.

ACT 연구와 마찬가지로, 마음챙김 효과 연구도 만성통증 분야에서 이루어졌다. 초기 연구는 카밧진 등(Kabat-Zinn, 1982; Kabat-Zinn, Lipworth, & Burney, 1985; Kabat-Zinn, Lipworth, Burney, & Sellers, 1986)이 주도했다. 첫 번째 효과 연구는 1982년에 발간된 것으로, 나중에 마음챙김 기반 스트레스 감소(MBSR)로 알려진 2시간짜리 10회기 프로그램을 마친 51명의 대상자를 분석한 것이다. 치료가 끝났을 때, 거의 3분의 2가 통증에서 33% 이상 감소를 보였고, 4분의 3은 기분장애에서 33% 이상 감소를 보였으며, 절반 이상이 정신과적 증상에서 33% 이상 감소를 보였다(Kabat-Zinn, 1982). 1985년에는 90명의 연구 대상이 동일한 프로그램을 마치고 나서, 통증, 부정적 신체 이미지, 활동 방해, 불안, 우울, 약물 사용, 자존감에서 유의한 향상을 보고했다. 흥미롭게도, 응답자의 70% 이상이 처음 교육이 있고 나서 15개월까지 여전히 마음챙김을 수련하고 있었다(Kabat-Zinn et al., 1985).

좀 더 최근의 마음챙김 연구는 만성통증의 다양한 영역에서 이루어졌는데, 류머티스 관절염(Pradhan et al., 2007)과 노인환자의 요통(Morone, Greco, & Weiner, 2008), 섬유근육통을 앓고 있는 여성(Grossman, Tiefenthaler-Gilmer, Raysz, & Kesper, 2007; Sephton et al., 2007), 만성통증과 관련된 상실(Sagula & Rice, 2004)에서 MBSR의 효과 분석이 이루어졌다. 각각의 연구는 긍정적인 치료 효과를 보여 주었으며, 심지어 3년 또는 4년 장기 추수 측정에서도 유지되었다(Kabat-Zinn et al., 1986; Grossman et al., 2007).

앞에 제시된 증거는 ACT 또는 마음챙김 접근법에 근거한 치료를 통해 환자들이 통증의 다양한 영역에서 유의한 감소를 경험했음을 보여 준다. 통제 조건을 사용한 이 연구들은 ACT 또는 마음챙김이 통제 조건과 최소한 동등하며, 종종 더 우수하다는 것을 보여 주는 경향이 있다. 비록 추수 측정 간격을 더 길게 할 필요가 있다 하더라도, 추수 데이터는 전반적으로 희망적이며, 특히 ACT 기반 치료에서 그렇다. 물론 앞에 언급된 연구들은 그것들이 차이가 나는 방식에서도 주목할 만하다. 치료 시간은 4시간부터 90시간 이상까지 다양한데, 이는 표본의 특성(예: 청소년과 노인)과 설정 (예: 개인, 집단, 외래 환자, 거주 환자, 입원 환자), 표본크기, 사용된 측정도 구에서도 그렇다. 적용의 범위가 이렇게 폭넓은 것은 어찌 보면 당연한데, ACT와 마음챙김이 목표로 하는 과정이 통증환자만이 아니라 인간에게 보편적으로 적절해 보이기 때문이다. 향후 특히 ACT 연구의 경우, 더 높은 검증력과 통제 시행, 장기간의 효과 측정을 포함하여 더 많은 작업이 분명히 필요하다.

# 임상적 쟁점

지금까지 이 장은 문헌에서 많이 받아들여지고 있는 주제를 논의했다. 당대의 임상 발달에 기여한 역사를 검토했고, 과정과 측정에 관한 쟁점들을 논의했으며, 치료 효과 문헌들을 개관했다. 이 장에서 우리는 또한 ACT 의 적용과 관련한 몇 가지 주요 임상적 쟁점을 강조하고자 한다. 첫 번째 절에서는 임상적 태도 또는 임상적 상호작용에서 행동하는 방식에 대한 것을 다룬다. 두 번째 절은 통증환자가 치료 장면에 드러내는 개인력에 관한 것으로, 이것은 환자가 보이는 문제행동 양상을 더 잘 이해하도록 도와준다.

## 치료적 자세

ACT를 처음 하는 치료자는 ACT를 '행하기' 위해서는 은유와 체험적 연습을 정확하게 재현하면 된다는 생각으로 은유와 체험 연습에만 주력할 위험이 있다. 초보 ACT 치료자가 자신의 경력을 엄격한 프로토콜에 따라 시작하는 것은 이해할 만하지만 이는 단지 출발점에 불과하며, 경험은 장기간에 걸쳐 향상될 수 있다는 것을 기억해야 한다. ACT는 암기식으로 전달하는 것이 아니며 유연성을 가지고, 또한 우리 자신과 환자 스스로가 놓인 상황에 가장 적합하게 매 순간 적용할 수 있는 능력으로 행하는 것이다.

간단히 말하면, ACT는 주로 유연성의 증가와 관련이 있다. 자연스럽게 치료자의 역할은 치료 관계 안팎에서 이것을 지지하고 촉진하는 것이다. ACT는 '정신병리'와 같은 용어가 유용하지 않다고 보는 경향이 있으며, '정상'과 '비정상' 행동의 뚜렷한 경계도 정하지 않는 경향이 있다. 대신에, ACT 모형은 심리적 경직성이 치료자와 내담자를 포함한 우리 모두 안에 존재하는 일상적 언어 과정에서 생겨나는 것으로 본다. ACT 치료자는 행동을 '적응적인' 것에서부터 '부적응적인' 것까지, '기능적인' 것에서부터 '역기능적인' 것까지, 또는 '실효성 있는' 것에서부터 '실효성 없는' 것까지 하나의 연속선상에 있는 것으로 본다. ACT는 치료자에게 모형과 과정을 내담자의 행동에 단순히 적용하는 것이 아니라, 치료자 자신의 행동에 적용하도록 요구한다. 실제로, ACT 치료자에게 도전이 되는 것은 내담자와 치료자 자신, 그리고 둘 간의 역동적인 상호작용의 과정을 따라가는 것이다. 치료자의 핵심 과제는 내담자의 주된 치료 목표와 동일하다. 즉, 자신의 행동에 시시각각 미치는 영향을 알아차리고 이 안에서 유연성을 가지고 가치와 목표를 향한 행위를 가능하게 하는 것이다.

치료자 자신의 심리적 경직성이 행동에 나타나고, 내담자의 행동에 도움이 안 되는 식으로 영향을 주는 경우가 많다. 예를 들면, 내담자가 자신들이 회기 중에 말하거나 예측하고 경험하는 문제를 해결하도록 도우려 할 때 우리는 정보나 충고를 줄 수 있으며, 이해를 도우려 애쓸지도 모른다. 그렇게 함으로써 우리는 내담자를 편안하게 하거나 위안을 줄 수도 있다. 우리는 내담자의 고통을 줄이기 위해 무엇인가를 할 것이다. 심지어 우리는 다른 사람의 고통을 바라보는 우리 자신의 불편감을 줄이기 위해 그렇게 할지도 모른다. 비록 이러한 반응이 정상적이고, 자연스러우며, 자동적이라 할지라도, 즉 그것이 내담자와 치료자 모두를 배려하는 것으로 보일 지라도, 때때로 이런 순간에 심리적 유연성을 촉진하는 더 좋은 방법은 내 담자가 이러한 불편감과 함께 머물고, 그들이 겪고 있는 상황을 더 온전 히, 더 기꺼이 경험하도록 돕는 것이다. 이는 특히 문제가 심각하거나 복 합적일 때 적용될 수 있는데, 그러한 경우에 단순한 충고는 특별히 도움이 되지 않을 수 있다. 많은 치료 접근법에서 강조되는 반영적 경청 기법은 치료자의 주된 역할이 내담자가 경험하고 있는 것을 이해하려 하고, 이해 하고 싶은 욕구를 전달하고, 이해하고 있음을 보여 주는 것이라는 점에서 ACT의 목적과 일치한다(예: Rogers, 1946; Miller & Rollnick, 2002; Tsai et al., 2008).

또한 치료자의 욕구가 그렇게 하는 것이 '옳았으면' 하는 것일 수도 있 는데, 이러한 욕구로 인해 치료자가 보일 수 있는 행동 양상은 자신의 태도 를 방어하려 한다거나 무엇이 바람직한 것인가를 가르치려 하는 것, 환자 에게 특정 행위 방침을 납득시키거나 강제하려는 것이다. 치료자가 이러한 행동에 의해 어떤 목적이 달성되는지, 그리고 그렇게 하는 것이 환자가 더 자유롭고, 기능적이며, 효과적으로 살아가는 데 직접적으로 기여하는지를 아는 것은 도움이 될 것이다. 어떤 경우에는 그럴 수도 있지만, 대부분은 그렇지 않은 것 같다.

## 통증 환자의 개인력

환자가 치료를 받으러 오기 전에 환자에게 벌어졌을 다양한 이야기의 일 부를 잠깐 검토해 볼 필요가 있는데, 그렇게 하면 현재 행동 양상이 도움이 되든 그렇지 않든 간에 그런 행동 양상이 나타나게 된 배경을 이해하는 데 도움이 될 수 있기 때문이다. 비록 모든 환자가 이러한 경험들 전부 또는 일부를 가지고 있는 것은 아니지만 이런 이야기들은 우리의 경험상 각기 다른 환자들에게 어느 정도는 공통적으로 보인다.

통증이 시작되면, 아마도 환자의 마음 속에서는 주치의가 직접 해결해 주거나 아니면 다른 의사에게 신속히 의뢰해 줄 것이라는 기대가 올라올지도 모른다. 아마도 친구들은 환자에게 비슷한 문제에 대한 자신의 경험담과 어떻게 좋아졌는지를 이야기할지도 모른다. 이런 경우에 전문가는 비슷한 상황에서 이런저런 방법으로 통증을 없애고, 문제를 해결했던 많은 사람들을 봤다고 자신 있게 말할지도 모른다.

어쩌면 시간이 흘러도 통증은 그대로 남아 있거나 약속된 것만큼 완화된 상태가 오래가지 않을 수도 있다. 또한 통증 완화는 일자리나 인간관계, 독립성, 집중력을 잃은 대가로 얻어지거나 아니면 기분이 저하되거나 오히려 통증이 증가하거나 약물이나 다른 물질에 의존하게 되는 결과를 낳을 수도 있다. 이러한 대가에도 불구하고, 어쩌면 환자의 마음속에서 해답은 여전히 바깥에 있어서 더 열심히 작업하거나 더 많이 요구하거나 답을 제시해 줄 또 다른 전문가를 찾아 헤매거나 또 다른 치료법에 투자할지도 모른다. 아마도 이런 방법은 또다시 실패할 것이고, 그다음에는 무너져 가는 삶을 구하기 위한 필사적인 노력이 시작될 것이다.

아마도 의학적 검사는 어떤 것이 비정상이라는 것을 보여 주지만, 그 검사를 해석하는 의사는 환자에게 아무것도 할 수 없다는 소리를 할지도 모른다. 흔히 있는 일이지만 모든 검사는 음성이며, 환자는 "아무 이상이 없다."는 소리를 듣는다. 심지어 환자가 진단이나 병에 대한 설명을 들을 때조차 그에 이어 할 수 있는 것이 없다는 말을 들을지도 모른다. 환자가 통증은 심리적인 것, "다 마음먹기의 문제입니다."라는 식의 말을 들었거나 또는 그런 말을 듣는 것을 두려워한다면 어찌 될까? 이러한 경험은 어떠한 행동 양상을 야기할 것인가?

통증을 겪는 사람들은 종종 들어 본 적도 생각해 본 적도 도움을 받아 본 적도 없는 경험을 수년간 해 왔다. 내담자가 앞으로 나아갈 수 없다는 것에 대한 좌절감에 사로잡히고, 그런 태도로 행동하게 되면 아마도 앞으로 나아가기는 더 어려울 것이다. 대신에, 무엇을 해야 할지 몰라 쩔쩔매고 있는, 그리고 유능하지 못한 치료자는 아닐까 걱정하고 있는 우리 자신의 부적절감을 알아차릴 수도 있을 것이다. 아마도 우리는 이러한 기회를 활용하여 심리적 유연성 모형을 만들 수 있고, 수용과 자발성, 그리고 우리가 하는 행동의 가치를 설명할 수 있다.

# 요 약

만성통증은 흔히 겪을 수 있으며, 환자와 그 가족의 삶을 힘들게 하는 것은 물론 그들을 돌보는 전문가에게도 많은 부담을 준다. 보건의료 전문가의 많은 관심과 노력에도 불구하고, 약물과 개입법들은 통증이라는 난관을 해결하는 데 적합하지 않은 경우가 자주 있다.

심리치료사들은 역사적으로 증상 감소의 대안으로 기능적 향상을 추구했다. ACT는 인지와 행동주의라는 양대 전통의 역사 위에 세워졌지만, 이론과 기법에서 일부는 명백하고, 일부는 좀 더 미묘한 수많은 변화를 포괄한다. ACT는 심리적 유연성 개발, 즉 사적 경험에 대한 개방성과 함께 자신의 가치와 목표의 방향으로 나아가는 데 무엇이 도움이 되는가를 토대로 행동을 유지하거나 바꾸는 것에 전념하기를 촉진하는 것이 핵심이다. 지금까지 수많은 평가 측정도구가 잘 개발되었으며, 적어도 9개의 치료 시행에 대한 효과성 검증이 이루어졌으며, 긍정적인 결과를 보여 주었다. ACT 모형이 제공하는 개념과 접근법은 만성통증에 대하여, 더 중요하게는 환자와 함께하는 우리의 치료 작업에 대하여 새로운 방향성을 제시한다.

# 참 · 고 · 문 · 헌

Armon, C., Argoff, C. E., Samuels, J., & Backonja, M. (2007). Assessment: Use of epidural steroid injections to treat radicular lumbosacral pain: Report of the Therapeutics and Technology Assessment Subcommittee of the American Academy of Neurology. *Neurology, 68,* 723-729.

Ballantyne, J. C., & Fleisher, L. A. (2010). Ethical issues in opioid prescribing for chronic pain. *Pain, 148,* 365-367.

Bandura, A. (1969). *Principles of behavior modification.* New York: Holt, Rinehart, & Winston.

Baum, W. M. (2003). *Understanding behaviorism: Science, behavior, and culture.* Oxford: Wiley-Blackwell.

Beck, A. T., Rush, A. J., Shaw, B. F., & Emery, G. (1979). *Cognitive therapy of depression.* New York: Guilford Press.

Benner, D. E. (2007). Who can help me? A chronic pain patient's view of multidisciplinary treatment. In M. Schatman & A. Campbell (Eds.), *Chronic pain management: Guidelines for multidisciplinary program development* (pp. 117-128). New York: Informa.

Bond, F., Hayes, S. C., Baer, R. A., Carpenter, K. M., Orcutt, H. K., Waltz, T., et al. (submitted for publication). Preliminary psychometric properties of the Acceptance Action Questionnaire-II: A revised measure of psychological flexibility and acceptance.

Borsook, D., & Becerra, L. R. (2006). Breaking down the barriers: fMRI applications in pain, analgesia, and analgesics. *Molecular Pain, 2,* 30. DOI: 10.1186/1744-8069-2-30.

Breivik, H., Collett, B., Ventafridda, V., Cohen, R., & Gallacher, D. (2006). Survey of pain in Europe: Prevalence, impact on daily life, and treatment. *European Journal of Pain, 10,* 287-333.

Brown, K. W., & Ryan, R. M. (2003). The benefits of being present: mindfulness and its role in psychological well-being. *Journal of Personality and Social Psychology, 84,* 822-848.

Cheung, M. N., Wong, T. C., Yap, J. C., & Chen, P. P. (2008). Validation of the Chronic Pain Acceptance Questionnaire (CPAQ) in Cantonese-speaking

Chinese patients. *Journal of Pain, 9*(9), 823-832.

Chomsky, N. (1959). A review of *Verbal Behavior* by B. F. Skinner. *Language, 35*, 26-58.

Chou, R., Baisden, J., Carragee, E. J., Resnick, D. K., Shaffer, W. O., & Loeser, J. D. (2009). Surgery for low back pain: a review of the evidence for an American Pain Society Clinical Practice Guideline. *Spine, 34*, 1094-1109.

Clark, D. A. (1995). Perceived limitations of standard cognitive therapy: A consideration of efforts to revise Beck's theory and therapy. *Journal of Cognitive Psychotherapy, 9*, 153-172.

Crombez, G., Eccleston, C., Van Hamme, G., & De Vlieger, P. (2008). Attempting to solve the problem of pain: A questionnaire study in acute and chronic pain patients. *Pain, 137*, 556-563.

Curran, C., Williams, A. C. de C., & Potts, H. W. (2009). Cognitive-behavioral therapy for persistent pain: Does adherence after treatment affect outcome? *European Journal of pain, 13*, 178-188.

Dahl, J., Wilson, K. G., & Nilsson, A. (2004). Acceptance and commitment therapy and the treatment of persons at risk for long-term disability resulting from stress and pain symptoms: A preliminary randomized trial. *Behavior Therapy, 35*, 785-801.

Eccleston, C., Williams, A. C. de. C., & Morley, S. (2009). Psychological therapies for the management of chronic pain (excluding headache) in adults. *Cochrane Database of Systematic Reviews*, 2. Art. No.: CD007407.DOI: 10.1002/14651858.CD007407.pub2.

Elliott, A. M., Smith, B. H., Penny, K. I., Smith, W. C., & Chambers, W. A. (1999). The epidemiology of chronic pain in the community. *Lancet, 354*, 1248-1252.

Esteve, R., Ramírez-Maestre, C., & López-Martínez, A. E. (2007). Adjustment to chronic pain: The role of pain acceptance, coping strategies, and pain-related cognitions. *Annals of Behavioral Medicine, 33*, 1-10.

Flor, H., Fydrich, T., & Turk, D. C. (1992). Efficacy of multidisciplinary pain treatment centers: A meta-analytic review. *Pain, 49*, 221-230.

Fordyce, W. E. (1976). *Behavioral methods for chronic pain and illness*. St. Louis, MO: Mosby.

Fordyce, W. E., Fowler, R. S., Lehmann, J. F., & DeLateur, B. J. (1968). Some implications of learning in problems of chronic pain. *Journal of Chronic Disease, 21*, 179–190.

Foster, N. E., Thomas, E., Bishop, A., Dunn, K. M., & Main, C. J. (2010). Distinctiveness of psychological obstacles to recovery in low back pain patients in primary care. *Pain, 148*, 398–406.

Franks, C. M., & Wilson, G. T. (1974). *Annual review of behaviour therapy: Theory and practice.* New York: Brunner/Mazel.

Gatchel, R. J., Peng, Y. B., Peters, M. L., Fuchs, P. N., & Turk, D. C. (2007). The biopsychosocial approach to chronic pain: Scientific advances and future directions. *Psychological Bulletin, 133*, 581–624.

Geiser, D. S. (1992). *A comparison of acceptance–focused and control–focused psychological treatments in a chronic pain treatment center.* Unpublished doctoral dissertation, University of Nevada, Reno.

Grossman, P., Tiefenthaler-Gilmer, U., Raysz, A., & Kesper, U. (2007). Mindfulness training as an intervention for fibromyalgia: Evidence of postintervention and three-year follow-up benefits in well-being. *Psychotherapy and Psychosomatics, 76*, 226–233.

Guedj, E. (2009). Neuroimaging findings in fibromyalgia: What clinical impact? *Joint, Bone, Spine, 76*, 224–226.

Haetzman, M., Elliott, A. M., Smith, B. H., Hannaford, P., & Chambers, W. A. (2003). Chronic pain and the use of conventional and alternative therapy. *Family Practice, 20*, 147–154.

Hayes, S. C. (2004). Acceptance and commitment therapy, Relational frame theory, and the third wave of behavior therapy. *Behavior Therapy, 35*, 639–665.

Hayes, S. C., Luoma, J. B., Bond, F. W., Masuda, A., & Lillis, J. (2006). Acceptance and commitment therapy: Model, processes and outcomes. *Behaviour Research and Therapy, 44*, 1–25.

Hayes, S. C., Strosahl, K., & Wilson, K. G. (1999). *Acceptance and commitment therapy: An experiential approach to behavior change.* New York: Guilford Press.

Hayes, S. C., & Wilson, K. G. (2003). Mindfulness: Method and process. *Clinical Psychology: Science and Practice, 10*, 161–165.

Hoffman, B. M., Papas, R. K., Chatkoff, D. K., & Kerns, R. D. (2007). Meta-analysis of psychological interventions for chronic low back pain. *Health Psychology, 26*, 1–9.

Kabat-Zinn, J. (1982). An outpatient program in behavioral medicine for chronic pain patients based on the practice of mindfulness meditation: Theoretical considerations and preliminary results. *General Hospital Psychiatry, 4*, 33–47.

Kabat-Zinn, J., Lipworth, L., & Burney, R. (1985). The clinical use of mindfulness meditation for the self-regulation of chronic pain. *Journal of Behavioral Medicine, 8*, 163–190.

Kabat-Zinn, H., Lipworth, L., Burney, R., & Sellers, W. (1986). Four-year follow-up of a meditation-based program for the self-regulation of chronic pain: Treatment outcomes and compliance. *Clinical Journal of Pain, 2*, 159–173.

Longmore, R. J., & Worrell, M. (2007). Do we need to challenge thoughts in cognitive behavior therapy? *Clinical Psychology Review, 27*, 173–187.

Main, C. J., Sullivan, M. J. L., & Watson, P. J. (2008). *Pain management: Practical applications of the biopsychosocial perspective in clinical and occupational settings.* Edinburgh, Scotland: Elsevier.

Martell, B. A., O'Connor, P. G., Kerns, R. D., Becker, W. C., Morales, K. H., Kosten, T. R., et al. (2007). Systematic review: Opioid treatment for chronic back pain: Prevalence, efficacy, and association with addiction. *Annals of Internal Medicine, 146*, 116–127.

Mason, V. L., Mathias, B., & Skevington, S. M. (2008). Accepting low back pain: Is it related to a good quality of life? *Clinical Journal of Pain, 24*, 22–29.

Mayer, T. G., & Gatchel, R. J. (1988). *Functional restoration for spinal disorders: The sports medicine approach.* Philadelphia: Lea & Febiger.

McCracken, L. M. (1998). Learning to live with the pain: Acceptance of pain predicts adjustment in persons with chronic pain. *Pain, 74*(1), 21–27.

McCracken, L. M. (1999). Behavioral constituents of chronic pain acceptance: Results from factor analysis of the Chronic Pain Acceptance Questionnaire. *Journal of Back and Musculoskeletal Rehabilitation, 13*, 93–100.

McCracken, L. M. (2005). *Contextual cognitive-behavioral therapy for chronic pain.* Seattle, WA: IASP Press.

McCracken, L. M., Gauntlett-Gilbert, J., & Eccleston, C. (2010). Acceptance of pain in adolescents with chronic pain: Validation of an adapted assessment instrument and preliminary correlation analyses. *European Journal of Pain, 14*, 316-320.

McCracken, L. M., MacKichan, F., & Eccleston, C. (2007). Contextual cognitive-behavioral therapy for severely disabled chronic pain sufferers: Effectiveness and clinically significant change. *European Journal of Pain, 11*, 314-322.

McCracken, L. M., & Vowles, K. E. (2008). A prospective analysis of acceptance and values in patients with chronic pain. *Health Psychology, 27*, 215-220.

McCracken, L. M., Vowles, K. E., & Eccleston, C. (2004). Acceptance of chronic pain: component analysis and a revised assessment method. *Pain, 107*(1-2), 159-166.

McCracken, L. M., Vowles, K. E., & Eccleston, C. (2005). Acceptance-based treatment for persons with complex, long standing chronic pain: A preliminary analysis of treatment outcome in comparison to a waiting phase. *Behaviour Research and Therapy, 43*, 1335-1346.

McCracken, L. M., & Yang, S. (2006). The role of values in a contextual cognitive-behavioral approach to chronic pain. *Pain, 123*, 137-145.

Melzack, R., & Wall, P. D. (1965). Pain mechanisms: A new theory. *Science, 19*, 971-979.

Miller, W. R., & Rollnick, S. (2002). *Motivational interviewing: Preparing people to change* (2nd ed.). New York: Guilford Press.

Morley, S., Eccleston, C., & Williams, A. C. de. C. (1999). Systematic review and meta-analysis of randomized controlled trials of cognitive behaviour therapy and behaviour therapy for chronic pain in adults, excluding headache. *Pain, 80*, 1-13.

Morone, N. E., Greco, C. M., & Weiner, D. K. (2008). Mindfulness meditation for the treatment of chronic low back pain in older adults: A randomized controlled pilot study. *Pain, 134*, 310-319.

Nilges, P., Koster, B., & Schmidt, C. O. (2007). Pain acceptance—concept and validation of a German version of the chronic pain acceptance questionnaire. *Schmerz, 21*(1), 57-58, 60-67.

Nnoaham, K. E., & Kumbang, J. (2010). Transcutaneous electrical nerve stimulation (TENS) for chronic pain. *Cochrane Database of Systematic Reviews 2008*,

Issue 3. Art. No.: CD003222. DOI: 10.1002/14651858. CD003222.pub2.

Ostelo, R. W. J. G., van Tulder, M. W., Vlaeyen, J. W. S., Linton, S. J., Morley, S. J., & Assendelft, W. J. J. (2005). Behavioural treatment for chronic low-back pain. *Cochrane Database of Systematic Reviews*, Issue 1. Art. No.: CD002014. DOI: 10.1002/14651858.CD002014.pub2.

Pradhan, E. K., Baumgarten, M., Langenberg, P., Handwerger, B., Gilpin, A. K., Magyari, T., et al. (2007). Effect of mindfulness-based stress reduction in rheumatoid arthritis patients. *Arthritis & Rheumatism, 15*, 1134-1142.

Reneman, M. F., Dijkstra, A., Geertzen, J. H., & Dijkstra, P. U. (in press). Psychometric properties of chronic pain acceptance questionnaires: A systematic review. *European Journal of Pain*.

Rogers, C. R. (1946). Significant aspects of client-centered therapy. *American Psychologist, 1*, 415-422.

Sagula, D., & Rice, K. G. (2004). The effectiveness of mindfulness training on the grieving process and emotional well-being of chronic pain patients. *Journal of Clinical Psychology in Medical Settings, 11*, 333-342.

Sephton, S. E., Salmon, P., Weissbecker, I., Ulmer, C., Floyd, A., Hoover, K., et al. (2007). Mindfulness meditation alleviates depressive symptoms in women with fibromyalgia: Results of a randomized clinical trial. *Arthritis & Rheumatism, 57*, 77-85.

Skinner, B. F. (1953). *Science and human behavior*. New York: Macmillan.

Skinner, B. F. (1981). Selection by consequences. *Science, 213*, 501-504.

Smeets, R. J. E. M., Vlaeyen, J. W. S., Kester, A. D. M., & Knottnerus, J. A. (2006). Reduction of pain catastrophizing mediates the outcomes of both physical and cognitive-behavioral treatment in chronic low back pain. *Journal of Pain, 7*, 261-271.

Tsai, M., Kohlenberg, R. J., Kanter, J. W., Kohlenberg, B., Follette, W. C., & Callaghan, G. M. (2008). *A guide to functional analytic psychotherapy: Awareness, courage, love, and behaviorism*. New York: Springer.

Turk, D. C., Meichenbaum, D., & Genest, M. (1983). *Pain and behavioural medicine: A cognitive-behavioral perspective*. New York: Guilford Press.

Viane, I., Crombez, G., Eccleston, C., Poppe, C., Devulder, J., Van Houdenhove, B., et al. (2003). Acceptance of pain is an independent predictor of mental well-being in patients with chronic pain: Empirical evidence and reappraisal. *Pain, 106*, 65-72.

Vowles, K. E., & McCracken, L. M. (2008). Acceptance and values-based action in chronic pain: A study of effectiveness and treatment process. *Journal of Consulting and Clinical Psychology, 76*, 397-407.

Vowles, K. E., & McCracken, L. M. (2010). Comparing the influence of psychological flexibility and traditional pain management coping strategies on chronic pain treatment outcomes. *Behaviour Research & Therapy, 48*, 141-146.

Vowles, K. E., McCracken, L. M., & Eccleston, C. (2007). Processes of behavior change in interdisciplinary treatment of chronic pain: Contributions of pain intensity, catastrophizing, and acceptance. *European Journal of Pain, 11*, 779-787.

Vowles, K. E., McCracken, L. M., McLeod, C., & Eccleston, C. (2008). The Chronic Pain Acceptance Questionnaire: Confirmatory factor analysis and identification of patient subgroups. *Pain, 140*(2), 284-291.

Vowles, K. E., McNeil, D. W., Gross, R. T., McDaniel, M., Mouse, A., Bates, M., et al. (2007). Effects of pain acceptance and pain control strategies on physical impairment in individuals with chronic low back pain. *Behavior Therapy, 38*, 412-425.

Vowles, K. E., Wetherell, J. L., & Sorrell, J. T. (2009). Targeting acceptance, mindfulness, and values-based action in chronic pain: Findings of two preliminary trials of an outpatient group-based intervention. *Cognitive and Behavioral Practice, 16*, 49-58.

Wicksell, R. K., Ahlqvist, J., Bring, A., Melin, L., & Olsson, G. L. (2008). Can exposure and acceptance strategies improve functioning and life satisfaction in people with chronic pain and whiplash-associated disorders (WAD)? A randomized controlled trial. *Cognitive Behaviour Therapy, 37*, 169-182.

Wicksell, R. K., Melin, L., Lekander, M., & Olsson, G. L. (2009). Evaluating the effectiveness of exposure and acceptance strategies to improve functioning and quality of life in longstanding pediatric pain—a randomized controlled trial. *Pain, 141*, 248-257.

Wicksell, R. K., Melin, L., & Olsson, G. L. (2007). Exposure and acceptance in the rehabilitation of adolescents with idiopathic chronic pain—a pilot study. *European Journal of Pain, 11*, 267-274.

Wicksell, R. K., Olsson, G. L., & Melin, L. (2009). The Chronic Pain Acceptance Questionnaire (CPAQ)—further validation including a confirmatory factor analysis and a comparison with the Tampa Scale of Kinesiophobia. *European Journal of Pain, 13*, 760-768.

제3장

마음챙김, 수용, 가치, 대처를 통한
간질의 분석과 치료

조안 달 & 토비아스 룬드그렌(JoAnne Dahl & Tobias Lundgren)
Department of Psychology, University of Uppsala, Sweden

이 장에서는 간질 및 간질과 관련된 문제의 행동치료를 소개한다. 독자들은 간질의 행동치료 역사를 배우고, 반응적 조건화와 조작적 조건화 원리가 어떻게 간질 발작 및 그와 관련된 문제들의 심리학적 이해를 제공하는지를 알게 될 것이다.[1] 또한 간질에 대한 행동치료 과정 연구와 결과 그리고 수용전념치료(ACT)에 기반한 간질치료 모형을 배우게 될 것이다.

간질(epilepsy)이라는 단어는 'to seize(붙잡다)'라는 뜻의 그리스어에서 파생된 것이며, 간질 발작에 사로잡히는 것을 의미한다. 전통적인 병리학적 또는 기계론적 모형의 관점에서는 간질 발작을 손상된 뇌 세포의 역기능적 활동으로 생긴 증상 또는 '발작성' 활동으로 간주한다. 의학적 모형에서는 발작의 발생을 무작위적인 것으로 보며 내인성 또는 외인성 요인들

---

1) 반응적 조건화(respondent conditioning)는 고전적 조건화의 또 다른 용어다. 중립적 자극이 무조건 자극과의 결합을 통해 무조건 자극이 일으키는 것과 유사한 반응을 일으키는 것을 말한다. 조작적 조건화(operant conditioning)는 특정 행동에 대한 강화에 의해 유사한 상황에서 해당 행동이 더 자주 발생하게 되는 것을 말한다. 두 조건화는 모두 연합학습의 일종으로서 행동학습이라고도 불린다―역주.

은 전혀 고려하지 않는다. 간질은 일반적으로 뇌가 얼마만큼 영향을 받았는지에 따라 부분발작과 전신발작(대발작, generalized seizures)으로 분류된다. 의학적인 치료에서는 보통 항경련제를 선택한다. 항경련제의 일반적인 원리는 신경세포의 반응성을 감소시키는 것이다. 부작용으로 인지 기능 손상 및 정서장애가 일반적이며, 상당수의 간질 환자는 최적의 약물처치에도 불구하고 발작을 계속 경험한다.

이와 달리, 행동의학 모형은 간질을 하나의 질병소인 또는 발작이 일어나는 것을 촉진하거나 억제하는 내인성 또는 외인성 요인 때문에 발생한 발작 경향으로 본다.

비특이성 촉진 요인에는 수면(Wolf, 2005), 고열, 과도한 알코올 및 기타 독성물질 섭취가 있다. 좀 더 특이적이라고 알려진 촉진 요인은 어떤 기능적 불안정성(유전 또는 손상으로 유발된) 때문에 특정 피질 영역을 직접 활성화시키는 감각(섬광, 갑작스러운 소리, 냄새) 및 인지(스트레스와 관련된 과제) 정보인데, 이런 촉진 요인이 간질성 방전을 유발한다. 행동의학 모형은 조건화의 원리와 함께 기저의 병태생리학 모두를 포함한다.

간질 발작에 관한 조건화 기제는 지금으로부터 1세기 훨씬 이전부터 연구되었다. 이미 1881년 초에 고어스(Gowers, 1881)는 간질 발작이 사실상 일련의 행동연쇄이며, 그래서 신체의 일부에 조작을 가해 중단시킬 수 있음을 보여 주는 연구들을 출간했다. 고어스는 발작행동의 실제 연쇄를 확인했고, 특정 자극이나 일반적 자극으로 맥락의 변화를 시도했다. 예를 들어, 특정 자극이란 간질 발작에 의해 가장 먼저 영향을 받는 신체 부위를 문지르거나 자극적인 아로마 향을 맡는 것 등이다. 거의 비슷한 시기에 브라운-시쿼드(Brown-Sequard, 1857)는 발작 개시에 수반된 감각자극을 이용해서 발작을 성공적으로 조절할 수 있음을 보여 주는 일련의 사례 연구를 발표했다. 그 뒤에 잭슨(Jackson, 1931)은 발작이 일어난 신체 부위를 마사지함으로써 운동 발작을 멈추게 할 수 있음을 보여 주었다. 이 연구들은 발작에 대한 행동적 통제 기법의 효과성에 대한 증거를 제공할 뿐 아니라 간질 발작의 초기 조건화에 대한 이해를 제공한다. 이 저자들이 제공한 일반적 원리는 경쟁 도입이다. 간질 발작은 뇌에서 일군의 과흥분성 뉴런에 의해 일어난다. 일부 발작에서, 이들 뉴런 집단들은 구체적이고 예측 가능한 행동적 상관물을 가지고 있는데, 예를 들면 사지 감각이다. 이들 행동적 상관물을 자극함으로써 정상적인 뇌 세포 활동이 증가되거나 과흥분성 진행을 차단할 수 있다. 정상적인 활동이 늘어남에 따라 발작 병소의 과잉동조화가 감소되거나 완전히 중단된다. 이 같은 경쟁 도입 원리를 이용한 1950년대 이후의 많은 연구들은 동물의 발작이 감소되거나 멈출 수 있음을 보여 주었다(Efron, 1956; Gelhorn, 1947).

에프론(Efron, 1956)은 어떻게 이차 조건화를 통해 무대 공연 중에 발작을 일으키는 경향이 있는 한 재즈 가수의 발작을 통제할 수 있는지를 처음으로 보여 주었다. 에프론은 일단 자스민 향을 발작행동의 첫 연계물은 물론 무대공연의 고발작 위험 상황과 조건화했다. 이렇게 하자 피질 활동이 저하되고 발작이 가라앉는 것으로 보였다. 에프론은 이어서 팔찌에 자스민 향기를 짝지었고, 마지막으로 팔찌에 대한 생각과 짝지었다. 이 연구는 이전 세기의 연구 보고와 비슷하게 피질 활동을 감소시켜 발작 개시를 방해함으로써 발작을 어떻게 통제할 수 있는지 보여 주었다.

뇌전도(EEG) 기술을 사용할 수 있게 되면서 간질의 조건화 기제에 대한 이해가 더 깊어졌다. 포스터, 차섹, 피터슨, 춘, 그리고 벵존(Forster, Ptacek, Peterson, Chun, & Bengzon, 1964)은 30년이 넘는 기간에 걸친 일련의 연구에서 조작적 조건화 방법을 사용하여 어떻게 발작을 다룰 수 있는지를 보여 주었다. 포스터는 아동의 반사성 간질 연구에서 발작을 촉발하는 자극과 이 자극의 구체적 역치를 찾아낼 수 있었다. 아이들에게 주의를 분산시키는 의식행위(ritual)를 하는 법을 가르쳐 주고, 간질 유발 자극에 노출시켰다. 포스터는 이런 방법을 사용하여 거의 완벽하게 발작을 조절하고, 약물

불응성 발작을 가진 30명이 넘는 아이들의 이상성 간질 형태가 유의하게 감소됨을 보여 주었다.

# 조건화와 간질 발작

펜윅(Fenwick, 1994)은 발작의 기저를 이루는 조건화 기제를 개념화하고, 이것이 간질의 행동치료에 기초가 될 수 있다고 주장했다. 펜윅은 발작이란 간질 병소 주변의 뉴런 집단들이 충분히 흥분되고 이어서 퍼져 나갈 때 발생한다고 주장했다. 그는 뇌에서 일어나는 간질 유발성 활동은 예측 가능한 방식으로 이루어지며, 개인의 행동을 통해 어느 시점에서든 영향을 미칠 수 있다고 주장했다. 펜윅은 로카드와 워드(Lockard & Ward, 1980)의 원숭이 모형에서 말하는 소위 '1군' 신경과 '2군' 신경이라는 용어를 참조해서 조건화 기제를 개념화했다. 로카드와 워드는 1군 신경을 '페이스메이커(pacemaker)' 라 정의했는데, 이들 신경은 계속해서 간질 유발성 활동을 점화한다. 반면에 2군 신경은 1군 신경 주변의 뉴런으로서, 단지 부분적인 영향을 받는다. 2군 신경은 대개 정상 활동을 하는데 가끔씩 1군 신경에 의해 동원된다. 이런 현상이 발생하면 간질성 활동이 퍼져 나가고, 병소에서 멀리 뻗어 나가게 되어 간질 발작을 야기한다. 환자는 일반적으로 발작이 시작되는 첫 징후부터 활동이 뇌 전체에 퍼지면서 본격적인 발작이 일어날 때까지의 움직임을 자각할 수 있다. 로카드와 워드(1980)는 뇌손상이 있는 모든 동물이 발작을 하게 되는 것은 아님을 보여 주었다. 저자들은 뇌손상이 간질의 소인을 발달시키기는 하지만, 실제로 간질로 발전하는가의 문제는 이런 역기능에 대한 행동적 반응이 가장 중요하다고 결론지었다. 이런 결론은 간질 개시에 수반한 활동을 늘린 원숭이는 전혀 발작을 일으키지 않은 반면, 활동을 줄인 원숭이는 발작을 일으키게 되었음을 관찰한 결과를 토대로 한 것이다.

각 개인 특유의 조건화와 학습 역사에 대한 기능 분석을 토대로 하는 치료전략에는 발작행동의 예측, 예방, 중지 그리고 발작 통제에 대한 강화 원리가 포함된다. 간질 환자들이 발작이 적거나 없는 경우는 물론이고(저위험), 발작 개시(고위험)와 관련된 내인성 및 외인성 요인들을 구별할 수 있도록 가르친다. 고위험과 저위험 요인에는 신체적 상태뿐 아니라 상황, 활동성, 정서가 포함된다. 예측에는 마음챙겨 알아차림과 발작의 발생과 상관 있는 사건과 반응의 배열에 대한 정보 수집이 포함된다. 발작을 예측하는 능력은 환자가 항간질성 행동을 증가시켜서 발작을 예방하는 데 도움이 된다.

# 중지시키기

발작의 진행은 여러 단계에서 막을 수 있다. 발작의 초기 징후(보통 '아우라(aura)'라 한다)가 있을 때는 방전이 국지적으로 제한되며, 이때는 행동적 상관물을 변별자극으로 이용해서 피질의 활동을 증가 또는 감소시킬 수 있는 감각이나 인지적 자극을 목표로 하는 일반 기법이나 특수 기법을 시작하게 할 수 있다.

특수 기법들에는 발작의 진행과 관련된 국지적 피질 영역 주변을 활성화하는 것이 포함된다. 대부분의 간질 환자들은 스스로 발작을 중지하려고 노력했는데, 그 결과는 다양하다. 가장 일반적인 기법은 피질 활동을 증가시키거나 감소시키는 것인데, 이는 발작 촉발자가 유발한 피질 활동을 상향 이동하느냐 아니면 하향 이동하느냐에 달려 있다.

대응책은 기능 분석을 토대로 기저 수준과 발작 촉발자의 방향을 정하는 것이다(Dahl, 1992). 만일 촉발자가 피질의 흥분성을 높이는 특징이 있으면, 대응책은 흥분을 감소하는 방향이 될 것이다. 만일 촉발자가 느슨한 상태에 있다면, 대응책은 피질 활동을 증가시키는 것일 필요가 있다. 피질 활동을 증가시키는 데 사용되는 기법의 예는 껌을 씹는 것, 강한 아로마 향을 맡는 것, 진동기를 쓰는 것, 휘파람을 부는 것 등 서로 다른 감각을 자극하는 것이다(Dahl, Brorson, & Melin, 1992). 피질 활동을 감소시키는 예로는 부교감 신경계를 자극하는 이완기법, 요가, 명상, 호흡법 등이 있다. 일반적으로, 환자들은 발작이 어떻게 조건화되었는지에 대한 기본적인 원리를 배우고 나서 발작의 시작에 따른 적절한 대응책을 적용하는 것을 배운다.

# 기 능

기능 분석은 다른 모든 재발성 행동의 경우와 마찬가지로 발작의 '기능'을 확인하려는 데 목적이 있다. 아마도 간질에 대한 전통적인 관점 때문에 간질이 하나의 '기능'이 있다는 가정은 도발적일 수도 있다. 사실 의학 분야에서 '기능적 발작'이라는 용어는 심인성 또는 비간질적 발작을 의미한다. 행동의학 모형에서 기능이란 조작이라는 개념과 마찬가지로 환경에 어떤 조작을 가하는 것을 말한다. 발작은 해당 환경 내에서 발작을 일으키는 개인뿐 아니라 주변의 타인에게도 명백한 영향을 미치며, 이러한 영향들은 정적 또는 부적 강화나 처벌로 분류될 수 있다.[2] 한 장기 연구에서 다수의 난치성 발작을 앓는 어린이들은 적어도 일부 발작이 지속되기를 희망했

---

2) 강화란 행동의 발생 확률을 높이기 위해 긍정적인 결과를 제공하는 것이며, 처벌이란 행동의 발생 확률을 줄이기 위해 부정적인 결과를 제공하는 것이다. 예를 들어, 정적 강화란 행동(위의 연구에서는 발작반응)이 발생했을 때 긍정적 결과나 상태(관심을 받는 것)를 얻게 함으로써 해당 행동을 강화하는 것이며, 부적 강화란 행동(발작)이 발생했을 때 부정적 상태나 결과를 철회하거나 피할 수 있게 함으로써(예: 힘든 일을 면제해 줌) 강화하는 것이다. 이에 반해 처벌은 행동에 이어(발작) 부정적 결과를 제공하는 것이다─역주.

고, 이와 반대로 부모, 선생님, 의사는 발작이 없어지기를 희망한다는 것을 보고했다(Dahl et al., 1992). 이 연구에서 어린이들은 자기 자극(self-stimulation)과 행복감은 물론이고 특권, 주의, 특별하다는 느낌, 신체적 접촉 등의 형태로, 발작의 발생에 수반하는 정적 강화물을 즐긴다고 보고했다.

발작이 무언가 어렵거나 도전적인 상황이라 인식하는 것에서 벗어나기 위해 '이용'된다면 이는 부적 강화물이다. 앞의 장기 연구에서 아이들과 젊은이들은 불안하거나 가정이나 학교의 요구에서 벗어나거나 심지어는 학대에서 벗어날 수 있다는 점에서 발작의 효과를 기대한다고 보고했다(Dahl et al., 1992).

요약하면, 발작의 기능에 대한 이해는 치료전략을 설계하는 토대가 되기에 중요하다. 만약 환자들에게 간질 발작이 원치 않는 무언가를 효과적으로 줄여 주는 바람직한 방향으로 기능한다면, 전통적인 치료방법이 효과를 낼 가능성은 없다.

## 간질의 심리학적 치료에 대한 개관

간질의 심리학적 치료에 대한 문헌은 1970년대 중반 이후 여러 번 검토되었다. 모스토프스키와 발라스착(Mostofsky & Balaschak, 1977)은 60개의 출판된 치료 연구를 개관했고, 골드스타인(Goldstein, 1990)은 11개의 후속 치료 연구를 추가했으며, 더 최신 연구에 대해서도 개관하였다(Ramaratnam, Baker, & Goldstein, 2008). 일반적으로, 간질의 심리학적 치료에 대한 연구는 너무 적고, 간질에 이런 치료를 적용하는 것을 지지하기에는 방법론적으로 부적절한 것으로 여겨진다. 하지만 2004년 이후로 새로운 연구들이 진행되었고, 흥미로운 결과들도 있다(Lundgren, Dahl, Melin, & Kies, 2006;

Lundgren, Dahl, Yardi, & Melin, 2008).

# 수용전념치료와 간질

수용전념치료(ACT)는 수용, 탈융합, 가치, 현재 순간과 접촉하기, 맥락적 자기, 전념행동이라는 여섯 가지 핵심 개념으로 구성된다. ACT의 일반적 목표는 고정된 행동 양상에 심리적 유연성을 만들어 내고, 가치를 둔 방향에 대한 직접적이고 자연적인 유관성(contingency)과의 접촉을 확립하는 것이다.

간질과 관련하여, 수용이란 바뀔 수 없는 질병의 여러 측면을 기꺼이 받아들이는 것을 말한다. 간질을 앓는 사람은 발작에 관한 생각이나 느낌, 공포 그리고 발작의 기능에 대한 과거의 조건화 또는 학습 역사와 함께 자신의 발작 소인을 수용하도록 배울 수 있다. 간질을 적으로 간주하고 발작과 전쟁을 해야 하는 것으로 여기기보다는 간질의 위험을 수용하면서 스스로 활기찬 삶을 사는 방향으로 나아가는 것을 배울 수 있다. 수용은 일상적으로 관찰되는데, EEG 실험실 검사에서 보이는 '항간질성'이 그것이다. 보통 환자가 발작 기록을 위한 EEG 비디오 모니터에 빠져 있을 때는 발작이 일어나지 않는다는 보고가 흔하다. 이런 상황에서, 환자는 발작을 보여 주기 위해 '노력'하고, 이런 '노력하기' 또는 발작의 수용은 극적이지는 않지만 빈번하게 발작 발생의 가능성을 낮춘다(Dahl, 1992).

탈융합을 하려면 생각을 진실이나 실체로 여기는 것이 아니라 하나의 생각으로 보는 능력을 훈련할 필요가 있다. 이것은 환자가 간질과 발작에 관한 언어적 구성개념을 인식하는 데 도움이 된다. 간질로 진단을 받는 것에 관한 상당한 낙인 효과가 있고, 이런 낙인에 관한 생각에서 탈융합하는 것은 도움이 될 수 있다.

ACT의 구성요소인 현재 순간과 접촉하기는 환자가 과거나 미래의 공상에 잠겨 살지 않고 실제 삶의 자연적 유관성과 접촉하도록 돕는다. 간질 환자들은 미래에 관한 걱정이나 과거의 문제들에 자주 몰두한다. 지금 이곳과 어떻게 접촉하는지를 배우는 것은 간질 및 간질과 관련된 모든 것에 대항하기를 내려놓고, 가치를 둔 방향으로 단계를 밟아 가는 수단을 제공한다.

맥락적 자기는 자신의 삶의 내용이 변화하는 것을 관찰할 수 있는 심리적 공간과 시간을 만드는 데 도움이 된다. 이런 관찰자의 위치에서는, 모든 형태의 삶이 영원한 것이 아님을 볼 수 있다. '생각과 느낌, 신체는 계속 변화한다. 그러므로 어떤 의미에서 나는 그 내용일 수 없다. 나는 끊임없이 변화하는 내 삶의 지형의 관찰자가 될 수 있다.' 간질과 관련하여, 이것은 환자가 '나는 간질을 앓는다.' 그러나 '나는 간질은 아니다.'라는 것을 배우는 것을 의미한다. 삶의 경험과 '자기'를 구분할 수 있게 됨으로써 환자는 간질을 조망할 수 있게 된다. 간질과 발작은 단순히 삶에서 겪는 수많은 변화하는 경험 중의 하나가 될 뿐, 개인의 정체성을 규정하지 않는다.

ACT에서 가치는 생생한 삶의 여정으로 되돌아가는 데 필요한 행동 변화의 동기로서 기능한다. '질병에 가치 두기(values illness)'는 증상을 통제하느라 자신이 중요하게 가치를 둔 삶의 방향을 포기하는 문제를 설명하는 데 사용되는 용어다. 증상이나 발작의 통제는 중요한 문제가 되는 반면, 자연적인 긍정적 강화물과 관련된 활동은 무시하게 된다. 환자가 발작을 예방하고 회피하고 조절하는 데 많은 시간을 들이고 조직할수록 의미 있는 일상 활동에 쓰는 시간이 점점 더 줄어든다. 회피라는 주제가 커질수록 삶의 질은 사라진다. ACT에서 자신의 가치 방향을 찾아내는 것은 의미 있고, 활기찬 삶을 향한 방향을 잡아 주는 나침반이 된다. 또한 이 나침반은 발작을 회피하는 데 집중하느라 행동 경로가 어떻게 이탈되었는지를 보여 준다. 가치 방향을 찾아내는 예로는, 자신이 사랑하는 사회적 관계를 위해 어떻게 행동하기를 원하는지 결정하는 것을 들 수 있다. 이러한 가치와 접촉하는 것은, 환자가 발작을 피하기 위해 집에 머무는 행동이 사회적 삶을 심각하게 감소시킬 수 있다는 것을 아는 데 도움이 된다.

ACT의 마지막 구성요소는 전념행동이다. 이 요소는 간질 환자가 자신이 겪는 모든 장애물을 수용하면서 가치 있는 삶을 되찾기 위하여 지금 여기에서 기꺼이 취할 수 있는 실질적인 단계들에 전념하는 것을 말한다. 간질과 관련하여, 이 구성요소는 개인이 그의 발작 경향과 학습 이력을 끌어안고, 자신이 확인한 가치의 방향으로 단계를 밟아 나가는 데 전념하기를 요구하는 것으로 볼 수 있다.

# 수용과 변화

초기 간질 치료 프로토콜은 무엇보다도 발작을 막거나 중단하는 것에 초점을 맞췄다. ACT의 간질 치료 프로토콜은 가치를 둔 삶을 증가시키고, 지속되는 발작을 중단시키기 위해서 수용과 변화를 결합시킨다(Lundgren et al., 2006). 치료 프로토콜에서 수용과 변화를 조합하는 것은 발전된 행동치료에서는 일반적인 것이다(Linehan, Armstrong, Suarez, Allmon, & Heard, 1991; Jacobson, 1992; Hayes, Strosahl, & Wilson, 1999). 수용은 변화를 포함하는 행동(action)이며, 이때 행동의 실효성은 내담자의 가치와 목표를 기준으로 측정된다. 예를 들어, 통합적 부부행동치료(Integrative Behavior Couple Therapy: IBCT)에서 수용은 비효과적인 의사소통 방식을 바꾸는 데 사용된다(Jacobson, 1992). 간질 치료에서 발작 경향성을 수용하고, 발작과 연관된 개인적인 사건(생각, 기억, 감정, 신체감각)을 수용하는 것은 실제 발작의 발생을 수용하는 것과는 다르다. 수용은 수동적인 과정이 아니며, 가치 있는 삶의 장애물로 기능하는 간질과 관련된 개인적 사건의 경험을 능동적으로 선택하는 것이다. 개인적 사건의 수용은 가치를 부여한 삶을 자극하기 위한 작업에 있어 결정적이라는 사실이 증명되었다 (Lundgren, Dahl, & Hayes, 2008). 게다가, 모순적이게도 수용은 과거 발작의 촉발자에 대한 반응을 바꾸어 줄 뿐 아니라 사실상 대응책으로 기능한다. 수용이 어떻게 이런 두 가지 기능을 제공하는지에 대한 예를 카를로스(Carlos)의 사례에서 볼 수 있다. 이 젊은이는 간질 발작의 발생을 사고 및 상해와 연합하게 되었다. 간질 발작은 하나의 사고이며 몸을 다칠 수 있다는 공포는 카를로스로 하여금 그가 가치 있다고 여기는 여러 일상 활동을 회피하도록 하였고, 그 결과 그의 삶의 질은 낮아졌다. 카를로스는 ACT를 통해 조건화된 공포를 수용하고 여유를 갖는 것을 배웠고, 이것은 그의 인생 가치를 재정립하고 필요한 단계를 밟아 나가는 토대가 되었다. 그래서 카를로스는 더 활동적이 되었고, 이로 인해 발작성 움직임이 줄고 간질 발작이 덜 일어나는 직접적인 효과를 누리게 되었다. 이런 식으로 공포를 수용하는 것은 발작을 촉진하는 행동의 변화를 야기하여 항간질적인 행동을 더 많이 할 수 있게 한다. 간질을 ACT로 치료하는 동안에 내담자와 치료자는 개인별 치료 계획을 세우기 위해 발작의 촉발자와 발작의 결과에 대해 가능한 한 많이 배울 필요가 있다. 연구 결과는 수용과 가치 개입 모두 발작의 발생을 감소시키고 삶의 질을 증가시킨다는 것을 보여 준다(Lundgren, Dahl, et al., 2008). 다음 절에서 간질 치료를 위한 프로토콜을 살펴보자.

## 중증 간질 치료를 위한 단기 ACT 절차

우리는 남아프리카의 간질협회와 인도의 간질클리닉의 참여자를 대상으로 4회기짜리 단기 치료 프로토콜을 개발했다. 이 ACT의 일반적 목표는 가치 있는 삶을 위한 심리적 유연성과 심리적 공간을 만드는 것이다. 또한 간질의 행동수정에 대한 과거의 치료를 수용, 가치, 마음챙김 과정을 기반으로 한 모형에 통합할 수 있도록 설계되었다. 다음은 프로토콜의 주요 목적에 대한 개요다.

　첫 회기는 개인별로 진행하며, '인생의 나침반'을 세우는 데 중점을 둔다. '인생의 나침반'이란 가치를 부여한 삶의 방향을 확인하고 이에 접촉하는 데 사용되는 은유다. 이러한 가치를 부여한 방향은 '올바른' 가치 경로에 머물기 위한 조정 장치로 이용된다. 참여자들은 자신이 가치를 두는 방향을 찾아내고, 이런 가치 경로를 이탈해서 헤매고 있을 때의 편차를 알아차리는 것을 배우게 된다. 즉, 참여자들이 자신이 원한다고 이야기한 것과 그들의 실제 행동 방식의 불일치가 드러나게 된다. 예를 들어, 한 남자는 아이들과 함께 있는 적극적인 아빠가 되는 것에 가치를 둔다고 말했다. 동시에 그는 자신이 아이들과 같이 있는 동안에 발작이 일어날까 봐 두려워서 아이들과 접촉하는 것을 피했다는 사실을 알게 되었다. 이 아버지는 가치 경로를 따르는 행동과 회피하는 행동을 구분해 낼 수 있었다. 가치의 방향은 10개의 인생 차원에서 찾아낸다. 이는 직업, 여가 활동, 교육 및 개인적 성장, 사회적 관계, 친밀한 관계, 영성, 돌보기, 건강, 가족, 공동체 참여다. 참여자들은 ① 각 차원별로 자신이 해당 차원에서 지속적으로 추구하는 가치의 방향을 찾아내기, ② 각 차원의 전반적인 중요도를 평가하기(0부터 10까지), ③ 지난 2주 동안 자신의 가치 방향에 따른 행동을 하려고 노력한 정도를 평가하기(0부터 10까지), ④ 중요도 평가와 현재 행동에 대한 평가치의 불일치를 계산하기, ⑤ 현재 행동과 원하는 행동 사이에 있는 것으로 생각되는 장애물을 확인하고 이름 붙이기와 같이 대답하게 된다. 다른 말로 하자면, 자신이 살고 싶은 방식이라 말한 것을 온전히 살지 않게 하는 '변명거리'가 무엇인가? 모든 유관성의 규칙들, 예를 들면 '나는 친밀한 관계를 원한다. 그러나 먼저 발작이 멈추어야 된다.'와 같은 규칙들을 찾아낸다. 첫 회기 동안에는 모든 경험 회피에 주의를 기울인다. 가치의 방향을 파악하는 것은 종종 고통스러운 일이다. 이는 인생의 나침반을 만드는 동안에 개인의 행동이 지향하는 가치의 방향으로 살기보다는 간질 발작을 피하려는 것에 의해 크게 좌우된다는 것이 명백하게 드러나기 때문이다. 참여자는 이런 편차 때문에 낙담하게 되고, 회기 중의 '지금-여기'에서 이런 불편감과 관계를 맺게 된다. 이런 방식으로, 첫 회기는 일련의 행동사례, 행동에 대한 잠재적 영향 요인, 가치의 방향과 접촉하기, 경험 회피, 삶의 내용과 규칙의 융합, 불편함을 기꺼이 느끼려는 의지, 가치의 방향에 전념하는 정도 등을 알게 해 준다. 간질 발작을 일으키는 행동 연쇄에 대한 기능 분석 또한 첫 회기에 이루어진다.

2회기와 3회기는 6~8명의 참가자로 이루어진 집단 회기이며, 3시간 동안 지속된다. 이 집단 회기의 목표는 ACT의 핵심 구성요소를 실습하여 1회기에서 만들어진 기능 분석의 토대 위에 구축하는 것이다. 집단 구성원들을 ACT의 은유를 극화하는 도구로 활용하기도 한다. ACT의 핵심 과정들을 경험할 수 있도록 하는 경험적 은유들이 개발되어 있다. 남아프리카와 인도에서 우리의 경험을 전달하는 치료를 할 때, 바로 쓸 수 있는 공통의 언어는 없었다. 그래서 은유를 극화하는 것이 핵심 요소의 경험을 촉진하는 데 도움이 되었다. 가치의 방향은 그림이나 음악, 또는 춤이나 운동 같은 활동을 통해 상징화할 수 있었다. 탈융합은 먼저 감정이 담긴 단어를 찾아낸 다음, 이 단어를 즐겁게 소리 내면서 노래하고 춤추는 것을 통해 경험하도록 했다. 단어들이나 생각들을 좀 더 수용적으로 유연하게 바라보게 하는 학습은 집단으로 버스의 은유(Hayes et al., 1999)를 연기하는 식으로 쉽게 할 수 있었다. 이 버스 은유는 언어적 장애물을 가진 채로 가치의 방향을 향한 단계를 밟는 연습에도 사용할 수 있다.

마지막 회기는 첫 회기처럼 개인별로 진행한다. 이 회기는 참가자가 조건화한 언어적 장애물을 가진 채로 자신의 가정환경에서 필요한 단계를 밟을 수 있게 도와주는 것이 목적이다. 가치의 방향을 향한 단계 밟기에 대한 새로운 전념행동을 만들어 내는 것이다. 또한 내담자가 발작의 초기 촉발자에 대한 가능한 대안적 반응으로서 새로운 대응책을 개발하는 것을 돕는 것이다. 남아프리카(Lundgren et al., 2006)와 인도(Lundgren, Dahl, et al., 2008)의 연구 모두에서, 이 치료 모형의 효과를 평가하기 위해 사용된 종속 측정치는 발작의 빈도와 지속시간, 삶의 질, 활기, 간질 관련 경험 회피 등이었다. 세계보건기구 삶의 질 척도(WHOQOL-BREF)(World Health Organization, 1996; Amir et al., 2000), 인생만족도척도(Satisfaction with Life Scale: SWLS)(Diener, Emmons, Larsen, & Griffin, 1985)와 같은 표준화 측정 도구와 이 연구를 위해 개발된 가치과녁(Bull's eye)척도 및 간질 수용행동 척도(Acceptance and Action Epilepsy Questionnaire: AAEpQ)(Lundgren, 2006; Lundgren, Dahl, & Hayes, 2008)를 사용했다. 가치과녁은 참여자의 기능 수준과 함께 행위의 지속성과 활력을 측정한다. 이 검사는 4개의 도형으로 된 다트판으로 구성되어 있다. 처음 3개의 다트판 각각에는 응답자가 더 키우고 따라가고 싶은 가치 방향과 삶의 영역을 선택하게 한다. 참여자는 다트판 위에 X자로 표시하여 평가에 응답하는데 자신이 지난 2주 동안 얼마나 활력 있고 의미 있는 방향으로 살았는지를 표시하는 것이다. X 표시가 다트판의 과녁에서 가까운 것은 내담자가 삶의 영역에서 선택한 가치와 일치하는 방식으로 살았음을 의미한다. X 표시가 다트판 가운데서 먼 것은 내담자가 그의 가치와 일치하지 않는 방식으로 살았음을 보여 준다. 마지막 다트판에는 참여자가 얼마나 자주 어려움이나 장애물에 직면하면서 자신의 가치 방향을 따르려고(또는 지속하려고) 했는지를 평가하게 한다.

# 결 과

우리가 알기로는, 최근 몇 년 동안 ACT와 간질을 평가했던 연구는 단지 2개뿐이다(Lundgren et al., 2006; Lundgren, Dahl, et al., 2008). 연구 결과는

간질을 앓는 사람들을 위한 단기 개입이 통제집단에 비해 사후와 6개월, 1년의 추수 측정 모두에서 삶의 질을 유의하게 높이고 간질 발작의 빈도와 기간(발작지수로 통합한)을 유의하게 감소시키는 것으로 나타났다. 두 연구 (Lundgren et al., 2006; Lundgren, Dahl, et al., 2008) 모두 무선 통제로 설계된 연구였다. 룬드그렌 등(Lundgren et al., 2006)은 참여자($N=27$)를 ACT 또는 지지치료(supportive treatment: ST) 중 한 집단에 무선 할당했다. 룬드그렌과 달 등(2008)에서는 참여자($N=18$)를 ACT 또는 요가 조건에 무선 할당했다. 두 연구 모두 참여자는 EEG로 검증된 간질 진단을 받고, 자발적으로 참가했으며, 여타의 지속되는 진행성 질병이 없는 18~55세를 대상으로 했다. 연구 기간 동안에 치료약을 바꾼 내담자는 제외했고, 연구에서 제외된 내담자들에게는 윤리적 이유 때문에 치료는 계속 받도록 했지만 종속변수를 측정하지는 않았다. [그림 3-1]은 룬드그렌 등(2006)의 발작지수의 결과를 그래프로 보여 준다. 〈표 3-1〉은 이 연구의 삶의 질 측정 결과를 보여 준다.

룬드그렌과 달 등(2008)의 결과는 두 집단 모두에서 발작지수의 유의한 감소를 보여 준다(ACT $= t(9) = 3.3$, ST $= t(7) = 3.8$, $p<0.01$). 그러나 ACT 집단의 감소가 유의하게 더 컸다($t(16) = 2.4$, $p<0.05$). 삶의 질 측정치의 결과는 ACT 집단이 WHOQOL-BREF($F(3,21) = 4.49$, $p<0.05$)에서 삶의 질이 유의하게 증가했으며, 요가집단은 SWLS($F(3,27) = 5.50$, $p<0.01$)에서 삶의 질이 유의하게 증가했음을 보여 주었다. 룬드그렌, 달, 그리고 헤이스(Lundgren, Dahl, & Hayes, 2008)는 룬드그렌 등(2006)의 연구 결과에 대한 매개분석을 발표했다. 일련의 부트스트랩 비모수 다중 매개 검증 결과, 사전과 사후의 발작, 삶의 질, 웰빙 측정치의 차이가 ACT의 과정측정치인 간질 관련 수용이나 탈융합, 가치 달성, 장애물과 끈기 있게 직면하기 또는 이 측정치들의 조합에 의해 매개되는 것으로 나타났다.

발작지수(빈도×기간)

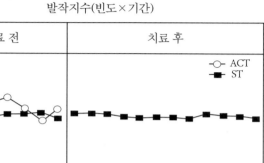

그림 3-1 치료 전후의 발작지수 변화

ACT 집단의 참여자들은 지지치료(ST) 집단 참여자에 비해 개입 후의 발작지수에서 유의한 감소가 있었다. ST 집단에서는 차이가 없었다. 개입은 8개월과 9개월 차에 이루어졌다.

〈표 3-1〉 삶의 질 측정치인 SWLS와 WHOQOL의 평균, 표준편차, 효과크기.

사후, 6개월과 일 년 후의 Cohen의 d와 Tukey 검증.

| 종속변수 | 집단 | 사전 M(SD) | 사후 M(SD) | 6개월 후 M(SD) | 1년 후 M(SD) | 상호작용 효과 Cohen's d | Tukey |
|---|---|---|---|---|---|---|---|
| SWLS | ACT | 16.29 (5.82) | 23.28 (4.58) | 27.07 (4.56) | 27.07 (3.94) | $F(3,75) =$ 18.497** 사후 1.72 6개월 2.29 1년 2.47 | 사후* 6개월* 1년* |
| | ST | 17.23 (5.99) | 13.84 (5.98) | 14.46 (6.28) | 15.77 (5.17) | | |
| WHOQOL-BREF | ACT | 52.36 (9.62) | 58.36 (9.66) | 61.21 (8.13) | 66.07 (6.04) | $F(3,75) =$ 9.739** 사후 0.37 6개월 0.61 1년 1.78 | 사후 Ns 6개월 Ns 1년* |
| | ST | 54.69 (6.50) | 55.31 (6.59) | 56.08 (8.58) | 51.85 (9.51) | | |

** $p < 0.001$.　　* $p < 0.05$.　　Ns: not significant.

# 요 약

간질에 대한 넓은 의미의 행동적 접근에는 간질 발작 행동을 멈추는 데 도움이 되는 싸고 손쉬운 특수 통제 기법들과, 환자로 하여금 자신이 가치를 부여한 방향으로 온전하게 살 수 있도록 하는 방식으로 자신의 간질과 관계하는 것을 돕는 맥락적 방법들이 포함된다. 수용과 마음챙김, 가치를 기반으로 하는 ACT 모형의 대응책을 통합하는 것은 삶의 질을 높여 주고 발작 빈도를 줄여 주는 것으로 보인다. 하지만 우리의 행동적 개입과 생리적 측정치 간의 관계를 평가하기 위한 후속 연구들이 필요하다. 최소한 한 세기 이상 축적되어 온 조건화 원리를 이용한 행동치료는 전통적인 약물치료의 보완요법으로 쓸 수 있어야 한다. 약물치료를 선호하지 않는 사람들이나 현대적인 항간질제에 접근하기 어려운 개발도상국의 환자들을 위해서 쓸 수 있는 대안적 요법 중에서 증거 기반의 지지를 가장 많이 받고 있는 행동치료를 고려해야 할 것이다.

## 참·고·문·헌

Amir, M., Fleck, M., Herrman, H., Lomachenkov, A., Lucas, R., & Patrick, D. (2000). Reliability, validity and reproducibility of the WHOQOL-BREF in six countries. http://www.hrainc.net/pdf/ISOQOL_2000_Vancouver_BREF.pdf

Brown-Sequard, C. (1857). *Researches on epilepsy: Its artificial production in animals, and its etiology, nature and treatment in man.* Boston: Clapp.

Dahl, J. (1992). *Epilepsy: A behavior medicine approach to assessment and treatment in children.* Göttingen, Germany: Hogrefe & Huber.

Dahl, J., Brorson, L-O., & Melin, L. (1992). Effects of a broad-spectrum behavioral medicine treatment program on children with refractory epileptic seizures: An eight-year follow-up. *Epilepsia, 33*(1), 98-102.

Diener, E., Emmons, R. A., Larsen, R. J., & Griffin, S. (1985). The Satisfaction with Life Scale. *Journal of Personality and Social Psychology, 49,* 71-75.

Efron, R. (1956). Effect of olfactory stimuli in uncinate fits. *Brain, 79,* 267-281.

Fenwick, P. (1994). The behavioral treatment of epilepsy generation and inhibition of seizures. *Neurologic Clinics, 12,* 175-202.

Forster, F., Ptacek, L., Peterson, W., Chun, R., & Bengzon, A. (1964). Stroboscopic-induced seizures altered by extinction techniques. *Transactions of the American Neurological Association, 89,* 136.

Gelhorn, E. (1947). Effects of afferent impulses on cortical suppression areas. *Journal of Neurophysiology, 10,* 125-138.

Goldstein, L. (1990). Behavioral and cognitive behavioral treatments for epilepsy: A progress review. *British Journal of Clinical Psychology, 29,* 257-269.

Gowers, W. (1881). *Epilepsy and other chronic convulsive diseases.* London: Churchill.

Hayes, S. C., Strosahl, K., & Wilson, K. G. (1999). *Acceptance and commitment therapy: An experiential approach to behavior change.* New York: Guilford Press.

Jackson, J. H. (1931). On epilepsy and epileptiform convulsions. In J. Taylor (Ed.), *Selected writings of John Hughlings Jackson* (Vol. 1). London: Hodder and Stoughton.

Jacobson, N. (1992). Behavioral couple therapy: A new beginning. *Behavior*

*Therapy, 23*, 493-506.

Linehan, M. M., Armstrong, H. E., Suarez, A., Allmon, D., & Heard, H. L. (1991). Cognitive-behavioral treatment of chronically parasuicidal borderline patients. *Archives of General Psychiatry, 48*, 1060-1064.

Lockard, J. S., & Ward, A. (1980). *Epilepsy: A window to brain mechanisms.* New York: Raven Press, 51-68.

Lundgren, T. (2006, July). *Validation and reliability data of the Bull's-Eye.* Presentation at the Second World Conference on ACT/RFT, London.

Lundgren, T., Dahl, J., & Hayes, S. C. (2008). Evaluation of mediators of change in the treatment of epilepsy with acceptance and commitment therapy. *Journal of Behavioral Medicine, 31*, 225-235.

Lundgren, T., Dahl, J., Melin, L., & Kies, B. (2006). Evaluation of acceptance and commitment therapy for drug refractory epilepsy: A randomized controlled trial in South Africa—a pilot study. *Epilepsia, 47*(12), 2173-2179.

Lundgren, T., Dahl, J., Yardi, N., & Melin, L. (2008). Evaluation of acceptance and commitment therapy and yoga for epilepsy: A randomized controlled trial in India. *Epilepsy and Behavior, 13*(1), 102-108.

Mostofsky, D. I., & Balaschak, B. A. (1977). Psychobiological control of seizures. *Psychological Bulletin, 84*, 723-750.

Ramaratnam, S., Baker, G. A., & Goldstein, L. H. (2008). Psychological treatments for epilepsy. Cochrane Database of Systematic Reviews 2008, Issue 3. Art. No.: CD002029. DOI: 10.1002/14651858.CD002029.pub3

Wolf, P. (2005). From precipitation to inhibition of seizures: Rationale of a therapeutic paradigm. *Epilepsia, 46*(Suppl. 1), 15-16.

World Health Organization. (1996). *WHOQOL-BREF: Introduction, administration and generic version of the assessment.* Geneva, Switzerland: WHO-Programme on Mental Health.

# 당뇨병과 비만, 2차 예방에서 건강행동의 문제

제니퍼 A. 그레그, 프리실라 알마다, & 에릭 슈미트
(Jennifer A. Gregg, Priscilla Almada, & Eric Schmidt)
San Jose State University

전 세계의 여러 선진국과 개발도상국에서 비만과 당뇨병의 증가는 건강 문제의 심각성을 보여 준다. 이 문제들은 질병과 장애의 심리사회적 부담과 경제적 비용이 크다는 면에서 개인이나 국가 모두에 똑같이 파괴적이다. 이 장에서는 수용-전념치료(ACT)와 다른 마음챙김 기반 접근법이 이 문제에 대해 지금까지 기여했거나 앞으로 기여할 수 있는 부분이 무엇인지 살펴보고, 이런 개입법들이 질병 진행과정의 단계, 특히 이러한 질병 진행과정이 더 큰 사회적 맥락과 핵심적인 건강 관련 행동들과 교차하는 단계에서 어떻게 진행의 흐름을 전환하도록 도울 수 있는지를 논의할 것이다.

## 비 만

전 세계 인구 중 4억이 비만의 진단 범주에 해당되고, 또 다른 16억 인구가 과체중으로 분류되면서 비만은 세계적인 유행병으로 간주되고 있다

(Haslam & James, 2005). 비만율의 급속한 증가는 체중 감소 유지의 어려움과 결합될 때 커다란 위협이 되며, 금세기 가장 심각한 공중 보건 문제 중 하나가 되었다(National Institutes of Health, 1998).

비만 현상의 결과는 복잡하며, 신체, 심리, 사회 건강 문제를 빠르게 확산시켜 전체적으로 비만 관련 위험이 흡연, 음주, 빈곤으로 인한 위험보다 더 심각해졌다(Sturm, 2002; Sturm & Wells, 2001). 비만인 사람의 경우 고혈압, 당뇨병, 담낭질환, 심혈관 질환, 신장질환, 심부전, 뇌졸중, 몇몇 암 유형, 임신 합병증을 포함하여 여러 합병증이 생길 위험이 증가한다(Centers for Disease control, 2005; Kenchaiah et al., 2002).

## 전통적인 개념화와 접근법

비만의 일차적 목표는 전반적인 체질량지수(BMI)의 감소와 체중 감소의 유지다. 체중 감소 목표에 대한 연구 문헌에서 적어도 일부 지지를 받아온 세 가지 형태의 의학적 개입법이 있다. 첫째, 생활양식 개입법으로 저지방·저칼로리 식이, 식사 패턴과 식사량 조절, 나트륨 섭취량 줄이기, 신체 운동, 비만 원인과 체중 감소 유지 방법에 관한 교육 등이다. 이러한 개입법은 체중 감소 효능이 입증되었다(Multiple Risk Factor Intervention Trial Research Group, 1990; Tuomilehto et al., 2001). 예를 들어, 한 연구에서 생활양식 개입법에 무선 할당된 참가자는 1년 후 평균 4.2kg 감소했고, 2년 후에는 3.5kg 감소를 유지하여 통제집단의 참가자가 1년과 2년 후 모두 0.8kg 감량한 것과 비교된다(Tuomilehto et al., 2001).

체중 감소 효능이 입증된 개입법의 두 번째 형태는 약물로서 오를리스타트(orlistat), 리모나반트(rimonabant), 시부트라민(sibutramine)과 같은 승인된 비만치료제다. 이러한 약물치료는 이중 맹검 실험에서 1년 후 평균 3kg (오를리스타트)에서 4~5kg(리모나반트와 시부트라민) 감소를 가져온 것으로 밝혀졌다(개관을 위해서는 Padwal & Majumdar, 2007 참조).

지지를 얻어 온 세 번째 형태의 개입법은 위절제술로 덜 침습적인 치료에서 효과가 없었던 비만인에게 효과적인 것으로 나타났다(Andersen, Backer, Stokholm, & Quaade, 1984; Schauer, Ikramuddin, Gourash, Ramanathan, & Luketich, 2000). 구체적으로 위절제술을 받은 환자의 2년 후 체중 감소 비율은 23.4%로, 통제집단의 0.1% 증가와 대비된다(Sjostrom et al., 2004).

다이어트, 운동, 행동수정 등의 체중 감소 프로그램을 받은 경우에는 처음에 약 10%의 체중 감소가 있었다(Wing et al., 2004). 이런 식으로 체중이 감소하면 환자에게 분명한 건강상의 이득이 생긴다. 이와 관련하여 한 연구는 당뇨병이 없는 비만인 3,234명을 생활양식 수정 프로그램과 메트포르민(metformin, 당뇨병 치료약), 위약 조건에 무선 할당했다. 추수(평균 2.8년 후)에서 당뇨병 발생률은 생활양식 수정, 메트포르민, 위약 집단에서 각각 4.8%, 7.8%, 11.0%였다. 생활양식 개입과 메트포르민은 당뇨병 발생 가능성을 유의하게 감소시켰고, 특히 생활양식 개입 프로그램은 메트포르민에 비해서도 발생 가능성을 유의하게 감소시켰다(Knowler et al., 2002).

그러나 체중 감소를 달성했다 하더라도 그 상태를 계속해서 유지하기란 어렵다. 여러 연구에서 낮은 유지율이 일관되게 보고되었고, 환자 대부분은 치료 3～5년 이내에 체중이 다시 증가하였다(Perri, 1998; Wadden, Sternberg, Letizia, Stunkard, & Foster, 1989; Wing, 1998).

## 심리적 특징

효과적인 체중 조절 개입법을 개발하기 위해 많은 연구가 이루어졌지만 체중관리가 성공적이지 못한 이유는 부분적으로는 과체중의 심리적 맥락을 고려하지 못했기 때문일 수도 있다. 비만의 심리적 요인은 개인의 체중 감소 능력에 영향을 미칠 뿐만 아니라 체중관리에 있어서도 핵심적이다

(Elfhag & Rossner, 2005).

## 낙 인

오늘날 비만은 당연시된 낙인찍기와 편견의 대상이 되는 거의 유일한 원인 중의 하나로 간주되는데, 이는 비만한 사람에 대한 차별과 낙인찍기, 냉대를 용인하는 문화적 규범이 아직도 유효하기 때문이다(Puhl & Heuer, 2009). 비만한 사람에 대한 차별과 낙인은 일반 대중에게 널리 퍼져 있는 것은 물론이거니와 체중 감소 프로그램을 전문으로 하는 건강 전문가 사이에서도 팽배해 있다(Davis-Coelho, Waltz, & Davis-Coelho, 2000; Maroney & Golub, 1992; Price, Desmond, Krol, Snyder, & O'Connell, 1987; Teachman & Brownell, 2001; Wiese, Wilson, Jones, & Neises, 1992).

## 수치심

신체나 체중과 관련된 수치심 경험은 낙인과 관련된다. 수치심은 보통 노출되었다거나 무가치한 느낌의 어떤 요소를 포함하는 부정적 정서 상태로 개념화된다(Lewis, 1993). 비만에 있어서 수치심은 일차적으로 사회적 차별이나 낙인에서 비롯되며(Puhl & Brownell, 2003), 낙인찍힌 경험은 신체 수치심 경험에 대한 잠재적 촉발 요인으로 작용하는 것으로 보인다(Friedman et al., 2005). 체중 감소 유지에 대한 수치심 효과 연구에서, 버크브랙스톤(Burk-Braxton, 1996)은 성공적인 체중 감소 후 8개월 시점에 체중 감소를 유지하지 못했던 사람들은 유지했던 사람들보다 죄책감과 수치심이 유의하게 높았다는 것을 보고했다.

## 정서적 섭식

비만과 관련된 또 하나의 심리적 요인은 '정서적 섭식'이라는 개념이다. 정서적 섭식은 기분 조절을 위한 대처기제로 음식을 섭취하는 것이다

(Byrne, Cooper, & Fairburn, 2003; Ganley, 1989). 한 종합적인 문헌 개관에 따르면, 체중 감소 치료를 받고 있는 비만인 참가자의 75%가 정서적 섭식을 하는 특징이 있는 것으로 나타났다(Ganley, 1989).

## 마음챙김 · 수용 개념화

체중 감소와 체중 감소 유지 과정 내에 깊이 통합되어 있는 심리적 요인이 고려되면서, 체중 감소와 유지에 영향을 미치는 특정 행동을 겨냥하는 심리행동 개입법, 구체적으로 수용과 마음챙김 기반 치료에 대한 관심이 증가하고 있다.

체중 감소 유지에 대한 수용과 마음챙김 접근을 논할 때, 체중 증가와 재증가에 기여하는 요인을 알아보는 것이 중요하다. 예를 들어, 식사 습관에 대한 엄격한 통제는 체중 재증가와 유의한 관련이 있다(Westenhoefer, 1991; Westenhoefer, Stunkard, & Pudel, 1999). 융통성 없는 섭식 조절 시도는 경직된 이분법적 '실무율' 사고 패턴 속에서 "철저하게 제한하기 아니면 아예 아무것도 안 하기"(Lillis, 2007, p. 20)를 번갈아 가면서 이루어지기 쉽다. 이러한 관점에서는 각자 정해진 체중 감소 목표에 못 미치는 어떠한 행동 결과도 실패로 간주된다.

이러한 형태의 이분법적 사고는 좀 더 심리학적으로 개념화된 문제에서 나타나는 문제 사고 패턴과 유사하고, 인지적 융합을 반영하는 것으로 볼 수 있다. 인지적 융합은 묘사하는 대상이나 사건, 사람에 단어나 신념의 문자 그대로의 의미를 '붙이는' 과정으로, 환경이나 사적 사건에 관한 언어 규칙의 행동 영향을 증가시키고, 직접적인 경험이 주는 영향을 감소시킨다. 따라서 사적 사건, 가령 한 개인이 체중 감소 성과와 관련하여 갖는 생각은 주목은 하되 믿지는 않는 사건으로서가 아니라 '진실'로서 경험된다. 그 결과 이분법적 사고와 인지적 융합은 경험 회피에 대한 촉매로 작용하여 행동적 · 심리적 유연성을 감소시킨다. 인지적 융합에 계속 말려들어가 사적 사건들과 전쟁을 함으로써 이들은 자신의 건강 관련 가치를 더 잘 반영해 주는 행동에 전념할 수 없게 된다.

정서적 섭식은 또한 경험 회피의 한 예로 특징지어지기도 한다. 정서적 섭식은 불쾌한 사적 사건을 감소시키고, 결과적으로 부적 강화에 의해 행동은 유지된다(Agras & Telch, 1998; Telch & Agras, 1996). 이러한 과정에서 먹는 것으로부터 오는 자극은 슬픔이나 불안, 수치심의 경험처럼 부정적으로 평가된 다른 경험을 차단하는 효과를 갖는다. 이러한 과정이 후일에 불편에 대처하고 체중관리를 성공적으로 오래 지속할 수 있는 개인의 능력에 해가 될 수 있는 이유는 개인이 점점 대처반응으로 먹기에 의존할 수 있기 때문이다.

비만인 사람은 그들의 체중과 관련된 낙인과 부정적 귀인을 인식하고 있다. 자기낙인은 흔히 나타나며, 종종 비만인 사람이 건강 전문가를 포함하여 잠재적으로 그들을 거부하거나 차별할 수 있는 타인과의 접촉을 회피하는 것과 관련된다(Rudman, Feinberg, & Fairchild, 2002). 낙인은 경험 회피를 강화하는 데 결정적인 역할을 하며(Hayes, Niccolls, Masuda, & Rye, 2002), 이는 고통스러운 정서에 기여하는 타인으로부터의 낙인은 물론 자기낙인을 이용하여 부정적인 피드백 고리를 만들어 낸다. 그러한 정서에 반응하여 따라오는 정서적 섭식으로 체중 감소는 어려워지고, 감소된 체중마저도 최종 감소 목표에 도달하기 전에 종종 다시 증가한다.


## 마음챙김 개입법

체중 유지와 체중 감소에 대한 마음챙김과 수용의 효과를 분석하는 여러 연구들이 있다(Kristeller, Baer, & Quillian-Wolever, 2006; Kristeller & Hallett, 1999; Baer, Fischer, & Huss, 2005a; Baer, Fischer, & Huss, 2005b;

Lillis, Hayes, Bunting, & Masuda, 2009).

　이런 종류의 개입법으로, 크리스텔러와 할렛(Kristeller & Hallett, 1999)은 인지행동치료의 요소들을 MBSR 및 먹기 명상과 통합했다. 이 마음챙김기반 섭식 각성 훈련(Mindfulness-Based Eating Awareness Training: MB-EAT)은 외모와 체중, 식욕과 포만을 비롯한 먹기와 관련된 자기조절 과정의 문제들을 행동과 경험에 대한 알아차림을 이용해서 '잘' 다룰 수 있게 한다(Kristeller, 2003). 이 개입법은 MBSR과 마찬가지로 마음챙김 명상이 핵심인데, 이 경우에는 음식과 단서, 마음, 신체에 초점을 둔다(Kristeller et al., 2006). 폭식을 하는 사람들에 대한 확장된 비무선 기초 연구에서 크리스텔러와 할렛(1999)은 벡(Beck)의 우울척도와 불안척도, 그리고 폭식행동척도의 점수뿐만 아니라 폭식 빈도에서도 유의한 감소를 발견했다. 또한 명상 수련의 양은 폭식행동척도 점수의 감소를 예측했다.

　일련의 사례 연구에서 싱 등(Singh et al., 2008a; 2008b)은 두 명의 비만인 사람의 건강 증진을 위해 대안적인 마음챙김 기반 개입법을 개발했다. 첫 번째 사람은 프래더윌리 증후군(Prader-Willi syndrome), 즉 영양 물질은 물론 비영양 물질도 먹으려는 충동을 못 이기는 장애로 진단받았다. 두 번째 사람은 건강해 보이는 비만인이었다. 두 사람 모두 마음챙김과 마음챙김 먹기를 기반으로 하는 다중요소 개입법 시행으로 유의한 체중 감소(각각 체중의 20%와 36%)를 보였다.

　수용전념치료(ACT)도 비만과 체중 문제에 적용되었다. 릴리스 등(Lillis et al., 2009)은 과거 체중 감소 경험이 있는 사람들의 체중 감소 유지를 목표로 하는 개입법을 개발했다. ACT 개입법은 낙인 경험을 포함하여, 섭식과 운동 행동 관련 사적 사건들에 대한 수용과 마음챙김을 강화하고, 참가자들을 각자의 건강 관련 가치와 연결해 주기 위해 설계되었다. ACT 집단 참가자들은 체중 감소와 유지, 심리적 고통, 비만 관련 낙인 및 자기보고 건강행동에 대해 유의하게 더 향상된 결과를 보였다. 이 연구의 특징은 아래에서 논의된다.

## 치료 결과와 과정

ACT는 행동 변화의 유지에 전통적인 접근보다 더욱 효과적일 수 있는데 (Gifford et al., 2004; Hayes, Masuda, Bissett, Luoma, & Guerrero, 2004), 특히 체중 감소 문제에서 타당하다. 태퍼 등(Tapper et al., 2009)은 체중 감소를 시도했던 BMI 20 이상인 여성 62명을 대상으로 ACT 효능을 평가하는 무선 통제 실험에서, ACT를 받은 집단이 통제집단에 비해 6개월 추수에서 신체 활동이 유의하게 더 증가했음을 보여 주었다. 워크숍 전략을 '결코' 수행해 본 적이 없다고 보고한 참가자를 제외했을 때($n=7$), 운동 빈도 증가, BMI 감소 모두에서 통제집단에 비해 유의한 차이가 발견되었다. 이 연구에서 얻은 질적 데이터는 ACT 개입법의 인지적 탈융합 요소가 운동 지속에 특히 유용하다는 것을 시사한다(Tapper et al., 2009).

릴리스 등(2009)의 연구는 특히 체중관리에 초점을 두고 마음챙김과 건강 관련 가치를 활용하는 ACT 개입법을 실시한 것이다. 참가자는 ACT 집단($n=40$)이나 대기통제집단($n=44$)에 무선 할당되었다. 두 집단 모두 연구 참가 이전에 식이 및 운동 체중 감소 프로그램에 적어도 6개월간 참여했다. ACT 섭식의 참가자는 비만 관련 낙인과 심리적 고통에 초점을 맞춘 하루짜리 마음챙김과 수용 기반 워크숍에 참가했다. 모든 참가자는 비만 관련 낙인과 비만 관련 삶의 질, 심리적 고통, 체중(BMI), 고통 내성에 대해, 그리고 일반적인 수용 및 심리적 유연성뿐 아니라 체중 관련 수용 및 심리적 유연성에 대해서도 사전과 3개월 추수에서 평가받았다. 일반적인 수용 및 심리적 유연성은 수용행동척도(Acceptance and Action Questionnaire: AAQ)(Hayes, Strosahl, et al., 2004)를 통해 측정했고, 체중 관련 심리적 유연성은 비만 수용행동척도(Acceptance and Action Questionnaire for Weight: AAQW)(Lillis & Hayes, 2008)를 통해 측정했는데, 이는 구체적으로 체중 관련 사고와 느낌, 그에 따른 가치 기반 행위의 방해를 측정한다.

3개월 추수에서 ACT 조건에 있던 참가자는 비만 관련 낙인, 삶의 질, 고통, 체중, 고통 내성, 일반 및 비만 관련 수용 모두에서 유의한 향상을 보였다. ACT 집단에서 나타난 결과는 모두 체중 관련 수용의 증가에 의해 매개되었다. 처치 집단과 BMI, 체중 변화, 낙인, 심리적 고통, 삶의 질, 폭식 및 신체 활동 간의 관계는 비만 관련 사고와 느낌의 수용에 대한 측정 점수에 의해 유의하게 매개되었다. 처치 집단과 낙인, 심리적 고통, 삶의 질 및 폭식 간의 관계는 또한 일반적 수용 점수에 의해 유의하게 매개되었다. 이러한 결과는 좀 더 성공적인 장기 체중 조절 프로그램 개발에서 수용과 마음챙김 기반 개입법이 진일보한 것일지도 모른다는 것을 강력히 시사한다.

# 당뇨병

당뇨병은 세계적으로 급속히 증가하고 있는 또 다른 질병이다. 종종 비만과 관련되어 있기는 하지만, 당뇨병은 몸 안의 포도당 생성이나 사용 관련 문제라는 특징이 있는 독특하고 복잡한 질환이다. 당뇨병은 합병증의 이환율이 높아 사망률을 높이며, 이러한 합병증에는 시력 상실과 신경장애, 신장·심장·간 질환 그리고 무엇보다도 순환계의 문제가 포함된다. 당뇨병은 현재 산업국가에서 사망의 주요 원인이며, 지금부터 2030년까지 개발도상국에서도 발병률이 계속해서 극적으로 증가할 것으로 예상된다(Wild, Roglic, Green, Sicree, & King, 2004).

당뇨병에는 1형과 2형 두 가지 다른 유형이 있다. 1형 당뇨병은 당뇨병 인구의 5~10%를 차지하는 것으로 추정되며, 유전적으로 자가면역반응에 취약한 것이 원인이다(Gale, 2001; Nerup et al., 1997). 이러한 반응은 면역 체계 T세포에 의해 췌장에서 베타 세포의 사멸을 유도하는 것으로 특징지어진다. 다른 말로 하면, 기본 면역체계 메커니즘이 제대로 작동하지 않음으로써 인슐린을 생성하여 혈액으로 분비하는 것을 담당하는 세포들이 파괴된다. 비록 유전 요인을 매우 많이 수반한다는 점에 동의가 이루어져 있지만, 태아기의 바이러스나 독소 노출, 출생 시 체중, 산모의 비타민 D 수준, 계절적 변동 등과 같은 요인이 1형 당뇨병의 위험 인자로 고려된다(Harder et al., 2009; Moltchanova, Schreier, Lammi, & Karvonen, 2009).

1형 당뇨병 환자는 일반적으로 적정 수준의 인슐린 생성 능력이 없으므로 호르몬의 외부 공급에 의존하며, 인슐린 주사나 인슐린 펌프 등을 통해 자가관리가 이루어진다. 1형 당뇨병은 주로 아동기에 발생하지만, 췌장에 손상을 입은 성인 역시 걸릴 수 있다.

내인성 인슐린이 불충분하게 생산되는 1형 당뇨병과 달리, 2형 당뇨병은 대개 골격근과 지방조직, 간에 대한 인슐린 저항성을 특징으로 한다(DeFronzo, 2004; Scheen & Lefebvre, 1996). 2형 당뇨병 환자는 만성적인 과혈당, 당 섭취량에 반응하여 췌장의 베타 세포 기능 감소, 간과 근육에 글리코겐 저장 감소 등 많은 문제가 나타날 수 있다. 2형 당뇨병의 병인론은 복잡하며 인슐린 저항성을 가진 모든 사람에게 당뇨병이 생기지는 않는다(Campbell, 2009; Gerich, 1999). 1형 당뇨병과 마찬가지로, 혈당이 계속 오르는 위험은 2형 당뇨병 환자에게도 중요하다. 진단은 대체로 공복혈당이나 당부하 검사를 이용하여 이루어지며, 검사에서 혈당치가 높게 나타나는 사람은 인슐린 저항성과 당뇨병이 있는 것으로 시사된다. 2형 당뇨병으로 진단받은 젊은 층 인구가 늘어나면서 비만뿐만 아니라 2형 당뇨병 발병률 역시 전 세계적으로 증가하고 있다(Hjartaker, Langseth, & Weiderpass, 2008; Seidell, 2000; Wild et al., 2004). 더구나, 일반적인 대사증후군과 심혈관 질환은 비만과 2형 당뇨병 증가율과 함께 예상되는 질병 부담의 중요한 요소로 간주되어 왔다(Ginsberg & Maccallum, 2009).

비만에 대한 논의에서 무엇보다도 중요한 것은 체지방 증가가 인슐린 저항성과 2형 당뇨병 발생 위험과 관계가 있는가 하는 것이다. 비만과 인슐린 저항성의 관계에 대한 근거로는 체중 감소와 인슐린 효과 감수성의 증가를 보여 주는 연구가 인용되곤 한다(Beck-Nielsen, Pedersen, & Lindskov, 1979; Freidenberg, Reichart, Olefsky, & Henry, 1988; Jimenez, Zuniga-Guajardo, Zinman, & Angel, 1987; Olefsky, Reaven, & Farquhar, 1974). 실제로, 체중이 감소한 사람 중 일부는 인슐린 활성이 거의 정상으로 돌아올 수 있다(Gerich, 1999). 구체적으로 체중이 10% 정도 감소하면 신체에서 인슐린을 소비하는 능력이 증가하기 시작하지만, 인슐린의 작용에 대한 감수성을 크게 증가시키려면 더 높은 체중 감소율이 필요할 수 있다(Valera Mora, Scarfone, Calvani, Greco, & Mingrone, 2003).

## 전통적인 개념화와 접근

당뇨병은 많은 점에서 독특한 질병이다. 첫째, 당뇨는 질병의 특성이나 발현이라기보다는 이환율과 사망률에 영향을 미치는 전체적인 혈당 농도를 말한다. 구체적으로, 당뇨병 환자를 대상으로 하는 대규모 시범 프로젝트에서 1형이든 2형이든 적절한 혈당 농도를 유지한다면 장기적인 건강 문제와 합병증을 대체로 피할 수 있으며(DCCT Research Group, 1993; UKPDS Group, 1998), 당뇨병을 앓고 있지 않은 사람과 유사한 전반적인 건강 수준을 달성할 수 있는 것으로 밝혀졌다.

행동 관점에서 독특하다고 할 수 있는 당뇨병의 또 다른 특징은 질병관리를 보건의료 전문가가 하는 것이 아니라 거의 전적으로 환자 스스로 한다는 점이다. 이것은 높은 수준의 자가관리 행동을 요구하는데, 포도당 기복이 일어나지 않는 건강한 섭식이나 규칙적인 운동, 혈당 자가 측정, 혈당 검사 결과에 근거한 규칙적인 복약 준수, 인슐린 주사, 눈과 발, 다른 순환 관련 문제의 지속적인 점검을 포함한다. 위에서 살펴본 바와 같이 1형과 2

형 당뇨병 환자를 대상으로 한 최근의 대규모 실험에서 혈당 수준을 꾸준히 관리하면 미세혈관 및 대혈관 합병증 진행 위험을 유의하게 낮출 수 있다는 것이 밝혀졌다(DCCT Research Group, 1993; UKPDS Group, 1998). 그러나 2형 당뇨병을 가진 미국 성인의 약 55.7%만이 적절한 범위의 포도당 수준을 유지한다(Hoerger, Segel, Gregg, & Saaddine, 2008). 이는 주로 스트레스와 동기 문제 같은 심리 요인과 다른 행동 요인에 기인한다.

## 심리적 특징

당뇨병을 가지고 살아가는 것은 괴로운 일이다. 피셔 등(Fisher et al., 2007)은 당뇨병이 있는 사람의 22%가 고통 수준의 증가를 보고했다고 밝혔는데, 여기서의 수치는 당뇨병이 있는 우울한 사람에게 나타나는 고통과는 임상적으로 그리고 통계적으로 구분된다. 심리사회적 스트레스원(stressor)은 생물학적 · 심리적 양측 경로를 통하여 혈당 조절에 관여하는 것 같다.

### 생물학적 경로

첫 번째 경로에서는 당뇨병이 있는 개인이 경험하는 스트레스가 코르티솔과 같은 길항 호르몬 분비를 증가시켜 혈당 수준에 생리적인 영향을 미치는 것으로 생각된다. 많은 연구에서 이러한 효과(예: Surwit & Schneider, 1993)가 입증되었으며, 스트레스 반응으로 인한 신경부신계 활성화와 인체 포도당 생성 간에 분명한 관계가 있다는 것이 밝혀졌다. 스트레스는 교감부신계(sympathoadrenal system)와 시상하부-뇌하수체-부신축(hypothalamic-pituitary-adrenocorticoal: HPA)을 활성화시킨다. HPA는 여러 기관이 관여하며, 그중에서도 미주신경 긴장, 코르티솔 분비, 카테콜라민 분비를 포함한다(McEwen, 1998).

## 심리적 · 행동적 경로

고통이 당뇨병에 영향을 미치는 것으로 생각되는 두 번째 경로는 자가관리 행동에 대한 영향을 통해서인데, 건강한 식습관과 규칙적인 운동, 지속적인 자가 혈당 측정, 외인성 인슐린 또는 경구용 혈당강하제의 투여를 준수하는 것을 포함한다. 페이롯, 맥머리, 그리고 크루거(Peyrot, McMurry, & Kruger, 1999)는 식이요법 준수가 스트레스와 혈당 조절 간의 관계를 매개하는 것을 밝혀냈다. 이러한 경로는 상당한 지지를 받았으며(Peyrot & McMurry, 1985; Norris, Engelgau, & Narayan, 2001), 이후 자가관리 증진을 목표로 대처를 늘려 나가기 위해 고안된 많은 개입법이 출현했다.

당뇨병에 대한 전통적 인지행동적 개입은 논리적 사고 전략의 사용을 늘리고 부적응적이거나 비합리적인 신념과 가정을 억제함으로써 스트레스를 포함한 괴로운 사고와 정서를 관리하는 것을 강조한다(Surwit et al., 2002; Henry, Wilson, Bruce, Chisholm, & Rawling, 1997). 부적응적 사고 패턴의 감소는 생물학적으로 스트레스 반응 감소에 영향을 미치는 것은 물론, 스트레스가 감소했을 때 자가관리 행동 수행 능력도 증가시킨다. 그러나 이러한 개입법은 병 자체와 그 병을 관리하는 데서 오는 불가피한 고통이 크다는 사실과 이러한 고통이 반드시 왜곡된 사고 패턴에 근거하는 것은 아니라는 점을 종종 간과한다.

## 수용과 마음챙김 개념화

전통적 개입법은 행동 변화를 촉진하기 위해 대개는 아니면 부분적으로라도 불쾌한 사적 사건과 스트레스원을 감소시키려고 한다. 그러나 수용과 마음챙김 기법을 포함하는 대안적 접근은 괴로운 경험이 있는 그 자리에서 행동 변화를 시도한다.

당뇨병이 있는 사람은 일상적으로 자신이 당뇨병을 앓고 있고, 건강하지 못하다는 사실을 상기시키는 여러 가지 상황에 직면한다. 혈당 측정하기, 처방받은 경구용 약물을 복용하거나 인슐린 주사하기, 식습관을 주의 깊게 점검하거나 관리하기, 규칙적으로 운동하기, 당뇨병 합병증에 대해 지속적으로 살펴보기 등의 활동을 매일 시행해야 한다. 잠재적으로 삶을 위협하는 질병을 가지고 살아갈 때 기저에 있는 위협과 마찬가지로 이러한 활동도 당뇨병을 가진 사람에게서 상당한 고통을 유발한다. 마음챙김이나 수용 모형은 이러한 고통을 고치거나 제거해야만 하는 문제의 일부로 보는 것이 아니라, 건강한 기능에 초점을 유지하는 것처럼 관찰하고 주목해야 하는 자연스럽게 일어나는 질병의 일부로 이해한다.

당뇨병에 대한 마음챙김과 수용 접근의 목표는 비슷해도, 생물학적, 심리적·행동적 스트레스 경로와 관련하여 제시된 행동 기제는 약간의 차이가 있다. ACT는 괴로운 생각과 느낌을 마음챙김하여 바라보는 것과 더불어 가능한 행동적, 해결 중심적 요소를 제시한다(Gregg, Callaghan, Hayes, & Glenn-Lawson, 2007). 한편, MBSR은 스트레스 감소와 관련된 심신 기제를 제시한다(Rosenzweig et al., 2007). 두 가지 관점 모두에서 마음챙김 수련의 목적은 환자의 주의를 객관적으로 관찰된 각자의 현재 경험에 두고, 환자의 자동 반응을 감소시키는 것이다. 두 가지 모두 생각에 대한 알아차림, 자신의 경험을 주목하거나 관찰하고 그것과 '함께 머물 수 있는' 능력을 강조한다. MBSR 관점에서 수련의 목적은 스트레스와 자동적 활동을 전체적으로 감소시키는 것이다. 그렇게 되면 HPA 축과 스트레스가 심리적 기능에 영향을 미치는 다른 신경부신계 기제의 활성화는 감소되는 것으로 생각된다(Fisher et al., 2007).

다른 한편으로 ACT의 기제는 스트레스의 해로운 결과가 전반적으로 감소하는 것이 아니라 행동을 활성화하는 것이다. 자신의 경험을 마음챙김하여 바라보거나 알아차리면 심리적 유연성이 증가해서 효과적인 건강 관련 행동에 좀 더 전념하는 것이 가능할 것으로 여긴다. 예를 들어, 건강한 섭식을 중요하게 생각하지만 욕구가 올라올 때 계속해서 고지방이나 당분이 많은 간식을 먹는다면, ACT 개입은 욕구를 줄이거나 제거하는 방식이 아니라 가치와 일관되는 행동으로 반응하기 위하여 욕구를 마음챙겨 주목하는 것을 목표로 할 것이다.

## 마음챙김 개입법

MBSR은 집단의 특성과 무관하게 보편적이며 비교적 일관되게 적용되는 접근법으로서, 카밧진(Kabat-Zinn, 1990)이 개발한 프로토콜에 근거한다. 일반적으로 MBSR은 마음챙김을 증가시키기 위해 다양한 공식 · 비공식 명상 훈련법을 활용한다. 프로그램은 8~10회기의 주 1회 집단 수련으로 구성되며, 한 회기의 종일 명상 수련이 포함된다. 수련은 대개 마음챙김 기술 기반으로 이루어지지만 스트레스와 정서의 정신생리학적 정보도 포함한다. 회기 중에는 정좌 명상을 하며, 회기 밖에서도 숙제로 매일 수련을 하도록 격려한다.

당뇨병에 대한 ACT 개입은 건강행동 증가라는 전반적인 목표와 함께 다양한 핵심 과정을 포함하고 있다. 당뇨병에 대한 ACT는 구체적으로 다음 구성요소로 이루어진다.

### 기존의 비효과적 대처 방식의 결과와 접촉하기

위에서 언급한 바와 같이, 2형 당뇨병을 앓는 많은 사람이 괴로운 사고와 느낌을 다루기 위해 사용한 방법들은 자신의 건강 문제를 악화시키는 것들이다. 예를 들어, 정서적 섭식(Byrne et al., 2003; Ganley, 1989), 컴퓨터 게임과 텔레비전 시청과 같이 주로 앉아서 하는 오락(Dunstan et al., 2007), 흡연(Gifford et al., 2004) 또는 다른 잠재적으로 문제가 되는 행동 양상은 불쾌한 생각이나 느낌, 신체감각을 회피하기 위한 시도가 될 수 있다.

더구나, 당뇨병이 있으면 곧 죽는다는 신념을 가진 사람이라면 이러한 사고와 연관된 불쾌한 느낌을 경험하는 것을 회피하기 위해 당뇨병에 대한 생각, 자기점검, 돌보기, 도움 받기 등도 회피할 수 있다. 당뇨병에 대한 ACT 개입에서 치료는 먼저 개인이 문제를 해결하기 위해 시도하곤 했던 방법이 제대로 작동하지 않았다는 사실을 알도록 하는 것에 방점을 둔다. 사실상 많은 경우 해결책은 문제의 일부다. 즉, 자신의 괴로움을 고지방 또는 고탄수화물 음식을 먹음으로써, 또는 적극적으로 당뇨병을 관리하는 데 필요한 행동이 아닌 다른 회피행동을 함으로써 달래려 한다면, 항상 그렇듯이 괴로움을 통제하려는 시도는 더 많은 괴로움을 낳는다. 이 단계에서 ACT는 그렇게 하는 것이 자신의 삶에서 참된 것인지를 환자에게 묻는다.

## 인지적 탈융합

ACT는 개인이 사고 내용을 '탈문자화'하도록, 즉 사고 과정과 사고 내용 자체보다는 특정 사고와 연합된 행동의 효용성에 좀 더 초점을 두도록 가르친다. 예를 들어, '의사가 당뇨병은 관리할 수 있는 것이라고 말해 줘도 나는 여전히 삶이 끝난 것 같다.'고 믿는 사람에게는 그 사고를 반드시 믿어야 하거나 믿어서는 안 되는 것이 아니라 그저 알아차려야 하는 것으로 보도록 격려할 것이다.

## 심리적 수용의 교육

당뇨병이 있는 사람은 종종 자신의 질병에 대해 많은 어려움과 불편감을 경험한다. 예를 들어, 어떤 음식을 먹을 수 없거나 어떤 활동을 못하는 것에서 오는 서글픔, 체중과 그 체중으로 인해 당뇨병이 생겼다는 사실에 대한 수치심, 삶이나 수명에 대한 두려움, 식이 제한으로 인한 분노와 좌절을 경험할 수도 있다. ACT 관점에서 기꺼이 하려는 자발성이나 수용은 당뇨병이 있는 개인이 이러한 느낌을 방어하지 않고 그대로 경험하도록 허용함으로써 반응이라는 측면에서 유연성과 선택이 증가하게 한다. ACT로 치료되는 다른 질환과 마찬가지로 당뇨병이 있는 사람에게도 개인적 가치로 특히 유연성이 강조된다.

## 가치와 전념 및 가치 평가

ACT 관점에서 보면, 건강 가치는 당뇨병 자가관리의 핵심이다. 첫째, 치료를 받고 있는 많은 환자들은 자신의 고통을 사실상 심리적인 것으로 보지 않을 수도 있다. 가치는 당뇨병을 질병으로 보고 접근하는 방식을 줄여 줄 수 있는데, 이런 방식은 의료 장면이나 의료 장면의 환자에게나 적절한 것이다. 당뇨병에 대한 ACT 치료에서 가치 작업은 환자가 바라는 삶의 방향을 분명히 하고, 개인으로 하여금 어떤 행동이 자신의 가치에 근접한 행동이고 어떤 행동이 부정적 사고나 느낌에서 벗어나려는 행동인지를 잘 알 수 있게 하는 일이다.

## 정서에 대한 수용 의지와 인지적 탈융합을 실제 삶의 행동 변화로 확장하기

당뇨병과 관련하여 괴로운 사고와 느낌을 경험하는 환자는 자기 삶에서 중요한 사람들로부터 단절되거나 건강한 행동을 하지 않을 수도 있으며, 괴로운 정서를 느끼지 않기 위해 어떤 느낌을 다루는 것을 회피하려 할지도 모른다. 다시 말하지만, 문제가 되는 것은 부정적인 느낌 자체가 아니라 그러한 부정적인 느낌과 관련한 개인의 행동이다.

## 치료 결과와 과정

당뇨병이 있는 사람에 대한 마음챙김이나 수용 개입의 효과를 직접적으로 검토하는 무선 연구는 흔치 않다. 한 관찰 연구에서, 로젠츠웨이그 등

(Rosenzweig et al., 2007)은 당뇨병을 앓고 있는 사람 14명을 대상으로 마음 챙김 수련을 중심으로 한 8주짜리 집단 개입법의 MBSR 효과성을 분석했다. 연구자는 당화 혈색소(평균 혈당 수준 측정)와 혈압, 불안과 우울, 고통의 유의한 감소를 보고했다. 연구자가 혈당의 감소를 설명해 줄 수 있는 자기돌봄 행동이나 체중, 다른 생활양식 요인에서 아무런 변화가 없었다고 보고한 것을 주목할 필요가 있다. 그래서 연구자들은 개입법의 효과가 스트레스에 대한 반응성의 감소에 의해 매개되며 이런 반응성 조절은 결과적으로 코르티솔과 노르에피네프린, 베타 엔돌핀, 글루카곤, 성장호르몬의 생성에 관여하는 생리적 과정에 영향을 미친다는 가설을 세웠다.

이러한 결과와 일관되게 25명의 당뇨병 환자에 대한 MBSR 프로그램 기록 자료를 분석한 최근 연구에서 영, 카폴라, 그리고 바임(Young, Cappola, & Baime, 2009)은 개입 전에 당뇨병이 있던 사람은 전체 규준에 비하여 유의하게 높은 기분 상태 프로파일(Profile of Mood States: PMS) 점수를 보였고, 개입 후에는 전체 규준과 유사했다고 보고했다. 이러한 고통의 감소는 MBSR 치료 맥락에서 중요해 보이며, 또한 코르티솔 수준의 변화를 야기할 수도 있다. 그러나 이러한 경로를 충분히 평가하기 위해서는 좀 더 통제된 연구가 필요하다.

2형 당뇨병을 가진 개인에 대한 ACT 효과를 측정하는 무선 연구에서 그레그, 캘러한, 헤이스, 그리고 글렌로슨(Gregg, Callaghan, Hayes, & Glenn-Lawson, 2007)은 참가자를 하루짜리 ACT 워크숍이나 당뇨병 교육에 할당했다. 3개월 추수에서, ACT 조건에 있던 사람들은 좀 더 바람직한 범위의 혈당 수준을 유지할 가능성이 컸고, 좀 더 높은 자기돌봄 행동과 당뇨병 관련 수용 수준을 보고했다. 따라서 이러한 당뇨병 관련 수용과 자기돌봄 행동 변화는 집단 참여와 혈당 간의 관계를 매개하는 것으로 밝혀졌다.

# 비만과 당뇨병을 넘어서: 대사증후군과 2차 예방의 미래

당뇨병과 비만 그리고 각각의 원인을 논의할 때, 당뇨병과 비만 간의 복잡한 관계를 고려하는 것 또한 중요하다. 분명히 비만과 당뇨병 사이에는 공통점이 있어서 많은 환자에게서 전자는 후자의 원인으로 보인다(Lazar, 2005). 그러나 두 가지는 '대사증후군'이라 불리는 조건과 관련이 있는 것으로 생각된다. X증후군이나 인슐린 저항성증후군, 이상대사증후군으로도 알려진 대사증후군은 비만 관련 위험 요인의 혼합물로서 당뇨병과 뇌졸중의 발병을 증가시키는 것은 물론 관상동맥 질환 위험을 급격하게 증가시킨다. 대사증후군은 일반적으로 적절한 건강행동과 밀접하게 관련되는 것으로 보이며, 따라서 치료에는 생활양식의 변화가 필요한 것으로 생각된다 (Wyatt, Winters, & Dubbert, 2006).

대사증후군은 고혈압, 고지혈증, 인슐린 저항성, 내장 비만을 포함하여 많은 건강 위험 요인에 의해 특징지어진다. 이러한 조건은 심혈관 문제들과 높은 상관이 있어 관상동맥성 심장질환의 조기 발견을 위한 주요 인자로 고려된다.

비록 대사증후군이 다양한 요소로 구성된다 해도 핵심 요소는 인슐린 저항성인 것 같다. 사실상 진단을 위해서는 어떤 형태로든 인슐린 조절장애가 있어야 한다. 비만, 고혈압, 고지혈증은 인슐린 저항성과 복잡한 관계가 있으며, 교감부신계(Reaven, Lithell, & Landsberg, 1996; Brook & Julius, 2000)나 친염증성(proinflammatory) 상태와 관련이 있다는 가설(Das, 2002)도 있다. 그러나 이러한 관계는 분명히 신체 활동을 하지 않는 것과 건강하지 못한 식사 패턴과도 역시 관련되는 것으로 보인다(Wyatt et al., 2006). 대사증후군은 산업사회에서 빠르게 이환율과 사망률의 제1원인이 되고 있다(Wilkin & Voss, 2004).

당뇨병과 비만, 심혈관 문제를 위험 요인 조합인 대사증후군과 관련지어 생각할 때 한 가지 이점은 그 조합과 연결하여 구체적인 2차 예방 건강행동을 한꺼번에 고려할 수 있다는 점이다. 예를 들어, 당뇨병 관련 합병증과 문제를 다루기 위해 먼저 한 가지 개입법을 써서 환자로 하여금 탄수화물 섭취나 포도당 수준을 낮추게 하고, 그다음에 심혈관 위험을 감소시키기 위해서는 지방을 줄이게 하고, 고혈압에 대해서는 나트륨을 줄이도록 교육하는 것보다는 미세혈관과 대혈관 합병증의 감소가 동시에 이루어진다는 점에 근거해 전체적인 섭식 행동을 다루는 것을 목표로 할 수 있다.

# 요 약

전 질병에 걸쳐서 공통으로 2차 예방 효과를 갖도록 할 때 심리적 요인을 중요하게 고려해야 한다. ACT나 마음챙김 접근으로 치료하는 다른 심리장애와 달리 당뇨병과 비만 같은 문제에서 치료의 초점은 일반적으로 정신병리가 아니다. 그보다는 오히려 건강 관련 가치와 신체건강 상해의 기저에 있는 과정과 삶의 질에 초점이 있다. 예를 들어, 우울한 사람이 자신의 우울한 생각과 느낌을 감소시키기 위해 치료를 받으러 오면, 마음챙김이나 수용 중심 치료자는 먼저 이러한 목표를 다른 것들로부터 분리해 낼 필요가 있다. 이것은 자신의 가치를 향해 움직이는 것은 종종 고통을 수반하며, 따라서 만약 의미 있게 살고자 한다면 어떻게든 고통을 없애려는 시도는 바람직한 것일 수 없기 때문이다.

당뇨병이나 비만 같은 의학적 문제를 지닌 개인은 건강을 증진하려면 상당히 힘들게 생활습관을 변화시켜야 한다고 생각하는 경우가 많다. 즉, 식이요법과 운동량 증가, 복약 준수가 모두 목표 달성을 위해 필요하다고 가정한다. 이것이 중요한 이유는 일반적으로 그들이 자신의 질병과 관련된 급성 증상이나 통증을 경험하는 것이 아니라 생활양식을 변화시키려는 '동기' 의 부족을 경험하고 있기 때문이다. 아니면 환자는 건강에 해로운 행동들이 괴로움을 관리하는 역할을 하고 있음을 잘 알지 못하고 있을 수도 있다. 다른 말로 하면, (고통 감소가 아니라) 가치 기반 또는 알아차림 기반의 틀을 이용하는 생활습관 변화 개입법은 종종 환자들이 이해하기에 더 쉽지만, 이 접근법의 핵심은 동기부여의 요소로서 슬픔과 고통의 완화가 아니라 가치를 논의하는 것이다.

# 참·고·문·헌

Agras, W. S., & Telch, C. F. (1998). The effects of caloric deprivation and negative affect on binge eating in obese binge-eating disordered women. *Behaviour Therapy, 29,* 491-503.

Andersen, T., Backer, O. G., Stokholm, K. H., & Quaade, F. (1984). Randomized trial of diet and gastroplasty compared with diet alone in morbid obesity. *New England Journal of Medicine, 310*(6), 352-356.

Baer, R., Fischer, S., & Huss, D. (2005a). Mindfulness and acceptance in the treatment of disordered eating. *Journal of Rational-Emotive & Cognitive-Behavior Therapy, 24*(4), 281-300.

Baer, R., Fischer, S., & Huss, D. (2005b). Mindfulness-based cognitive therapy applied to binge eating: A case study. *Cognitive and Behavioral Practice, 12,* 351-358.

Beck-Nielsen, H., Pedersen, O., & Lindskov, H. O. (1979). Normalization of the insulin sensitivity and the cellular insulin binding during treatment of obese diabetics for one year. *Acta Endocrinology (Copenh), 90*(1), 103-112.

Brook, R., & Julius, S. (2000). Autonomic imbalance, hypertension, and cardiovascular risk. *American Journal of Hypertension, 13*(6), 112-122.

Burk-Braxton, C. L. (1996). *Is shame a factor in overweight relapse?* Unpublished dissertation. University of Texas, Austin.

Byrne, S., Cooper, Z., & Fairburn, C. (2003). Weight maintenance and relapse in obesity: A qualitative study. *International Journal of Obesity, 27*(8), 955-962.

Campbell, R. K. (2009). Type 2 diabetes: where we are today: An overview of disease burden, current treatments, and treatment strategies. *Journal of the American Pharmacists Association, 49*(Suppl. 1), S3-9.

Centers for Disease Control (2005). Obesity and overweigth. Retrieved October 15, 2009, from http://www.cdc.gov/needphp/dnpa/obesity

Das, U. N. (2002). Obesity, metabolic syndrome X, and inflammation. *Nutrition, 18*(5), 430-432.

Davis-Coelho, K., Waltz, J., & Davis-Coelho, B. (2000). Awareness and prevention of bias against fat clients in psychotherapy. *Professional Psychology:*

*Research and Practice, 31*(6), 682–684.

DCCT Research Group. (1993). The effect of intensive treatment of diabetes on the development and progression of long-term complications of insulin-dependent diabetes mellitus. *New England Journal of Medicine, 329*, 977–986.

DeFronzo, R. A. (2004). Pathogenesis of type 2 diabetes mellitus. *Medical Clinics of North America, 88*(4), 787–835, ix.

Dunstan, D. W., Salmon, J., Healy, G. N., Shaw, J. E., Jolley, D., Zimmet, P. Z., et al. (2007). Association of television viewing with fasting and 2-h postchallenge plasma glucose levels in adults without diagnosed diabetes. *Diabetes Care, 30*(3), 516.

Elfhag, K., & Rossner, S. (2005). Who succeeds in maintaining weight loss? A conceptual review of factors associated with weight loss maintenance and weight regain. *Obesity Reviews, 6*(1), 67–85.

Fisher, L., Skaff, M. M., Mullan, J. T., Arean, P., Mohr, D., Masharani, U., et al. (2007). Clinical depression versus distress among patients with type 2 diabetes. *Diabetes Care, 30*(3), 542.

Freidenberg, G. R., Reichart, D., Olefsky, J. M., & Henry, R. R. (1988). Reversibility of defective adipocyte insulin receptor kinase activity in non-insulin-dependent diabetes mellitus. Effect of weight loss. *Journal of Clinical Investigation, 82*(4), 1398–1406.

Friedman, K. E., Reichmann, S. K., Costanzo, P. R., Zelli, A., Ashmore, J. A., & Musante, G. J. (2005). Weight stigmatization and ideological beliefs: Relation to psychological functioning in obese adults. *Obesity Research, 13*(5), 907–916.

Gale, E. A. (2001). The discovery of type 1 diabetes. *Diabetes, 50*(2), 217–226.

Ganley, R. M. (1989). Emotion and eating in obesity—a review of the literature. *International Journal of Eating Disorders, 8*(3), 343–361.

Gerich, J. E. (1999). Is insulin resistance the principal cause of type 2 diabetes? *Diabetes Obesity Metabolism, 1*(5), 257–263.

Gifford, E. V., Kohlenberg, B. S., Hayes, S. C., Antonuccio, D. O., Piasecki, M. M., Rasmussen-Hall, M. L., et al. (2004). Acceptance-based treatment for smoking cessation. *Behavior Therapy, 35*(4), 689–705.

Ginsberg, H. N., & Maccallum, P. R. (2009). The obesity, metabolic syndrome, and type 2 diabetes mellitus pandemic: II. Therapeutic management of atherogenic dyslipidemia. *Journal of Clinical Hypertension (Greenwich)*, *11*(9), 520–527.

Gregg, J. A., Callaghan, G. M., Hayes, S. C., & Glenn-Lawson, J. L. (2007). Improving diabetes self-management through acceptance, mindfulness, and values: A randomized controlled trial. *Journal of Consulting and Clinical Psychology, 75*(2), 336.

Harder, T., Roepke, K., Diller, N., Stechling, Y., Dudenhausen, J. W., & Plagemann, A. (2009). Birth weight, early weight gain, and subsequent risk of type 1 diabetes: systematic review and meta–analysis. *American Journal of Epidemiology, 169*(12), 1428–1436.

Haslam, D. W., & James, W. P. T. (2005). Obesity. *Lancet, 366*(9492), 1197–1209.

Hayes, S. C., Masuda, A., Bissett, R., Luoma, J., & Guerrero, L. F. (2004). DBT, FAP, and ACT: How empirically oriented are the new behavior therapy technologies? *Behavior Therapy, 35*(1), 35–54.

Hayes, S. C., Niccolls, R., Masuda, A., & Rye, A. K. (2002). Prejudice, terrorism, and behavior therapy. *Cognitive and Behavioral Practice, 9*(4), 296–301.

Hayes, S. C., Strosahl, K. D., Wilson, K. G., Bissett, R. T., Pistorello, J., Toarmino, D., et al. (2004). Measuring experiential avoidance: A preliminary test of a working model. *Psychological Record, 54*, 553–578.

Henry, J. L., Wilson, P. H., Bruce, D. G., Chisholm, D. J., & Rawling, P. J. (1997). Cognitive–behavioural stress management for patients with non–insulin dependent diabetes mellitus. *Psychology, Health & Medicine, 2*(2), 109–118.

Hjartaker, A., Langseth, H., & Weiderpass, E. (2008). Obesity and diabetes epidemics: Cancer repercussions. *Advances in Experimental Medicine and Biology, 630*, 72–93.

Hoerger, T. J., Segel, J. E., Gregg, E. W., & Saaddine, J. B. (2008). Is glycemic control improving in U.S. adults? *Diabetes Care, 31*, 81–86.

Jimenez, J., Zuniga–Guajardo, S., Zinman, B., & Angel, A. (1987). Effects of weight loss in massive obesity on insulin and C–peptide dynamics: Sequential changes in insulin production, clearance, and sensitivity. *Journal of Clinical Endocrinology and Metabolism, 64*(4), 661–668.

Kabat-Zinn, J. (1990). *Full catastrophe living: Using the wisdom of your body and mind to face stress, pain, and illness.* New York: Dell Publishing.

Kenchaiah, S., Evans, J. C., Levy, D., Wilson, P. W. F., Benjamin, E. J., Larson, M. G., et al. (2002). Obesity and the risk of heart failure. *New England Journal of Medicine, 347*(5), 305.

Knowler, W. C., Barrett-Connor, E., Fowler, S. E., Hamman, R. F., Lachin, J. M., Walker, E. A., et al. (2002). Reduction in the incidence of type 2 diabetes with lifestyle intervention or metformin. *New England Journal of Medicine, 346*(6), 393-403.

Kristeller, J. L. (2003). Mindfulness, wisdom and eating: Applying a multidomain model of meditation effects. *Journal of Constructivism in the Human Sciences, 8*(2), 107-118.

Kristeller, J. L., Baer, R. A., & Quillian-Wolever, R. (2006). Mindfulness-based approaches to eating disorders. In R. A. Baer, (Ed.), *Mindfulness and acceptance-based interventions: Conceptualization, application, and empirical support* (pp. 75-91). San Diego, CA: Elsevier.

Kristeller, J. L., & Hallett, C. B. (1999). An exploratory study of a meditation-based intervention for binge eating disorder. *Journal of Health Psychology, 4,* 357-363.

Lazar, M. A. (2005). How obesity causes diabetes: Not a tall tale. *Science, 307*(5708), 373.

Lewis, M. (1993). Self-conscious emotions: Embarrassment, pride, shame, and guilt. *Handbook of Emotions, 563,* 573.

Lillis, J. (2007). *Acceptance and commitment therapy for the treatment of obesity-related stigma and sustained weight loss.* Unpublished doctoral dissertation, University of Nevada, Reno.

Lillis, J., & Hayes, S. C. (2008). Measuring avoidance and inflexibility in weight related problems. *International Journal of Behavioral Consultation and Therapy, 4,* 30-40.

Lillis, J., Hayes, S. C., Bunting, K., & Masuda, A. (2009). Teaching acceptance and mindfulness to improve the lives of the obese: A preliminary test of a theoretical model. *Annals of Behavioral Medicine, 37*(1), 58-69.

Maroney, D., & Golub, S. (1992). Nurses' attitudes toward obese persons and certain ethnic groups. *Perceptual and Motor Skills*, *75*(2), 387–391.

McEwen, B. S. (1998). Protective and damaging effects of stress mediators. *New England Journal of Medicine*, *338*(3), 171.

Moltchanova, E. V., Schreier, N., Lammi, N., & Karvonen, M. (2009). Seasonal variation of diagnosis of Type 1 diabetes mellitus in children worldwide. *Diabetic Medicine*, *26*(7), 673–678.

Multiple Risk Factor Intervention Trial Research Group. (1990). Mortality rates after 10.5 years for participants in the multiple risk factor intervention trial: Findings related to a priori hypotheses of the trial. *Journal of the American Medical Association*, *263*(13), 1,795–801.

National Institutes of Health (1998). *Clinical guidelines on the identification, evaluation, and treatment of overweight and obesity in adults: The evidence report*. National Institutes of Health.

Nerup, J., Mandrup-Poulsen, T., Pociot, F., Karlsen, A. E., Andersen, H. U., Christensen, U. B., et al. (1997). On the pathogenesis of insulin-dependent diabetes mellitus in man: A paradigm in transition. In G. R. Zahnd & C. B. Wollheim (Eds.), *Contributions of physiology to the understanding of diabetes: ten essays in memory of Albert E. Renold* (pp. 148–159). Berlin, New York: Springer.

Norris, S. L., Engelgau, M. M., & Narayan, K. M. V. (2001). Effectiveness of self-management training in type 2 diabetes: A systematic review of randomized controlled trials. *Diabetes Care*, *24*(3), 561–587.

Olefsky, J., Reaven, G. M., & Farquhar, J. W. (1974). Effects of weight reduction on obesity. Studies of lipid and carbohydrate metabolism in normal and hyperlipoproteinemic subjects. *Journal of Clinical Investigation*, *53*(1), 64–76.

Padwal, R. S., & Majumdar, S. R. (2007). Drug treatments for obesity: Orlistat, sibutramine, and rimonabant. *Lancet*, *369*(9555), 71–77.

Perri, M. G. (1998). The maintenance of treatment effects in the long-term management of obesity. *Clinical Psychology: Science and Practice*, *5*(4), 526–543.

Peyrot, M., & McMurry Jr, J. (1985). Psychosocial factors in diabetes control: Adjustment of insulin-treated adults. *Psychosomatic Medicine*, *47*(6), 542.

Peyrot, M., McMurry Jr, J. F., & Kruger, D. F. (1999). A biopsychosocial model of glycemic control in diabetes: Stress, coping and regimen adherence. *Journal of Health and Social Behavior, 40*(2), 141-158.

Price, J. H., Desmond, S. M., Krol, R. A., Snyder, F. F., & O'Connell, J. K. (1987). Family-practice physicians' beliefs, attitudes, and practices regarding obesity. *American Journal of Preventive Medicine, 3*(6), 339-345.

Puhl, R. M., & Brownell, K. D. (2003). Psychosocial origins of obesity stigma: Toward changing a powerful and pervasive bias. *Obesity Reviews, 4*(4), 213-227.

Puhl, R. M., & Heuer, C. A. (2009). The stigma of obesity: A review and update. *Obesity, 17*, 941-964.

Reaven, G. M., Lithell, H., & Landsberg, L. (1996). Hypertension and associated metabolic abnormalities—the role of insulin resistance and the sympathoadrenal system. *New England Journal of Medicine, 334*(6), 374.

Rosenzweig, S., Reibel, D. K., Greeson, J. M., Edman, J. S., Jasser, S. A., McMearty, K. D., et al. (2007). Mindfulness-based stress reduction is associated with improved glycemic control in type 2 diabetes mellitus: A pilot study. *Alternative Therapies in Health and Medicine, 13*(5), 36.

Rudman, L. A., Feinberg, J., & Fairchild, K. (2002). Minority members' implicit attitudes: Automatic ingroup bias as a function of group status. *Social Cognition, 20*(4), 294-320.

Schauer, P. R., Ikramuddin, S., Gourash, W., Ramanathan, R., & Luketich, J. (2000). Outcomes after laparoscopic roux-en-Y gastric bypass for morbid obesity. *Annals of Surgery, 232*(4), 515.

Scheen, A. J., & Lefebvre, P. J. (1996). Insulin action in man. *Diabetes Metabolism, 22*(2), 105-110.

Seidell, J. C. (2000). Obesity, insulin resistance and diabetes—a worldwide epidemic. *British Journal of Nutrition, 83*(Suppl. 1), S5-8.

Singh, N. N., Lancioni, G. E., Singh, A. N., Winton, A. S. W., Singh, J., McAleavey, K. M., et al. (2008a). A mindfulness-based health wellness program for an adolescent with Prader-Willi syndrome. *Behavior Modification, 32*(2), 167.

Singh, N. N., Lancioni, G. E., Singh, A. N., Winton, A. S. W., Singh, J., McAleavey, K. M., et al. (2008b). A mindfulness-based health wellness program for managing morbid obesity. *Clinical Case Studies*, 7(4), 327.

Sjostrom, L., Lindroos, A. K., Peltonen, M., Torgerson, J., Bouchard, C., Carlsson, C., et al. (2004). Lifestyle, diabetes, and cardiovascular risk factors ten years after bariatric surgery. *New England Journal of Medicine*, *351*, 2683–2693.

Sturm, R. (2002). The effects of obesity, smoking, and drinking on medical problems and costs. *Health Affairs*, *21*(2), 245.

Sturm, R., & Wells, K. B. (2001). Does obesity contribute as much to morbidity as poverty or smoking? *Public Health*, *115*(3), 229–235.

Surwit, R. S., & Schneider, M. S. (1993). Role of stress in the etiology and treatment of diabetes mellitus. *Psychosomatic Medicine*, *55*(4), 380.

Surwit, R. S., van Tilburg, M. A. L., Zucker, N., McCaskill, C. C., Parekh, P., Feinglos, M. N., et al. (2002). Stress management improves long-term glycemic control in type 2 diabetes. *Diabetes Care*, *25*(1), 30.

Tapper, K., Shaw, C., Ilsley, J., Hill, A. J., Bond, F. W., & Moore, L. (2009). Exploratory randomised controlled trial of a mindfulness-based weight loss intervention for women. *Appetite*, *52*(2), 396–404.

Teachman, B. A., & Brownell, K. D. (2001). Implicit anti-fat bias among health professionals: is anyone immune? *International Journal of Obesity*, *25*(10), 1525–1531.

Telch, C. F., & Agras, W. S. (1996). Do emotional states influence binge eating in the obese? *International Journal of Eating Disorders*, *20*, 271–279.

Tuomilehto, J., Lindstrom, J., Eriksson, J. G., Valle, T. T., Hamalainen, H., Ilanne-Parikka, P., et al. (2001). Prevention of type 2 diabetes mellitus by changes in lifestyle among subjects with impaired glucose tolerance. *New England Journal of Medicine*, *344*(18), 1343.

UKPDS Group. (1998). Intensive blood-glucose control with sulphonylureas or insulin compared with conventional treatment and risk of complications in patients with type 2 diabetes. *Lancet*, *352*, 836–853.

Valera Mora, M. E., Scarfone, A., Calvani, M., Greco, A. V., & Mingrone, G. (2003). Insulin clearance in obesity. *Journal of the American College of Nutrition*, *22*(6), 487–493.

Wadden, T. A., Sternberg, J. A., Letizia, K. A., Stunkard, A. J., & Foster, G. D. (1989). Treatment of obesity by very low calorie diet, behavior-therapy, and their combination: A five-year perspective. *International Journal of Obesity, 13*, 39-46.

Westenhoefer, J. (1991). Dietary restraint and disinhibition: Is restraint a homogeneous construct? *Appetite, 16*(1), 45-55.

Westenhoefer, J., Stunkard, A. J., & Pudel, V. (1999). Validation of the flexible and rigid control dimensions of dietary restraint. *International Journal of Eating Disorders, 26*(1), 53-64.

Wiese, H. J. C., Wilson, J. F., Jones, R. A., & Neises, M. (1992). Obesity stigma reduction in medical students. *International Journal of Obesity, 16*(11), 859-868.

Wild, S. H., Roglic, G., Green, A., Sicree, R., & King, H. (2004). Global prevalence of diabetes: Estimates for the year 2000 and projections for 2030. *Diabetes Care, 27*(10), 2569.

Wilkin, T. J., & Voss, L. D. (2004). The metabolic syndrome: Origins and implications. *Journal of the Royal Society of Medicine, 97*, 1-10.

Wing, R. R. (1998). Behavioral approaches to the treatment of obesity. In G. A. Bray, C. Bouchard, & P. T. James (Eds.), *Handbook of obesity* (pp. 855-873). New York: Marcel Dekker.

Wing, R. R., Hamman, R. F., Bray, G. A., Delahanty, L., Edelstein, S. L., Hill, J. O., et al. (2004). Achieving weight and activity goals among diabetes prevention program lifestyle participants. *Obesity Research, 12*(9), 1426-1434.

Wyatt, S. B., Winters, K. P., & Dubbert, P. M. (2006). Overweight and obesity: Prevalence, consequences, and causes of a growing public health problem. *American Journal of the Medical Sciences, 331*(4), 166.

Young, L. A., Cappola, A. R., & Baime, M. J. (2009). Mindfulness based stress reduction: Effect on emotional distress in diabetes. *Practical Diabetes International, 26*(6), 222-224.

제5장

# 수용전념치료: 금연에 대한 유망한 접근법

● ● ● ● ● ● ●

조나단 B. 브릭커(Jonathan B. Bricker)
Fred Hutchinson Cancer Research Center & the University of Washington

흡연은 미국을 비롯하여 전 세계적으로 큰 문제다. 미국 흡연율의 큰 감소에도 불구하고(Fiore et al., 2008), 이러한 감소 추세는 최근 주춤한 상태다(Centers for Disease Control and Prevention, 2006). 현재 미국 성인의 흡연율은 21%로 'Healthy People 2010'의 국가적 목표인 12%를 훨씬 웃돌며, 아직도 미국의 대표적 사망 원인으로서 매년 40만 명 이상이 흡연으로 사망한다(Centers for Disease Control and Prevention, 2006). 전 세계적으로 현재 12억 명의 흡연자가 있다(Mackay, Ericksen, & Shafey, 2006). 매년 5백만 명이 흡연으로 사망하고, 이러한 경향이 지속된다면 2025년에는 천만 명의 흡연자들이 사망할 것으로 예측된다. 흡연율은 동유럽과 아시아에서 가장 높은 편인데, 남성이 여성보다 더 높다(Hatsukami, Stead, & Gupta, 2008).

흡연은 많은 암을 유발한다. 흡연 때문에 발생하는 것으로 알려진 첫 번째 암은 폐암이다. 그 후로 흡연이 유발한 것으로 밝혀진 암의 종류는 엄청나게 늘어서 현재 구강암, 중인두암, 하인두암, 식도암, 위암, 간암, 췌장암, 후두암, 비인두암, 비강암, 부비강암, 방광암, 신장암, 자궁경부암이 여기에 포함된다. 매년 130만 명 이상이 새로 폐암 진단을 받으며 64만 4천 명이 구강암, 비인두암, 다른 인두암이나 후두암으로 진단받는다(Parkin, Bray, Ferlay, & Pisani, 2005). 이 암들 대부분은 흡연으로 인한 것들이다. 매년 120만 명에 가까운 폐암 환자들과 35만 2천 명의 구강암, 비인두암, 다른 종류의 인두암, 후두암 환자들이 사망한다. 이런 사망의 대부분은 암에 기인한다(Parkin et al., 2005). 국제암연구기관(IARC), 미공중위생국, 미국국립과학아카데미, 미국환경보건국 및 기타 다른 기관의 전문가들은 간접흡연에 노출되는 것이 인간의 폐암을 유발한다는 결론을 내렸다(International Agency for Research on Cancer, 2004; National Research Council, 1986; U.S. Department of Health and Human Services, 2006). 이 장에서는 흡연 문제가 최근의 표준적 금연 개입법에서 어떻게 다루어지는지 설명하고, 행동 개입법의 금연율을 높이기 위한 수용전념치료(Hayes, Strosahl, & Wilson, 1999)의 전망을 제시한다.

# 현재의 금연 개입 접근법

담배 사용과 노출을 제한하기 위한 효과적인 정부정책과 매체를 이용한 개입법 외에(Bala, Strzeszynski, & Cahill, 2008; National Cancer Institute, 2008; World Health Organization, 2005), 흡연으로 인한 이환율과 사망률을 줄이기 위해 미국과 전 세계가 가지고 있는 핵심 전략은 금연을 하도록 직접 돕는 것이다(Fiore et al., 2008). 현재 표준적인 금연 개입법은 심리치료와 약물요법이 혼합된 형태다(개관을 위해 Fiore et al., 2008; Ranney, Melvin, Lux, McClain, & Lohr, 2006 참조). 이 혼합된 형태는 심리치료 단독 요법보다 금연율이 더 높다(Fiore et al., 2000, 2008). 약물요법에 관해서는 금연에 효과적인 약물이 많이 나와 있다(Fiore et al., 2008). 가장 보편적인 것은 니코틴 패치(일종의 니코틴 대체요법)로, 니코틴 갈구와 금단 증상을 줄이기 위한 것이다(Fiore et al., 2008). 가장 최근에 소개된 획기적인 약물 요법인 니코틴 부분 억제 효능제(예: Varenicline)는 니코틴이 흡연으로 인 한 쾌감을 자극하는 뇌의 신경전달물질 수용기에 결합하는 것을 부분적으 로 봉쇄한다(최근의 개관 논문인 Cahill, Stead, & Lancaster, 2008 참조). 이 같 은 획기적인 약물요법들은 이러한 기제를 통해 흡연의 정적 강화(예: 보상) 기능을 떨어뜨리도록 고안된 것이다.

심리학적 접근의 대부분은 흡연과 금연에 대한 기본 건강 정보를 제공하 고, 대처 기술을 가르치고, 금연 날짜를 지정하도록 도움으로써 금연에 대 한 동기와 사회 지지를 높이는 데 초점을 둔다(Fiore et al., 2000, 2008). 흔 히 사용하는 접근법은 인지행동치료(CBT)인데, 외적 사건(예: 다른 흡연자 를 보는 것)을 중점적으로 관리하는 것 외에 흡연과 관련된 내적 사건(예: 니 코틴 갈구, 슬픔)(Fiore et al., 2000, 2008)을 다루는 방법도 포함된다.

내적 단서에 집중하는 이유는 이론(Balfour & Ridley, 2000)과 연구 (Shiffman et al., 2002; Shiffman & Waters, 2004) 모두가 정서, 사고, 신체감 각이 흡연에 관련된 잠재적인 내적 사건이라는 견해를 지지하기 때문이다. 예를 들어, 갈망은 굉장히 강력해서 흡연 갈망 점수(0~10점 척도)의 1점 증 가는 향후 흡연 가능성 33%의 증가를 의미한다(Shiffman et al., 2002). 게다 가, 이론(Otto, Powers, & Fischemann, 2005; Perkins, Conklin, & Levine, 2008)과 연구(예: Baer & Lichtenstein, 1988) 모두 외적 사건(예: 사회 배경적 요소들)이 갈망과 기대와 같은 내적 사건을 촉발해 흡연을 하도록 만든다는 것을 보여 준다. CBT는 흡연자들에게 이러한 내적 사건을 줄이거나 피하는 기술을 가르치는 식으로 흡연의 내적 단서를 다룬다. 미공중위생국 임상 지 침에서는 흡연자들의 금연을 위한 CBT 개입법에 첫째, 흡연에 관련된 상황 을 피할 것, 둘째, 흡연과 관계된 감각, 사고와 정서를 통제하거나 줄이도록 노력할 것, 셋째, 주의를 분산시키는 활동을 할 것이라는 권고를 포함시키도록 권장한다(Fiore et al., 2000, 2008). 최근 발표된 가장 효과적인 CBT 개입을 위한 지침에서도 비슷한 전략을 권장한다(Perkins et al., 2008).

담배를 끊고자 하는 사람들에 대한 연구에서 표준 CBT와 약물치료를 결합한 30일짜리 상담의 12개월 후 금연율은 가중 평균 기준 14~19%로, 다른 모든 주요 개입법들(즉, 집단, 개인, 전화 기반 개입)과 비슷하게 높은 성공률을 보인다(Fiore et al., 2008; Lancaster & Stead, 2005; Silagy, Lancaster, Stead, Mant, & Fowler, 2004; Stead & Lancaster, 2005; Stead, Perera, & Lancaster, 2006). 심리치료의 성공률이 혼자 금연하는 사람들의 성공률 4%보다는 상당히 높지만, 이런 치료법들이 금연하고자 하는 사람들의 81~86%를 돕는 데는 성공적이지 않다는 사실은 우리로 하여금 다시 생각하게 만든다. 이런 낮은 금연율은 금연을 위한 행동 개입법들이 진전이 없다는 것을 반영한다(Brandon, 2001; Hajek, 1996; Niaura & Abrams, 2002; Shiffman, 1993). 사실상 현재의 표준치료 성공률을 개선한 새로운 효과적 접근법으로 검증된 것은 없다. 아직 충분한 연구가 이루어진 것은 아니지만 그래도 의료와 공중보건에 대한 욕구가 높아지고 있는 이 분야에서 상당한 가능성을 보이고 있는 접근법들이 개발되고 있다.

# 수용전념치료

이전 장에서 설명했듯이, 수용을 강조하는 개입법들은 새롭게 등장하고 있는 심리치료 접근법으로, 개인의 신체감각과 정서, 사고를 기꺼이 경험하는 능력을 향상시키는 데 초점을 맞춘다(Hayes, Luoma, Bond, Masuda, & Lillis, 2006). 수용을 강조하는 개입법들 중에서도 특히 수용전념치료(ACT)는 전망이 밝다(Hayes et al., 1999). 명칭에서 알 수 있듯이 ACT의 심리학적 방법은 행동 변화의 바탕이 되는 두 가지 근본적 과정인 수용과 전념을 변화시키도록 설계되었다. ACT에서 말하는 수용(acceptance)은 '취하다 (take)'라는 뜻을 가진 capere라는 라틴어에서 나온 것으로서 받아들이는 또는 '주어진 것을 취하는' 행동을 의미한다. ACT에서 수용이란 강한 신체감각(예: 흡연과 연합된 욕구), 정서(예: 흡연과 연합된 슬픔), 사고(예: 흡연과 연합된 생각)와 투쟁하지 않고 이런 것들이 그냥 나타나고 사라질 수 있도록 허용하는 여지를 만드는 것을 뜻한다. ACT에서 전념(commitment)이란 가치에 집중하는 것과 함께 개인에게 정말 중요하고 의미 있는 것이 무엇인지를 명확히 하고, 이런 지식을 이용해서 구체적인 행동 계획을 세우고 실행하도록 동기를 부여하는 것을 말한다(예: 금연하기).

크게 보면, ACT는 사람들로 하여금 자신의 가치관이 이끄는 행동 변화에 전념하도록 하면서도, 강렬한 감각과 정서 및 사고와의 관계를 근본적으로 바꿀 수 있게 돕도록 설계되었다. 35개 이상의 ACT의 무선화된 치료효과 연구가 우울증과 약물중독(Hayes et al., 2006; Gregg, Callaghan, Hayes, & Glenn-Lawson, 2007; Lappalainen et al., 2007)을 포함해 다양한 문제 영역에 대한 개입법으로 발표되었다. 이 연구들에서 ACT는 중간에서 큰 정도의 효과크기(.57에서 .95의 Cohen's $d$; Hayes et al., 2007)를 보여 주었지만, ACT가 새로 등장한 치료법이라는 점에서 최근의 메타분석은 ACT를 현재 활용 중인 치료와 비교하는 연구가 더 많이 나와야 한다고 논평했다(Powers, Zum Vörde Sive Vörding, & Emmelkamp, 2009). 전체적으로 ACT가 비교적 새로운 개입법이라는 사실을 감안하면, 그것은 특히 유망한 기법이라 할 수 있다(Powers et al., 2009).

# ACT와 CBT는 어떻게 다른가

ACT와 CBT는 흡연과 금연에 관한 기본적 건강 정보를 제공하고, 금연

날짜를 지정하도록 도우며, 금연 동기와 사회적 지지를 북돋우는 데 집중한 다는 공통점이 있다(Fiore et al., 2000, 2008; Gifford et al., 2004; Hernandez-Lopez, Luciano, Bricker, Roales-Nieto, & Montesinos, 2009). 이런 중요한 공통점 이외에도 ACT와 CBT는 근본적인 차이점이 있다.

이론의 측면에서, ACT는 현대의 조작적 조건화 이론을 바탕으로 한 것인 반면(Hayes, Barnes-Holmes, & Roche, 2001), CBT는 정보처리 이론을 따른 것이다(Newell, 1990). 흡연에 관한 내적 사건(예: 흡연 욕구)에 개입하기 위해 ACT는 내적 괴로움을 수용하고 기꺼이 경험하는 것을 강조하지만(Gifford et al., 2004, 발간 중; Hernandez-Lopez et al., 2009), CBT는 내적 괴로움을 줄이거나 통제하는 것에 주력한다(Fiore et al., 2008; Perkins et al., 2008).

변화 과정과 관련해서, ACT는 흡연과 관련된 내적 사건의 기능을 변화시키는 데 중점을 두는 반면, CBT는 흡연과 관련된 내적 사건의 내용이나 형태를 변화시키는 데 집중한다. 나아가서 ACT는 주로 가치 주도적인 행동 변화를 촉진하는 것에 반해(Hayes et al., 1999; Luoma, Hayes, & Walser, 2007; Gifford et al., 2004; Hernandez-Lopez et al., 2009), CBT는 주로 목표 지향적인 행동 변화를 촉진한다(Fiore et al., 2008; Perkins et al., 2008).

숙달된 행동을 촉진하는 방법으로 ACT는 문자적 언어를 넘어서는 은유와 체험적 연습을 주로 사용하지만(Hayes et al., 1999; Luoma et al., 2007; Gifford et al., 2004, 발간 중; Hernandez-Lopez et al., 2009), CBT 기술 교육은 문자적 언어 내에서 작동하는 논리적이고 언어적인 방법들을 주로 사용한다(Fiore et al., 2008; Perkins et al., 2008).

마지막으로 무선화 연구의 결과들을 보면, ACT의 효과는 내적 심리 경험의 수용(Lappalainen et al., 2007; Bond & Bunce, 2000; Forman, Herbert, Moitra, Yeomans, & Geller, 2007), 현재의 알아차림(Forman et al., 2007), 생각과 거리 두기(Hayes et al., 2006; Zettle, Raines, & Hayes, 발간 중)의 증가

에 의해 매개되지만, CBT는 그렇지 않다고 나타나 이 둘의 차이가 경험적으로 지지된다.

# 금연에 대한 ACT: 짧은 임상적 개관

금연에 대한 ACT의 경험적 연구는 비교적 초기 단계이고, 임상 현장에는 그리 널리 퍼지진 않았다. 여기에서는 이 개입법의 간단한 임상적 개요를 다룰 것이다. 금연에 대한 ACT의 최우선적 목표는 ① 흡연 관련 내적 단서들을 다루는 수용 관련 기술을 개발하고, ② 금연에 대한 지속적인 전념을 기르는 것이다(Hayes et al., 1999; Hernandez-Lopez et al., 2009). 내담자들로 하여금 특정 감각이나 정서, 사고를 수정하거나 줄이도록 하는 것이 목적이 아니라 삶의 가치와 연관된 목표에 대한 전념을 토대로 행동을 선택하도록 고취한다.

내담자가 이런 목표를 성취하도록 돕기 위해서 개입법은 ACT의 핵심이며 상호 의존적 과정인 수용과 전념에 초점을 맞춘다. 금연에 대한 ACT에서 수용이란 흡연의 단서가 되는 감각과 정서, 사고를 방어하지 않고 경험하도록 허용하는 것을 의미한다(Hayes et al., 1999). ACT에서의 전념 과정은 흡연의 단서가 되는 감각과 정서, 사고에 의식적으로 머무르면서 금연을 위한 행동을 선택 및 재선택하는 것을 뜻한다. 전체적으로, ACT는 자신의 가치가 이끄는 행동 변화에 전념하도록 하면서도, 내담자가 강렬한 감각과 정서, 사고와의 관계를 근본적으로 바꾸는 것을 돕도록 설계되었다. 〈표 5-1〉에 금연에 대한 ACT 연구의 저자들이 제시하는 다양한 수용 전략(인지적 탈융합, 현재에 머무르기, 관찰하는 자기)과 전념 전략(가치와 전념행동)을 실었다.

〈표 5-1〉 수용 및 전념 과정과 금연에 대한 적용

## 수용 과정

| 과정 | 정의 | 기능 |
|---|---|---|
| 1. 인지적 탈융합 ('사고에서 벗어남') | 사고, 자기 판단, 심상, 기억을 단순한 말과 그림처럼 인식하기. 그것들을 바꾸거나 통제하거나 피하려 하지 않고 왔다 가게 내버려둠 | 생각을 바라볼 때, 그 생각에 따라 행동해야 하는 것으로 보지 않기. 생각을 문자 그대로 받아들이지 않기. 생각에 대해 믿는 정도를 줄이기 |
| 금연에 대한 예 | 흡연을 암시하는 사고(예: '담배 피우고 싶다')에 대한 믿는 정도를 줄이기. 한 단어로 줄이기(예: '흡연'). 그리고 담배를 피우지 않으면서 그 단어를 30초 동안 반복해서 크게 말하기 | |
| 2. 현재에 머무르기 ('지금-여기') | 흥미를 가지고, 개방적이고 수용적으로 현재 순간을 온전하게 알아차리기 현재 순간의 경험을 관찰하고 비판단적으로 진술하기 하고 있는 일에 완전히 몰입하기 | 세상을 감각, 정서, 사고로 구성된 것으로 경험하기보다는 직접적으로 경험하기. 현재에 머무르기를 촉진하는 관찰하는 자기를 연습하기 |
| 금연에 대한 예 | 불을 붙이지 않은 담배를 쥐고, 그 색깔과 길이, 촉감, 냄새를 큰 소리로 묘사한다. 그리고 어떠한 생각과 감정, 정서, 감각이 떠오르는지 현재형으로 이야기한다. 예를 들어, "나는 지금 이 담배를 피우고 싶은 강한 욕구를 느낀다."라고 말한다. | |
| 3. 관찰하는 자기 ('순수한 알아차림') | 자신이 경험하는 모든 것을 목격하는 자신의 불변하는 일부. 내적 단서들(예: 감각)은 상영되는 (변화하는) 영화의 한 장면과 같다. 자신은 그것들이 상영되고 있는 (변하지 않는) 영화 화면이다. | 감각과 정서, 생각을 자신이 가끔 경험하는 것으로 보기. 그것들은 영구적인 정체성의 특성이 아니다. |
| 금연에 대한 예 | 45초 동안 자신의 앞에 있는 물체를 바라본다. 지금 막 생전 처음으로 그것을 본 것처럼 관찰한다. 관찰하면서 누가 그것을 관찰하고 있는지를 알아차린다. | |

**전념 과정**

| 과정 | 정의 | 기능 |
|---|---|---|
| 1. 가치 ( '당신에게 중요한 것' ) | 선택한 삶의 방향. 가치는 의도적으로 선택한 것이며, 개인에게 매우 중요한 것이다. 가치 부여는 하나의 과정이지, 성취되는 삶의 목표나 결과가 아니다. | 변화 동기부여. 가치는 개인이 도전에 직면했을 때 무엇을 변화시켜야 할지를 상기시킨다. 가치는 수용을 경험할 만한 것으로 만든다. |
| 금연에 대한 예 | 치료자는 이렇게 질문할 수 있다. "오늘이 당신의 90번째 생일이라고 상상하라. 당신을 사랑하는 사람들이 주변에 모두 모였다. 당신은 당신의 삶을 오늘처럼 되돌아보고 있다. 당신이 사랑했던 사람들이 당신에 대해 뭐라고 말하면 가장 좋겠는가? 왜 그것들이 중요한가?" | |
| 2. 전념행동 ( '행동하기' ) | 자신의 가치를 따르는 반복적인 행동 변화에 전념하기. 어떤 장애물이 오더라도 수용하고 가치 지향적인 목표에 따라 행동하기 | 자신이 가치 있다고 여기는 삶에 일치하게 행동하기. 사람은 일단 행동을 취하면, 더 효과적인 행동이 가능해진다는 것을 깨닫는다. |
| 금연에 대한 예 | 금연 계획: 단계별 금연 계획. 이 계획에서, ① 가치는 목표(예: 3월 10일에 금연)를 유도하고, ② 목표는 취해야 할 행동(예: 차 안에서의 금연으로 시작하기)을 유도하고, ③ 행동이 장애물(예: 흡연 욕구)을 동반할 수 있으며, ④ 장애물에 부딪히면 극복 전략(예: 현재에 머무는 연습)을 사용한다. | |

## 금연 개입법으로서 ACT의 가능성: 세 가지 연구 사례

지금까지 이루어진 금연에 대한 ACT의 세 실험은 전반적으로 고무적이다. ACT 개입 집단은 개입 후 12개월 추수 측정에서 CBT와 니코틴 대체요법(NRT)의 금연 성공률인 14~19%의 거의 두 배에 달하는 30~35%의 금연 성공률을 보였다(Gifford et al., 2004, 발간 중; Hernandez-Lopez et al.,

2009). ACT 개입법은 참가자 모집도 쉽고, 참여자의 출석율도 높으며, 참여자가 잘 받아들이는 것으로 보인다.

첫 번째 연구에서는 무선 통제된 성인 흡연자들을 대상으로 집단과 개인 중심의 ACT(NRT 없이)를 의사가 실시하는 NRT와 비교했다(Gifford et al., 2004). 흡연자들은 지역사회에서 모집했는데(예: 신문광고, 전단지, 의사의 소개), 124명 중 76명을 사전 선별해서 무선화했다. ACT 치료는 참석률이 높아서 64%가 ACT 치료를 완료했다. 대다수의 참여자들은 자신이 ACT 접근법에 매우 수용적이었다고 평가했다. 12개월 후 추수 자료(72% 잔류)의 응답자 분석에서 ACT 참여자들의 24시간 후 생화학적 금연 성공률(24hr biochemically supported abstinence rate)은 35%로서 통제집단인 NRT의 15%에 비해 높았다(OR = 4.20; 95% CI: 1.04~16.73). 또한 12개월 후 추수 자료에 대한 치료 의도 분석에서(여기서 모든 누락 자료는 흡연을 하는 것으로 코딩했다.) ACT 참여자의 생화학적 금연 성공률은 21%로서 비교집단 NRT의 9%에 비해 높았다(OR = 2.62; 95% CI:. 70~9.88).

두 번째 무선화 연구에서는 302명의 흡연자를 선별해서 집단 기반 ACT와 부프로피온 처방을 함께 받은 집단과 의사가 실시한 부프로피온 요법만을 받은 집단으로 나누어 비교했다(Gifford et al., 심사 중). 표본은 지역사회(예: 신문광고, 전단지, 의사 추천)에서 쉽게 모집했는데, 총 717명을 사전 선별해서 303명의 참여자를 선정하고 이를 무선화했다. ACT 치료는 참여율이 높았으며 70%가 치료를 마쳤다. 참여자들은 ACT에 수용적이었는데 통제집단의 참여자보다도 ACT 참여자들이 개입법에 더 수용적이었다고 보고했다(p<.001; Cohen's d = .73). 12개월 후 추수 검사 결과 자료의 잔류율은 낮았으나(44%) ACT와 통제집단 사이에 차이는 없었다(p=.99). 12개월 후 치료 의도 분석에서 ACT 집단은 통제집단의 18%에 비해 35%의 일주일 시점 생화학적 금연 성공률을 보였다(p<.05). 결과는 매우 고무적이고 ACT의 효과성을 보여 주기는 했지만, 두 실험 모두에서 통제집단에 대해

적극적인 심리학적 개입법을 실시하지 않았다.

　세 번째 연구는 금연에 대한 ACT가 현재의 표준적 CBT보다 발전된 것인가 하는 핵심 문제를 연구했다. 저자는 81명의 성인 흡연자 표본에서 금연에 대한 ACT를 CBT와 비교하는(둘 다 약물요법을 사용하지 않음) 최근 연구에 참여했다(Hernandez-Lopez et al., 2009). 짧고 비용이 적게 들면서도 표준 CBT와 쉽게 비교할 수 있는 효율적인 치료를 개발하기 위한 이 실험에서 금연을 위한 ACT 개입 절차는 5회기(회기당 90분) 집단치료로 구성했다. 이 연구는 어떤 약물치료도 포함하지 않았다. 81명(103명 중에서 사전 선별된)이 피험자로 참여했다. 안타깝게도 피험자를 모은 두 곳 중 한 곳(지역사회 기반 암 예방 클리닉)에서 자기 지역민들에게 CBT를 해 달라고 요구했기 때문에 무선 할당을 하지는 못했다. 이 연구의 유사실험 설계적 특성을 보완하기 위해 저자들은 ① 두 조건에서 비슷한 표집 과정을 사용했고, ② 두 치료의 개입 기간과 구조를 일치시켰으며(즉, 5회기, 90분간의 집단치료), ③ 경험적으로 금연 재발을 예언하는 것으로 알려진 주요 기저선 특징을 두 집단에서 비교했으며, ④ 조건 간에 관찰된 기저선의 차이를 통계적으로 통제했다. 두 치료는 모두 참여율이 높아서 치료를 끝까지 마친 비율은 69%였고, ACT와 CBT 집단의 차이는 없었다($p = .19$). 참여자들은 ACT에 더 수용적이었는데, ① CBT의 79%와 비교해, ACT 조건에서는 92%의 참여자들이 치료를 유용한 것으로 평가했고($p = .22$), ② CBT의 65%와 비교해 ACT는 88%가 치료 기술을 꾸준히 연습했다($p = .07$). 12개월 후의 추수 치료 의도 분석에서 ACT 조건에 참여했던 사람들은 30일 시점 생화학적 금연 성공률이 30%였는데, CBT 집단은 13%였다($OR = 2.86$; $p = .05$).

　마지막으로, 최초 금연 이후의 초기 재발에 영향을 미치는 기본적인 요인은(Abrantes et al., 2008) 흡연에 대한 내적 단서를 참기 어렵다는 것(Brown et al., 2008)이다. 다행히도 니코틴 의존의 초기 재발자에 대한 한 연구(비교집단이 없었던)에서 ACT는 이러한 참기 어려움에 대한 저항력을 개선시킬 가능성을 보여 주었다(Brown et al., 2008). 재발자 대부분($n=13$, 81%)이 72시간 이상 흡연을 참을 수 있었고, 7명(43%)은 한 달 이상 참을 수 있었다. 참여자들이 과거 10년간 72시간 금연을 했던 적이 없었다는 점을 감안하면, 이 결과는 고무적이다.

## 전화를 이용한 금연 개입법으로서의 ACT: 실행 가능성 연구

금연 접근 방법으로 흔히 사용되는 것이 전화상담이다(Fiore et al., 2008). 다음과 같은 장점들이 있다.

- **접근성**    미국 가정의 95%가 전화기를 소유하고 있고(U.S. Census Bureau, 2005), 92%의 미국인이 휴대전화를 가지고 있다(Cellular Telecommunications & Internet Association, 2009).
- **연락 가능성**    미국의 50개 주 모두 그리고 캐나다의 모든 주와 유럽 연합의 많은 나라들이 금연상담 전화를 개설했다(Fiore et al., 2004).
- **비용 효율성**    금연 전화상담으로 의료비와 근무자 생산성 손실에 드는 수백만 달러의 비용을 절감한다.
- **상대적으로 짧은 개입 기간**    전화상담은 3~7회의 통화와 평균 총 90분가량의 개입으로 가능하다(Stead et al., 2006). 이 평균 소요 시간은 90분 이상을 개입해도 금연 효과가 더 높다는 근거가 전혀 없다는 연구 결과와 일치한다(Perkins et al., 2008).

불행히도, 무선화 전화상담 연구에 의하면 금연을 하도록 동기화된 사람들 중에서 12개월 후의 추수 측정에서 지난 3일간 담배를 피우지 않은 참여자의 비율은 전화상담에서는 12%, 전화상담과 니코틴 대체요법을 결합한 경우에는 14% 정도라는 것이 잘 알려져 있다(Stead et al., 2006). 이러

한 낮은 금연 성공률은 다른 개입법(예: 면 대 면 집단치료)을 받은 사람들과
놀랍게 일치한다.

지금까지의 ACT 연구를 기반으로 해서 좀 더 효과적인 전화 금연 개입
법에 대한 공중보건 분야의 수요에 부응하기 위해, 저자와 동료들은 최초
로 금연을 위한 전화 ACT 개입법의 유용성을 알아보기 위한 연구를 실시
했다(Bricker, Mann, Marek, Liu, & Peterson, 2010). 구체적으로, 이 연구는
성인 흡연자 15명을 대상으로 금연을 위한 5회기(총 90분간의 개입 접촉 시
간)짜리 ACT 개입의 효과에 관한 단일집단 예비연구였다. 약물요법은 사
용되지 않았다. 15명의 흡연자 표본 중에서 64.3%가 미연방 빈곤선 아래
였고(U.S. Census Bureau, 2005), 40%가 여성이었으며, 53.3%가 유색 소수
인종 집단이었고(8명은 흑인), 연령 중앙치는 49세이고(27~62세), 33.3%가
기혼자였으며 26.7%는 고졸 이하였다. 타당화가 이루어진 임상용 선별검
사로 측정했을 때(Means-Christensen, Sherbourne, Roy-Byrne, Craske, &
Stein, 2006), 상당한 비율에서 우울(40%)과 불안(60%)이 있는 것으로 나타
났다. 기저선에서 하루 평균 피우는 담배 수의 중앙치는 11~20개였고,
64%는 매일 반 갑 이상을 피운다고 보고했다.

참여자 1인당 상담전화 횟수는 평균(SD) 3.5회(1.3)였고, 참여자의
33.3%가 5회기를 모두 마쳤으며, 총 전화상담 소요시간의 평균(SD)은
81.9분(33.1)이었다. 치료 20일 후에 ① 참여자 100%가 상담자로부터 존중
받고 있음을 느낀다고 보고했고, ② 86%는 개입법이 자신에게 잘 맞는다
고 보고했으며, ③ 93%는 금연 시도에 이 개입법이 도움이 되었다고 말했
다. 참여자들은 금연 기간 동안 ACT 전화 개입법 연습의 79~83%가 유용
하다고 평가했다.

20일 후와 12개월 후의 추수 흡연 결과 자료 유지율은 93%였다(15명 중
14명). 20일 후의 추수 조사의 보수적인 치료 의도 분석(손실 자료를 흡연자
라고 코딩한)에서, ① 43%의 참여자들이 추수 조사 당일에 담배를 피우지

않았고, ② 29%는 과거 7일 이상 담배를 피우지 않았고, ③ 71%는 상담을 시작한 이후로 한두 번 이상 24시간 넘게 금연했고, ④ 62%는 1일 흡연량이 그전보다 줄었다(끊은 것을 포함). 12개월 후의 추수 치료 의도 분석 결과, 12개월과 30일 금연율은 각각 29%였다. 응답자($n=13$)만의 자료에서 12개월과 30일 금연율은 각각 31%였다.

금연이나 절연 결과는 고무적이다. 첫째, 금연치료 후 24시간과 12개월 후의 결과는 약물 없이 행해진 면 대 면 ACT에 대한 이전 연구에서 관찰된 치료 후 24시간, 치료 후 12개월의 금연율과 거의 대등하다(Gifford et al., 2004: 치료 후 금연율 35%, 12개월 후 추수 금연율 35%; Hernandez-Lopez et al., 2009: 치료 후 금연율 42%, 12개월 후 추수 금연율 30%). 둘째, 이 연구에서 29%라는 12개월 후 추수 금연율은 약물요법이 없는 전화상담 연구 결과에서 얻은 12%라는 12개월 후 추수 금연율의 두 배가 넘는다(Stead et al., 2006). 셋째, 이런 결과들은 주로 저소득층과 소수인종 집단에서 얻어진 것이다. 이런 사람들, 특히 흑인은 그동안의 흡연 연구에 잘 반영되지 않았던 집단이다(Centers for Disease Control and Prevention, 2008). 넷째, 이런 희망적인 금연율은 약물요법(예: NRT) 없이 얻어진 것이다.

전반적으로, 전화 기반 ACT는 금연과 금연을 위한 변화 과정에 가능성을 보여 주며, 참여자에게 잘 받아들여지고, 검증력이 충분한 무선화된 실험연구의 가능성을 보장한다.

## 금연을 위한 ACT는 수용과 전념에 의해 매개되는가

심리학 기반의 금연 개입법이 어떤 기제에 의해서 효과가 있는지에 관해서는 알려진 바가 거의 없다. 이 영역의 연구는 공중보건 임상실무 편람(PHS Clinical Practice Guideline)에서 강하게 권장하는 것이다(Fiore et al., 2000, 2008). ACT의 효과성을 매개하는 것으로 가정하고 있는 주요 과정은 수용과 전념이다(Hayes et al., 1999). 금연에서 이는 내적 흡연 단서에 대한 수용과 끊고자 하는 전념을 의미한다(Gifford et al., 2004; Hernandez et al., 2009). 수용과 관련해, ACT 치료는 약물치료 통제집단에 비해 효과적이었는데, 치료 말미에 내적 흡연 단서의 수용이 증가되었다(Gifford et al., 2004, 심사 중). 게다가, 내적 흡연 단서의 수용은 무선화 12개월 후의 금연 가능성 증가와 관련이 있었다(Wald $c^2$=.11, $p$=.01, Gifford et al., 2004; $\beta$=.17, $p$<.001, Gifford et al., 심사 중). 통계 모형에서 이 두 ACT 개입법들의 금연 효과는 내적 흡연 단서의 수용에 대한 전반적 증가에 의해 유의하게 매개되었다(두 실험 모두에서 $p$<.05)(Gifford et al., 2004). 전화로 실시한 ACT 연구에서 흡연 단서가 되는 생리적 갈망과 정서 및 사고의 수용은 기저선에 비해 치료 후에 더 높았다(각각 $p$=.001, $p$=.035, $p$=.085; Bricker et al., 2010). 아직까지는 내적 단서에 대한 수용과 관계된 매개효과가 CBT가 아닌 ACT에만 나타나는 것인지를 연구한 것은 없다(Hernandez-Lopez et al., 2009). 전념의 경우, 금연에 대한 전념이 크다는 것은 2.32배 높은 금연 성공률을 예언한다(Kahler et al., 2007). 전화상의 개입에서 금연에 대한 전념은 기저선에 비해 치료 후에 더 높았다($p$=.01; Bricker et al., 2010). 전념에 대한 추가적인 매개분석은 이루어지지 않았다.

# 향후 방향

전반적으로 지금까지 시행된 금연에 ACT를 적용한 세 가지 연구는 전망이 좋은데, 즉 ACT 개입 집단은 12개월 추수 측정에서 30~35%의 금연 성공률을 보여(Bricker et al., 2010; Gifford et al., 2004, 심사 중; Hernandez-Lopez et al., 2009), CBT와 NRT 개입의 12개월 추수 금연 성공률 14~19%와 비교해(Fiore et al., 2008; Stead & Lancaster, 2005; Stead et al., 2006;

Lancaster & Stead, 2005; Silagy et al., 2004) 거의 두 배다. 참여자 모집도 실행 가능했고, ACT 개입의 참석률도 높으며, 참여자들은 수용적이었다. 금연을 위한 전화 ACT도 유망해 보인다(Bricker et al., 2010).

현재까지의 이 모든 ACT 연구들은 유망하기는 하지만, 중요한 방법론적 한계를 갖고 있어서 ACT가 현재의 행동 개입법인 CBT보다 과연 더 효과적인가를 확인하기 어렵다. 금연에 대한 ACT와 CBT의 첫 번째 비교연구는 표본크기가 작고, 무선 배정을 못했고, 추수 자료 유지율이 낮다는 한계가 있다(Hernandez-Lopez et al., 2009).

적절한 무선화와 높은 추수 자료 유지율이 가능한 설계를 통해 ACT와 CBT를 비교함으로써 ACT의 금연 효과성에 대한 혁신적이고 엄격한 검증이 가능할 것이다. 그리고 지금까지 금연을 위한 ACT 개입은 모두 대학교 연구실 장면에서 이루어졌는데, 이것도 가치가 있긴 하지만 실생활에 일반화할 수 있는 ACT의 효과성 검증은 제공하지 못한다. ACT가 현실 장면에서 CBT와 같거나, 그 이상으로 효과적임을 보여 준다면 CBT의 대안 중 하나로 이 개입의 적용 가능성을 입증할 수 있을 것이다.

이상적인 연구는 ACT를 현재 임상장면에서 실제로 사용되는 표준적인 CBT 관리 프로그램과 비교하는 작업일 것이다. 이런 실험은 집단치료, 개인치료, 전화치료를 포함한 공통의 개입 방법들에 대해서 다양하게 검증되어야 한다.

금연의 기저 과정에 미치는 ACT의 효과에 대해서, CBT가 아니라 ACT만이 내적 흡연 단서의 수용과 금연을 위한 전념에 의해 특별히 매개된다는 것을 확인한 연구는 없다. 다음 단계의 중요한 연구는 CBT가 아닌 ACT 효과의 어느 정도가 높은 수용과 전념에 의해 매개되는지를 밝히는 것이다. 그러한 매개분석은, ① 금연에 대한 ACT의 기저 메커니즘을 혁신적으로 검증하고, ② 금연에 대한 ACT가 CBT와는 전혀 다른 과정을 통해 작용한다는 견해에 대한 경험적 지지를 제공하며, ③ 향후 개입법에서 더 초점을 맞추어야 할 필요가 있는 과정들을 명료화함으로써 금연을 위한 ACT 개입법을 발전시킬 수 있을 것이다.

# 요 약

ACT는 금연 성공률 개선을 위한 유망한 방법이다. 앞으로의 도전 과제는 충분히 검증력 있고 방법론적으로도 우수한 무선화된 연구법을 통해 ACT를 현재의 표준적인 행동 개입법과 비교하여 금연 성공률을 입증하고, 이론에 따른 금연의 기저 과정의 변화를 검증하는 것이다. 효과성이 입증되면, ACT는 강력한 영향을 줄 수 있다. 현존하는 최고의 방법보다도 높은 금연 성공률을 달성할 수 있을 뿐 아니라 이 새로운 치료법을 선택할 수 있다는 가능성은 이미 기존의 치료로 실패해서 더 이상 치료를 받지 않는 흡연자들이 치료에 참여할 용기를 갖게 할 수 있을 것이다.

# 참·고·문·헌

Abrantes, A. M., Strong, D. R., Lejuez, C. W., Kahler, C. W., Carpenter, L. L., Price, L. H., et al. (2008). The role of negative affect in risk for early lapse among low distress tolerance smokers. *Addictive Behaviors, 33*(11), 1394–1401.

Baer, J. S., & Lichtenstein, E. (1988). Classification and prediction of smoking relapse episodes: An exploration of individual differences. *Journal of Consulting and Clinical Psychology, 56*(1), 104–110.

Bala, M., Strzeszynski, L., & Cahill, K. (2008). Mass media interventions for smoking cessation in adults (review). *Cochrane Database of Systematic Reviews*, 1. CD004704. Retrieved February 10, 2010, from PubMed.

Balfour, D. J., & Ridley, D. L. (2000). The effects of nicotine on neural pathways implicated in depression: A factor in nicotine addiction? *Pharmacology Biochemistry & Behavior, 66*(1), 79–85.

Bond, F. W., & Bunce, D. (2000). Mediators of change in emotion-focused and problem-focused worksite stress management interventions. *Journal of Occupational Health Psychology, 5*(1), 156–163.

Brandon, T. H. (2001). Behavioral tobacco cessation treatments: Yesterday's news or tomorrow's headlines? *Journal of Clinical Oncology, 19* (18 Suppl.), 64S–68S.

Bricker, J. B., Mann, S. M., Marek, P. M., Liu, J. L., & Peterson, A. V. (2010). Telephone-delivered acceptance & commitment therapy (ACT) for smoking cessation: A feasibility study. *Nicotine & Tobacco Research, 12*, 454–458.

Brown, R. A., Palm, K. M., Strong, D. R., Lejuez, C. W., Kahler, C. W., Zvolensky, M. J., et al. (2008). Distress tolerance treatment for early-lapse smokers: rationale, program description, and preliminary findings. *Behavior Modification, 32*(3), 302–332.

Cahill, K., Stead, L. F., & Lancaster, T. (2008). Nicotine receptor partial agonists for smoking cessation: *Cochrane Database of Systematic Reviews*, 3. CD006103 review.

Cellular Telecommunications & Internet Association. (2009). *CTIA's semi-annual wireless industry survey, 2009.* Retrieved September 17, 2010, from http://files.ctia.org/pdf/CTIA_Survey_Year_End_2009_Graphics.pdf

Centers for Disease Control and Prevention. (2006). Tobacco use among adults—United States, 2005. *Morbidity and Mortality Weekly Report, 55*(42), 1145-1148.

Centers for Disease Control and Prevention. (2008). Cigarette smoking among adults—United States, 2007. *Morbidity and Mortality Weekly Report, 57*, 1221-1228.

Dickerson, D. L., Leeman, R. F., Mazure, C. M., & O'Malley, S. S. (2009). The inclusion of women and minorities in smoking cessation clinical trials: A systematic review. *American Journal of Addiction, 18*, 21-28.

Fiore, M. C., Bailey, W. C., Cohen, S. J., Dorfman, S. F., Goldstein, M. G., Gritz, E. R., et al. (2000). *Treating tobacco use and dependence. Clinical practice guideline*. Rockville, MD: U.S. Department of Health and Human Services, Public Health Service.

Fiore, M. C., Croyle, R. T., Curry, S. J., Cutler, C. M., Davis, R. M., Gordon, C., et al. (2004). Preventing 3 million premature deaths and helping 5 million smokers quit: A national action plan for tobacco cessation. *American Journal of Public Health, 94*, 205-210.

Fiore, M. C., Jaén, C. R., Baker, T. B., Bailey, W. C., Benowitz, N. L., Curry, S. J., et al. (2008). *Treating tobacco use and dependence: 2008 update—clinical practice guideline*. Rockville, MD: U.S. Department of Health and Human Services, Public Health Service.

Forman, E. M., Herbert, J. D., Moitra, E., Yeomans, P. D., & Geller, P. A. (2007). A randomized controlled effectiveness trial of acceptance and commitment therapy and cognitive therapy for anxiety and depression. *Behavior Modification, 31*(6), 772-799.

Gifford, E. V., Kohlenberg, B. S., Hayes, S. C., Antonuccio, D. O., Piasecki, M. M., Rasmussen-Hall, M. L., et al. (2004). Acceptance-based treatment for smoking cessation. *Behavior Therapy, 35*, 689-705.

Gifford, E. V., Kohlenberg, B. S., Hayes, S. C., Pierson, H. M., Piasecki, M. M., Antonuccio, D. O., et al. (in review). Applying the acceptance and relationship context model to smoking cessation: A randomized controlled trial integrating acceptance and commitment therapy and bupropion for adult nicotine dependent smokers.

Gregg, J. A., Callaghan, G. M., Hayes, S. C., & Glenn-Lawson, J. L. (2007). Improving diabetes self-management through acceptance, mindfulness, and values: A randomized controlled trial. *Journal of Consulting and Clinical Psychology*, *75*(2), 336–343.

Hajek, P. (1996). Current issues in behavioral and pharmacological approaches to smoking cessation. *Addictive Behaviors*, *21*(6), 699–707.

Hatsukami, D. K., Stead, L. F., & Gupta, P. C. (2008). Tobacco addiction. *Lancet*, *371*(9629), 2027–2038.

Hayes, S. C., Barnes-Holmes, D., & Roche, B. (Eds.). (2001). *Relational frame theory: A post-Skinnerian account of human language and cognition*. New York: Kluwer Academic Plenum Press.

Hayes, S. C., Luoma, J. B., Bond, F. W., Masuda, A., & Lillis, J. (2006). Acceptance and commitment therapy: Model, processes and outcomes. *Behavior Research & Therapy*, *44*(1), 1–25.

Hayes, S. C., Strosahl, K., & Wilson, K. G. (1999). *Acceptance and commitment therapy: An experiential approach to behavior change*. New York: Guilford Press.

Hernandez-Lopez, M. C., Luciano, C., Bricker, J. B., Roales-Nieto, J. G., & Montesinos, F. (2009). Acceptance & commitment therapy for smoking cessation: A preliminary study of its effectiveness in comparison with cognitive behavioral therapy. *Psychology of Addictive Behaviors*, *23*, 723–730.

International Agency for Research on Cancer. (2004). *Monographs on the evaluation of carcinogenic risks to humans. Tobacco smoke and involuntary smoking* (Vol. 83). Lyon, France: IARC Press.

Kahler, C. W., Lachance, H. R., Strong, D. R., Ramsey, S. E., Monti, P. M., & Brown, R. A. (2007). The commitment to quitting smoking scale: Initial validation in a smoking cessation trial for heavy social drinkers. *Addictive Behaviors*, *32*(10), 2420–2424.

Lancaster, T., & Stead, L. F. (2005). Individual behavioural counselling for smoking cessation [review]. *Cochrane Database of Systematic Reviews*, *2*. CD001292 online.

Lappalainen, R., Lehtonen, T., Skarp, E., Taubert, E., Ojanen, M., & Hayes, S. C.

(2007). The impact of CBT and ACT models using psychology trainee therapists: A preliminary controlled effectiveness trial. *Behavior Modification, 31*(4), 488-511.

Luoma, J. B., Hayes, S. C., & Walser, R. D. (2007). *Learning ACT: An acceptance & commitment therapy skills-training manual for therapists.* Oakland, CA: New Harbinger Publications.

Mackay, J., Ericksen, M., & Shafey, O. (2006). *The tabacco atlas* (2nd ed.). Atlanta, GA: American Cancer Society.

Means-Christensen, A. J., Sherbourne, C. D., Roy-Byrne, P. P., Craske, M. G., & Stein, M. B. (2006). Using five questions to screen for five common mental disorders in primary care: Diagnostic accuracy of the Anxiety and Depression Detector. *General Hospital Psychiatry, 28*(2), 108-118.

National Cancer Institute. (2008). *The role of the media in promoting and reducing tobacco use. Tobacco control monograph no. 19* (NIH Publication No. 07-6242). Bethesda, MD: U.S. Department of Health and Human Services, National Institutes of Health, National Cancer Institute.

National Research Council. (1986). *Environmental tobacco smoke. Measuring exposures and assessing health effects.* Washington, DC: National Academies Press.

Newell, A. (1990). *Unified theories of cognition.* Cambridge, MA: Harvard University Press.

Niaura, R., & Abrams, D. B. (2002). Smoking cessation: Progress, priorities, and prospectus. *Journal of Consulting and Clinical Psychology, 70*(3), 494-509.

Otto, M. W., Powers, M. B., & Fischmann, D. (2005). Emotional exposure in the treatment of substance use disorders: Conceptual model, evidence, and future directions. *Clinical Psychology Review, 25*(6), 824-839.

Parkin, D. M., Bray, F., Ferlay, J., & Pisani, P. (2005). Global cancer statistics, 2002. *CA: A Cancer Journal for Clinicians, 55*(2), 74-108.

Perkins, K. A., Conklin, C. A., & Levine, M. D. (2008). *Cognitive-behavioral therapy for smoking cessation: A practical guide to the most effective treatments.* New York: Routledge.

Powers, M. B., Zum Vörde Sive Vörding, M. B., & Emmelkamp, P. M. (2009).

Acceptance and commitment therapy: A meta-analytic review. *Psychotherapy & Psychosomatics, 78*(2), 73-80.

Ranney, L., Melvin, C., Lux, L., McClain, E., & Lohr, K. N. (2006). Systematic review: Smoking cessation intervention strategies for adults and adults in special populations. *Annals of Internal Medicine, 145*(11), 845-856.

Shiffman, S. (1993). Smoking cessation treatment: Any progress? *Journal of Consulting and Clinical Psychology, 61*(5), 718-722.

Shiffman, S., Gwaltney, C. J., Balabanis, M. H., Liu, K. S., Paty, J. A., Kassel, J. D., et al. (2002). Immediate antecedents of cigarette smoking: An analysis from ecological momentary assessment. *Journal of Abnormal Psychology, 111*(4), 531-545.

Shiffman, S., Hickcox, M., Paty, J. A., Gnys, M., Kassel, J. D., & Richards, T. J. (1996). Progression from a smoking lapse to relapse: Prediction from abstinence violation effects, nicotine dependence, and lapse characteristics. *Journal of Consulting and Clinical Psychology, 64*(5), 993-1002.

Shiffman, S., & Waters, A. J. (2004). Negative affect and smoking lapses: A prospective analysis. *Journal of Consulting and Clinical Psychology, 72*(2), 192-201.

Silagy, C., Lancaster, T., Stead, L., Mant, D., & Fowler, G. (2004). Nicotine replacement therapy for smoking cessation [review]. *Cochrane Database of Systematic Reviews,* 3. CD000146 online.

Stead, L. F., & Lancaster, T. (2005). Group behaviour therapy programmes for smoking cessation [review]. *Cochrane Database of Systematic Reviews,* 2. CD001007 online.

Stead, L. F., Perera, R., & Lancaster, T. (2006). Telephone counseling for smoking cessation [review]. *Cochrane Database of Systematic Reviews,* 3. CD002850 online.

U.S. Census Bureau. (2005). *American community survey,* 2005: Detailed tables. Generated April 2, 2009, by Jingmin Liu, using American FactFinder, from http://factfinder.census.gov

U.S. Department of Health and Human Services. (2006). *The health consequences of involuntary exposure to tobacco smoke. A report of the surgeon general.* Atlanta, GA: USDHHS., Public Health Service, Centers for Disease

Control, Office on Smoking and Health.

World Health Organization. (2005). *WHO framework convention on tobacco control.* Retrieved August 25, 2008, from http://www.fctc.org

Zettle, R. D., Raines, J. C., & Hayes, S. C. (in press). Processes of change in acceptance and commitment therapy and cognitive therapy for depression: A mediational reanalysis of Zettle and Raines (1989). *Behavior Modification.*

# 불면증

라스-군나르 룬드(Lars-Gunnar Lundh)
Department of Psychology, Lund University, Sweden

불면증은 흔히 볼 수 있는 장애다. 유럽 7개국의 2만 5천 명이 넘는 표본을 대상으로 한 최근 연구(Ohayon & Reynolds, 2009)에서 인구의 30% 이상이 적어도 불면증 증상 중 한 가지(입면이나 수면 유지의 어려움 또는 자도 잔 것 같지 않고 항상 피곤한 비회복성 수면이 적어도 일주일에 3일 이상)를 보고했다. 표본의 약 10%는 불면증이 일상생활을 힘들게 하는 것으로 나타났으며, 6.6%는 DSM-IV의 불면증 진단 규준을 충족시킨다(American Psychiatric Association, 1994).

수면 부족이나 자도 잔 것 같지 않은 비회복성 수면은 흔할 뿐만 아니라 일상생활 기능 면에서 중요한 영향을 미치기도 한다. 불면증은 삶의 질 저하와 업무 생산성 손실, 활동 손상과 유의한 관련이 있다(Bolge, Doan, Kannan, & Baran, 2009). 더구나, 경험적 증거들은 수면 부족이 기분(예: Dinges et al., 1997; Drake et al., 2001)과 인지 기능 및 학습(예: Ratcliff & Van Dongen, 2009; Stickgold & Walker, 2007)에 매우 부정적인 영향을 미칠 수 있다는 것을 보여 준다. 이것은 불면증이 부정적인 경험을 다룰 수 있는 능력과 기분장애 발달을 포함하여 많은 다른 문제들과 인과적으로 관련될 수 있다는 것을 시사한다. 전통적으로 불면증은 다른 정신장애의 이차적인 증상으로 여겨졌지만, 새로운 증거(예: Harvey, 2008)는 불면증이 정신장애의 다양한 원인과 유지에 중요한 역할을 하는데도 잘 알려지지 않은 기제일 수 있다는 사실을 보여 준다. 이것은 불면증의 성공적인 치료가 기분과 정신 기능의 다른 측면들의 향상으로 이어질 수도 있다는 것을 의미한다.

　치료적 측면에서 자극 통제와 수면 제한과 같은 인지행동 기법에 대한 증거가 있다(이러한 치료의 기본 원칙에 대한 개요는 〈표 6-1〉 참조). 이들 치료에서 한 가지 공통적인 요소는 깨어 있으면서 잠자리에 누워서 시간을 보내는 것을 제약하는 것인데, 이러한 방법은 잠자리와 수면의 연합을 강화시키는 데 기여할 수 있다. 그러나 이러한 접근의 효과에 대한 입증은 아직 이상적이라고는 할 수 없으며(Harvey & Tang, 2003), 좀 더 효과적인 치료법을 개발할 필요성이 있다. 한 가지 더 개선된 방법으로 고려할 만한 것은 불면증 치료에 수용과 마음챙김을 적용하는 것이다. 이 장의 목적은 수용과 마음챙김 기법들이 불면증 치료에 도움이 될 수 있는 이유를 살펴보고, 그러한 치료에 대한 근거를 마련하는 것이다. 이것은 두 단계로 이루어진다. 첫 번째 단계에서 우리는 불면증과 관련된 심리적 과정에는 두 가지 넓은 범주가 있다고 주장한다. 수면을 방해하는 과정(예: 인지적 · 정서적 각성)과 개인이 수면과 불면을 역기능적인 방식으로 해석하는 과정이 그것이다. 두 번째 단계에서는 이 두 가지 요인을 수용과 마음챙김 기법으로 다룰 수 있다고 주장한다. 마지막으로, 불면증 치료에 수용과 마음챙김 기법을 적용하는 것과 관련하여 지금까지의 연구는 제한적인 경험적 근거들로 이루어져 있기 때문에 이러한 문제들에 대해 더 많은 관심이 필요하다.

〈표 6-1〉 불면증에 대한 자극 통제와 수면 제한 치료의 기본 원칙에 대한 개요

### 자극 통제 지시문(Bootzin, 1972)

규칙 1. 졸릴 때만 잠자리에 들어라.

규칙 2. 잠잘 때를 제외하고는 침대나 침실을 사용하지 마라. 성행위만이 예외다.

규칙 3. 신속하게 잠들지 않는다면 일어나서 다른 방으로 가라. 그곳에 있는 동안 이 완할 수 있는 어떤 것을 하고, 잠이 다시 올 때만 침대로 돌아가라.

규칙 4. 여전히 잠들 수 없다면 '규칙 3'을 보라. 잠에서 깨어나 신속하게 잠들지 못할 때도 '규칙 3'에 나와 있는 대로 잠자리에서 나와라(하룻밤에 여러 번 일어나야 할 수도 있다).

규칙 5. 매일 아침 동일한 시간에 알람을 맞춰 놓고, 얼마나 잤는지와 상관없이 알람이 울리면 일어나라.

규칙 6. 주간에는 아무리 짧은 시간이라도 낮잠을 자지 마라.

### 수면 제한(잠자리에 있는 시간의 제한; Spielman, Saskin, & Thorpy, 1987)

1. 환자들은 2주짜리 수면 일지를 작성하고, 치료자는 이것을 이용하여 총 주관적 수면 시간(total subjective sleep time: TST)의 평균을 산출한다.

2. 환자가 잠자리에 있도록 허용되는 시간의 양은 처음에는 이러한 평균 TST에 한정된다. 그러나 TST 기준 시간과 상관없이, 어떤 환자에게도 잠자리에 있는 시간 (time in bed: TIB)을 4.5시간 미만으로 제한하라고 하지 않는다. 처방된 시간 제한 이외의 시간에 낮잠을 자거나 누워 있는 것은 치료 기간에는 금지된다.

3. 환자는 잠자리에 들어갔다 나오는 시간을 정한다. 따라서 잠자리에 있는 시간을 6시간으로 처방받은 환자는 밤 11시부터 오전 5시까지 시간표를 선택할 수 있다.

4. 매일 전화 보고에 근거하여, 5일간 평균 TST가 TIB의 90%를 초과하는 경우, 환자가 15분 일찍 잠자리에 들도록 허용함으로써 환자의 TIB는 늘어난다. 수면 스케줄을 5일간 지키면 언제나 TIB를 늘려 준다.

5. 5일간 환자의 TST가 TIB의 85% 아래로 떨어지면, TIB를 그 5일간의 평균 TST로 줄여 준다. 치료 시작 후 처음 10일간이나 수면 스케줄 변경 후 10일간은 TIB를 줄여 주지 않는다.

# 수면방해 과정과 수면해석 과정

불면증의 심리적 요인에 대한 이론과 경험적 연구 개관을 통해 룬드와 브로만(Lundh & Broman, 2000)은 불면증에 수반되는 심리적 과정을 두 개의 넓은 범주로 나눌 수 있다고 주장했다. 첫째, 수면방해 과정은 스트레스가 되는 생활 사건, 정서적 갈등 또는 다른 방해 자극으로 인한 인지적·정서적·심리적 각성을 포함하여, 흥분하는 정도와 신경증 성향 등의 개인차에 의해 조절된다. 둘째, 수면해석 과정은 개인이 자신의 수면 패턴을 왜곡되거나 역기능적인 방식으로 지각하거나 해석하는 과정으로, 예를 들면 수면에 대한 착각, 수면 요구량과 이러한 수면 요구량을 충족시키지 못했을 때의 결과에 대한 융통성 없는 신념, 수면의 자연스러운 변화에 대한 과도한 반응, 일상에서 잘 기능하지 못하는 것을 수면 부족 때문이라고 잘못 귀인하는 것, 주의 편향 등에서 나타난다.

이 메타 모형의 핵심 원리는 여러 가지 유형의 불면증이 수면방해 과정과 수면해석 과정의 다양한 조합과 상호작용에 따라 구별될 수 있다는 것이다. 또한 이 두 가지 범주의 과정 간에 양방향적인 인과관계가 있을 것으로 추정할 수 있다. 예를 들어, 수면방해 자극은 개인이 자신이 수면을 취하기 어려운 것에 대해 부정적인 해석을 점차 더 많이 하게 만들 수도 있다. 마찬가지로, 부정적인 수면해석 과정(수면 욕구에 대한 역기능적 신념, 수면에 대한 걱정, 수면 부족의 원인과 결과에 대한 반추 등)은 수면을 방해하는 각성을 늘리는 데 기여할 수 있다. 이러한 형태의 상호적 인과관계는 다양한 형태의 '불면의 악순환'(예: Lundh, Lundqvist, Broman, & Hetta, 1991)을 초래할 수 있으며, 이로 인하여 수면방해 과정과 수면해석 과정은 각각의 과정을 서로 더욱 강화시킨다. 예를 들면, 한 개인이 어떤 종류의 신념(예: 불충분한 수면의 나쁜 결과에 대한 재앙적 신념)을 가지고 있다면, 그 사람은 일시적인 수면의 어려움에도 부정적인 정서적 각성으로 반응하기 쉽다. 따라서 이러한 정서적 각성은 수면을 더 방해하게 되고, 결과적으로 수면과 관련한 자기효능감에 대한 부정적인 신념을 강화하게 될 것이다.

불면증의 분석과 치료는 아마도 다양한 불면증 사례에서 다양한 수면방해 과정과 수면해석 과정의 차이 간에 생겨날 수 있는 여러 종류의 조합과 상호작용을 훨씬 더 세밀하게 정교화함으로써 이득을 얻을 것이다. 그러나 이 장의 목적은 좀 더 구체적으로 불면증 치료에서 수용과 마음챙김의 역할을 분석하고 논의할 것이며, 이런 기법이 수면방해 과정과 수면해석 과정을 다룰 수 있는 가능성에 초점을 두고 살펴볼 것이다(Lundh, 2005). 수면방해 과정에 대한 수용과 마음챙김 접근의 주장은 다음과 같다. 첫째, 수면은 인지 · 정서 · 행동 불활성화에 의해 촉진되는데, 이는 낮 시간 동안 기능하는 데 사용되는 심리적 과정에 비해 덜 언어적이고, 덜 목적적이며, 노력이 덜 드는 심리적 과정이다. 그래서 자연스럽게 일어나는 생리적 · 정신적 과정에 대해 더 많은 수용이 필요하다. 둘째, 마음챙김 수련은 신체 및 심리 과정을 비판단적으로 바라보는 것으로서, 인지 불활성화 기술을 훈련하는 효과적인 방법일 수 있다. 수면해석 과정과 관련하여 수용전념치료(ACT)와 마음챙김 기반 기법들은 수면과 깨어 있음의 해석과 조금 더 기능적인 방식의 가치 추구를 개발하는 데 중요한 역할을 할 수 있다.

## 수면방해 과정

수면방해 과정의 본질을 이해하고, 이러한 과정에 대처하기 위하여 우리는 어떤 종류의 과정이 수면에 도움이 되는지 알 필요가 있다. 다시 말해, 어떤 심리적 과정이 수면을 촉진하고, 어떻게 심리치료로 이러한 과정을 강화할 수 있을까? 이 절에서 주장하려고 하는 것은 ① 인지 및 정서 불활성화가 불면에서 수면 상태로 전환하는 데 중요하다는 것과 ② 개인의

불활성화 기술을 강화시키기 위해 수용 및 마음챙김 기법을 사용할 수 있
다는 것이다.

## 인지 및 정서 불활성화의 중요성

정상적인 수면은 항상성 원리에 의해 조절된다(Borbély, 1982). 졸린 느
낌으로 경험되는 수면 욕구는 사람이 깨어 있는 시간의 양에 따라 증가하
고, 수면의 지속 시간과 질에 따라 감소한다. 다른 항상성 기제들처럼 정상
적인 수면은 어느 정도 자동성이라는 특징을 지닌다(Espie, 2002). 즉, 안정
된 수면 스케줄은 기본적으로 불수의적이며, 이 경우 개인은 수동적인 존
재로서 수면에 대한 자동적인 설정 조건으로 작용하는 내적 · 외적 단서들
에 반응한다. 심리적 과정의 측면에서 이러한 자동성은 인지 · 정서 · 행동
불활성화를 수반한다. 다시 말해, 개인은 외적으로도 내적으로도 휴식 상
태로 가는 것이다.

외현적인 행동 활성화와 불활성화 정도는 수면 · 각성 활동계(actigraphy)
로 측정할 수 있다. 손목에 시계를 차는 것처럼 작은 활동계를 비우성인 팔
에 착용하면, 개인의 대근육 활동에 대한 데이터가 기록되고, 분석 가능한
컴퓨터로 읽어 들인다. 활동계는 타당한 데이터를 산출하며, 연구와 수면
클리닉 모두에서 수면다원검사(polysomnography)를 대체하면서 점차 사용
이 증가하고 있다(Ancoli-Israel et al., 2003; Tryon, 2004).

인지 활성화 정도를 측정하는 어떠한 유사한 방법도 아직 없다. 인지 활
성화 정도를 측정하는 일반적인 방식은 특정 순간에 발생하는 인지 활성화
의 정도를 감지해 내는 것인데, 그 활성화가 기능적이고 생산적인 형태의
사고(예: 문제해결)인가, 또는 역기능적이고 비생산적인 형태의 사고(예: 걱
정과 반추)인가는 상관이 없다. 다수의 연구자들이 이러한 맥락에 매우 적
절한 개념을 만들어 냈는데, '통제 정보처리 대 자동 정보처리'(Shiffrin &
Schneider, 1977), '의도적 통제(effortful control)'의 정도(Posner & Rothbart,

2000)가 그것이다. 이 연구자들의 개념화 방식에 있어 공통적인 부분은 인지 활성화와 불활성화를 각각 양극단에 두고 두 차원을 대조하고 있다는 것이다. 인지 활성화 극 쪽의 심리적 과정은 선택적 주의, 의식적인 목적, 통제, 정신적 노력과 긴장, 문제해결, 현실 검증 및 의사결정이라는 특징을 보인다. 이와는 반대로, 인지 **불활성화** 극 쪽은 자동성, 자발성, 힘들이지 않음, 연합적 사고, 심상 및 직관을 특징으로 한다.

사람들의 인지 활성화 수준은 상당한 일주변동을 보여 준다. 깨어 있는 동안에 개인은 삶과 변화하는 환경에 적응하는 과정에서 겪는 다양한 문제들을 다루기 위해 의식적·목적적 사고와 문제해결에 어떤 노력을 들인다. 하지만 하루 중 비교적 더 편안한 순간(예: 버스나 지하철로 출퇴근할 때, 커피를 마시는 동안, 혹은 낮잠을 잘 때)에는 긴장, 노력, 통제의 정도가 약해질 수 있다. 정상적인 수면을 취하는 사람이라면 보통 하루의 일과가 끝날 무렵 분명한 인지 불활성화가 일어나는데, 이것은 깨어 있는 상태에서 수면 상태로 자연스럽게 옮겨가는 과정의 일부다. 그러나 이러한 인지 불활성화가 일어나지 않고, 개인의 심리적 과정이 언어적 사고, 노력, 목적에 지배된 채로 남아 있을 경우, 이는 수면을 방해할 것이다. 불면증이 범불안장애(GAD)의 증상에 속한다는 점에서, GAD 환자에게 전형적으로 보이는 만성적인 걱정이 언어적 사고에 대한 과도한 의존과 심상, 감정 및 정서 과정의 억제를 반영할 수도 있다는 사실은 현재의 맥락에서 매우 관련이 있다(Borkovec, 1994). 비슷한 종류의 또 다른 예는 놀런-혹스마(Nolen-Hoeksema, 2000)의 연구로, 우울증과 우울 및 불안 상태가 혼합된 우울증의 발달과 유지에서 언어적 반추가 하는 역할을 분석한 것이다.

수면 연구자 중에서 에스피(Espie, 2002)는 수면을 위해서는 생리적으로 각성되지 않는 것뿐 아니라 인지적으로도 각성되지 않는 것의 역할을 강조했다. 인지 과정의 측면에서 보면, 이것은 매일 하는 걱정에서 자유로워지는 것을 의미하며, 목적 지향적인 활동을 내려놓고 잠으로 대체하는 것, 즉 자동성이 특징인 과정이다. 이와 일관되게 하비(Harvey, 2001)는 불면증이 있는 사람은 잘 자는 사람보다 대체로 상위 인지적 사고통제 전략, 특히 사고억제, 재평가, 걱정하기를 더 많이 보고한다는 것을 밝혀냈다. 다른 실험 연구에서 하비(2003)는 수면 전에 사고억제 전략을 사용하는 것은 불면증 환자에게서나 정상적인 사람 모두에게 입면 시간(sleep latency)이 길어지게 만들고, 수면의 질을 떨어뜨린다는 것을 보여 주었다. 따라서 하비는 수면 전 상황에서 능동적인 통제 전략은 부적응적일 수 있으며, 잠이 드는 과정은 최소한의 노력을 수반해야 하는 것이라고 결론 내렸다. 또한 다음과 같은 증거들도 있다. 첫째, 반추를 많이 하는 것은 입면 시간이 길어지는 것, 수면의 질이 떨어지는 것과 관련이 있는데, 이는 부정적인 기분을 통제할 때조차도 그렇다(Thomsen, Mehlsen, Christensen, & Zachariae, 2003). 둘째, 불면증에 걸린 사람들은 과도한 언어적 사고에 몰두하는데, 이는 잠잘 때와 낮 동안의 기능 모두에 역효과를 낳는다(Nelson & Harvey, 2002, 2003). 셋째, 수면 전에 스트레스가 되는 문제에 대해 언어적 사고를 하는 것은 동일한 문제에 대해 정신적 심상으로 사고하는 것에 비해 입면 시간이 더 길어지는 것과 다음날 더 많은 불안과 불편감을 느끼는 것과 관련된다(Nelson & Harvey, 2002). 넷째, 불면증 환자들은 잘 자는 사람보다 수면 직전 심상을 더 적게 보인다(Nelson & Harvey, 2003).

특히 생리심리적 불면증에 주목하면서, 에스피 등(Espie, Broomfield, MacMahon, Macphee, & Taylor, 2006)은 '주의-의도-노력 경로(attention-intention-effort pathway)'라는 설명모델을 제안했는데, 이 경로에서는 수면 초점 사고가 핵심 역할을 한다. 즉, 다양한 종류의 불면증을 겪는 사람은 수면 곤란, 수면 손실, 지각된 수면 부족을 다루는 방법으로 수면에 집착하게 된다. 그 결과 ① 수면과 관련된 내적·외적 자극에 대한 선택적 주의, ② 수면에 대한 분명한 의도, ③ 직간접적인 수면 노력이라는 파괴적인 조합을 만들어 낸다. 수면은 의도적 통제를 넘어서는 현상이기 때문에 이렇게 수면에 집착하는 것은 잠들기 위해, 그리고 잠을 못 자는 것을 피하기 위하여 만들어 낸 다양한 전략들을 목표 지향적으로 사용하는 것에도 불구하고 개인의 수면 문제를 지속시키게 마련이다.

불면증의 원인으로 '수면노력증후군'의 역할은 경험적으로 더 철저히 연구될 필요가 있다. 그러나 인지 불활성화 능력이 충분하지 않으면 인지 활성화가 수면 관련 걱정 때문에 일어난 것이 아닐 때조차도 수면을 방해할 수 있다고 가정하는 것은 타당하다. 우리는 또한 잠을 잘 때 인지·정서 불활성화가 힘든 사람들에게 하루 중 다른 시간에도 이러한 불활성화 능력 부족으로 고통받는 정도가 어느 정도인지 물어보았다. 다시 말하면, 불활성화 기술의 전반적인 결핍으로 고통받는 사람들이 있는가? 그리고 이러한 결핍이 불면증 환자에게서 더 많이 나타나는가?

불면증 환자들은 다른 휴식 상황에서도 불활성화 능력이 낮다는 가설은 다중입면시간검사(Multiple sleep latencies test: MSLT)의 결과와도 잘 일치한다. MSLT는 수면장애 클리닉에서 환자의 졸린 정도를 검사하기 위해 사용되는 것으로, 이 검사를 하는 동안에 환자들은 하루 동안 2시간 간격으로 20분씩 낮잠을 다섯 번 자게 된다. 그리고 낮잠에 빠져드는 속도는 졸림에 대한 객관적인 측정치를 제공해 준다. 불면증 환자들은 MSLT를 할 때 별로 졸리지 않고, 심지어 정상적으로 자는 사람들보다 입면 시간이 더 길다는 증거가 있다(예: Bonnet & Arand, 1995). 즉, 많은 불면증 환자들이 밤에 잠들기 어려워하는 특징을 보이는데, 이러한 사람들은 낮에도 역시 잠들기 어려울 가능성이 높다. 만약 인지·정서 불활성화 능력의 결핍이 불면증의 핵심 기제라면, 이러한 가능성을 예측해야 한다. 에스피 등(Espie et al., 2006)의 대안적인 설명을 보면, MSLT에서는 보통 과제 지시로 환자에게 "잠들려고 해 보세요."라고 명확하게 요청하는데, 이는 심리생리적 불면증 환자의 주의-의도-노력 경로를 활성화시켜서 환자들이 잠드는 것을 방해한다고 지적하였다.

잠자는 시간과 그 외의 다른 휴식 시간 모두에서 사람들의 인지·정서 활성화를 연구하려는 목적으로 룬드와 힌드마시(Lundh & Hindmarsh, 2002)는 인지·정서 자기관찰 과제(Cognitive-Emotional Self-Observation Task: CEST)를 개발했는데, 이것은 부분적으로 MSLT를 본떠 만들었다. 낮 시간용 CEST(CEST-d)에서는 환자에게 어두운 방에 누워 자신의 생각, 느낌, 신체감각을 관찰하되 바꾸려 하지는 말라고 요청한다. 환자는 5분 후에 일어나 앉아서 질문지에 응답해야 하는데 다음과 같은 지시를 받는다. 첫째, 누워 있던 5분 동안 떠올랐던 생각들을 몇 단어로 이름 붙이기, 둘째, 다음의 항목—① 이러한 사고를 기억해 내기가 얼마나 쉽거나 어려웠는지('상위 인지 자각'), ② 자신이 이런 사고를 통제하려 노력한 정도('상위 인지 통제'), ③ 자신의 실제 정서 상태(일곱 가지로 평정: 경계·각성, 행복, 긴장·걱정, 분노·짜증, 슬픔·우울, 피로·졸음, 즐거운·편안한 신체 느낌)—에 0~3점 척도로 평정하기. 룬드와 힌드마시(2002)는 CEST-d와 동일한 과제의 밤 시간용 CEST(CEST-n)를 가지고 측정했을 때, 야간 수면 개시 전에도 낮 시간용에 상응하는 인지·정서 측정치를 예측함으로써 낮 시간용 CEST(CEST-d)의 준거 타당도를 보여 주었다. 이와 같이 낮 동안의 휴식 상황에서 밤에 잠들기 전 상황에 이르기까지 인지·정서 활성화 수준의 상대적인 안정성은 사람마다 전반적인 인지·정서 불활성화 능력이 다르다는 가설과 일치한다.

에스피 등(2006)의 '수면노력증후군' 가설이 옳다면, 심리생리적 불면증은 역설적 의도 같은 방법으로 치료 가능할 텐데, 이 방법에서는 환자에게 "깨어 있어 보려고 하세요." 또는 그와 유사한 것(예: "눈을 뜨고 있어 보세요. 조금만 더 그렇게 있어 보려고 하세요.")을 지시한다. 그러나 **불활성화 기술 부족 가설**이 맞다면, 의도적인 행위("깨어 있어 보려고 하세요.")를 또 다른 의도적인 행위("잠들려고 해 보세요.")로 대체해서 수면을 용이하게 한다고 가정할 근거는 없다. 즉, 행위의 인지적 내용은 원칙적으로 문제가 되지 않을 것이다. 실험연구들에서 역설적 의도가 단일 요법으로 어느 정도의 효과를 보여 주었다(Turner & Ascher, 1979; Espie, Lindsay, Brooks, Hood, & Turvey, 1989)는 사실은 에스피의 '수면노력증후군' 가설도 지지해 주는 것이다. 마찬가지로, 또 다른 실험연구에서 역설적 의도가 수면 노력과 수면 불안을 감소시켜 주는 것으로 나타난 결과(Broomfield & Espie, 2003)도 이 가설을 지지해 준다. 그러나 역설적 의도가 불면증 치료법으로 권장되지 않는다는 점과 일부 사례에서는 심지어 역효과(즉, 입면 시간이 길어지는 것)를 가져오기도 했다(Espie & Lindsay, 1985)는 점에서 이 환자들이 수면 노력증후군보다는 불활성화 기술 부족 때문에 더욱 고통을 겪는다는 해석도 가능하다.

불활성화 기술 부족 가설이 맞다면, 불면증은 효율적으로 불활성화 기술을 가르치는 프로그램으로 치료 가능할 것이다. 이러한 목적으로 사용되어 온 방법에 세 가지 사례가 있는데, 점진적 이완(progressive relaxation) (Jacobson, 1938), 명상(meditation)(예: Woolfolk, Carr-Kaffashan, McNulty, & Lehrer, 1976), 심상 훈련(imagery training)(Woolfolk & McNulty, 1983)이 그것이다. 그러나 이러한 방법들은 모두 에스피 등(2006)이 '수면노력증후군'이라 언급한 것의 일부로, 수면을 목적으로 하는 다른 기법들을 사용하는 것과 마찬가지로 오용될 위험이 있다는 것을 알아야 한다. 즉, 불활성화(잠드는 것과 같은)가 비자발적인 과정이라면, 이완이나 명상법은 불활성화를 위해 불필요하게 애를 쓰는 '이완노력증후군' 또는 '명상노력증후군' 같은 역효과를 낳을 위험이 있다는 것이다.

만일 모든 기법들이 주의와 의도, 노력을 필수 요소로 포함하고 있다면, 결국 수면을 촉진하기 위해 불활성화 기법 중 일부 유형을 사용하는 것이 어떻게 가능한가? 여기에서 제안하는 해답은 두 가지 요소로 되어 있다. 첫째, 이완 훈련이나 명상이 마음챙김 맥락에서 이루어진다면 '노력증후군' 같은 역효과를 가져올 위험은 상당히 줄어든다. 둘째, 기술(불활성화 기술 포함) 훈련이 불가피하게 주의와 의도, 노력을 요구한다 할지라도 완전히 개발된 기술은 의도적으로 애쓰는 것보다는 자동성을 수반할 것이다.

### 불활성화 기술의 촉진법으로서의 마음챙김 훈련

'마음챙김' 개념은 매일의 걱정, 의도적으로 애쓰는 것에서 벗어나는 구체적인 방식을 의미하는데, 주로 "특별한 방식으로, 즉 의도적으로 현재 순간에 비판단적으로"(Kabat-Zinn, 1994, p. 4) 주의를 기울이는 것이다. 그렇게 함으로써 "정신적 내용에 탈중심화한 관계"(Segal, Williams, & Teasdale, 2002, p. 41) 또는 헤이스 등(Hayes, Strosahl, & Wilson, 1999)이 말한 '인지적 탈융합'을 개발하게 된다. '불활성화' '물러나기' '탈중심화' '탈융합' 등의 용어에서 아주 유사한 부분은 그 개념들이 관련된 현상을 나타낸다는 것이다. 현재의 맥락에서 가장 중요한 것은 비록 마음챙김 관찰이 그 자체로 주의, 의도, 노력을 수반하기는 하지만 이것들은 적어도 두 가지 면에서 인지 활성화의 전형적인 형태와는 매우 다르다. 첫째, 유일하게 목표로 하는 것은 자신의 감각, 느낌, 사고에서 일어나는 것을 관찰하는 것이다. 둘째, 이러한 과정이 실패할 수도 있는 유일한 경우는 개인이 그 생각들로 주의가 산만해질 때지만, 이러한 생각들을 관찰하자마자 곧 관찰하기로 다시 돌아오는 것이다. 즉, 마음챙김의 실패조차도 마음챙김 관찰 과정에서는 '양분'이 된다. 그러므로 어떻게 보면 이것은 실패할 수 없는 과정인데, 왜냐하면 마음챙김을 유지하는 데 실패한 것을 관찰하자마자 곧 다시 마음챙김하는 것이기 때문이다.

21세기에 들어서 처음 10년간 마음챙김 연구에 대한 관심이 증가하였으며, 이는 마음챙김에 대한 이론적 모형을 만들어 내려는 시도들로 이어졌다. 비숍 등(Bishop et al., 2004)이 제안한 두 가지 요소로 이루어진 모형에 따르면, 한 요소는 주의의 자기조절로서 이를 통해 즉각적인 경험에 주의가 유지된다. 다른 한 요소는 이러한 경험을 특정한 태도를 가지고 선택하는 것으로, 호기심, 개방성, 수용이라는 특징을 지닌다. 이들 두 가지 요소는 대부분의 마음챙김 훈련에 공통으로 들어가는 지시문에서 보게 된다. 예를 들면, 참가자에게 자신의 감각 인상(예: 소리, 보이는 것, 신체감각)이나 어떤 일상적 활동(예: 숨쉬기, 걷기, 먹기)에 주의를 기울이면서 자신의 경험을 주의 깊게 관찰하도록 요청한다. 또한 자신의 주의가 생각이나 기억, 공상 속을 헤맨다는 것을 알아차리고, 알아차렸을 때는 일어났던 것을 비판단적인 방식으로 단순히 바라보고, 현재의 순간에 일어나는 자신의 경험으로 주의를 되돌리도록 지시한다. 마찬가지로, 참가자에게 충동, 욕구 또는 감정이 올라오면 이러한 경험을 없애거나 바꾸려 하지 말고, 그대로 좇아 하지도 말며, 주의 깊게 그것들을 관찰하도록 지시한다. 만약 그러한 충동, 욕구, 정서적인 경험에 따라 행동하면, 알아차림으로 행동하기 위해 다시 자신의 경험을 비판단적으로 바라본다.

　자주 언급되는 것은 아니지만, 이 과정이 참가자로 하여금 이 지시문들을 '마음속에' 새기도록 한다는 점을 주목해야 한다. 즉, 그것들을 쉽게 이용할 수 있는 자기지시문으로 작업기억 속에 저장해 두도록 하는 것이다. 비숍 등(2004)의 모형을 확장하면 이것은 마음챙김이 기본적으로 적어도 세 가지 요소—① 현재 순간에 펼쳐지는 경험에 주의를 기울이고 관찰하는 의도적인 활동, ② 이러한 활동을 비판단적인 태도로 개방적이고 우호적인 호기심을 가지고 행하며, 그 경험들을 바꾸려 하지 않고 수용하기, ③ 마음챙김 지시문을 작업기억 안에서 쉽게 활성화되도록 유지하여 개인이 '계속 따라가도록 하기'—를 가지고 있다는 것을 의미한다. 이 과정에서 핵심 지점은 의도된 과정이 실패하는 경우로 ① 개인의 주의가 현재 경험에서 벗어나 있기 때문이거나(예: 기억이나 공상, 계획, 걱정에 빠져 있느라), ② 개인이 비판단적 태도를 놓치고, 자신이 마음챙김하는 능력이 없다고 자기비판적인 생각을 하기 때문이다. 두 가지 경우 모두 마음챙김 상태는 작업기억에 있는 마음챙김 지시문의 활성화에 의해 회복되며, 이러한 회복으로 일어나는 것에 대해 계속해서 비판단적인 관찰을 할 수 있게 된다.

마음챙김은 하나의 복합적인 기술인가, 아니면 서로 다른 기술의 다차원적인 조합인가? 마음챙김의 정도를 측정하기 위해 개발된 5개 척도의 문항들을 조합한 풀(pool)에 대한 확인적 요인 분석에 근거하여 베어 등(Baer, Smith, Hopkins, Krietemeyer, & Toney, 2006)은 마음챙김의 5요인—① 관찰하기, ② 묘사하기, ③ 자각하며 행동하기, ④ 내적 경험에 대해 판단하지 않기, ⑤ 내적 경험에 대한 비반응성—을 찾아냈다. 이들 다섯 가지 모두 기술로 간주된다. 이 중에서 관찰하기는 경험에 주의를 기울이는 기술을 의미하고, 묘사하기는 내적 경험에 말로 이름 붙이는 기술을 말한다. 자각하며 행동하기는 이 순간 자신의 활동에 주의를 기울이는 기술이고, 내적 경험에 대해 판단하지 않기는 생각과 느낌에 대해 비판단적인 태도를 취하는 기술이며, 내적 경험에 대한 비반응성은 생각과 느낌이 들어오고 나갈 때 그것들에 사로잡히거나 끌려가지 않는 기술을 의미한다. 분석 목적을 위해서는 이러한 식으로 기술들을 구분할 수 있지만, 마음챙김은 이 기술들의 조합으로 나타난다. 예를 들어, 높은 수준의 관찰하기가 낮은 수준의 비판단하기나 비반응성(즉, 높은 수준의 판단과 자동반응)과 결합된다면 이는 마음챙김의 예로 간주하지 않는다.

그렇다면, 왜 우리는 마음챙김 기술의 향상이 더 나은 수면과 관련된다고 예측하는가? 첫째, 불면증의 인과적 요인 중의 하나가 수면 전 상황의 인지 과잉 활성화로 과도하게 목적적이고 노력이 필요한 사고(예: 문제 해결이나 걱정하기, 반추하기)와 자발적으로 일어나는 신체적·심리적 과정(예: 수면에 대한 심상, 감각)을 수용하는 능력의 부족이라면, 인지 불활성화 기술(즉, 의식적 통제와 노력을 내려놓고, 좀 더 자연스러운 생리적 과정이 일어나도록 허용하는 능력)이 도움이 될 것이라는 결론이 나온다. 둘째, 마음챙김 훈련이 사람들로 하여금 이러한 인지 불활성화 기술을 개발할 수 있도록 도와준다면, 마음챙김 훈련은 수면을 향상시키는 한 가지 방법이 될 것이다. 그러나 인지 불활성화 기술이 각성에서 수면으로 전환하는 것을 촉진할 것이라 기대할 수 있으려면 이러한 인지 불활성화 기술이 자동적인 단계에 도달해야 한다는 것을 기억하는 것이 중요하다. 즉, 이런 단계는 ① 개인이 인지 불활성화 기술을 잘 개발했고, ② 그것이 수면 전 상태와 자동적으로 연합되어 있는 단계다. 후자는 마음챙김 기술 훈련이 낮 동안뿐만 아니라 수면 전 상황에서도 이루어져야 한다는 것을 시사한다. 하지만 이 경우, 이 훈련은 침대에서 하는 시간 제한이 있는 훈련이며, 잠을 자기 위한 방법으로 사용되는 것이 아니라는 분명한 지시문과 함께 이루어져야 한다. 이것은 마음챙김 훈련이 전통적인 자극통제 치료와 결합된다면, '규칙 2'(〈표 6-1〉 참조)는 마음챙김 훈련을 잠자리에서도 허용하는 것으로 수정되어야 한다는 것을 의미한다.

수면 전 상황에 적용되면, 마음챙김 훈련은 수면 전 상황에서 나타나는 신체감각과 생각, 심상, 느낌, 기억에 대한 비판단적 관찰과 수용을 포함하는데, 그것들을 그저 알아차리고 내려놓는 것이다. 지시문은 개인이 일시적으로 마음챙김 자세를 놓치게 만드는 산만한 생각들을 그저 관찰하고, 이름 붙이고, 그러고 나서 계속해서 관찰하도록 격려하면서 그러한 산만한 생각들에 대응하도록 할 것이다. 취침 시간에 하는 마음챙김 훈련은 잠들기 위한 목적으로 오용되는 것을 막기 위해 시간을 제한해야 하는데, 이러한 오용은 에스피 등(2006)이 말한 '수면노력증후군'의 위험을 가져올 것이다.

주목할 것은 일반적으로 마음챙김 훈련을 포함하는 모든 불면증 치료법은 통제된 노력으로 잠들려는 자기 패배적 시도에 말려들 가능성이 있다는 점이다. 즉, 수면치료 방법들은 많든 적든 즉각적으로 잠든다는 분명한 목적을 위한 것으로 잘못 사용될 수 있다. 불면증 치료에서 이러한 종류의 역기능적 노력을 방지하는 한 가지 방법은 '반대 요구 지시문(counter-demand instructions)' (Steinmark & Borkovec, 1974)을 합리적인 근거로 사용하는 것, 즉 치료 첫 주에는 아무런 진전도 기대할 수 없다는 것을 환자에게 알려 주는 것이다. 그러나 가장 중요한 것은 환자에게 치료란 새로운 기술을 익히는 일로서 시간을 들여야 하는 과정이지 즉시 잠들기 위한 방법을 찾으려는 것이 아님을 교육하는 것이다.

## 수면해석 과정

불면증이 있는 사람이 수면에 대해 생각하고 자신의 수면 문제를 해석하는 방식은 당연히 불면증 치료와도 상당한 관련이 있다. 일반적으로 다음 두 가지가 모두 중요한데, 하나는 개인이 자신의 삶에서 좀 더 활동적인 노력이나 성취와 관련해서 수면(과 휴식)의 역할을 얼마나 가치 있게 여기는가 이고, 다른 하나는 예를 들면, ① 수면 욕구와 불충분한 수면의 결과, ② 왜 수면의 '자연적인' 변동이 생기며, 어떻게 수면 부족을 보상할 수 있는가, ③ 충분한 수면이나 부족한 수면의 원인은 무엇이며, 수면 개선을 위해 무엇을 할 수 있는가 등에 대한 그 사람의 믿음이다. 이런 가치와 신념 중 일부는 불균형적이거나 스트레스가 많은 삶의 양식을 초래할 수 있으며, 또는 잠잘 시간에 수면을 방해하는 인지 · 정서를 활성화시켜서 수면에 대한 과도한 걱정과 정서적 근심으로 이어질 수 있다는 점에서 역기능적일 수 있다. 역기능적 신념의 범주에는 잠드는 것을 포함해서 의도적 통제로 얻을 수 없는 결과를 얻으려 애쓰거나 노력하는 행위의 역할에 대한 과장된 신념도 포함된다. 이 분야에서 모린(Morin, 1993)과 하비(Harvey, 2002)는 수면에 대한 왜곡된 지각, 비현실적 수면 기대, 불면증의 결과를 오귀인하거나 과장하는 것, 수면을 촉진시키는 훈련에 대한 잘못된 신념의 역할에 관한 중요한 새로운 지식에 기여해 왔다.

수면방해 과정과 마찬가지로, 불면증에서 수면해석 과정의 역할을 잘 이해하기 위해서는 수면해석 과정의 건강하고 기능적인 속성을 이해하는 것이 필요하다. 〈표 6-2〉는 수면과 수면 문제에 관한 기능적 사고방식의 몇 가지 예를 보여 준다. 어느 정도는 심리교육적 방법이 이러한 쟁점을 설명하는 데 도움이 될 수 있다. 예를 들어, 환자에게 간밤의 불충분한 수면은 다음날 더 깊고 쾌적한 수면(즉, 델타 수면의 증가)으로 보상되는 경향이 있다는 것을 연구 결과물을 통해 알려 주는 것이다(예: Horne, 2010). 이렇게 함으로써 환자에게 잠을 못 자는 것이 재앙이 아니라는 것을 알려 주게 된다.

심리교육적 방법과 인지적 기법(예: 소크라테스식 질문)의 공통 부분은 환자들이 갖고 있는 수면에 대한 사고방식과 불충분한 수면과 낮 시간의 기능 부진의 징후를 해석하는 방식을 직접적으로 다룬다는 점이다. 그러나 수용과 마음챙김 기법들 역시 환자들의 수면해석 과정에 간접적인 방식으로 영향을 미침으로써 잠재적으로 중요한 역할을 할 수 있다. 예를 들어 마음챙김 및 수용 기술의 개발이 향상되면, 수면이나 잠드는 것에 대한 경험적 재학습이 가능하며, 이는 사람들이 수면에 대해 더욱 기능적인 사고방

---

**〈표 6-2〉 수면과 수면 문제에 대한 기능적 사고방식에 대한 몇 가지 주제**

1. 수면과 휴식은 삶에서 중요하며, 사람들은 능동적이고, 목적 지향적인 노력과 휴식·수면 사이에서 제대로 된 균형을 찾는 것이 필요하다.
2. 수면은 외적 및 내적 사건(스트레스 사건, 걱정 등)과 같은 다양한 결과로 인해 변동한다.
3. 수면은 의도적으로 통제하지 못하며, 잠들기 위해 효율적으로 사용할 수 있는 방법은 없으므로 이러한 수면 변동을 받아들여야만 한다.
4. 잠을 못 자는 것은 재앙이 아니다. 밤에 한숨도 못자더라도, 다음날에 여전히 잘 지낼 수 있다.
5. 밤 수면이 부족하면 일반적으로 다음날 밤에 더 깊고 더 쾌적한 수면(즉, 델타 수면 증가)으로 부족한 잠을 보상한다.
6. 수면은 새로운 기술과 습관을 익혀 향상될 수 있지만, 이것은 시간이 지나면서 효과가 나타나는 과정이지 잠드는 기술을 사용하는 것이 아니다.

식을 갖도록 하는 데 도움이 될 수 있다. 예컨대, 수면 전 과정에 대한 마음챙김 관찰은 이러한 과정과 수면의 질이 다양한 외적·내적 사건들(스트레스 사건, 걱정 등)로 인해 자연스럽게 변동할 수 있다는 사실을 점차로 깨닫게 해 줄 수 있다. 따라서 이러한 마음챙김 관찰은 잠을 자는 것이 의도적으로 통제해서 될 일이 아니라는 것과 그러한 변동을 수용해야 한다는 것에 대한 좀 더 정확한 이해를 도와준다.

잘 잘 수 있는 방법에 대한 역기능적인 신념은 ACT에서 유래된 기법들의 적합한 치료 대상이 될 수 있다. 헤이스 등(Hayes et al., 1999)의 수용전념치료(ACT)에서 치료자들은 세 가지 중요한 질문—① 내담자가 원하는 것은 무엇인가? ② 내담자가 시도해 온 것은 무엇인가? ③ 그것이 어떻게 작동했는가?—에 초점을 두고 치료 과정을 시작한다. 이는 종종 작동하지 않는 일군의 소용없는 통제 전략들과 이러한 전략들의 기저에 있는 '실효성 없는 변화 어젠다'를 인식하도록 도와준다. 다음 목표는 이러한 통제 전략의 대안으로서 '수용'이라는 용어로 개념화된 방법을 소개하는 것이다. 이러한 유형의 접근이 불면증 치료에 특히 적합할 수 있는 이유는 수면 문제가 전형적으로 통제 전략들이 실패할 수밖에 없는 문제이기 때문이다. 이를 불면증에 적용하면, 내담자가 수면 향상을 위해 시도했던 모든 종류의 기법들에 대한 상세한 검토를 포함하는 평가가 있어야 한다는 것을 의미한다. 아마 이것은 효과가 별로 없었던 일군의 목표 지향적 통제 전략을 확인하는 데 가장 도움이 될 것이며, 또 다른 대안을 살펴보기 위한 출발점이 될 수 있다. 같은 목적으로 다양한 은유도 사용할 수 있다.

ACT에서 유래된 기법들은 또한 사람들의 가치평가(valuing) 과정과 관련된 쟁점들을 다루는 데 사용될 수 있다. 예를 들면, 개인이 수면과 그 외의 다른 휴식을 다양한 형태의 활동 기반 노력이나 성취와 비교하여 어떻게 가치를 매기고 있는지를 볼 수 있다. 가치 명료화 과정(Hayes et al., 1999)을 통해 개인은 자신의 삶에서 가치 있는 것이 무엇인지 생각할 수 있는 기회를 가지며, 그것은 수면과 휴식에 대한 질문들을 분명히 포함하고 있다. 가치 명료화 과정은 또한 개인의 삶에서 활동과 휴식, 수면과 각성 그리고 더 일반적으로는 존재하기(being)와 행동하기(doing) 사이에서 적절한 균형을 취할 수 있는 변화의 기회를 제공할 수 있다. 이러한 가치 수정은 수면에 대한 개인의 사고방식에 직접적인 영향을 미칠 것으로 기대할 수 있으며, 따라서 ① 사람들은 수면에 대해 전보다 더 높은 가치를 두게 되고, ② 수면을 행동의 결과로 성취할 수 있는 것이 아닌, 존재의 일부로서 자연스럽게 일어나는 어떤 것으로 받아들이게 된다.

# 실증 연구

마음챙김이 수면과 관련된 자기조절과 웰빙을 예측한다는 것을 보여 주는 경험적 증거는 하웰 등(Howell, Digdon, & Buro, 2010)이 제시했는데, 이들은 마음챙김이 수면 전 각성과 수면 노력, 주간의 졸림증 감소 그리고 수면 위생과 수면의 질 향상과 관련되어 있다는 것을 밝혀냈다. 게다가, 구조방정식 분석은 마음챙김의 적응적 수면 기능과의 관련성을 통해, 부분적으로 마음챙김이 웰빙을 예언한다는 것을 보여 주었다. 비록 이러한 결과들이 횡단적인 자료에 근거하고 있어 인과적 추론이 가능하지는 않지만, 그 결과들은 불면증의 현재 모형과 잘 일치하며, 마음챙김 기반 개입들이 불면증 치료에서 가능성을 담고 있다는 것을 시사한다.

마음챙김 기법을 불면증에 적용하기 위한 시도가 나타나기 시작했는데, 대부분은 통제되지 않은 허술한 사전-사후 설계로 실시되었다. 이들 연구 중 일부에서는 마음챙김 기법을 자극통제 및 수면 제한과 같은 다른 CBT 방법과 결합시켰다(Bootzin & Stevens, 2005; Ong, Shapiro, & Manber, 2008, 2009). 나머지 연구에서는 순수한 마음챙김 기반 치료로 마음챙김 기반 스트레스 감소(MBSR)나 마음챙김 기반 인지치료를 불면증 환자를 위해 채택하였다(Gross et al., 2009; Heidenreich, Tuin, Pflug, Michal, & Michalak, 2006; Shapiro, Bootzin, Figueredo, Lopez, & Schwartz, 2003; Yook et al., 2008).

규모가 큰 결합형 치료기법이 일반적으로 더 좋은 결과를 보여 주었지만, 전반적인 치료 효과에 마음챙김 기법들이 전통적인 CBT보다 더 많이 기여했는지를 밝히기란 어렵다. 예를 들어, 부트진과 스티븐스(Bootzin & Stevens, 2005)는 여러 수면 및 스트레스 관리 기법과 함께 마음챙김 명상을 포함하는 다중요소 개입법의 효과를 통제집단이 없는 사전-사후 설계로 연구하였는데, 대상자는 불면증 및 주간 졸림증을 호소하고, 물질 남용 병력이 있는 55명의 청소년들이었다. 프로그램을 마친 참가자들(전체 표본의 42%)은 입면 시간, 수면 효율성, 수면 중 각성 횟수, 총 수면 시간 그리고 수면의 질 향상과 주간 졸림증, 걱정의 감소를 보고하였다. 그러나 마음챙김 기법이 이러한 결과에 기여한 부분에 관한 정보는 없다.

옹 등(Ong, Shapiro, & Manber, 2008)도 불면증에 대한 일반적인 CBT(CBT-I)와 마음챙김 명상을 결합한 개입법의 효과를 알아보기 위해, 심리생리적 불면증의 진단 기준을 충족시키는 30명의 비임상 피험자를 대상으로 통제집단 없는 연구를 실시하였다. 치료는 한 회기에 90분에서 120분 동안 6주에 걸쳐 시행되었다. 2회기에서 5회기는 마음챙김 명상, 수면 제한 및 자극통제의 결합으로 구성되었다. 회기 중의 명상 훈련은 호흡 명상, 보디스캔, 걷기 명상, 먹기 명상을 포함한다. 또한 참가자들에게 적어도 하루 30분씩, 주 5일을 수련하도록 지시하였다. 처음 기술 습득 단계에서는 참가자들에게 잠자리에 들기 2시간 이내에 명상수련을 하도록 하였다. 정기적인 주간 훈련이 정착되고 나면 밤에 잠이 오지 않는 시간에 마음챙김 명상을 해 보는 것을 논의하고, 그렇게 해 보도록 격려한다. 결과는 입면 시간의 유의한 감소(39분에서 21분으로)와 수면 효율성의 유의한 증가(79%

에서 88%로)를 보여 주었다.[1] 그러나 총 수면 시간은 늘어나지 않았다. 결과는 또한 수면 전 각성, 수면 노력 및 수면과 관련된 역기능적인 인지의 유의한 감소를 보여 주었다. 흥미롭게도 명상 회기 횟수와 각성의 특성 측정 변화 사이에 유의한 상관관계가 나타났다.

옹, 샤피로, 그리고 맨버(Ong, Shapiro, & Manber, 2009)는 옹 등(2008)의 연구에 참여했던 21명의 피험자를 대상으로 치료 후 6~12개월 사이에 자연스러운 환경에서 추수 연구를 수행하였다. 결과는 CBT-I과 마음챙김이 결합된 치료에서 수면과 관련된 이익이 12개월 추수 기간 동안 유지되었음을 보여 주었다. 게다가, ① 치료가 끝날 무렵, 높은 수면 전 각성과 수면 노력은 장기적인 결과가 더 나쁜 것(추수 기간 동안 한 달 이상 적어도 한 번의 불면증 일화를 경험)과 관련이 있었고, ② 높은 마음챙김 기술을 익힌 참가자들은 세 번의 시점 각각에서 주간 졸림증을 덜 보고하였다(마음챙김 기술과 불면증의 야간 증상 사이에 상관관계가 없었음에도 그렇다). 마음챙김 요소가 CBT-I의 효과를 늘려 주는지 알아보기 위하여 결합형 치료를 CBT-I 단일 기법과 비교하는 분해 설계를 사용하는 것은 흥미로울 것이다.

마음챙김 기반 단독 치료법을 활용한 연구에서 좋은 근거가 있지만 결정적이지는 않다. 샤피로 등(Shapiro et al., 2003)은 MBSR을 유방암 환자 집단의 수면 문제에 적용해 보았다. 비록 마음챙김 집단과 통제집단 간에 치료 후 수면 측정에서 유의한 차이는 없었지만, 결과에서는 마음챙김 수련을 더 많이 했다고 보고한 참가자들이 수면의 질이 유의하게 향상된 것으로 나타났다. 주목해야 할 것은 이 치료가 수면 문제를 치료하기 위해 수정된 것이 아니라 일반적인 수련법으로, 특히 마음챙김 호흡에 초점을 두고 있다는 것이다.

하이덴라이히 등(Heidenreich et al., 2006)은 독일 프랑크푸르트 대학교

---

1) 수면 효율성(sleep efficiency)은 누워 있는 시간 중 총 수면 시간의 비율로 정의한다.

수면 의학부에서 만성적인 불면증으로 고통받는 16명의 환자들을 대상으로 MBCT를 활용한 작은 규모의 통제되지 않은 예비연구를 하여 더 유망한 결과들을 내놓았다. 모든 참가자들은 DSM-IV의 일차성 불면증 기준에 부합했고, 1년 이상 불면증에 시달려 왔으며, 접수 면접 전에 최소 6개월 동안 다양한 약물요법과 심리학적 방법으로 치료해 왔으나 효과가 없었다. 또한 환자들은 동반이환(재발성 우울증, 성격장애) 비율도 높게 나타났다. 치료 계획은 시갈 등(Segal et al., 2002)의 MBCT 매뉴얼을 따랐지만, 우울증보다는 불면증에 맞춘 인지적 요소들을 사용하였다. 수면 일지를 측정했을 때, 결과는 총 수면 시간에서는 유의한 증가(평균 5시간 36분에서 6시간 41분)가 있었지만, 입면 시간에서는 아무런 변화가 없었다(30분에서 26분). 참가자들은 또한 수면과 관련된 내용에 유의하게 더 적은 초점을 두었으며, 치료 후 걱정도 유의하게 줄어들었다고 보고했다. 이 연구는 통제집단이 없었기 때문에 이러한 변화들이 치료로 인해 나타난 것이라고 결론 내릴 수는 없다. 그러나 하이덴라이히 등은 치료에 반응하지 않는 특성과 환자가 지닌 수면장애의 심각도를 고려해 보아도, 모든 효과가 자발적인 회복의 결과로 나타났을 것 같지는 않다고 보았다.

육 등(Yook et al., 2008)은 통제되지 않은 예비연구를 수행하여, 불안장애가 있는 환자들의 불면증 증상을 치료하기 위한 MBCT의 유용성을 검증하였다. 불안장애가 있는 19명의 환자들을 MBCT 8주 프로그램에 할당하였다. 참가자들은 8주 프로그램을 마쳤을 때 기저선에 비해 수면의 질, 걱정, 반추, 불안 및 우울에서 유의한 향상을 보여 주었다.

불면증에 대한 마음챙김 기반 치료의 첫 번째 통제 연구는 그로스 등(Gross et al., 2009)이 보고했지만 지금까지 예비 결과만이 발표되었다. 이들은 30명의 일차성 불면증 환자들을 각각 8주짜리 MBSR이나 약물치료(Pharmacotherapy: PCT) 중 하나에 무선 할당하였다. 예비연구 결과는 불면증 측정치에서 MBSR과 PCT 간에 차이를 보이지 않았다. 그러나 MBSR

에 5회기 이상 참여했던 모든 환자들(11명의 환자 중 10명)은 적어도 하나의 정립된 수면 자기평가 측정에서 향상 기준에 도달했다.

지금까지 마음챙김과 수용 기법을 불면증에 적용하여 발표한 모든 연구들은 MBSR과 MBCT 같은 기존 치료에 의존하여, 불면증에 맞게 변형하여 사용하였다는 점을 주목해야 한다. 또 다른 가능성은 마음챙김과 수용 기법의 영향을 받은 불면증에 맞는 치료법을 개발하는 것이 될 것이다. 우리는 우리 자신의 연구집단을 세 가지 영역으로 나누어 보았다. 첫째로, 제이콥슨(Jacobson, 1938)의 점진적 이완법을 '마음챙김 맥락'에서 변형시킨 형태로, 일부 사례 연구에서 시도되었다. 둘째로, 앞에서 거론한 룬드와 힌드마시(2002)가 인지·정서 자기관찰 과제(CEST)로 실시한 연구 또한 몇 가지 치료 관련 결과들을 보여 주었다. 실제 밤 시간용 CEST를 한 주 동안 시행한 결과는 기준이 되는 주와 비교하여 입면 시간 감소, 수면 시간 증가, 수면 만족도 향상과 관련이 있었다. 셋째로, 일련의 예비연구들은 수면에 대하여 ACT 영향을 받은 치료법으로 수행되었다. 이러한 연구들 중 첫 번째 연구(Åkerlund, Bolanowski, & Lundh, 2005)에서 10명의 참가자가 5회기에 걸쳐 불면증에 대한 수용 및 마음챙김 기반 치료를 받았다. 치료 후, 사전·사후 검사 결과에서, 불면증의 심각도는 불면증 심각도 지표(Insomnia Severity Index: ISI)(Bastien, Vallières, & Morin, 2001)로 측정하였을 때 유의한 감소를 보여 주었다. 치료 전에는 10명의 참가자 모두 ISI에서 임상적 불면증의 진단분할점(>15)을 넘는 점수를 받았는데, 치료 후에는 10명 중 2명만이 이 분할점 이상을 받았다. 수면 전의 인지적 각성 또한 수면 전 각성척도(Pre-Sleep Arousal Scale: PSAS)(Nicassio, Mendlowitz, Fussell, & Petras, 1985)의 인지 하위척도로 측정했을 때, 크게 감소하였다. 수면 일지에 대한 측정에서는 입면 시간이 치료 전 평균 41분에서 치료 후 27분으로 감소하였으나 유의하지는 않았다. 전체 수면 시간은 평균 6시간 29분에서 6시간 52분으로 증가하였으나 이 역시 유의하지 않았다. 7명의 환자들은 6개월 후에 있었던 추수 측정에 참가하였다. 추수 측정에서는 ISI에 대해 이 환자들 중 한 명만이 불면증 진단분할점을 넘는 점수를 받았다. 또한 환자의 수면 전 인지 각성은 사후 검사에서보다 더 크게 감소하였다. 그러나 수면 일지에 대해서는 효과가 두드러지지 않았다.

# 요 약

이 장은 불면증 치료에서 수용과 마음챙김 기법을 채택하는 치료법들을 지지했다. 두 가지 범주의 심리적 과정이 불면증의 발달과 유지에 수반된다고 제안했는데, 수면을 방해하는 각성 과정과 수면과 불면에 대한 역기능적인 해석이 그것이다. 더 나아가, 수용과 마음챙김 관련 방법들은 이러한 두 가지 과정을 수정하기 위해 다음과 같은 방식으로 활용될 수 있다고 주장했다. ① 마음챙김 훈련을 통해 인지 불활성화 기술을 자동화하면, 수면 전 상황에서 수면방해 각성에 대응할 수 있다. ② 수용과 마음챙김 관련 기법을 활용하여, 개인은 더 많은 활동을 통해 잠을 자려고 씨름하는 것이 아니라(그리고 더 일반적인 의미에서 행동하기보다는 존재하기로) 수면과 휴식에 가치를 부여하는 방식과 수면과 불면에 관한 역기능적인 신념도 수정할 수 있다. 그러나 이러한 방법들은 지금까지도 여전히 경험적 근거가 매우 한정적인 가설이라는 점을 주목해야 한다. 마음챙김 및 수용 기법들을 가장 효율적인 방식으로 불면증에 적용할 수 있는 방법에 대해 더 많은 연구가 필요하다. 이 연구는 인지 활성화와 불활성화에 대한 신뢰할 수 있는 측정도구 개발로 이익을 얻을 수도 있다.

# 참·고·문·헌

American Psychiatric Association. (1994). *Diagnostic and statistical manual of mental disorders* (4th ed.). Washington, DC: Author.

Ancoli-Israel, S., Cole, R., Alessi, C., Chambers, M., Moorcroft, W., & Pollak, C. P. (2003). The role of actigraphy in the study of sleep and circadian rhythms. *Sleep, 26*, 342-392.

Åkerlund, R., Bolanowski, I., & Lundh, L. G. (2005). Unpublished data.

Baer, R. A., Smith, G. T., Hopkins, J., Krietemeyer, J., & Toney, L. (2006). Using self-report assessment methods to explore facets of mindfulness. *Assessment, 13*, 27-45.

Bastien, C. H., Vallières, A., & Morin, C. M. (2001). Validation of the Insomnia Severity Index as an outcome measure for insomnia research. *Sleep Medicine, 2*, 297-307.

Bishop, S. R., Lau, M., Shapiro, S., Carlson, L., Anderson, N. C., Carmody, J., et al. (2004). Mindfulness: A proposed operational definition. *Clinical Psychology: Science and Practice, 11*, 230-241.

Bolge, S. C., Doan, J. F., Kannan, H., & Baran, R. W. (2009). Association of insomnia with quality of life, work productivity, and activity impairment. *Quality of Life Research, 18*, 415-422.

Bonnet, M. H., & Arand, D. L. (1995). Twenty-four-hour metabolic rate in insomniacs and matched normal sleepers. *Sleep, 18*, 581-588.

Bootzin, R. R. (1972). Stimulus control treatment for insomnia. *Proceedings of the American Psychological Association, 7*, 395-396.

Bootzin, R. R., & Stevens, S. J. (2005). Adolescents, substance abuse, and the treatment of insomnia and daytime sleepiness. *Clinical Psychology Review, 25*, 629-644.

Borbély, A. A. (1982). A two process model of sleep regulation. *Human Neurobiology, 1*, 195-204.

Borkovec, T. D. (1994). The nature, function, and origins of worry. In G. Davey & F. Tallis (Eds.), *Worrying: Perspectives on theory, assessment and treatment.* New York: Wiley.

Broomfield, N. M., & Espie, C. A. (2003). Initial insomnia and paradoxical intention: An experimental investigation of putative mechanisms using subjective and actigraphic measurement of sleep. *Behavioural and Cognitive Psychotherapy, 31,* 313-324.

Dinges, D. F., Pack, F., Williams, K., Gillen, K. A., Powell, J. W., Ott, G. E., et al. (1997). Cumulative sleepiness, mood disturbance, and psychomotor vigilance performance decrements during a week of sleep restricted to 4-5 hours per night. *Sleep, 20,* 267-277.

Drake, C. L., Roehrs, T. A., Burduvali, E., Bonahoom, A., Rosekind, M., & Roth, T. (2001). Effects of rapid versus slow accumulation of eight hours of sleep loss. *Psychophysiology, 38,* 979-987.

Espie, C. A. (2002). Insomnia: Conceptual issues in the development, persistence, and treatment of sleep disorders in adults. *Annual Review of Psychology, 53,* 215-243.

Espie, C. A., Broomfield, N. M., MacMahon, K. M. A., Macphee, L. M., & Taylor, L. M. (2006). The attention-intention-effort pathway in the development of psychophysiological insomnia: A theoretical review. *Sleep Medicine Reviews, 10,* 215-245.

Espie, C. A., & Lindsay, W. R. (1985). Paradoxical intention in the treatment of chronic insomnia: Six case studies illustrating variability in therapeutic response. *Behaviour Research and Therapy, 23,* 703-709.

Espie, C. A., Lindsay, W. R., Brooks, D. N., Hood, E. M., & Turvey, T. (1989). A controlled comparative investigation of psychological treatments for chronic sleep-onset insomnia. *Behaviour Research and Therapy, 27,* 79-88.

Gross, C., Cramer-Bornemann, M., Kreitzer, M. J., Reilly, M., Wall, M., & Winbush, N. (2009). A trial of mindfulness versus pharmacotherapy for primary chronic insomnia. *EXPLORE: The Journal of Science and Healing, 5,* 157.

Harvey, A. G. (2001). I can't sleep, my mind is racing! An investigation of strategies of thought control in insomnia. *Behavioural and Cognitive Psychotherapy, 29,* 3-11.

Harvey, A. G. (2002). A cognitive model of insomnia. *Behaviour Research and Therapy, 40,* 869-893.

Harvey, A. G. (2003). The attempted suppression of presleep cognitive activity in insomnia. *Cognitive Therapy and Research*, 27, 593-602.

Harvey, A. G. (2008). Insomnia, psychiatric disorders, and the transdiagnostic perspective. *Current Directions in Psychological Science*, 5, 299-303.

Harvey, A. G., & Tang, N. K. Y. (2003). Cognitive behaviour therapy for primary insomnia: Can we rest yet? *Sleep Medicine Reviews*, 7, 237-262.

Hayes, S. C., Strosahl, K. D., & Wilson, K. G. (1999). *Acceptance and commitment therapy: An experiential approach to behavior change*. New York: Guilford Press.

Heidenreich, T., Tuin, I., Pflug, B., Michal, M., & Michalak, J. (2006). Mindfulness-based cognitive therapy for persistent insomnia: A pilot study. *Psychotherapy and Psychosomatics*, 75, 188-189.

Horne, J. (2010). Sleepiness as a need for sleep: When is enough, enough? *Neuroscience and Biobehavioral Reviews*, 34, 108-118.

Howell, A. J., Digdon, N. L., & Buro, K. (2010). Mindfulness predicts sleep-related self-regulation and well-being. *Personality and Individual Differences*, 48, 419-424.

Jacobson, E. (1938). *Progressive relaxation: A physiological and clinical investigation of muscular states and their significance in psychology and medical practice*. Chicago: University of Chicago Press.

Kabat-Zinn, J. (1994). *Wherever you go, there you are: Mindfulness meditation in everyday life*. New York: Hyperion.

Lundh, L. G. (2005). The role of acceptance and mindfulness in the treatment of insomnia. *Journal of Cognitive Psychotherapy*, 19, 29-39.

Lundh, L. G., & Broman, J. E. (2000). Insomnia as an interaction between sleep-interfering and sleep-interpreting processes. *Journal of Psychosomatic Research*, 49, 1-12.

Lundh, L. G., & Hindmarsh, H. (2002). Can meta-cognitive observation be used in the treatment of insomnia? A pilot study of a cognitive-emotional self-observation task. *Behavioural and Cognitive Psychotherapy*, 30, 239-242. (This is a brief summary of an extended report that is available from the first author.)

Lundh, L. G., Lundqvist, K., Broman, J. E., & Hetta, J. (1991). Vicious cycles of sleeplessness, sleep phobia, and sleep-incompatible behaviours in patients with persistent insomnia. *Scandinavian Journal of Behaviour Therapy, 20*, 101-114.

Morin, C. M. (1993). *Insomnia: Psychological assessment and management.* New York: Guilford Press.

Nelson, J., & Harvey, A. G. (2002). The differential functions of imagery and verbal thought in insomnia. *Journal of Abnormal Psychology, 111*, 665-669.

Nelson, J., & Harvey, A. G. (2003). Pre-sleep imagery under the microscope: A comparison of patients with insomnia and good sleepers. *Behaviour Research and Therapy, 41*, 273-284.

Nicassio, P. M., Mendlowitz, D., Fussell, J., & Petras, L. (1985). The phenomenology of the pre-sleep state: The development of the Pre-Sleep Arousal Scale. *Behaviour Research and Therapy, 23*, 263-271.

Nolen-Hoeksema, S. (2000). The role of rumination in depressive disorders and mixed anxiety/depressive symptoms. *Journal of Abnormal Psychology, 109*, 504-511.

Ohayon, M. M., & Reynolds, III, C. F. (2009). Epidemiological and clinical relevance of insomnia diagnosis algorithms according to the DSM-IV and the International Classification of Sleep Disorders (ICSD). *Sleep Medicine, 10*, 952-960.

Ong, J. C., Shapiro, S. L., & Manber, R. (2008). Combining mindfulness meditation with cognitive-behavior therapy for insomnia: A treatment-development study. *Behavior Therapy, 39*, 171-182.

Ong, J. C., Shapiro, S. L., & Manber, R. (2009). Mindfulness meditation and cognitive behavioral therapy for insomnia: A naturalistic twelve-month follow-up. *EXPLORE: The Journal of Science and Healing, 5*, 30-36.

Posner, M. I., & Rothbart, M. K. (2000). Developing mechanisms of self-regulation. *Development and Psychopathology, 12*, 427-441.

Ratcliff, R., & Van Dongen, H. P. A. (2009). Sleep deprivation affects multiple distinct cognitive processes. *Psychonomic Bulletin & Review, 16*, 742-751.

Segal, Z., Williams, M., & Teasdale, J. (2002). *Mindfulness-based cognitive therapy for depression: A new approach to preventing relapse.* New York: Guilford Press.

Shapiro, S. L., Bootzin, R. R., Figueredo, A. J., Lopez, A. M., & Schwartz, G. E.

(2003). The efficacy of mindfulness-based stress reduction in the treatment of sleep disturbance in women with breast cancer. An exploratory study. *Journal of Psychosomatic Research, 54*, 85-91.

Shiffrin, R. M., & Schneider, W. (1977). Controlled and automatic human information processing: II. Perceptual learning, automatic attending, and a general theory. *Psychological Review, 84*, 129-190.

Spielman, A. J., Saskin, P., & Thorpy, M. J. (1987). Treatment of chronic insomnia by restriction of time in bed. *Sleep, 10*, 45-56.

Steinmark, S. W., & Borkovec, T. D. (1974). Active and placebo treatment effects on moderate insomnia under counterdemand and positive demand instructions. *Journal of Abnormal Psychology, 83*, 157-163.

Stickgold, R., & Walker, M. P. (2007). Sleep-dependent memory consolidation and reconsolidation. *Sleep Medicine, 8*, 331-343.

Thomsen, D. K., Mehlsen, M. Y., Christensen, S., & Zachariae, R. (2003). Rumination-relationship with negative mood and sleep quality. *Personality and Individual Differences, 34*, 1293-1301.

Tryon, W. W. (2004). Issues of validity in actigraphic sleep assessment. *Sleep, 27*, 158-165.

Turner, R. M., & Ascher, L. M. (1979). A controlled comparison of progressive relaxation, stimulus control and paradoxical intention therapies for insomnia. *Journal of Consulting and Clinical Psychology, 47*, 500-508.

Woolfolk, R. L., Carr-Kaffashan, L., McNulty, T. F., & Lehrer, P. M. (1976). Meditation training as a treatment for insomnia. *Behavior Therapy, 7*, 359-365.

Woolfolk, R. L., & McNulty, T. F. (1983). Relaxation training for insomnia: A component analysis. *Journal of Consulting and Clinical Psychology, 51*, 495-503.

Yook, K., Lee, S. H., Ryu, M., Kim, K. H., Choi, T., Suh, S. Y., et al. (2008). Usefulness of mindfulness-based cognitive therapy for treating insomnia in patients with anxiety disorders: A pilot study. *Journal of Nervous and Mental Disease, 196*, 501-503.

# 암과 말기질환에 대한 마음챙김

린다 칼슨(Linda E. Carlson)
Division of Psychosocial Oncology, Department of Oncology,
Faculty of Medicine, University of Calgary; Department of Psychosocial Resources,
Tom Baker Cancer Centre, Alberta Cancer Board, Calgary, Alberta, Canada

조앤 핼리팩스(Joan Halifax)
Director, Upaya Institute, Project on Being with Dying, Santa Fe, New Mexico

암을 진단받는 것은 당사자에게나 그들의 가족 구성원과 지지 체계에 외상이 되는 사건이다. 암은 선진국에서 여전히 주된 사망 원인이다. 세계보건기구(WHO)는 전 세계적으로 새로운 암 발생 건수가 2007년에 1,130만 명에서 2030년에는 1,550만 명으로 급증하고, 암으로 인한 사망 건수는 부분적으로 세계 인구 증가와 노령화의 영향을 받아 같은 기간에 790만 명에서 1,150만 명(45% 증가)으로 증가할 것이라고 추정했다(World Health Organization, 2008).

비록 오늘날 선진국에서 암 진단을 받은 사람 중 약 3분의 2가 장기 생존(진단 후, 적어도 5년)하기는 하지만(Altekruse et al., 2009), '암' 하면 사람들은 심각한 생활의 위협, 탈모, 외모의 변화, 메스꺼움, 구토, 오래 지속될지도 모를 장애, 조기 사망을 쉽게 떠올린다. 이런 이유로 비록 암이 많은 경우에 만성질환이 되었지만, 암의 심리적인 영향력은 비슷하게 생명을 위협하는 다른 많은 질병들보다 여전히 더 크다.

# 암 진단과 치료의 심리적 후유증

암을 진단받은 사람에게서 우울과 불안, 전반적인 고통이 높다는 사실은 잘 알려져 있으며, 암 진단 시점에서 전반적인 고통의 수준이 높아졌다고 보고했다(Carlson, Groff, Maciejewski, & Bultz, 발간 중). 많은 경우, 이러한 고통은 오래 지속되며, 메스꺼움, 구토 같은 증상과 수면 곤란, 만성피로, 통증 같은 특정 문제들이 악화될 수 있다. 대형 치료센터에 다니는 암 환자를 대상으로 한 횡단 조사 연구에서 전체 환자의 약 절반이 문제가 되는 것으로 피로를 보고했고, 이어서 통증(26.4%), 정서 및 스트레스 관리(24.8%), 우울(24.0%), 불안(24.0%)을 보고했다(Carlson, Angen, et al., 2004). 저소득층과 소수민족, 적극적 치료를 받고 있는 사람들은 다른 사람들보다 고통에 더 취약했다.

그 밖에도 암과 싸우는 사람에게는 좀 더 실존적인 문제가 그늘을 드리운다. 예를 들면, 사람들은 '왜 나인가? 왜 내가 암에 걸렸는가?' 라고 스스로에게 물을지도 모른다. 그들은 병을 이해하려 하거나 그 안에서 어떤 의미를 찾아보려고 애쓰기도 한다. 만약 흡연으로 인한 폐암처럼 원인이 명확한 암이라면, 사람들은 스스로를 비난하면서 낙담하고, 죄책감과 우울감에 빠질 수 있다. 그들은 암에 걸린 것이 '당연하다'고 여기면서 치료에 노력을 기울이지 않고, 일부는 그냥 포기해 버릴지도 모른다. 다른 한편으로 생활양식이 건강하고 몸을 잘 돌봐 왔다고 생각하면, 암에 걸린 것에 배신감을 느낄 수도 있다. 그들은 과거에 저지른 어떤 나쁜 행동이나 나쁜 생각 때문에 벌을 받는 게 아닐까 생각할 수도 있다. 어떤 사람들은 '모든 일에는 이유가 있다.' 며 병에서 의미를 찾기도 하고, 그 상황에서 최선을 다하거나, 그저 암은 누구나 걸릴 수 있는 것으로 자신의 탓은 아니라고 받아들일 수도 있다. 이런 사람들은 흔히 하는 질문을 바꿔서, '왜 나는 아니지? 나라고 뭐 특별한가?' 라고 물을 수 있다.

암을 진단받음으로써 스스로 통제할 수 있는 것이 거의 없다는 또 다른 사실이 드러난다. 이것은 많은 사람들이 가지고 있는 자신의 삶을 통제할 수 있다는 신념에 도전하며, 암의 위기에 직면해서는 유지되기 어렵다. 사실상 대부분의 사람들은 자신이 통제할 수 있다고 믿고 싶어 하는 것보다 훨씬 더 통제하지 못하며, 이러한 통제의 환상에 직면하는 것은 매우 불편할 수 있고, 고통의 증가를 초래할 수 있다. 암과 그 치료에서 드러나는 확실성의 결여도 유사한 문제다. 심지어 가장 고도로 훈련받은 종양학자들조차도 어떤 특정 치료의 성공이나 환자가 얼마나 생존할 것인지에 대해서 그저 확률적 예측만을 제공할 뿐이다. 이 점은 여러모로 우리 모두에게 언제나 해당되는 것이다. 즉, 우리는 우리가 언제 죽을지 전혀 알지 못한다. 그러나 대부분의 사람들은 이러한 불확실성을 암처럼 생명을 위협하고 예측할 수 없는 질병을 다루는 사람들만큼 무력하게 마주하지는 않는다. 단, 한 가지 확실한 것은 우리 모두가 죽는다는 것이며, 고통은 때때로 언제 또는 어떻게 죽을지 알지 못한다는 것에서 온다.

계속되는 재정적 부담을 포함한 치료의 일상적 스트레스 요인을 다루는 실질적인 문제에서부터 삶과 죽음, 통제, 불확실성이라는 더 큰 실존적인 질문에 이르기까지 이 모든 문제들은 암과 함께 살아가는 사람이나 그들의 조력자들에게 엄청난 타격을 입힌다. 다음 절에서는 마음챙김 기반 접근법들이 어떻게 이 광범위한 문제들을 다루는 데 도움이 될 수 있는지를 논의할 것이다.

## 암 환자에 대한 마음챙김의 적용

우리는 1996년 이래 캐나다의 앨버타 주, 캘거리에 있는 톰 베이커 암센터(Tom Baker Cancer Centre)에서 마음챙김 기반 스트레스 감소(MBSR) 프로그램을 실시하고 있다. 더 최근에는 캐나다와 미국, 호주, 영국의 다른 집단들도 암 환자를 대상으로 임상 및 연구 프로그램을 시작했다. 조앤 핼리팩스(Joan Halifax)의 마음챙김 훈련에 기반하여 완화요법을 받는 환자들과의 임상 작업은 수십 년 동안 계속되고 있다. 다음에 이러한 적용과 관련한 몇 가지 배경 정보를 요약하고, 그것의 효과를 평가하는 연구에 대한 간략한 문헌 개관을 제시하였다.

## 마음챙김의 기원과 정의

'마음챙김'은 불교 문헌에서 유래한 용어로 종종 팔리어(Pali) sati와 sampajañña를 합친 말로 번역되며, 전체적으로 '알아차림, 세심한 주의, 분별, 유지'로 번역할 수 있다. 우리는 『마음챙김의 기술과 과학(The Art and Science of Mindfulness)』(Shapiro & Carlson, 2009)에서 마음챙김을 "개방적이고, 친절하며, 비판단적인 방식으로 의도적인 주의를 기울임으로써 일어나는 알아차림"(p. 4)이라고 정의했다. 이 정의는 마음챙김을 세상에 존재하는 방식이면서 동시에 하나의 수련이나 과정으로 설명하는 것이다. 이 두 가지 구성요소는 ① 마음챙겨 알아차림, 즉 지속적인 현존이나 알아차림, 마음의 자유를 가져오는 깊은 앎과 ② 마음챙김 수련, 즉 개방적이고 친절하며 통찰적인 방식에 의해 의도적으로 주의를 기울이는 체계적인 훈련인데, 이는 마음에 대한 이해와 마음의 개발 모두를 포함한다. 우리는 의도와 주의, 알아차림 세 가지 구성요소를 포함하는 마음챙김 모형을 개발했는데, IAA 모형이라 부른다(Shapiro, Carlson, Astin, & Freedman, 2006). 다른 학자들 또한 마음챙김에 대한 정의를 시도했다. 비숍 등(Bishop et al., 2004)이 제안한 조작적 정의는 두 가지 구성요소를 포함하는데, 앞선 IAA 모형의 주의와 알아차림 요소와 유사하다. 첫째로, 즉각적인 경험에 주의를 유지하는 자기조절로, 이것은 현재 일어나는 정신적 사건에 대한 인식을 증가시킨다. 둘째로, 호기심과 개방성, 수용으로 특징지어지는 태도를 취하는 것이다.

## 마음챙김 기반 암 회복 프로그램의 소개

이 책에서 간략히 기술한 바와 같이 마음챙김 수련은 존 카밧진과 동료들(Kabat-Zinn, 1990)이 개발한 MBSR 프로그램이 일반인과 병원 환자에게 가장 많이 소개되었다. 비록 마음챙김 명상의 이론과 실제에 대한 전파는 보통 특정 형태의 명상을 전문으로 하는 센터를 통해 다양한 장소에서 가능하지만, MBSR 접근법은 대체로 어떤 특정한 불교 종파의 가르침과는 독립적으로 의료 장면에서 개발되었다. 이러한 세속적인 접근법은 처음에는 핵심 요소로 스트레스 감소에 중점을 두었으며, 마음챙김은 이러한 목표에 도달하기 위한 도구로 제시되었다.

우리가 1996년부터 캘거리 톰 베이커 암센터에서 암 환자와 그 가족에게 제공해 온 프로그램은 지금은 마음챙김 기반 암 회복(Mindfulness-Based Cancer Recovery: MBCR)이라 부르는데, 그 이름을 통해 MBSR에 진 빚과 암 같은 질병에 대처하는 사람에게 맞추어진 프로그램의 독특성을 인정하고 있다. 마이클 스페카(Michael Speca)와 린다 칼슨(Linda Carlson)은 이 프로그램을 자세히 설명한 자가훈련서를 발간했는데, 비전문인을 대상으로 단계적인 접근법을 취한 실용적인 책이다(Carlson & Speca, 2010).

MBSR과 유사한 MBCR은 8주짜리 프로그램으로, 6주와 7주차 사이에 6시간짜리 종일 명상 수련을 포함한다. MBCR의 매주 수업은 보통 한 시간 반으로 더 짧으며, 주로 소개 및 토론, 요가, 명상 세 부분으로 나뉜다. 수업은 짧은 정좌 명상으로 시작하여 참가자가 환경에 익숙해지도록 도와주고, 현재 순간에 머물도록 격려한다. 뒤이어 집에서 한 수련 경험을 이야기하고, 떠오르는 어떤 주제들에 대해 집단적으로 해결해 나가도록 한다. 참가자들이 비슷한 문제에 서로 어떻게 접근하는지, 만약 어떤 통찰이나 해결책이 있다면 그게 어떤 것인지 함께 나누도록 격려한다. 집단 지도자는 참가자 스스로가 그들 자신의 몸과 수련에 대한 전문가라는 입장을 취하며, 안내를 제공하지만 빠른 해답이나 해결책을 제시하는 것은 자제한다. 주가 거듭되면서 다양한 교육 주제들이 소개되는데, 스트레스 및 이완반응, 횡격막 호흡, 마음챙김 대처, 자율신경계의 균형을 포함한다. 마음챙김 건포도 먹기와 같은 훈련이 포함되어 명상에 도움이 되는 태도와 접근을 강조한다. 개인이 수련에 어떻게 접근하는가 하는 태도 요소의 중요성을 크게 강조한다. 카밧진(1990)이 강조한 대로, 비판단과 인내심, 초심, 신뢰, 애쓰지 않음, 수용, 비집착이라는 태도가 부각된다.

프로그램의 두 번째 주요 구성요소는 마음챙김 요가 수련으로, 그것은 종종 마음챙김 동작이라 불린다. MBSR 동작에서 나온 자세가 MBCR에서도 역시 사용되며, 필요에 따라 개인 참가자에 맞게 수정되었다. 예를 들어, 만약 바닥의 매트에 눕는 것이 어렵다면 의자에 앉아서 하도록 격려했다. 동적인 구성요소 다음에는 다른 형태의 명상수련이 매 수업 소개된다. 이것은 보디스캔으로 시작하여 정좌 명상, 걷기 명상, 산 명상, 선택 없는 알아차림, 자애 명상으로 이어진다. 짧은 명상 훈련도 소개하고, 프로그램 내내 비공식 수련을 권장한다. 집에서 하는 수련은 마음챙김을 삶의 한 부분으로 완전히 통합하는 데 결정적이며, 프로그램 내내 강조된다. 참가자가 프로그램 중의 수련을 매일 45분씩 자기 자신을 위해 헌신하도록 북돋워 준다.

남은 문제는 앞에서 살펴본 마음챙김이나 MBCR이 왜 특히 암 환자에게 도움이 되는가 하는 것이다. 알려진 것처럼 암 환자가 직면하는 문제의 많은 부분은 수용과 알아차림, 비집착을 강조하는 접근법을 통해 가장 잘 다루어진다. 비집착은 유한성, 즉 모든 사물의 끊임없이 변화하는 속성에 대한 이해로부터 생겨난다. 유한성에 대한 이해로, 환자들은 사물이 어떤 방식으로 존재하거나 유지되어야 한다는 속박 혹은 치료 결과와 예후를 정확히 알아야 한다는 그들 자신의 속박을 느슨하게 할 수 있다. 현재 순간에 머무는 태도와 사물을 있는 그대로 명확하게 보는 훈련을 통해 상황을 단순히 수용하게 되면, 환자들은 '왜'라는 질문으로 씨름하는 것을 멈추고, 오로지 매 순간의 '무엇'에 머무를 수 있다. 걱정은 종종 미래와 관련된 의문에서 생겨나는데, 이것들은 현재 순간에 주의를 기울이고, 사건이 순간순간 전개되도록 내버려둠으로써 줄어들 수 있다. 또한 마음챙김은 정서를 조절하는 데 유용한 도구이며, 경험을 회피하기보다 수용할 수 있도록 도와준다. 마음챙김은 자각을 증가시켜 과거와 미래 사건에 대한 반추를 감소시켜 주고(Berceli & Napoli, 2006), 고통스러운 경험을 회피하려는 경향을 마주하도록 도울 수 있는데, 이러한 회피 경향은 종종 회피 대처 방식을 사용하는 사람들이 통제하고 싶어 하는 바로 그 느낌을 증폭시킨다 (Barlow, Allen, & Choate, 2004). 예를 들어, 보디스캔을 통한 마음챙김 경험은 신체의 알아차림을 키워 주고, 외상이나 스트레스가 되는 사건에 노출된 개인들이 스트레스 관련 신체감각을 판단하지 않고 수용하는 법을 익히도록 해 준다.

## 암 환자에 대한 마음챙김 기반 접근법의 효능

암 환자와 가족 구성원이 겪는 다양한 문제를 다루기 위한 마음챙김 기반 접근법의 적용에 대한 연구가 늘어나고 있다. 최근 몇 년간 이 분야에 대한 관심이 급증했고, 많은 개별 연구들이 발간되면서 여러 개관 논문들이 나왔다. 우리 연구집단의 지난 개관 논문들은 암에 대한 마음챙김의 근거와 배경을 제공하며(Carlson, Labelle, Garland, Hutchins, & Birnie, 2009; Carlson & Speca, 2007; Mackenzie, Carlson, & Speca, 2005; Speca, Carlson, Mackenzie, & Angen, 2006), 그 외의 논문들은 이 분야의 문헌에 대한 간략한 기술적 개관을 포함한다(Lamanque & Daneault, 2006; Matchim & Armer, 2007; Ott, Norris, & Bauer-Wu, 2006; Smith, Richardson, Hoffman, & Pilkington, 2005). 우리는 체계적인 검토를 위해 연구들을 효과에 따라 구분했다.

## 심리학적 효과

암 환자에 대한 마음챙김 기반 접근법에 관한 연구 대부분은 심리학적 효과에 초점을 두고 있다. 최근의 한 메타분석은 스트레스 감소와 기분 향상과 같은 심리학적 결과에 대한 효과크기는 중간이었고, 신체건강 지표의 향상에 대한 효과크기는 작게 나타났다고 결론지었다(Ledesma & Kumano, 2009). 곧 발간될『심리종양학(Psycho-Oncology)』에는 지금까지 발표된 모든 연구들을 체계적으로 검토한 장이 들어 있다(Carlson, 발간 중). 21개의 연구가 포함되었는데, 모두 2000년 이후 발간된 것이다. 그중 10개는 우리의 캘거리 톰 베이커 암센터 연구 프로그램에서 나왔고, 나머지는 주로 미국의 다른 연구집단에서 수행한 것이다. 21개 연구 중에서 15개는 비통제 연구로, MBSR을 실시한 집단에 대해 일련의 효과 측정도구로 사전·사후 검사를 실시한 것이거나 질적 면접 연구다. 다른 6개 연구는 무선 통제 연구(RCTs)로 MBSR(또는 그 변형) 집단을 대기집단(4/6)이나 다른 적극적 형태의 치료집단(2/6)과 비교한 것이다.

심리학적 효과를 살펴본 여러 연구 중, 타콘 등(Tacon, Caldera, & Ronaghan, 2004)은 27명의 유방암 생존자들을 대상으로 한 소규모 사전·사후 연구에서 대상자들은 암에 대한 무력감과 불안한 집착이 더 감소하고, 내적 통제 소재[1]가 증가하고, 스트레스 및 불안이 감소함을 보여 주었다. 40명

---

1) 통제 소재(locus of control)는 일종의 개인차 변수로서, 내적 통제 소재란 사건의 원인을 자신의 탓으로 돌리는 경향을 말한다—역주.

의 여성을 대상으로 한 더 큰 연구에서도, MBSR 이후 통증과 증상 관련 괴로움이 줄어든 것으로 나타났다(Tacon, 2007). 또 다른 비통제 연구에서 스판 등(Spahn et al., 2003)은 18명의 MBSR 프로그램 참가자에게서 역할 기능과 피로가 호전되었음을 보여 주었고, 브라운과 라이언(Brown & Ryan, 2003)은 41명의 유방암과 전립선암 환자들에게서 기분장애와 스트레스 수준의 감소가 마음챙김 수준이 더 높은 것과 상관이 있음을 보여 주었다. 갈랜드 등(Garland, Carlson, Cook, Lansdell, & Speca, 2007)은 MBSR 훈련을 한 60명의 혼합 암 환자 집단에서 스트레스 증상과 기분장애뿐만 아니라, 외상 후 성장과 영성 측정에서 향상을 보여 주었다.

첫 번째로 발간된 무선 통제 연구에서 스페카 등(Speca, Carlson, Goodey, & Angen, 2000)은 MBSR에 참여한 다양한 종류의 암 환자가 대기 통제 조건에 있는 환자들보다 기분 상태에서 약 65%, 스트레스 증상에서 약 35% 유의한 개선이 있음을 보여 주었다. 환자들은 대기통제집단에 비해 긴장과 우울, 분노, 집중력 문제를 덜 보고했고, 더 생기 있어졌을 뿐만 아니라 스트레스의 말초적 발현(예: 손발 저림), 각성의 심폐 증상(예: 심장 두근거림, 과호흡), 중추신경 증상(예: 어지러움, 현기증), 위장 증상(예: 배탈, 설사), 습관적인 스트레스 행동 패턴(예: 흡연, 이 갈기, 과식, 불면증), 불안 및 공포, 정서 불안정을 덜 보고했다. 프로그램을 마치고 나서 통제집단뿐만 아니라 프로그램 참가 환자들을 6개월 후에 추수 측정했는데, 두 집단 모두 추수 기간 동안에도 효과가 유지되는 것으로 나타났다(Carlson, Ursuliak, Goodey, Angen, & Speca, 2001). 혼합집단에서는 집에서 더 많은 수련을 하는 것이 전반적인 기분장애의 더 큰 감소와 상관이 있는 것으로 나타났다. 최근 연구에서 암 환자와 프로그램에 함께 참여한 파트너 모두를 살펴보았는데(Birnie, Speca, & Carlson, 발간 중), 두 집단 모두 전체적인 기분장애와 근육 긴장, 신경학적 지표, 상기도 스트레스 증상, 마음챙김 수준에서 향상을 보였다. 개입 후, 파트너의 기분장애 점수는 환자의 스트레스 증상과는 유의한 정적 상관을, 환자의 마음챙김 수준과는 부적 상관을 보였다.

### 생물학적 효과와 수면 효과

생물학적 효과나 수면과 같은 건강행동을 보기 위해 통제되지 않은 연구들도 많이 수행되었다. 칼슨 등(Carlson, Speca, Patel, & Goodey, 2003, 2004; Carlson, Speca, Patel, & Faris, 2007)은 59명의 유방암, 전립선암 생존자들에게서 면역과 내분비, 자율신경 기능에 대한 측정치를 살펴보았다. 면역 기능을 보기 위해 세포 자극에 대한 사이토카인(cytokine) 분비 반응을 통해서 T세포와 자연살해세포(NKC)를 포함하는 많은 아형 림프구의 수치와 기능을 분석했다. 사이토카인은 친염증성이거나 항염증성 형태인데, 친염증성은 심혈관 환자와 암 환자 모두에게서 여러 가지 나쁜 결과와 관련이 있는 것으로 알려졌다. 친염증성 사이토카인 인터페론 감마(IFN-λ)의 T세포 생산은 감소했다. 프로그램 참가 이후 1년간의 변화 양상을 평가한 결과, 친염증성 사이토카인의 수준은 지속적으로 감소했다(Carlson et al., 2007). 비록 암의 진행과 관련하여 이러한 변화의 정확한 의미는 알려져 있지 않지만, 일부 연구에서는 친염증성 사이토카인의 증가가 암의 부정적인 결과와 관련이 있다고 보았다(Costanzo et al., 2005).

우리는 타액 코르티솔도 살펴보았는데, 일일 타액 코르티솔 수준은 스트레스 및 건강과 관련되고, 종종 암 생존자들은 코르티솔 조절이 잘 안 되며, 이러한 조절장애는 더 짧은 생존 기간과 관련이 있기 때문이다(Sephton, Sapolsky, Kraemer, & Spiegel, 2000). 또한 프로그램 개입 전과 후 코르티솔 수준의 변화가 나타났는데, MBSR 이후 저녁의 코르티솔이 덜 증가했고, 주간의 비정상적인 타액 코르티솔의 분비가 일부 정상화되는 것을 볼 수 있었다(Carlson, Speca, et al., 2004). 추수 1년 동안 전반적인 코르티솔 수준에서 꾸준한 감소가 나타났고, 대부분은 저녁 코르티솔 수준의 감소로 인한 것이다(Carlson et al., 2007). 같은 연구에서 MBSR 전후 안정 시 수축기

혈압(SBP)이 유의하게 감소했다(Carlson et al., 2007). 이는 고혈압이 심혈관 질환의 발병에 있어서 가장 큰 위험 요인이고, 일반적인 형태의 화학요법을 받은 암 환자들이 심장의 문제를 일으킬 위험이 더 크다는 점에서 바람직한 결과다. 대기통제집단 연구에서 밴 윌링겐 등(Van Wielingen, Carlson, & Campbell, 2007)은 MBSR 프로그램에 참여하고 있는 동안이나 대기하는 중에 매주 집에서 측정한 혈압이 프로그램을 받은 여성들에서만 유의하게 낮아졌음을 보여 주었다. 처음에 수축기 혈압이 높았던 사람들은 평균 15mmHg의 하락을 보고했는데, 이는 혈압약 복용으로 인한 감소와 비슷한 수준이다.

수면과 관련하여 칼슨과 갈랜드(Carlson & Garland, 2005)는 63명의 암 환자 표본에서 MBSR 이후 수면 측정에서 호전이 있음을 보여 주었다. MBSR 프로그램에 참가하기 전의 수면장애는 자기보고한 스트레스와 기분장애 수준과 밀접한 연관이 있었으며, MBSR 프로그램 중에 스트레스 증상이 감소하면 수면 역시 개선되었다. 평균적으로 수면 시간은 일일 30분에서 한 시간까지 늘어났다. 샤피로 등(Shapiro, Bootzin, Figueredo, Lopez, & Schwartz, 2003)이 수행한 또 다른 수면 연구에서는 54명의 여성 유방암 환자들에게서 MBSR 집단 참여와 수면의 질은 통계적으로 유의한 상관관계가 없음을 보여 주었다. 그러나 MBSR 집단 내 비공식 마음챙김 수련을 더 많이 한 사람들은 활력을 더 느낀 것으로 보고했다.

## 질적 연구

맥켄지 등(Mackenzie, Carlson, Munoz, & Speca, 2007)은 매주 예약 없이 참여할 수 있는 명상집단에 참가했던 MBSR 참가자 일부에 대해 질적 면접을 수행했다. 면접에서 다섯 가지 핵심 주제가 강조되었는데, 변화에 대한 개방성과 자기통제, 경험의 나눔, 개인적 성장, 영성이 그것이다. 이 정보는 암 환자의 변화를 가져오는 MBSR 기제와 관련한 구체적인 이론을 개발하기 위해 사용되었다. 이들 암 생존자에 따르면, 8주짜리 프로그램에 처음 참여하는 것은 계속되는 자기발견 과정의 시작일 뿐이며, 성장 과정을 시작하는 길에서 작은 변화에 불과했다. 참가자들은 비록 그 당시에는 깨닫지 못했지만, 8주 프로그램은 말 그대로 단지 '빙산의 일각'에 불과했다. 적극적 치료 단계에서 MBSR은 환자에게 심한 감정의 기복을 더 잘 통제할 수 있는 능력과 자기조절을 위한 구체적인 수단을 제공했다. 이것은 비교적 빠르게 스트레스와 기분장애를 감소시켰다. 그 당시는 물론 그 이후에도 집단은 비슷한 경험을 하는 사람들로부터 사회적 지지를 받고 싶어 하는 환자들의 욕구를 충족시켜 주는 데 결정적이었다. 이로써 환자들은 암을 마주할 때는 물론, 마음챙김 명상이라는 새로운 세상을 알아 갈 때 공유된 인류애를 느끼게 된다. 프로그램은 환자들이 혼자라는 느낌을 덜 갖도록 해 주고, 이전에는 생각해 본 적 없는 세상을 바라보는 법을 소개한다. 수련이 진전되면서 사람들은 온갖 다양한 삶의 환경에 반응을 덜 일으키면서, 더 폭넓게 자기조절 훈련을 하는 법을 배우기 시작했다. 그들은 증상 감소에 초점을 두는 것을 넘어 적극적 건강(positive health)이라는 특성을 개발하고, 자신의 삶에서 의미와 목적을 찾고, 타인과의 상호 연결성을 느끼는 것에 더 주력했다. 그들은 일관되게 더 '영적'으로 느꼈다고 보고했는데, 이는 어떤 이들에게는 자신의 고유한 전통 안에서의 기도로 돌아가는 것을 의미했고, 다른 이들에게는 자연 및 타인과 더 연결됨을 느끼는 것을 의미하기도 했다. 시간이 지나면서 그들은 암을 자신의 삶의 이야기의 그저 한 부분일 뿐, 더 이상 삶의 줄거리를 좌우하는 것으로 여기지 않게 되었다.

　최근의 또 다른 질적·양적 연구는 유방암 치료를 마친 13명의 여성들을 대상으로 실시되었다(Dobkin, 2008). 이 여성들은 지각된 스트레스 및 의학적 증상의 감소뿐만 아니라, 마음챙김 수준의 향상을 경험했다. 그들은 스스로를 더 잘 돌보았고, 삶을 더 의미 있고 다룰 수 있는 것으로 보았다. 이 여성들이 발견한 주제들은 기존 연구에서 드러난 것들과 유사하며, ① 수용, ② 마음챙김 통제를 회복하고 유지하기, ③ 변화시킬 수 있는 것에 책임지기, ④ 개방적이고 연결된 영성 개발이다.

### MBSR의 적용

암 환자라는 특정 인구집단에 전통적인 8주짜리 집단 MBSR 프로그램을 적용한 연구들이 있는데, 특히 골수 또는 줄기세포이식(BMT)을 받은 입원 환자들에 대한 마음챙김 명상을 살펴본 2개의 연구가 있다. 보우어-우와 로젠바움(Bauer-Wu & Rosenbaum, 2004)은 격리 입원한 BMT 환자에게 MBSR을 개별적으로 적용하여, 명상 회기 직전과 직후에 시각통증척도로 측정한 통증과 불안 수준에 대한 즉시 효과를 입증했다. 호튼-도이치 등 (Horton-Deutsch, O'Haver Day, Haight, & Babin-Nelson, 2007)도 24명의 BMT 환자에게 집단 MBSR에 기반한 개인 회기 6~8회를 격주로 실시하여 MBSR 효과를 알아보았다. 15명의 환자가 어지러움과 식욕 감퇴 증상의 증가에도 불구하고, 개입 후에는 부정적인 영향을 적게 보고했고, 환자들은 입원하기 전에 마음챙김 수련을 했다면 가장 좋았을 것이라고 생각했지만, 프로그램은 할 만한 것이라고 느꼈다.

암 환자에 적용된 MBSR의 독특한 수정판은 마음챙김 기반 예술치료 (Mindfulness-Based Art Therapy: MBAT)라고 불리는데, MBSR의 원칙들을 다른 창의적 양식과 결합한 것이다. 환자들은 명상 수련을 하며, 이후 회화나 소묘와 같은 시각예술 표현을 통해 경험을 표현한다. 무선 통제 실험 ($N=111$)에서, 연구자들은 다양한 형태의 여성 암 환자 집단에서 8주 MBAT 개입을 하여 대기통제집단과 비교했다. MBAT 참가자들은 통제집단 참가자들보다 개입 후, 우울과 불안, 스트레스의 신체적 증상, 적개심이 더 적어진 것으로 나타났다(Monti et al., 2005).

마음챙김센터에서 짐 카모디(Jim Carmody) 그룹이 수행한 혁신적인 연구는 남성 활동성 전립선 암 환자를 대상으로 식이요법과 MBSR을 결합하여 그 효과를 알아본 것인데, 전립선 암세포 활동 수준 지표인 전립선 특이 항원(PSA) 수준을 측정했다(Saxe et al., 2001). 이 결합된 프로그램은 남성 10명의 예비 표본에서 PSA 증가율을 낮추는 결과를 보였다. 2008년에 이들은 이 개입법에 대한 규모가 더 큰 무선 통제 실험에서 다양한 영양소의 섭취와 삶의 질뿐만 아니라 PSA 결과치와 명상 수련 시간을 측정하여 그 결과를 발표했다(Carmody, Olendzki, Reed, Andersen, & Rosenzweig, 2008). 36명의 남성과 그들의 파트너가 참가했고, 개입집단은 프로그램 3개월 후에 식물성 단백질과 리코펜, 카로티노이드와 같은 건강 영양소의 소비가 목표한 만큼 증가함을 보였다. 또한 대기통제집단과 비교하여 지방과 동물성 단백질의 소비가 줄었으며, 삶의 질(QL)은 훨씬 더 향상되었다. PSA 수준에 있어서는 전체적으로 집단 간 차이가 없었지만, 개입집단 참여자의 PSA 배가 시간(doubling time)이 18개월에서 59개월로 늘어난 데 반해, 대기 통제 참가자는 약 19개월로 유지되었다. 이 결과에 있어 명상 수련과 식이 변화가 각각 어떤 역할을 했는지 비교하기는 어렵지만, 명상 수련 시간이 식물성 단백질 섭취와 상관이 있었던 것으로 보아 명상 수련이 남성들로 하여금 자신의 식단 선택에서 더 주의 깊고, 마음챙김하도록 했을 수는 있다.

요약하면, 암 환자에 대한 MBSR의 실증 연구들은 스트레스 증상과 불안, 분노, 우울, 기분장애와 같은 다양한 심리학적 결과치를 감소시키고, 삶의 질과 수면 결과치를 향상시키는 데 유용하다는 것을 지지한다. 이는 (BMT를 포함하여) 치료 중에 있는 환자들은 물론, 치료 절차를 마친 사람들에게도 효과적일 수 있다. 코르티솔과 면역 기능과 같은 생물학적 결과 변인에 대한 효과가 시사되지만, 통제된 비교집단이 있는 연구가 더 필요하다. 또한 MBSR과 다른 지지적 치료 개입법들을 직접 비교한 연구가 거의 없으므로, 어떤 효과가 MBSR에 고유한 것인지, 또는 다른 종류의 개입법들도 비슷하게 긍정적 효과를 내는지를 알기란 어렵다.

## 말기 환자 돌봄을 위한 마음챙김 기반 개입법

이 절에서는 조앤 핼리팩스의 연구에 초점을 두면서, 생의 마감을 앞두고 완화치료를 받고 있는 사람들에 대한 마음챙김 기반 개입법을 살펴본다. 이러한 유형의 개입이 왜 유용한지에 대한 근거를 제시하고, 이어 삶의 마감을 앞둔 사람들에게 적용될 수 있는 몇 가지 구체적인 수행법이 기술될 것이다.

## 근 거

삶이 다해 가는 사람들은 대개 신체적 · 사회적 능력을 폄하한다. 그들은 대개 신체적 고통으로 인해, 심리적 방어기제가 약화된다. 탄력성(resilience) 은 한 개인이 심각한 역경에 처했을 때, 긍정적 행동 적응 경험을 통해 생겨나는 역동적인 과정인데, 정서에 대한 자기조절 능력과 부분적으로 연관된다. 이는 마음챙김 수련에 의해 강화되는 또 다른 능력이며, 위중한 병을 앓고 있는 이들에게 중요하다(Coffey & Hartman, 2008; Shapiro, Schwartz, & Bonner, 1998). 탄력성은 상위 인지적 관점을 개발함으로써 강화된다. 이는 환자가 그들의 사고 과정을 모니터링하고, 주의를 집중할 수 있도록 도와준다. 좀 더 명확하게 상위 인지는 환자가 생각을 거리 두어 보고, 사고 과정을 현실에 대한 직접적인 표상으로서가 아니라 잠깐 머무는 사건으로 이해하는 능력이다(Teasdale, Segal, & Williams, 1995; Teasdale et al., 2002). 이렇게 사물을 더 멀리서, 상대적인 관점에서 볼 수 있는 능력은 중증질환을 앓고 있는 사람에게 매우 유익하다.

예를 들어, 많은 의학적 처치를 받으면서 죽어 가는 환자가 자신의 상황에 대해 매우 민감해하거나, 그들이 겪고 있는 것을 두려워하고, 불안해하며, 심지어 분노하고, 또한 허무와 우울을 경험하는 것은 매우 흔하다. 죽음을 앞둔 사람에게는 진단은 물론이거니와 삶을 연장하거나 증상을 완화하기 위한 노력으로 행해지는 진단 시술과 의학 처치도 종종 외상이 된다. 우리는 이러한 상황에서 괴로운 생각을 억누르거나 그런 생각이 덜 나게 하려는 환자의 노력이 그러한 생각을 더 잘 떠오르게 할 수 있다는 사실을 관찰했다. 이렇게 사고억제가 쓸모없게 되는 현상은 연구에 의해 밝혀졌다 (Wegner & Smart, 1997). 마음챙김 기반 수련을 적용하면 외상을 입은 환자가 그들의 상황에서 맞닥뜨린 스트레스를 다루고, 질병과 통증, 임종, 죽음이라는 현실을 직면하는 데 도움이 될 수 있다.

지난 40년간 이 논문의 제2 저자 조앤 핼리팩스는 임상가나 죽음을 앞둔 사람들에게 명상 개입법과 마음챙김 기반 수련을 지도하는 데 집중해 왔다. 우리는 이러한 형태의 명상 개입법이 죽음을 앞둔 사람들과 재앙적 질병으로 진단받은 사람들에게 주는 이득을 다룰 것이다.

일반적으로 명상 개입법은 집중과 탐색을 통해 마음을 훈련하는 하나의 과정이라 할 수 있다. 마음챙김 또한 명상에 포함되는데, MBCR 프로그램에서 가르치고 앞에서 기술한 바와 같이 그것은 현재 순간에 대한 비판단적인 경험에 근거하여 세상을 지각하는 방식이다. 존 카밧진은 더 나아가 마음챙김을 "현재 순간에 의도적으로, 매 순간 펼쳐지는 경험에 비판단적으로 주의를 기울임으로써 생겨나는 알아차림"(Kabat-Zinn, 2003, p. 145)이라 정의했다. 카밧진에 따르면, 마음챙김 수련은 현재 순간이라는 실제에 주의를 기울이는 능력을 이끌어 낼 뿐만 아니라 과거나 현재, 미래의 도전적인 상황에 대하여 반추하거나 정서적 반응에 압도되지 않으면서, 현재 순간에 일어나는 것을 수용할 수 있도록 해 준다. 이 세 가지 특질(현재 순간 알아차림, 수용, 비반응성)은 심각한 질병을 다루거나 죽음을 앞둔 사람의 삶의 질을 향상시키는 잠재력을 가진다.

앞서 우리는 IAA 모형을 언급했는데, 여기서 마음챙김의 세 가지 핵심 요소를 구분하고 있다. 즉, ① 의도로서 주의와 행동에 대한 동기 요소를 강조하며, ② 현재 중심적 주의와 알아차림, ③ 태도로서 흥미와 호기심, 비판단, 수용, 연민, 감수성과 같이 주의를 어떻게 기울이는가를 반영한다(Shapiro et al., 2006). 현재 중심적 주의는 환자가 과거나 예상되는 재앙적 미래에 빠져들지 않도록 도와준다. 동기 요소는 위중한 질병이나 죽음을 앞둔 사람을 위한 하향식 처리과정²⁾을 강조한다. 다른 말로 하면, 주의 과정에 더 많이 참여하고 전념하게 된다. 세 번째 요소는 우리에게 특히 흥미로운데, 이는 어떻게 마음챙김이 죽는 과정에 대한 태도를 재앙적인 경험이 아니라 자연스러운 발달의 여정으로 전환하도록 촉진할 수 있는가에 관한 것이다.

베어(Baer)와 카모디(Carmody) 등은 마음챙김이 다섯 가지 핵심 기술로 이루어진다고 보았다. 즉, ① 알아차림 있는 행동, ② 관찰, ③ 묘사, ④ 내적 경험에 대한 비반응성, ⑤ 내적 경험에 대한 비판단이다(Baer, Smith, Hopkins, Krietemeyer, & Toney, 2006; Baer et al., 2008; Carmody & Baer, 2008). 이러한 기술을 바탕으로, 마음챙김은 현재 순간에 일어나는 것에 대해 더 유연하고, 더 명료하게 알아차리도록 해 주며, 또한 신체나 인지, 감정, 행동 수준에서 무엇이 일어나든 덜 반응하고, 더 수용하도록 해 준다. 이러한 정신 과정은 불확실성과 스트레스를 동반하는 재앙적 질병과 마주하고 있는 환자들에게 도움이 될 수 있다. 이 다섯 가지 기술은 환자가 상황을 긍정적으로 평가하기 위한 토대가 되는 것은 물론이고 이득을 발견할 수 있게 해 준다. 어떤 환자는 "암은 나에게 많은 선물을 주었어요."라고

---

2) 하향식(top-down) 처리과정이란 기존 지식이나 기대, 도식이 지각에 영향을 미치는 것으로서 도식 주도적(schema-driven) 과정이라고도 한다. 이에 반해 상향식(bottom-up) 처리과정이란 감각 입력 자료를 토대로 지각하는 것으로서, 자료 주도적(data-driven) 과정이라고도 한다―역주.

말했으며, 또 다른 환자는 "암을 진단받고 내 삶을 돌아보게 되었습니다."
라고 했다. 세 번째 환자는 "통증을 받아들일 수 있어요. 영원히 지속되는
것은 없다는 걸 이젠 아니까요."라고 말했다. 이러한 이야기는 자신의 상
황에 대한 수용, 평정심, 지혜의 습득을 보여 준다. 환자 세 명 모두 자신의
질병을 탐색하기 위한 노력으로서 기본적인 명상 수련을 했다.

재앙적 질병을 앓고 있는 사람들에게 마음챙김 수련은 네 가지 핵심 영
역에서 잠재적인 이익이 있다. 첫째, 주의 균형으로서, 생생하고, 안정적
이며, 힘들이지 않는, 포괄적이고, 비판단적인 주의를 키우고 유지하는 것
이다. 둘째, 정서 균형으로서, 친사회적 정신 과정을 개발하는 것을 의미하
며, 이타심, 공감, 친절, 동정심, 자기연민, 즐거움, 평정심을 포함한다. 셋
째, 인지적 통제로서, 의도에 맞추어 생각과 행동을 조절하고, 습관적인 반
응을 제어하고 하향 조절하며, 정신적 유연성과 통찰, 상위 인지를 키우는
능력을 개발하는 것이다. 넷째, 탄력성으로서, 스트레스 감소와 이완 촉
진, 면역반응 강화를 포함한다.

이 네 가지 핵심 영역은 재앙적 질병을 경험하고 있는 사람에게 대처능
력과 탄력성뿐 아니라 통찰과 지혜를 강화한다. 우리의 경험상 심각한 질
병을 앓고 있는 사람을 마음챙김 수련법으로 훈련시키는 것은 그들이 통증
을 비롯하여 능력과 관계, 수단, 역할의 상실 같은 어려움에 직면했을 때
반사적인 반응을 덜 하도록 도와주고, 상실과 죽음을 마주할 수 있도록 도
와준다. 환자는 주어진 상황에 대해 더욱 탄력적이고, 수용적이며, 질병의
우여곡절을 마주할 때 의미와 균형 감각을 개발하게 된다.

## 말기 환자를 위한 마음챙김 수련

마음챙김 수련은 세 가지 주요한 성찰적 수련 유형으로 나누어 볼 수 있
다. 첫 번째 유형은 집중력을 강화하고, 정신적 상태를 안정화하도록 돕는

다. 두 번째 유형은 주의를 개괄적이고 민감하며 반영적으로 확장시키는 수용적 훈련이다. 세 번째 유형은 통찰은 물론이고 친사회적 심리 과정도 강화하는 수련을 포함한다.

예를 들어, 병이 있거나 호흡 조절이 잘 안 되는 사람을 지도할 때, 집중력 훈련에서는 환자에게 주의가 자신의 호흡에 머무르게 하도록 부드럽게 요구한다. 또는 들숨에 속으로 '받아들임'이라 말하고, 날숨에 '내려놓음'이라 말하도록 한다. 이러한 간단한 명상 수련을 안내하는 사람은 환자와 같은 리듬으로 호흡하면서, 그런 식으로 조율을 통하여 환자의 경험을 지지하면서 환자의 호흡 리듬을 따라갈 수도 있다.

이 첫 번째 간단한 수련은 주의 초점을 기초로 한다. 개괄적인(panoramic) 주의를 사용하는 훈련은 환자에게 처음에는 호흡에 주의를 고정하도록 지시하기도 한다. 마음챙김하여 들이쉬고 내쉬는 호흡을 여러 번 하고 나면, 환자에게 이완하면서 감각이나 사고의 현상에 매달리지 말고, 생각과 느낌, 감각이 잔잔한 물의 흐름처럼 흘러가게 내버려둠으로써 무엇이 올라오든 그대로 머물러 보라고 격려한다.

친사회적 상태를 개발하는 수련 안내는 조금 다른 접근법을 가진다. 보통 다음과 같은 간단한 지시문으로 시작한다. "우리의 삶, 우리의 타고난 지혜는 우리에게 통제하려는 어리석은 노력을 포기하고, 긴장을 풀고, 내려놓으라고 합니다. 우리의 문화와 조건, 개인적인 역사는 대체로 우리에게 행복해지려면 사람과 경험, 성취에 매달리라고 합니다. 매번 우리는 집착과 통제에 대한 문화적 메시지와 타고난 지혜 사이의 갈등 속에서 삶을 살아갑니다. 죽어 간다는 것은 무엇보다도 우리 안에 있는 진실의 소리로 돌아가서, 그것을 믿고, 그 안에 머물러야 할 때입니다. 여기 이러한 상태에 있는 당신에게 도움이 될지도 모를 몇 가지 구절이 있습니다. 그것들은 자애 수련의 구절입니다. 가능한 한 편하게 앉거나 누우십시오. 깊고 부드러운 호흡을 몇 번 하여 몸을 편안하게 하십시오. 호흡에 주의를 기울이고,

호흡과 함께 당신이 선택한 구절을 속으로 말하십시오. 또한 호흡에 의지하지 않고도 그냥 그 구절들에 주의를 기울이는 시도를 해 보아도 좋습니다. 당신이 하는 말의 의미를 느껴 보십시오."

그런 다음, 다음과 같은 구절 중에서 적절한 구절을 천천히 의미를 생각하며 반복하게 한다.

> "내가 떠난 뒤에도 남겨진 모든 이가 무사하고 평화롭기를."
>
> "통증은 내가 아니며, 내 몸과 내 병도 내가 아님을 알고, 통증을 받아들이기를."
>
> "고통으로 인해 내가 형편없어지거나 잘못되지 않음을 알고, 고통을 받아들이기를."
>
> "화나 두려움, 슬픔으로 인해 내 마음이 제한되지 않음을 알고, 이 감정을 받아들이기를."
>
> "기대를 내려놓고, 평화 안에 머물기를."
>
> "내가 저지른 잘못과 이루지 못한 일들에 대해 나 스스로 용서하기를."
>
> "내가 내 몸을 보내 줄 때, 내 의식은 내 몸보다 훨씬 거대함을 기억하기를."
>
> "이미 알고 있는 것들을 두고 갈 때, 미지의 것들에 열려 있기를."

이러한 예시 구절은 죽음을 앞둔 환자들과 함께하는 전문가를 위한 유용한 지침서인 『죽음과 함께 머물기: 죽음 앞에서 연민과 평온을 키우기 (Being With Dying: Cultivationg Compassion and Fearlessness in the Presence of Death)』(Halifax, 2009)라는 제목의 책에 나온다. 죽음을 앞둔 환자에 대한 이 수련법들의 유용성과 관련하여 풍부한 임상 지식과 경험이 있기는 하지만, 우리가 아는 바로는 말기 환자를 대상으로 이러한 접근법의 효과성을 구체적으로 살펴보는 과학적 연구는 없다.

# 요 약

암 환자를 대상으로 한 마음챙김 개입법의 효과성에 대하여 더욱 많은 연구가 필요하다. 그러나 기존 연구와 경험으로 볼 때, 하나의 개입법으로서 마음챙김은 재앙적 질병을 앓는 사람들에게 잠재적으로 커다란 이득이 된다고 가정해 볼 수 있다. MBCR은 집단 기반 마음챙김 훈련 프로그램으로, 대처 능력과 삶의 질이 향상되고, 스트레스는 감소하며, 기분이 향상되고, 암 진단과 치료에도 불구하고, 개인적 성장과 영성이 확장된다는 점에서 효과성에 대한 경험적인 지지가 있다. 질병 진행의 후반부에 이러한 유형의 개입법을 도입하는 것에는 특별한 도전이 야기되므로, 이러한 개입법이 최대한의 효과를 거두기 위해서는 가능하면 암 진단과 가까운 시점에서 적용하기를 권한다. 암과 함께 가는 여정의 마무리 시점에 마음챙김 기반 접근법을 적용하는 것을 평가하기 위해서는 말기 환자를 대상으로 하는 실증 연구가 더 필요하다.

# 참·고·문·헌

Altekruse, S. F., Kosary, C. L., Krapcho, M., Neyman, N., Aminou, R., Waldron, W., et al. (Eds.). (2009). SEER Cancer Statistics Review, 1975-2007, National Cancer Institute, Bethesda, MD. Retrieved November 2009 from http://seer.cancer.gov/csr/1975_2007

Baer, R. A., Smith, G. T., Hopkins, J., Krietemeyer, J., & Toney, L. (2006). Using self-report assessment methods to explore facets of mindfulness. *Assessment, 13*(1), 27-45.

Baer, R. A., Smith, G. T., Lykins, E., Button, D., Krietemeyer, J., Sauer, S., et al. (2008). Construct validity of the Five Facet Mindfulness Questionnaire in meditating and nonmeditating samples. *Assessment, 15*, 329-342.

Barlow, D. H., Allen, L. B., & Choate, M. L. (2004). Toward a unified treatment for emotional disorders. *Behavior Therapy, 35*(2), 205-230.

Bauer-Wu, S. M., & Rosenbaum, E. (2004). Facing the challenges of stem cell/bone marrow transplantation with mindfulness meditation: A pilot study. *Psycho-Oncology, 13*, S10-S11.

Berceli, D., & Napoli, M. (2006). A proposal for a mindfulness-based trauma prevention program for social work professionals. *Complementary Health Practice Review, 11*(3), 153-165.

Birnie, K., Speca, M., & Carlson, L. E. (in press). Exploring self-compassion and empathy in mindfulness-based stress reduction (MBSR). *Stress and Health*.

Bishop, S. R., Lau, M., Shapiro, S., Carlson, L., Anderson, N. C., Carmody, J., et al. (2004). Mindfulness: A proposed operational definition. *Clinical Psychology: Science and Practice, 11*, 230-241.

Brown, K. W., & Ryan, R. M. (2003). The benefits of being present: Mindfulness and its role in psychological well-being. *Journal of Personality and Social Psychology, 84*, 822-848.

Carlson, L. E. (in press). Meditation and yoga. In J. Holland (Ed), *Psycho-Oncology* (2nd ed.). New York: Oxford University Press.

Carlson, L. E., Angen, M., Cullum, J., Goodey, E., Koopmans, J., Lamont, L., et al. (2004). High levels of untreated distress and fatigue in cancer patients. *British Journal of Cancer, 90*(12), 2297-2304.

Carlson, L. E., & Garland, S. N. (2005). Impact of mindfulness-based stress reduction (MBSR) on sleep, mood, stress, and fatigue symptoms in cancer outpatients. *International Journal of Behavioral Medicine, 12*, 278-285.

Carlson, L. E., Groff, S. L., Maciejewski, O., & Bultz, B. D. (in press). Screening for distress in lung and breast cancer outpatients: A randomized controlled trial. *Journal of Clinical Oncology.*

Carlson, L. E., Labelle, L. E., Garland, S. N., Hutchins, M. L., & Birnie, K. (2009). Mindfulness-based interventions in oncology. In F. Didonna (Ed.), *Clinical handbook of mindfulness* (pp. 383-404). New York: Springer.

Carlson, L. E., & Speca, M. (2007). Managing daily and long-term stress. In M. Feurrestein (Ed.), *Handbook of cancer survivorship* (pp. 339-360). New York: Springer.

Carlson, L. E., & Speca, M. (2010). *Mindfulness-based cancer recovery: A step-by-step MBSR approach to help you cope with treatment and reclaim your life.* Oakland, CA: New Harbinger Publications.

Carlson, L. E., Speca, M., Patel, K. D., & Faris, P. (2007). One year pre-post intervention follow-up of psychological, immune, endocrine and blood pressure outcomes of mindfulness-based stress reduction (MBSR) in breast and prostate cancer outpatients. *Brain, Behavior, and Immunity, 21*, 1038-1049.

Carlson, L. E., Speca, M., Patel, K. D., & Goodey, E. (2003). Mindfulness-based stress reduction in relation to quality of life, mood, symptoms of stress, and immune parameters in breast and prostate cancer outpatients. *Psychosomatic Medicine, 65*(4), 571-581.

Carlson, L. E., Speca, M., Patel, K. D., & Goodey, E. (2004). Mindfulness-based stress reduction in relation to quality of life, mood, symptoms of stress and levels of cortisol, dehydroepiandrosterone sulfate (DHEAS) and melatonin in breast and prostate cancer outpatients. *Psychoneuroendocrinology, 29*(4), 448-474.

Carlson, L. E., Ursuliak, Z., Goodey, E., Angen, M., & Speca, M. (2001). The effects of a mindfulness meditation-based stress reduction program on mood and symptoms of stress in cancer outpatients: Six-month follow-up. *Supportive Care in Cancer, 9*, 112-123.

Carmody, J., & Baer, R. A. (2008). Relationships between mindfulness practice and levels of mindfulness, medical and psychological symptoms and well-being in a mindfulness-based stress reduction program. *Journal of Behavioral Medicine, 31,* 23-33.

Carmody, J., Olendzki, B., Reed, G., Andersen, V., & Rosenzweig, P. (2008). A dietary intervention for recurrent prostate cancer after definitive primary treatment: Results of a randomized pilot trial. Manuscript submitted for publication.

Coffey, K. A., & Hartman, M. (2008). Mechanisms of action in the inverse relationship between mindfulness and psychological distress. *Complementary Health Practice Review, 13*(2), 79-91.

Costanzo, E. S., Lutgendorf, S. K., Sood, A. K., Anderson, B., Sorosky, J., & Lubaroff, D. M. (2005). Psychosocial factors and interleukin-6 among women with advanced ovarian cancer. *Cancer, 104,* 305-313.

Dobkin, P. L. (2008). Mindfulness-based stress reduction: What processes are at work? *Complementary Therapies in Clinical Practice, 14*(1), 8-16.

Garland, S. N., Carlson, L. E., Cook, S., Lansdell, L., & Speca, M. (2007). A non-randomized comparison of mindfulness-based stress reduction and healing arts programs for facilitating post-traumatic growth and spirituality in cancer outpatients. *Supportive Care in Cancer, 15*(8), 949-961.

Halifax, J. (2009). *Being with dying: Cultivating compassion and fearlessness in the presence of death.* Boston: Shambala Publications.

Horton-Deutsch, S., O'Haver Day, P., Haight, R., & Babin-Nelson, M. (2007). Enhancing mental health services to bone marrow transplant recipients through a mindfulness-based therapeutic intervention. *Complementary Therapies in Clinical Practice, 13*(2), 110-115.

Kabat-Zinn, J. (1990). *Full catastrophe living: Using the wisdom of your body and mind to face stress, pain, and illness.* New York: Delacorte.

Kabat-Zinn, J. (2003). Mindfulness-based interventions in context: Past, present, and future. *Clinical Psychology: Science and Practice, 10,* 144-156.

Lamanque, P., & Daneault, S. (2006). Does meditation improve the quality of life for patients living with cancer? *Canadian Family Physician, 52,* 474-475.

Ledesma, D., & Kumano, H. (2009). Mindfulness-based stress reduction and cancer: A meta-analysis. *Psycho-Oncology, 18*(571), 579.

Mackenzie, M. J., Carlson, L. E., Munoz, M., & Speca, M. (2007). A qualitative study of self-perceived effects of mindfulness-based stress reduction (MBSR) in a psychosocial oncology setting. *Stress and Health: Journal of the International Society for the Investigation of Stress, 23*(1), 59-69.

Mackenzie, M. J., Carlson, L. E., & Speca, M. (2005). Mindfulness-based stress reduction (MBSR) in oncology: Rationale and review. *Evidence Based Integrative Medicine, 2,* 139-145.

Matchim, Y., & Armer, J. M. (2007). Measuring the psychological impact of mindfulness meditation on health among patients with cancer: A literature review. *Oncology Nursing Forum, 34*(5), 1059-1066.

Monti, D. A., Peterson, C., Shakin Kunkel, E. J., Hauck, W. W., Pequignot, E., Rhodes, L., et al. (2005). A randomized, controlled trial of mindfulness-based art therapy (MBAT) for women with cancer. *Psycho-Oncology, 15*(5), 363-373.

Ott, M. J., Norris, R. L., & Bauer-Wu, S. M. (2006). Mindfulness meditation for oncology patients. *Integrative Cancer Therapies, 5,* 98-108.

Saxe, G. A., Hebert, J. R., Carmody, J. F., Kabat-Zinn, J., Rosenzweig, P. H., Jarzobski, D., et al. (2001). Can diet in conjunction with stress reduction affect the rate of increase in prostate specific antigen after biochemical recurrence of prostate cancer? *Journal of Urology, 166,* 2202-2207.

Sephton, S. E., Sapolsky, R. M., Kraemer, H. C., & Spiegel, D. (2000). Diurnal cortisol rhythm as a predictor of breast cancer survival. *Journal of the National Cancer Institute, 92*(12), 994-1000.

Shapiro, S. L., Bootzin, R. R., Figueredo, A. J., Lopez, A. M., & Schwartz, G. E. (2003). The efficacy of mindfulness-based stress reduction in the treatment of sleep disturbance in women with breast cancer: An exploratory study. *Journal of Psychosomatic Research, 54,* 85-91.

Shapiro, S. L., & Carlson, L. E. (2009). *The art and science of mindfulness: Integrating mindfulness into psychology and the helping professions.* Washington, DC: American Psychological Association Publications.

Shapiro, S. L., Carlson, L. E., Astin, J. A., & Freedman, B. (2006). Mechanisms of mindfulness. *Journal of Clinical Psychology, 62,* 373-386.

Shapiro, S. L., Schwartz, G. E., & Bonner, G. (1998). Effects of mindfulness-based stress reduction on medical and premedical students. *Journal of Behavioral Medicine, 21,* 581-599.

Smith, J. E., Richardson, J., Hoffman, C., & Pilkington, K. (2005). Mindfulness-based stress reduction as supportive therapy in cancer care: Systematic review. *Journal of Advanced Nursing, 52,* 315-327.

Spahn, G., Lehmann, N., Franken, U., Paul, A., Longhorst, J., Michalsen, A., et al. (2003). Improvement of fatigue and role function of cancer patients after an outpatient integrative mind-body intervention. *Focus on Alternative and Complementary Therapies, 8*(4), 540.

Speca, M., Carlson, L. E., Goodey, E., & Angen, M. (2000). A randomized, wait-list controlled clinical trial: The effect of a mindfulness meditation-based stress reduction program on mood and symptoms of stress in cancer outpatients. *Psychosomatic Medicine, 62*(5), 613-622.

Speca, M., Carlson, L. E., Mackenzie, M. J., & Angen, M. (2006). Mindfulness-based stress reduction (MBSR) as an intervention for cancer patients. In R. A. Baer (Ed.), *Mindfulness-based treatment approaches: A clinician's guide to evidence base and approaches* (pp. 239-261). Burlington, MA: Elsevier.

Tacon, A. M. (2007). Mindfulness effects on symptoms of distress in women with cancer. *Journal of Cancer Pain and Symptom Palliation, 2*(2), 17-22.

Tacon, A. M., Caldera, Y. M., & Ronaghan, C. (2004). Mindfulness-based stress reduction in women with breast cancer. *Families, Systems, & Health, 22,* 193-203.

Teasdale, J. D., Moore, R. G., Hayhurst, H., Pope, M., Williams, S., & Segal, Z. V. (2002). Metacognitive awareness and prevention of relapse in depression: Empirical evidence. *Journal of Consulting and Clinical Psychology, 70,* 275-287.

Teasdale, J. D., Segal, Z., & Williams, J. M. (1995). How does cognitive therapy prevent depressive relapse and why should attentional control (mindfulness) training help? *Behaviour Research and Therapy, 33,* 25-39.

Van Wielingen, L. E., Carlson, L. E., & Campbell, T. S. (2007). Mindfulness-based stress reduction (MBSR), blood pressure, and psychological functioning in women with cancer. *Psychosomatic Medicine, 69*(Meeting Abstracts), A43.

Wegner, D. M., & Smart, L. (1997). Deep cognitive activation: A new approach to the unconscious. *Journal of Consulting and Clinical Psychology, 65*(6), 984-995.

World Health Organization. (2008). Ask the expert Online Q&A, 1 April 2008: Are the number of cancer cases increasing or decreasing in the world? Retrieved November 2009 from http://www.who.int/features/qa/15/en/

# 제3부

# 측정도구

제8장  행동의학에서 마음챙김과 수용의 측정

Mindfulness and Acceptance
in Behavioral Medicine

# 행동의학에서 마음챙김과 수용의 측정

루스 A. 베어 & 제시카 R. 피터스(Ruth A. Baer & Jessica R. Peters)
University of Kentucky

마음챙김 기반 개입과 수용 기반 개입은 광범한 문제들과 장애들을 겨냥해서 개발된 것이며 여러 장면에서 쓸모가 점차 늘어나고 있다. 행동의학에서 실증 문헌들은 마음챙김과 수용 기반의 접근법들이 통증을 생산적인 방식으로 관리하고, 건강 관련 행동을 개선하고, 질병과 건강 문제에 적응적으로 대처하도록 돕는 데 매우 효과적임을 보여 주고 있다. 행동의학 연구에서 가장 널리 인용되는 마음챙김 기반 개입법은 마음챙김 기반 스트레스 감소(MBSR)(Kabat-Zinn, 1982)와 수용전념치료(ACT)(Hayes, Strosahl, & Wilson, 1999)다. MBSR은 구조화된 집단 프로그램으로서 현재 순간에 대한 알아차림과 일상적 경험의 비판단적 수용을 키우기 위한 마음챙김 명상의 집중적인 연습을 토대로 한다. 개관 연구들은 MBSR이 다양한 건강 관련 문제를 가진 사람들에게 임상적으로 유의한 이득이 있음을 보여 주고 있다(Baer, 2003; Grossman, Niemann, Schmidt, & Walach, 2004). ACT는 마음챙김과 수용의 다양한 연습을 행동 변화 기법과 조합한 것으로서, 개인용이나 집단용으로 유연하게 적용할 수 있다. ACT가 만성통증과 기타 질병 및 건강 관련 문제들을 가진 많은 집단들에 효과적임을 보여 주는 연구들이 늘어나고 있다(Hayes, Luoma, Bond, Masuda, & Lillis, 2006).

마음챙김과 수용 관련 문헌에서 측정도구는 여러 가지 이유로 중요하다(Bishop et al., 2004; Dimidjian & Linehan, 2003). 마음챙김과 수용 기술을 가르치는 것으로 알려진 개입법들의 타당성을 평가하려면 참여자들이 이런 기술을 배웠는지를 평가하지 않을 수 없다. 또한 이런 개입법들이 어떻게 효과를 나타내는지를 이해하고 더 효율적으로 개선하려면 마음챙김이나 수용 수준의 증가가 증상 감소나 웰빙 증진과 같은 흔히 사용되는 긍정적 효과의 원인이 되는지를 검증하는 것이 중요하다. 그래서 이 장의 목적은 마음챙김과 수용을 평가하기 위해 개발된 도구들을 개관하고 이들을 행동의학 장면에 적용한 연구들을 살펴보는 것이다. 먼저 마음챙김과 수용을 측정하는 도구들의 바탕이 되는 개념에 대한 정의와 의미를 요약할 것이다.

# 마음챙김과 수용의 정의와 설명

'마음챙김'은 종종 내적인 자극(인지, 정서, 신체감각, 충동)과 외적인 자극(빛, 소리, 냄새 등) 모두를 포함하는 현재 경험에 대한 주의 또는 알아차림으로 정의된다(Brown & Ryan, 2003). 마음챙김은 주의를 기울이지 않았기 때문에 알아차리지 못한 채 또는 기계적으로 발생하는 행동을 말하는 '자동 운항'(Segal, Williams, & Teasdale, 2002)과 반대되는 개념일 수 있다. 마음챙김에 대한 많은 설명들에는 수용, 개방성, 비판단, 비반응성과 같은 현재 순간의 경험에 대한 주의의 독특한 성질 또한 포함된다. 예를 들어, 시갈 등(Segal et al., 2002)은 "마음챙김 수련에서 한 개인의 주의 초점은 경험 안에 무엇이 들어오든 허용하도록 개방되고, 이와 동시에 따뜻한 호기심의 자세는 그 사람으로 하여금 무엇이 나타나든 이를 자동적으로 판단하거나 반사적으로 반응하지 않으면서 탐색할 수 있도록 허용한다."(pp. 322-323)라고 주장한다.

수용은 수용전념치료(Hayes et al., 1999)와 변증법적 행동치료(DBT)(Linehan, 1993) 문헌들에서 상세하게 논의되었다. 이들 접근법은 수용을 보통 가치 있는 목표를 추구하는 과정에서 불쾌한 내적 현상(생각과 느낌)을 도피 또는 회피하거나 제거하려 하지 않고 기꺼이 경험하는 것으로 정의한다. 예를 들어, 사회적 상호작용은 더 만족스러운 관계를 낳을 수도 있지만 불안을 야기할 수도 있다. 사회적 장면을 회피함으로써 불안을 회피하는 것이 결과적으로 외로움을 낳는다면, 그것은 부적응적인 것이라고 할 수 있다. 눈 맞춤을 회피하거나 약물에 의존하는 등 불안을 제거하려고 하면서 사회적으로 상호작용하는 것은 비효과적인 행동이나 건강에 해로운 결과를 낳을 수 있다. 그래서 불안의 존재를 허용하면서 목표와 일치하는 사회적 상호작용을 지속하는 것이 가장 적응적인 접근법일 수 있다.

마음챙김과 수용의 본성은 이런 기술을 가르치는 데 사용되는 안내문을 검토함으로써 이해할 수 있다. 마음챙김 훈련은 참여자로 하여금 자신의 주의를 환경 내의 소리나 호흡 감각과 같은 현재 순간의 자극에 기울이도록 격려한다. 만일 인지나 정서가 나타나면 참여자는 이를 세심하게 관찰하고, 때로는 여기에 기술적이면서 비판단적인 말들, 예를 들면 '생각' '슬프다는 느낌' '따가움' 같이 이름을 붙이게 한다. 또한 참여자들에게 설사 관찰한 경험이 원하지 않는 것이거나 불쾌한 것이라 해도 이에 대해 수용과 개방성, 허용, 기꺼이 경험함, 비판단, 친절함과 우정, 연민의 태도나 자세를 갖도록 격려한다. DBT에서는 마음챙김을 상호 관련된 여섯 가지 기술 모음으로 조작적으로 정의하는데, 이 중 세 가지는 마음챙김을 하는 동안 무엇을 할 것인가에 관한 것이고, 나머지 세 가지는 어떻게 할 것인가에 관한 것이다. 앞의 세 가지 기술에는 관찰(현재 경험에 대한 주목 또는 주의), 묘사(관찰한 경험을 기술하거나 이름 붙이기), 참여(현재 활동에 모든 주의를 기울임)가 포함된다. 뒤의 세 가지 기술에는 비판단적으로 존재하기(평가를 자제하고 있는 그대로를 허용하기), 온 마음으로 존재하기(주의를 통일하기), 효과적으로 존재하기(숙달된 수단이나 효과가 있는 일을 하기)가 포함된다.

대부분의 심리학 문헌에서 마음챙김과 수용은 이렇듯 밀접한 관련이 있는 개념이어서 둘 사이를 명확하게 구분하기는 힘들다. 어떤 학자들은 수용이란, 마음챙김을 수련한 결과(Bishop et al., 2004) 또는 마음챙김의 계발을 돕는 하나의 자세(Brown, Ryan, & Creswell, 2007)라고 주장하기도 한다. 또 다른 학자들은 수용을 마음챙김의 한 요소 또는 성분으로 설명한다. 대부분의 마음챙김 척도들은 수용과 기꺼이 경험하기 또는 이런 경험에 대한 비회피와 함께 현재 순간에 대한 주의 또는 알아차림을 평가한다. 마음챙김 척도들은 많은 이론적, 임상적 관점에서 만들어졌다. 반면에 대부분의 수용 측정도구들은 ACT 문헌들에서 개발된 것이며, 마음챙김과 수용을 가치나 목표와 일치하는 외현적 행동에 대한 참여를 포함하는 더 큰 개념인 심리적 유연성의 일부 요소들로 개념화하고 있다. ACT 기반의 수용 측정도구에는 부정적 생각과 느낌을 기꺼이 경험할 수 있는 능력과 이러한 불쾌한 내적인 경험이 존재하는 동안에도 목표와 가치에 일치하는 행동을 할 수 있는 능력을 평가하는 문항들이 포함되는 것이 전형적이다.

# 마음챙김을 측정하는 척도들

다음 절에서는 마음챙김을 측정하는 도구와 이를 행동의학 장면에 적용하는 것에 관해 기술한다.

## 프라이버그 마음챙김 척도

프라이버그 마음챙김 척도(Freiburg Mindfulness Inventory: FMI)(Buchheld, Grossman, & Walach, 2001)는 현재 순간의 자극에 대한 개방성과 비판단적 관찰을 측정하는 30문항짜리 측정도구다. 이 척도는 단일 총점을 제공하며, '나는 느낌에 빠져들지 않으면서 살펴본다.' '나는 현재 순간의 경험에 열려 있다.' 와 같은 문항들을 포함한다. FMI는 집중적인 명상 수련에 참가한 명상 유경험자를 대상으로 해서 개발된 것이며, 이 표본에서 높은 내적 합치도를 보여 주었다($\alpha = .93$). 참여자들은 사전과 사후에 측정한 FMI 값에서 유의한 향상이 있었다. 비명상 표본을 위한 14문항짜리 단축형도 개발되었다(Walach, Buchheld, Buttenmuller, Kleinknecht, & Schmidt, 2006). 단축판의 내적 합치도는 양호하며, 명상집단, 비명상집단, 임상집단의 비교에서 예측한 방향으로 차이가 있었다. 두 종류의 FMI 모두 명상집단과 일반 성인 집단에서 사적인 자기지각, 자기지식과 정적인 상관이 있었고, 해리와 심리적 괴로움과는 부적인 상관이 있었다. 저자들은 FMI 원척도가 마음챙김이나 불교 개념을 경험한 응답자들에게 적합하며, 단축형은 기타 표본에 적합할 것이라고 권했다.

## 마음챙김 주의자각 척도

마음챙김 주의자각 척도(Mindfulness Attention Awareness Scale: MAAS)(Brown & Ryan, 2003)는 현재 지향적 주의와 자각(알아차림)의 일반적 경향성을 평가하는 14문항짜리 단일요인 측정도구다.[1] 문항들은 자동 운항을 하는 경향이나 부주의함, 딴생각에 사로잡히는 것을 묘사하고 있으며, 역

---

1) 한국판 척도(K-MAAS)(권선중, 김교헌, 2007, 한국심리학회지: 건강)가 개발되어 있다 — 역주.

산한다. 예를 들어, '지금 현재 무슨 일이 일어나는지에 초점을 유지하기가 어렵다.' '나는 부주의하거나 주의를 기울이지 않거나 뭔가 딴생각을 하느라 물건을 깨거나 쏟거나 한다.'와 같은 문항들이 포함된다. 브라운과 라이언(Brown & Ryan, 2003)은 MAAS가 대학생 표본($\alpha = .82$)과 일반 성인 표본($\alpha = .87$) 모두에서 양호한 내적 합치도를 보였다고 보고했다. 경험에 대한 개방성, 정서지능과 웰빙과는 정적인 상관이 있으며, 반추, 사회공포증과는 부적인 상관이, 자기감시와는 관계가 없어서 수렴 및 변별 타당도가 있었다. MAAS 점수는 일반인 통제집단에 비해 선불교 명상가들이 유의하게 높았다.

## 켄터키 마음챙김 척도

켄터키 마음챙김 척도(Kentucky Inventory for Mindfulness Skills: KIMS)(Baer, Smith, & Allen, 2004)는 마음챙김 기술에 대한 DBT의 개념화에 주로 의존하고 있으며, 일반적인 마음챙김 행동의 네 가지 측면, 즉 관찰(observing), 묘사(describing), 자각행위(acting with awareness), 비판단적 수용(acceptance without judgment)에 대한 개별 점수를 제공한다.[2] 문항들은 '나는 내 기분이 변하기 시작하는 것을 알아차린다.' (관찰), '나는 내 기분을 묘사하는 말을 쉽게 찾아낸다.' (묘사), '일을 할 때 내 마음은 방황하고 쉽게 주의가 흩어진다.' (자각행위, 역산), '나는 스스로에게 이런 기분을 느껴서는 안 된다고 다짐한다.' (비판단적 수용, 역산) 등이다. 탐색적 요인분석과 확인적 요인분석은 4요인 구조를 지지하며, 저자들이 보고한 내적 합치도는 하위 요인에 따라 .76에서 .91이었다. 경험에 대한 개방성, 정서지능, 경험 회피와 같은 개념들과 예측한 방향의 유의한 상관이 있었고, 그

---

2) 한국판 척도(K-KIMS)(김정모, 2006, 한국심리학회지: 임상)가 개발되어 있다 —역주.

래서 수렴 및 변별 타당도의 증거를 보여 준다.

## 인지 · 정서 마음챙김 척도 개정판

인지 · 정서 마음챙김 척도 개정판(Cognitive and Affective Mindfulness Scale-Revised: CAMS-R)(Feldman, Hayes, Kumar, Greeson, & Laurenceau, 2007)은 일상적인 생활 경험에서 발생하는 생각과 느낌에 대한 주의, 현재 초점, 자각(알아차림), 수용을 측정하는 12문항짜리 척도다.[3] 문항의 예는 '나는 내 생각을 판단 없이 관찰하려고 노력한다.' '나는 내가 하는 일에 집중하는 것이 쉽다.' 등이다. 평정치는 합산해서 단일 총점을 이룬다. 내적 합치도는 .74에서 .77 정도이며, 확인적 요인분석은 단일요인 모형임을 입증하였다. CAMS-R은 FMI, MAAS, 웰빙, 적응적인 정서 조절, 인지적 유연성, 문제 분석, 계획 시연과 정적인 상관이 있었고, 스트레스 증상, 걱정, 반추, 사고억제, 경험 회피와는 부적인 상관이 있었다(Feldman et al., 2007).

## 사우샘프턴 마음챙김 척도

사우샘프턴 마음챙김 척도(Southampton Mindfulness Questionnaire: SMQ)(Chadwick, Hember, Mead, Lilley, & Dagnan, 2008)는 괴로운 생각과 심상에 마음챙김의 반응을 하는 경향을 평가하는 16문항짜리 척도다. 문항들은 마음챙김의 여러 측면(마음챙김 관찰, 비혐오, 비판단, 내려놓기)을 묘사하지만 저자들은 단일 총점을 사용할 것을 권한다. 문항들은 '불쾌한 생각이나 심상이 떠오르면 나는 보통……' 으로 시작해서 마음챙김 관련 진술로 이어진다. 예를 들면, '반사적으로 반응하지 않고 그냥 관찰할 수 있

---

3) 한국판 척도(K-CAMS-R)(조용래, 2009, 한국심리학회지: 임상)가 개발되어 있다―역주.

다.' 또는 '지나간 후에도 오랫동안 마음속에 남아 있다.' (역산) 등이다. 내
적 합치도는 양호하며($\alpha = .89$), MAAS와 유의한 상관이 있었다($r = .57$). 기
대했던 것처럼 규칙적인 명상가들은 비명상가에 비해 점수가 유의하게 높
았다. 총점은 유쾌한 기분과 정적인 상관이 있었고, MBSR 참여 후에는 유
의하게 증가하는 것으로 나타났다.

## 필라델피아 마음챙김 척도

필라델피아 마음챙김 척도(Philadelphia Mindfulness Scale: PHLMS)
(Cardaciotto, Herbert, Forman, Moitra, & Farrow, 2007)는 마음챙김의 두 요
소를 각기 측정하는 20문항짜리 척도다. 자각 요인은 내적 · 외적 경험의
지속적인 주시를 측정한다(즉, '나는 내 기분이 변할 때 어떤 생각이 나타나는
지 알아차린다.'). 수용 요인은 경험의 회피나 도피 시도를 포기하는 것을 포
함해서 경험에 대한 개방성과 비판단적 태도를 측정한다(즉, '나는 불쾌한
기분을 느끼면 스스로 주의를 분산시키려고 노력한다.' —역산). 임상집단과 비
임상집단 모두에서 내적 합치도는 양호했고, 다른 구성개념과의 상관관계
도 대부분 예상한 방향으로 유의했다. 임상 표본이 비임상 표본에 비해 대
체로 점수가 낮았다.

## 5요인 마음챙김 척도

5요인 마음챙김 척도(Five-Facet Mindfulness Questionnaire: FFMQ)
(Baer, Smith, Hopkins, Krietemeyer, & Toney, 2006)는 앞서 요약한 5개의
마음챙김 척도들(당시 없었던 PHLMS를 제외한)의 문항을 전집으로 해서 이
를 탐색적으로 요인분석한 결과를 토대로 만든 척도로서 39문항짜리다.[4]
분석 결과, 5요인 구조가 나타났다. '관찰' 요인은 자극에 대한 개인의 내

적 경험과 반응을 관찰하는 능력을 측정하는 것으로서 '나는 내 감정이 어떻게 생각과 행동에 영향을 미치는지에 주의를 기울인다.'와 같은 문항들이 포함된다. '묘사' 요인은 자신의 생각이나 느낌을 단어로 표현하는 능력을 측정한다(즉, '나는 내 기분을 묘사하는 단어를 잘 찾는다.'). '자각행위'는 생각이나 성찰 없이 자동적으로 기능하는 것과 반대되는 의식적이고 사려 깊게 행동하는 경향을 측정하는 것으로서 '나는 내가 하는 것을 충분히 알아차리지 못한 채 자동적으로 하는 것 같다.'(역산)와 같은 문항이 포함된다. '내적 경험에 대한 비판단' 요인은 생각과 정서를 좋거나 나쁜 것으로 판단하는 것과는 달리 자신의 내적 상태를 수용하는 경향을 측정한다(예: '나는 스스로에게 이런 기분을 느껴서는 안 된다고 다짐한다.'—역산). '내적 경험에 대한 비반응성'은 감정을 야기하는 자극에 대해 불필요하게 반응하지 않고 그냥 왔다 가도록 허용하는 경향을 측정한다(예: '불쾌한 생각이나 심상이 떠오를 때 거기에 반응하지 않고 그냥 주목할 수 있다.'). 요인들의 내적 합치도는 적절에서 우수에 이르는 수준이었고($\alpha$는 .75~.91), 발표된 문헌들이 말하는 마음챙김의 요소들과 개념적으로 일치하는 것으로 보인다. 요인 점수들 간의 상관관계나 다른 변수들과의 관계도 대부분의 경우 예상한 방향과 일치하는 것으로 나타났다. 대부분의 요인 점수들은 비명상가보다는 명상가 집단에서 더 높았고, 몇몇 요인은 명상 경험과 심리적 웰빙의 관계를 매개하는 것으로 나타났다(Baer et al., 2008). 저자들은 마음챙김을 다차원적으로 접근하는 것은 마음챙김의 어떤 측면이 마음챙김 훈련의 이득을 설명하는 데 가장 중요한지를 명확하게 이해하는 데 도움이 되기 때문에 유용한 접근법이라고 주장한다.

---

4) 한국판 척도(K-FFMQ)(원두리, 김교헌, 2006, 한국심리학회지: 건강)가 개발되어 있다—역주.

## 토론토 마음챙김 척도

지금까지 살펴본 마음챙김 척도들은 일상생활에서 마음챙김을 하는 특성과 같은 일종의 경향성을 측정한다. 마음챙김은 현재의 감각과 생각, 정서에 대해 개방성과 호기심, 수용성의 태도에 의해 의도적으로 주의를 기울일 때 발생하는 하나의 상태와 같은 것이라고 개념화하기도 한다(Bishop et al., 2004). 토론토 마음챙김 척도(Toronto Mindfulness Scale: TMS)(Lau et al., 2006)는 명상 수련을 하기 직전의 마음챙김 상태를 측정한다.[5] 참여자들에게 15분간의 마음챙김 명상 수련을 마친 후에 자신이 수련을 하는 동안 스스로의 경험을 알아차리고 수용한 정도를 평정하도록 한다. TMS는 두 요인으로 구성된다. '호기심' 요인은 내적 경험에 대한 흥미와 호기심을 측정하며, '나는 순간순간 내 마음에 떠오르는 것을 보는 것이 흥미로웠다.' 와 같은 문항이 포함된다. '탈중심화' 요인은 내적 경험과 동일시하거나 따라가지 않고 알아차리는 것을 측정하며, '나는 계속 변화하는 생각과 느낌으로부터 분리된 것처럼 느꼈다.' 와 같은 문항이 포함된다. 각 요인의 내적 합치도는 양호하며, 다른 자기자각 척도들과 유의한 상관이 있는 것으로 보고되었다.

최근에 응답자들이 자신의 생각이나 느낌을 어떤 특정 명상 훈련과 관련해서가 아니라 일반적으로 어떻게 다루는가를 보고할 수 있도록 문장을 약간 수정한 TMS 특성판이 개발되었다(Davis, Lau, & Cairns, 2009). 이 특성판도 내적 합치도가 양호하며 다른 마음챙김 측정치와 유의한 상관이 있는 것으로 나타났다. 하지만 호기심 요인보다는 탈중심화 요인이 상관계수가 더 높았다. 또한 탈중심화 요인 점수는 비명상가보다는 명상가 집단에서 유의하게 높았다.

------------------------

5) 한국판 척도(K-TMS)(이우경, 조용래, 김소희, 2010, 대한신경정신의학회지)가 개발되어 있다—역주.

# 행동의학 장면에서 마음챙김 척도의 적용

마음챙김 척도는 많은 행동의학 연구에 이용되었고, 마음챙김과 다른 임상적 관련 변수들 간의 관계에 대한 예언을 검증하는 경우가 많았다. MAAS는 행동의학에서 가장 자주 쓰인 척도로서 MAAS 점수와 신체 및 심리 기능의 측정치들 간의 관련성은 많은 전집들에서 입증된 바 있다. 예를 들어, 칼슨과 브라운(Carlson & Brown, 2005)은 MAAS 점수가 암 환자의 기분부전 및 스트레스와 부적 상관이 있음을 보고했다. 만성통증 환자에서 통증 강도와 통증 관련 수용을 통제하면, MAAS 점수가 높을수록 우울 수준이나 통증 관련 불안, 능력 저하가 낮았다(McCracken, Gauntlett-Gilbert, & Vowles, 2007). 비슷한 연구(McCracken & Keogh, 2009)는 불안 민감성(불안에 대한 공포)이 통증 환자의 높은 통증과 능력 저하, 괴로움과 상관이 있었지만, 통증의 수용과 일반적 마음챙김(MAAS로 측정한)은 이런 관계를 상당히 낮추어 주는 것을 발견했는데, 이는 마음챙김과 수용이 만성통증 환자의 괴로움과 능력 저하에 미치는 불안 민감성의 영향을 억제할 수 있다는 것을 뜻한다. HIV/AIDS 성인 환자에 대한 연구에서 MAAS 점수는 대처 포기와 상호작용하여 불안을 예측하는 것으로 나타났다. 높은 MAAS 점수와 대처에 대한 높은 전념 수준은 낮은 불안 수준과 관련이 있었다(Gonzalez, Solomon, Zvolensky, & Miller, 2009). 전체적으로 이런 연구 결과들은 높은 마음챙김 수준이 잠재적인 혼입이나 중첩 변인들을 통제한 후에도 심각한 의학적 문제가 있는 표본들의 적응적 기능과 관련이 있음을 시사하는 것이다.

대학생 표본 연구에서 MAAS 점수는 신체건강과 정적인 상관이 있는 내인성 스테로이드인 DHEA(dehydroepiandrosterone)와 신체 증상 자기보고 간의 관계를 조절하는 것으로 나타났다(O'Loughlin & Zuckerman, 2008).

MAAS 점수가 높은 사람들은 자기보고한 신체 증상과 자신의 DHEA 수준 (타액 표본으로 측정한)의 합치성이 더 높았는데, 이는 마음챙김을 잘하는 사람일수록 자신의 신체 증상을 더 정확하게 인식한다는 것을 시사한다. 이 연구는 비임상 표본을 이용한 것이기는 하지만 연구 결과는 건강상의 문제를 가진 사람들에게 마음챙김이 적응적일 수 있음을 함축한다. 왜냐하면 자신의 내적 상태를 정확하게 지각하는 것은 필요할 때 의학적 서비스를 구하는 것과 같이 의료 자원이나 자기돌봄을 더 효과적으로 활용하는 것과 관련이 있기 때문이다.

　마음챙김 측정도구들은 행동의학 장면에서 MBSR의 효과와 기타 마음챙김 기반 개입법들의 효과를 연구하는 데도 이용되었다. 브라운과 라이언 (2003)은 MBSR을 마친 암 환자들을 연구했는데, MAAS 점수가 개입법 시행 전후의 기분부전과 스트레스 측정치와 부적 상관이 있음을 발견했다. MAAS의 시행 전후 점수의 증가치는 심리적 증상의 감소를 예언하는 것으로 나타났다. 카모디 등(Carmody, Reed, Kriesteller, & Merriam, 2008)은 MAAS를 이용해서 MBSR 전후의 마음챙김 특성 수준을 측정하고, TMS로 마음챙김 상태 수준을 측정했다. MAAS 점수의 증가는 자기보고한 의학 증상과 심리적 스트레스의 감소와 상관이 있었지만 TMS 점수는 그렇지 않았다.

　다른 마음챙김 도구들도 마음챙김 기반 치료 연구들에 사용되었다. 카모디와 베어(2008)는 질병 관련 스트레스와 만성통증, 불안, 일반적 스트레스를 호소하는 성인 표본에서 MBSR 사전과 사후에 FFMQ 점수가 향상된다는 것을 발견했다. 이런 점수의 향상은 명상 수련 시간과 심리적 증상이나 스트레스, 웰빙 간의 관계를 유의하게 매개하는 것으로 나타났다 (Carmody & Baer, 2008). 연구 결과들은 마음챙김 명상 수련이 일상생활의 마음챙김 능력을 향상시키고, 그래서 건강과 웰빙을 촉진한다는 상식적인 가정과 일치하는 것이다. 하지만 결과들은 의학적 증상보다는 심리적 증상에서 더 강력했다. 포맨 등(Forman, Butryn, Hoffman, & Herbert, 2009)은 수용과 마음챙김 수련을 포함하는 체중 감량 개입법을 실시했다. PHLMS 로 측정한 마음챙김은 처치 전후에 유의하게 증가했다. 매개분석은 실시하 지 않았지만 PHLMS의 증가는 6개월 추수 검사에서 체중 감량과 유의한 상관이 있었는데, 이는 마음챙김 기술의 증가가 중요한 변화 기제일 수 있 음을 시사한다.

어떤 연구에서는 마음챙김 척도가 마음챙김 기반 치료 과정에서 아무런 유의한 변화를 보이지 않기도 했다. 예를 들어, 위텍-자누섹 등(Witek-Janusek et al., 2008)은 통제집단과 비교해서 최근 유방암 초기로 진단받은 환자 표본을 통제집단과 비교해서 MBSR의 효과를 살펴보았다. MBSR 집 단의 면역 기능과 대처 효율성, 삶의 질이 유의하게 증가하고 코르티솔 수 준도 감소했지만, MBSR 이후의 MAAS 점수는 유의한 변화가 없었고, MBSR 집단과 통제집단의 MAAS 점수 변화도 유의한 차이가 없었다. 이와 비슷하게, 임신 중의 스트레스와 기분에 대한 마음챙김 기반 개입법은 불 안을 유의하게 감소시켰지만 MAAS로 측정한 마음챙김 수준에는 아무런 변화가 없었다(Vieten & Astin, 2008).

마음챙김 점수가 마음챙김 처치 후에 증가한 것이 발견된다고 해서 이것 이 항상 그 개입법으로 기대한 긍정적 결과와 상관이 있는 것은 아니다. 킹 스턴 등(Kingston et al., 2007)은 마음챙김 수련이 자각 증상이 없는 표본의 통증 내성에 미치는 영향을 연구했는데, 마음챙김 기술은 KIMS로 측정했 다. 이 마음챙김 개입법은 통증 내성과 KIMS 점수를 모두 향상시켰지만, 통증 내성의 증가와 마음챙김 수준의 증가 사이에는 아무런 상관이 없었다.

전체적으로, 지금까지의 문헌들은 마음챙김 측정이 행동의학의 맥락에 서 유용하다는 것을 지지한다. 대부분의 연구들은 마음챙김이 다른 주요 변수들과 유의한 상관이 있음을 보여 주었고, 일부는 마음챙김의 향상이 마음챙김 기반 개입으로 인한 변화를 매개한다는 것을 보여 주었다. MAAS

가 행동의학 연구에서 가장 널리 사용되었다. 하지만 MAAS는 단일 차원이며, 그래서 행동의학 전집들에서 중요할 수 있는 수용, 비판단, 비반응과 같은 마음챙김의 요소들은 MAAS로 측정하지 못한다. 따라서 다른 마음챙김 측정도구를 이용한 연구들이 더 많이 있어야 하겠다.

# 수용, 가치 또는 심리적 유연성을 측정하는 척도들

ACT의 수용 모형과 관련된 구성개념들, 예를 들어 경험 회피, 심리적 유연성, 가치 기반 행위를 측정하기 위해 여러 도구가 개발되었다. 가장 널리 쓰이는 척도는 수용행동척도(Acceptance and Action Questionnaire: AAQ)(Hayes et al., 2004)다. 그 외에 특수 전집용으로 개발된 AAQ의 여러 변형판들이 있다.

## 수용행동척도

AAQ는 ACT 기반 측정치로서 가장 일반적으로 사용되는 것이며, 여러 판이 개발되어 있다. 9문항짜리 AAQ(Hayes et al., 2004)는 가장 널리 쓰이는 것으로서 혐오적인 내적 자극에 대한 부정적 평가와 회피 또는 통제 경향, 그리고 이런 자극을 경험하면서 생산적인 행위를 취하지 못하는 정도를 측정한다. 역산해서 채점한 점수를 수용의 측정치로 삼는다. 이 척도는 적절한 내적 합치도를 가지고 있으며($\alpha = .70$), 여러 유형의 정신병리와 상관이 있다. 이 척도는 향후의 정신건강을 예언해 주며 ACT 참여와 웰빙 향상 간의 관계를 매개하는 것으로 나타났다(Dalrymple & Herbert, 2007; Forman, Herbert, Moitra, Yeomans, & Geller, 2007). 16문항짜리 AAQ(Bond & Bunce, 2000)는 '수용 의지(willingness)'와 '행위'라는 두 하위척도로 구성된다.[6] 수용 의지 하위척도는 부정적 생각과 느낌의 경험에 대한 개방성을 반영하며, '우울하거나 불안한 느낌을 피하려고 노력한다.'(역산)와 같은 문항들이 포함된다. 행위 하위척도는 불쾌한 생각과 느낌을 경험할 때조차 가치나 목표와 일치하는 행동을 지속할 수 있는 능력을 포착하며, '나는 우울하거나 불안하면 내가 책임져야 할 일을 하기가 어렵다.'(역산)와 같은 문항들이 포함된다. 가장 최근 판인 AAQ-II(Bond et al., 발간 중)는 10문항으로 구성되며, 최근 ACT 이론에서 가장 핵심 구성개념인 심리적 유연성을 측정하는 것으로 개념화되었다. 심리적 유연성은 가치 있는 목표에 필요한 것인가에 따라 현재 진행 중인 행동을 바꾸거나 유지하면서 현재 순간의 생각과 느낌을 완전히 알아차리는 것을 포함한다(Hayes et al., 2006). 그래서 심리적으로 유연한 사람은 부정적인 생각이나 감정, 감각이 존재하는 동안에도 자신의 깊은 가치와 일치하는 생산적인 행동을 할 수 있는 사람이다. 기초 연구 결과들은 AAQ-II가 단일요인 구조로서 좋은 내적 합치도를 가지고 있으며, 정신건강의 측정치들과 유의한 상관이 있음을 보여 주었다.

행동의학 문헌들에서 AAQ는 여러 가지 방식으로 이용되었다. 상관 연구들은 AAQ 점수가 여러 건강 관련 변수들과 유의한 상관이 있음을 일관성 있게 보여 주었다. 예를 들어, 코르테 등(Kortte et al., 2009)은 의료재활 집단에서 AAQ 점수가 우울이나 부정적 정서와는 부적인 상관이 있으며, 희망이나 긍정적 정서, 영적 웰빙과는 정적인 상관이 있음을 발견했다. 또한 AAQ 점수는 3개월 후 추수 측정에서도 장애 수준과 인생만족도를 예언하는 것으로 나타났다. 앤드류스와 둘린(Andrews & Dulin, 2007)은 노인 표본 연구에서 AAQ 점수가 자기보고 건강과 우울 및 불안의 관계를 부분적으로 조절한다고 보고했다. 열악한 신체건강은 우울 및 불안과 상관이 있

---

6) 한국판(K-AAQ)(김인구, 김완석, 2008, 한국심리학회지: 건강)이 개발되어 있다 — 역주.

었지만, 이런 관계는 AAQ가 높은 사람들의 경우에는 더 적었다. 연구 결과는 노인의 건강 쇠약과 관련된 불쾌한 생각과 감정을 피하려는 시도가 역설적이게도 더 높은 불안과 우울을 낳는다는 점을 시사한다.

AAQ 점수가 실험실 장면에서 통증 내성 과제에 대한 반응을 예언해 준다는 것을 밝힌 몇몇 연구가 있다. 흔히 쓰이는 과제는 참여자가 매우 찬 물에 가능한 한 오래 손을 담그고 있게 하는 냉수 인내 과제다. 펠드너 등(Feldner et al., 2006)은 AAQ 점수로 볼 때 수용 수준이 낮은 사람들은 수용 수준이 높은 사람들에 비해 통증 내성이 낮으며, 회복 시간도 더 길다고 보고했다. 비슷한 결과를 제틀 등(Zettle et al., 2005)도 보고한 바 있다.

AAQ 점수가 마음챙김이나 수용 기반 개입법에 참여함으로써 변화하는지, 그리고 변한다면 AAQ 점수의 변화가 처치 결과에 대한 개입법의 효과를 매개하는지를 검증한 연구들이 있다. 비만을 위한 ACT 개입법에 관한 한 연구(Lillis, Hayes, Bunting, & Masuda, 2009)는 AAQ 점수(9문항짜리)가 3개월 추수에서도 유의하게 높았고, 이것이 심리적 스트레스, 삶의 질, 낙인의 변화를 매개했음을 발견하였다. 하지만 태퍼 등(Tapper et al., 2009)은 비만에 대한 ACT 개입법을 연구했는데, AAQ-II 점수에서 유의한 변화가 없었다.

전체적으로 이들 연구는 일반적인 수용 또는 심리적 유연성의 측정이 마음챙김 기반 개입법의 변화 기제와 기타 변수들과의 관계를 명확히 하는 데 도움이 됨을 시사한다. 하지만 여러 학자들은 특정 건강 문제와 관련된 불쾌한 생각과 정서, 감각과 같은 구체적인 유형의 경험에 대한 수용을 측정하는 것이 더 쓸모가 있을 것이라 주장했다. 그래서 특정 행동의학 집단을 겨냥한 여러 AAQ 변형판이 개발되었다. 이에 대해 살펴보자.

## 만성통증 수용척도

만성통증 수용척도(Chronic Pain Acceptance Questionnaire: CPAQ) (McCracken, 1998)는 두 개의 하위척도를 가진 20문항짜리 척도다 (McCracken, Vowles, & Eccleston, 2004; Vowles, McCracken, McLeod, & Eccleston, 2008). 활동참여 하위척도는 통증하에서 중요한 활동에 참여하는 정도를 포착한다(예: '내 통증 수준이 아무리 높아도 나는 일상적인 활동을 계속한다.'). 통증수용 하위척도는 통증을 피하거나 통제하려 하지 않고 그냥 존재하도록 허용하는 정도를 측정한다(예: '나는 통증을 더 잘 통제할 수 있다면 어떤 일이든 희생할 수 있다.'—역산). 이 척도의 총점과 하위척도들의 내적 합치도는 .78~.79다. 설계방법이 다양한 최소한 35개의 연구들에서 이 척도의 평가와 치료라는 맥락에서 CPAQ 점수가 정서적·신체적·사회적 기능의 복합적 측정치들과 상관이 있음을 보여 주었고, 이는 CPAQ의 구성타당도와 유용성을 강력하게 지지하는 것이다(Cheung, Wong, Yap, & Chen, 2008; McCracken et al., 2004; Nicholas & Asghari, 2006; Vowles et al., 2008; Wicksell, Olsson, & Melin, 2009).

## 당뇨병 수용행동척도

이 11문항짜리 척도(Gregg, 2004)는 당뇨병과 관련한 생각과 느낌에 대한 알아차림과 믿음, 수용을 포함하는 당뇨병 관련 심리적 유연성을 측정한다. 척도는 '나는 나의 당뇨병을 상기시키는 것들을 피하려 한다.' '나는 나의 당뇨병을 돌보지 않는데, 왜냐하면 그것이 내가 당뇨병이라는 것을 상기시키기 때문이다.'와 같은 문항들로 구성된다. 대부분의 문항을 역산하며, 따라서 점수가 높을수록 심리적 유연성 수준이 높은 것을 나타낸다. 일차적 증거는 이 척도의 심리측정학적 특성이 양호해서 내적 합치도가

.88(Gregg, 2004)이고, 기본적인 당뇨병 교육과 결합한 ACT 개입 후에 점수가 증가한다고 시사한다(Gregg, Callaghan, Hayes, & Glenn-Lawson, 2007). 이 연구는 당뇨병 수용행동척도(Acceptance and Action Diabetes Questionnaire: AADQ)의 변화가 객관적 혈당치를 포함하는 결과 변수에 대한 개입법의 효과를 매개한다는 것을 보여 주었다. 그래서 당뇨병 관련 생각과 느낌에 대한 수용 증가는 혈당 수준과 같은 자기관리의 개선을 가져오는 것으로 보인다.

## 간질 수용행동척도

이 8문항짜리 척도(Lundgren, Dahl, & Hayes, 2008)는 간질에 관한 심리적 유연성을 측정한다. '내가 간질을 앓고 있다는 것에 대한 당혹스러운 생각이나 느낌이 들면 이런 생각이나 느낌을 없애 버리려고 노력한다.' '나는 운동을 규칙적으로 할 수가 없는데, 그것이 내가 간질을 앓고 있다는 사실을 상기시키기 때문이다.'(모두 역산)와 같은 문항들이 포함된다. 간질 수용행동척도(Acceptance and Action Epilepsy Questionnaire: AAEpQ)는 소규모 표본 연구에서 적절한 내적 합치도(.65~.76)를 보였고, 간질 관리를 위한 ACT 기반 개입법을 통해 상당한 점수의 향상을 보였다. AAEpQ 점수의 변화는 간질용 ACT 기반 개입법과 매월 평균 발작 시간의 관계를 완전 매개하는 것으로 나타났다(Lundgren et al., 2008). 이런 결과들은 간질 관련 생각과 느낌의 수용이 간질의 효과적 관리에 중요하며, 또한 AAEpQ가 유용한 측정도구임을 시사한다.

## 회피경직성척도

회피경직성척도(Avoidance and Inflexibility Scale: AIS)(Gifford et al.,

2004)는 흡연에 관한 심리적 유연성을 측정하는 13문항짜리 척도다. 안내문에서 사람들은 때로 담배를 피우고 싶게 만드는 생각과 느낌을 경험한다는 것을 언급한다. 그런 다음 이런 생각과 느낌에 대한 응답자의 반응을 스스로 평정하도록 한다. 예를 들어, '이런 생각들이 담배를 피우게 만드는 정도는 얼마나 되는가?' '이런 느낌을 없애 버리는 것이 얼마나 중요한가?' 등이다. 높은 점수는 담배를 피우지 않을 때 나타나는 불쾌한 감각과 기분을 기꺼이 경험하는 수준이 낮은 것을 뜻한다. AIS는 내적 합치도가 높으며($\alpha = .93$), ACT 기반 치료 이후의 금연 가능성과 유의한 상관이 있고, 흡연 상태에 대한 치료 효과를 유의하게 매개한다(Gifford et al., 2004). 이 척도는 문항들을 흡연이 아니라 섭식에 관한 것으로 바꾸어서 과식 연구에도 사용되었다. 내적 합치도는 양호했다($\alpha = .82, .92$). 또한 AAQ 및 과체중 표본의 체질량지수(BMI)와 유의한 상관이 있었고, AIS의 변화는 3개월짜리 ACT 기반 개입법이 체중 감소에 미치는 영향을 유의하게 매개하였다.

## 이명수용척도

이명수용척도(Tinnitus Acceptance Questionnaire: TAQ)는 이명과 관련된 생각과 느낌의 수용을 측정하는 12문항짜리 척도다(Westin, Hayes, & Andersson, 2008). 활동참여('이명 때문에 전에 하던 활동에 대한 참여가 줄어들었다.')와 이명 억제('나는 이명에 관한 부정적 생각이나 느낌을 눌러 버리려고 한다.')의 두 요인으로 구성된다. 내적 합치도는 양호하다($\alpha = .89$). 이명 치료를 원하는 환자들의 활동참여 요인은 이명 스트레스의 기저 측정치와 추수 측정한 불안과 삶의 질의 관계를 완전 매개하는 것으로 나타났다. 비슷한 결과가 총점에서도 발견되었다(Westin et al., 2008). 이명 억제 요인의 경우는 결과가 명료하지 않았다. 이 표본에서는 일반 AAQ(9문항짜리)의 내적 합치도가 낮았고 치료 결과에 유의한 매개변수도 아니었는데, 이는 이명 특유의 수용을 평가하는 것이 더 유용할 수 있음을 시사한다. 전체적으로, 연구 결과들은 이명 때문에 보상적인 활동참여가 감소하는 것이 부적응적이며, TAQ가 이런 경향을 측정하는 데 쓸모가 있음을 시사한다.

## 비만 수용행동척도

이 척도는 17문항짜리로서(Lillis et al., 2009) 체중 관련 생각과 느낌이 가치 있는 행동을 방해하는 정도를 측정한다. 문항의 예로는 '먹고 싶은 욕구가 나를 통제한다.' '나는 외모나 체중에 대해 나쁜 기분이 드는 것을 피하려고 한다.'(둘 모두 역산) 등이다. 비만 수용행동척도(Acceptance and Action Questionnaire for Weight: AAQW)의 내적 합치도는 양호하다 ($\alpha = .88$). 마음챙김과 수용 기반 개입법은 통제집단에 비해 AAQW 점수를 향상시키며, 이러한 향상이 BMI, 낙인, 심리적 스트레스, 삶의 질과 같은 모든 결과 측정치의 향상을 매개하는 것으로 나타났다(Lillis et al., 2009). 연구 결과들은 체중 관련 수용이 하나의 중요한 변화 과정이며, AAQW가 이를 평가할 수 있는 좋은 도구라는 것을 시사한다.

## 질병인지척도

질병인지척도(Illness Cognitions Questionnaire: ICQ)(Evers et al., 2001)는 만성질환자의 무기력, 수용, 이득 지각이라는 세 가지 인지 범주를 측정한다. 수용 문항에는 '나는 나의 병 때문에 생겨난 한계를 수용하게 되었다.' '나는 내 병과 함께 살아갈 수 있게 되었다.' 등이 포함된다. 류머티스 관절염과 다발성 경화증 환자인 성인 표본에서 내적 합치도와 검사-재검사 신뢰도는 매우 높았다. 수용 요인은 낮은 기능장애, 신체적 불만, 부정적 기분, 높은 능동적 대처 및 긍정적 기분과 유의한 상관이 있었다. 또한 수용은 1년 후의 신체 및 심리 건강을 잘 예측했다. 이 척도는 앞서 설명한 도구들이 포착하는 마음챙김 관련 구성개념을 직접 겨냥한 것은 아니다. 하지만 이 척도는 다양한 만성질환을 가진 인구집단에 유용한 도구일 수 있다.

전체적으로 최근의 문헌들은 내용 특정적인 수용 측정도구들이 행동의 학적 질환의 연구에 유용한 도구라는 것을 보여 준다. 방금 설명한 AAQ의 변형판 외에도 최근 문헌들에는 다양한 측정법들이 많이 도입되고 있는데, 이에 대해 다음에서 살펴보겠다. 이들 도구의 유용성에 대한 실증적 증거는 아직 미미한 수준이지만, 후속 연구들을 통해 보완될 것으로 보인다.

## 간편 통증대처척도-2

이 척도는 19문항짜리 척도로서(McCracken & Vowles, 2007) 이완이나 주의 분산, 긍정적 자기묘사와 같은 전통적인 인지행동적 대처 방법뿐 아니라 통증을 회피하지 않고 알아차리기, 통증이 있어도 가치에 부합하는 행위하기와 같은 수용 기반 접근법도 측정한다. 통증관리와 심리적 유연성이라는 두 개의 하위척도가 있는데, 내적 합치도는 각각 .73으로 적절하다. 두 하위척도 모두 환자의 기능성과 상관이 있지만, 심리적 유연성 하위척도가 상관이 훨씬 크다. 통증 강도를 통제한 후의 심리적 유연성 하위척도는 환자의 기능 향상 변산을 예측해 주지만, 통증관리 하위척도는 그렇지 못했다. 만성질환자의 기능성을 이해하는 데 심리적 유연성이 중요하다는 추가적 증거가 있으며, 간편 통증대처척도-2(Brief Pain Coping Inventory-2: BPCI-2)가 이를 평가하는 데 유용하다는 것을 시사한다. 하지만 BPCI-2가 CPAQ에 비해 더 나은지는 확실치 않으며, 이에 대한 후속 연구가 필요하다.

## 통증의 심리적 경직성척도

이 척도는 16문항짜리이며(Wicksell, Renöfält, Olsson, Bond, & Melin, 2008) 회피('나는 통증 때문에 활동 계획을 짜지 않는다.')와 인지적 융합('무엇이 나의 통증을 유발하는지 이해하는 것이 중요하다.')의 두 하위척도로 구성된다. 통증의 심리적 경직성척도(Psychological Inflexibility in Pain Scale: PIPS)의 내적 합치도는 적절에서 양호에 이른다($\alpha = .75 \sim .90$). 회귀 분석은 두 요인 모두 통증 강도와 방해, 신체 및 정서 기능, 삶의 질을 예언하는 것으로 나타났다(Wicksell et al., 2008). PIPS는 CPAQ와 직접 비교된 적은 없고, 따라서 CPAQ보다 더 나은 이점이 있는지는 확실하지 않다.

## 만성통증 가치척도

만성통증 가치척도(Chronic Pain Values Inventory: CPVI)는 12문항짜리이며(McCracken & Yang, 2006) 가족, 친밀한 관계, 친구, 일, 건강, 성장 또는 배움이라는 6개의 가치영역을 측정한다. 응답자는 각 영역의 중요성을 평정하고, 각 영역에서 자신의 목표 달성에 얼마나 성공적인지를 평정한다. 중요성 하위척도는 사람들이 모든 영역을 매우 중요한 것이라 답하는 천정 효과가 있다. 성공 하위척도가 더 의미 있는 요인인 것으로 보이며, 만성통증을 앓는 사람들의 현재 및 미래의 기능성을 예언해 준다(McCracken & Yang, 2006; McCracken & Vowles, 2008). 성공 하위척도의 변화는 3개월 후의 기능 개선과 상관이 있었으며(McCracken & Vowles, 2008), 이 하위척도 점수의 향상은 CPAQ의 향상과 상관이 있었다(Vowles & McCracken, 2008).

## 가치과녁척도

가치과녁척도(Values Bull's-Eye)(Lundgren et al., 2008)는 장애물에도 불구하고 가치를 고수하고 추구하는 정도를 측정한다. 응답자는 표적판에 동심원을 그린 작업지를 이용해서 자신의 핵심 가치를 제일 가운데 놓도록 하고, 자신의 행동이 각 가치와 얼마나 밀접한지, 그리고 장애물이 있을 때 그런 가치를 얼마나 지속적으로 추구하는지를 표시하게 된다. 표적판에서 떨어진 거리를 가치 달성과 지속의 점수로 삼는다. 룬드그렌(Lundgren, 2006)은 검사-재검사 신뢰도가 양호하며($r = .86$), 크론바흐의 $\alpha$도 .65~.76 이라고 보고했다(Lundgren et al., 2008). 장애물을 극복하는 가치 달성과 지속을 조합한 점수는 ACT 기반 간질 개입법과 개인의 웰빙, 삶의 질, 한 달 간의 평균 발작 시간 간의 유의미한 관계를 완전 매개하는 것으로 나타났다(Lundgren et al., 2008).

## 수용 탈융합 과정척도

수용 탈융합 과정척도(Acceptance and Defusion Process Measure: ADPM)(Hesser, Westin, Hayes, & Andersson, 2009)는 ACT 회기 동안의 언어적 발언이 수용 및 탈융합과 일치하는 정도에 대한 관찰 측정도구다. 응답자들의 발언을 훈련된 해독자가 평정한다. 이명에 대한 ACT 연구에서 치료 초반의 회기 중 수용 및 탈융합 측정치가 ACT의 긍정적 치료 효과의 지속을 예언하는 것으로 나타났는데, 수용 및 탈융합 측정 이전의 증상 개선을 통계적으로 설명하고 난 이후에도 그러했다(Hesser et al., 2009).

# 결 론

일부 마음챙김과 수용 측정도구는 일반적으로 사용하기 위해 만들어졌지만, 행동의학의 특정 표본을 겨냥한 측정도구들도 있다. 일반적 도구와 특수한 도구들의 유용성은 표본, 문제 증상 또는 연구자의 의도에 따라 달라진다. 예를 들어, MBSR은 일상생활에서 일반적인 마음챙김 능력을 배양하는 것이며, 흔히 다양한 어려움을 가진 이질적인 환자 집단들에게 실시한다. 이런 맥락에서 참여자들이 일반적으로 더 마음챙김을 잘하게 되었는지, 그리고 이런 마음챙김의 향상이 증상과 스트레스 수준, 전반적인 웰빙의 향상과 관계가 있는지를 평가하는 것이 중요해진다. 하지만 MBSR과 ACT는 특수한 문제들(만성통증, 비만, 당뇨병 자기관리, 금연, 이명 극복 등)에 적용할 수 있도록 맞춤화되었다. 이런 맥락에서 치료는 수용과 마음챙김 기술을 각 표본집단의 구체적 어려움에 적용하는 것을 강조하는 경향이 있고, 좀 더 표적에 맞는 측정도구들이 더 정보가가 많다. 맥크라켄과 키오그(McCracken & Keogh, 2009)는 만성통증의 수용(CPAQ로 측정한)과 일반적인 마음챙김(MAAS로 측정한) 모두 스트레스와 기능 저하의 변산을 예언하는 데 기여한다는 것을 보여 주었다. 이런 결과는 둘 모두 만성통증 환자의 전반적 웰빙을 향상시키는 데 중요할 수 있음을 시사한다. 따라서 마음챙김과 수용을 측정하는 일반적 도구와 특수한 도구에 대한 지속적인 연구가 필요하다.

후속 연구를 위해 몇 가지 논의가 필요하다. 첫째, 역산 문항 또는 부정문으로 된 문항을 이용하는 정도가 척도마다 다르다. 이런 문항들은 마음챙김이나 수용의 부재를 묘사하고 역산하는 반면에, 긍정문으로 된 문항들은 마음챙김이나 수용의 측면을 직접 묘사한다. 어떤 척도는 모두 긍정문 문항으로 구성되며, 다른 측정도구는 모두 부정문 문항으로 구성되고, 둘을 섞어 사용하는 도구도 있다. 역산 문항의 타당도에 대해 의문이 제기되는 경우가 많지만, 이 문제는 마음챙김과 수용 관련 문헌에서는 철저한 검증이 이루어지지 않고 있다. 전체적으로 현재의 연구는 채점 방식과 관계없이 많은 마음챙김과 수용 척도들의 신뢰도와 타당도에 대한 강력한 증거를 제시하고 있다.

마음챙김과 수용의 요소라든가 하위 요인의 수도 척도마다 다른 미해결 문제다. 건강과 웰빙의 관계를 이해하는 데 독자적으로 기여하는 마음챙김 측면을 찾아내려는 노력이 많았다. ACT 문헌에서는 현재의 심리적 유연성 모형이 6개의 요소를 포함하고 있지만, 많은 척도들은 심리적 유연성을 단일요인으로 반영하는 단일 총점만을 제공한다. 두 개의 하위 요인을 제공하는 척도도 있다. 인지적 탈융합과 맥락적 자기를 포함하는 ACT 모형의 구체적 요소들은 따로 채점되지 않는다. 그렇게 할 필요가 있는가는 아직 불분명하다.

이런 문제들이 있기는 하지만 행동의학 장면에서 수용과 마음챙김을 측정할 수 있는 지금까지의 도구들은 전망이 매우 좋다. 이들은 마음챙김과 수용의 본성 그리고 그것이 통증과 질병, 기타 건강 관련 문제를 가진 사람들의 건강 증진에서 하는 중요한 역할을 이해하는 데 기여하고 있다.

# 참·고·문·헌

Andrews, D., & Dulin, P. (2007). The relationship between self-reported health and mental health problems among older adults in New Zealand: Experiential avoidance as a moderator. *Aging and Mental Health, 11*, 596–603.

Baer, R. A. (2003). Mindfulness training as a clinical intervention: A conceptual and empirical review. *Clinical Psychology: Science and Practice, 10*, 125–143.

Baer, R. A., Smith, G. T., & Allen, K. B. (2004). Assessment of mindfulness by self-report: The Kentucky Inventory of Mindfulness Skills. *Assessment, 11*, 191–206.

Baer, R. A., Smith, G. T., Hopkins, J., Krietemeyer, J., & Toney, L. (2006). Using self-report assessment methods to explore facets of mindfulness. *Assessment, 13*, 27–45.

Baer, R. A., Smith, G. T., Lykins, E., Button, D., Krietemeyer, J., Sauer, S., et al. (2008). Construct validity of the Five Facet Mindfulness Questionnaire in meditating and nonmeditating samples. *Assessment, 15*, 329–342.

Bishop, S. R., Lau, M., Shapiro, S., Carlson, L., Anderson, N. C., Carmody, J., et al. (2004). Mindfulness: A proposed operational definition. *Clinical Psychology: Science and Practice, 11*, 230–241.

Bond, F. W., & Bunce, D. (2000). Mediators of change in emotion-focused and problem-focused worksite stress management interventions. *Journal of Occupational Health Psychology, 5*, 156–163.

Bond, F., Hayes, S. C., Baer, R. A., Carpenter, K. M., Orcutt, H. K., Waltz, T., et al. (in review). Preliminary psychometric properties of the Acceptance Action Questionnaire-II: a revised measure of psychological flexibility and acceptance.

Brown, K. W., & Ryan, R. M. (2003). The benefits of being in the present: Mindfulness and its role in psychological well-being. *Journal of Personality and Social Psychology, 84*, 822–848.

Brown, K. W., Ryan, R. M., & Creswell, J. D. (2007). Mindfulness: Theoretical foundations and evidence for its salutary effects. *Psychological Inquiry, 18*, 211–237.

Buchheld, N., Grossman, P., & Walach, H. (2001). Measuring mindfulness in insight meditation and meditation-based psychotherapy: The development of the Freiburg Mindfulness Inventory(FMI). *Journal for Meditation and Meditation Research*, *1*, 11-34.

Cardaciotto, L., Herbert, J. D., Forman, E. M., Moitra, E., & Farrow, V. (2007). The assessment of present-moment awareness and acceptance: The Philadelphia Mindfulness Scale. *Assessment*, *15*, 204-223.

Carlson, L. E., & Brown, K. W. (2005). Validation of the Mindful Attention Awareness Scale in a cancer population. *Journal of Psychosomatic Research*, *58*, 29-33.

Carmody, J., & Baer, R. A. (2008). Relationships between mindfulness practice and levels of mindfulness, medical and psychological symptoms and well-being in a mindfulness-based stress reduction program. *Journal of Behavioral Medicine*, *31*, 23-33.

Carmody, J., Reed, G., Kristeller, J., & Merriam, P. (2008). Mindfulness, spirituality, and health-related symptoms. *Journal of Psychosomatic Research*, *64*, 393-403.

Chadwick, P., Hember, M., Mead, S., Lilley, B., & Dagnan, D. (2008). Responding mindfully to unpleasant thoughts and images: Reliability and validity of the Southampton Mindfulness Questionnaire. *British Journal of Clinical Psychology*, *47*, 451-455.

Cheung, N. M., Wong, T. C. M., Yap, J. C. M., & Chen, P. P. (2008). Validation of the Chronic Pain Acceptance Questionnaire(CPAQ) in Cantonese-speaking Chinese patients. *Journal of Pain*, *9*, 823-832.

Dalrymple, K. L., & Herbert, J. D. (2007). Acceptance and commitment therapy for generalized social anxiety disorder: A pilot study. *Behavior Modification*, *31*, 543-568.

Davis, K. M., Lau, M. A., & Cairns, D. R. (2009). Development and preliminary validation of a trait version of the Toronto Mindfulness Scale. *Journal of Cognitive Psychotherapy*, *23*, 185-197.

Dimidjian, S., & Linehan, M. (2003). Defining an agenda for future research on the clinical application of mindfulness practice. *Clinical Psychology: Science and Practice*, *10*, 166-171.

Evers, A., Kraaimaat, F., van Lankveld, W., Jongen, P., Jacobs, J., & Bijlsma, J.

(2001). Beyond unfavorable thinking: The illness cognition questionnaire for chronic diseases. *Journal of Consulting and Clinical Psychology*, *69*, 1026-1036.

Feldman, G. C., Hayes, A. M., Kumar, S. M., Greeson, J. G., & Laurenceau, J. P. (2007). Mindfulness and emotion regulation: The development and initial validation of the Cognitive and Affective Mindfulness Scale-Revised(CAMS-R). *Journal of Psychopathology and Behavioral Assessment*, *29*, 177-190.

Feldner, M. T., Hekmat, H., Zvolensky, M. J., Vowles, K. E., Secrist, Z., & Leen-Feldner, E. W. (2006). The role of experiential avoidance in acute pain tolerance: A laboratory test. *Journal of Behavior Therapy & Experimental Psychiatry*, *37*, 146-158.

Forman, E. M., Butryn, M. L., Hoffman, K. L., & Herbert, J. D. (2009). An open trial of an acceptance-based behavioral intervention for weight loss. *Cognitive and Behavioral Practice*, *16*, 223-235.

Forman, E. M., Herbert, J. D., Moitra, E., Yeomans, P. D., & Geller, P. A. (2007). A randomized controlled effectiveness trial of acceptance and commitment therapy and cognitive therapy for anxiety and depression. *Behavior Modification*, *31*, 772-799.

Gifford, E. V., Kohlenberg, B. S., Hayes, S. C., Antonuccio, D. O., Piasecki, M. M., Rasmussen-Hall, M. L., et al. (2004). Acceptance-based treatment for smoking cessation. *Behavior Therapy*, *35*, 689-705.

Gonzalez, A., Solomon, S. E., Zvolensky, M. J., & Miller, C. T. (2009). The interaction of mindful-based attention and awareness and disengagement coping with HIV/AIDS-related stigma in regard to concurrent anxiety and depressive symptoms among adults with HIV/AIDS. *Journal of Health Psychology*, *14*, 403-413.

Gregg, J. (2004). *A randomized controlled effectiveness trial comparing patient education with and without acceptance and commitment therapy for type 2 diabetes self-management.* Unpublished doctoral dissertation, University of Nevada, Reno.

Gregg, J. A., Callaghan, G. M., Hayes, S. C., & Glenn-Lawson, J. L. (2007). Improving diabetes self-management through acceptance, mindfulness, and values: A randomized controlled trial. *Journal of Consulting and Clinical*

*Psychology, 75*, 336-343.

Grossman, P., Niemann, L., Schmidt, S., & Walach, H. (2004). Mindfulness-based stress reduction and health benefits: A meta-analysis. *Journal of Psychosomatic Research, 57*, 35-43.

Hayes, S. C., Luoma, J., Bond, F., Masuda, A., & Lillis, J. (2006). Acceptance and commitment therapy: Model, processes and outcomes. *Behaviour Research and Therapy, 44*, 1-25.

Hayes, S. C., Strosahl, K., & Wilson, K. G. (1999). *Acceptance and commitment therapy: An experiential approach to behavior change.* New York: Guilford Press.

Hayes, S. C., Strosahl, K., Wilson, K. G., Bissett, R. T., Pistorello, J., Toarmino, D., et al. (2004). Measuring experiential avoidance: A preliminary test of a working model. *Psychological Record, 54*, 553-578.

Hesser, H., Westin, V., Hayes, S. C., & Andersson, G. (2009). Clients' in-session acceptance and cognitive defusion behaviors in acceptance-based treatment of tinnitus distress. *Behaviour Research and Therapy, 47*, 523-528.

Kabat-Zinn, J. (1982). An outpatient program in behavioral medicine for chronic pain patients based on the practice of mindfulness meditation: Theoretical considerations and preliminary results. *General Hospital Psychiatry, 4*, 33-47.

Kingston, J. L., Chadwick, P., Meron, D., & Skinner, T. C. (2007). The effect of mindfulness practice on pain tolerance, psychological well-being and physiological activity: A randomised, single blind, active control trial. *Journal of Psychosomatic Research, 62*, 297-300.

Kortte, K. B., Veiel, L., Batten, S., & Wegener, S. T. (2009). Measuring avoidance in medical rehabilitation. *Rehabilitation Psychology, 54*, 91-98.

Lau, M. A., Bishop, S. R., Segal, Z. V., Buis, T., Anderson, N. D., Carlson, L., et al. (2006). The Toronto Mindfulness Scale: Development and validation. *Journal of Clinical Psychology, 62*, 1445-1467.

Lillis, J., Hayes, S. C., Bunting, K., & Masuda, A. (2009). Teaching acceptance and mindfulness to improve the lives of the obese: A preliminary test of a theoretical model. *Annals of Behavioral Medicine, 37*, 58-69.

Linehan, M. M. (1993). *Cognitive-behavioral treatment of borderline personality disorder.* New York: Guilford Press.

Lundgren, T. (2006, July). *Validation and reliability data of the Bull's-Eye*. Presentation at the second world conference on ACT/RFT, London.

Lundgren, T., Dahl, J., & Hayes, S. C. (2008). Evaluation of mediators of change in the treatment of epilepsy with acceptance and commitment therapy. *Journal of Behavioral Medicine, 31*, 225-235.

McCracken, L. M. (1998). Learning to live with the pain: Acceptance of pain predicts adjustment in persons with chronic pain. *Pain, 74*, 21-27.

McCracken, L. M., Gauntlett-Gilbert, J., & Vowles, K. E. (2007). The role of mindfulness in a contextual cognitive-behavioral analysis of chronic pain-related suffering and disability. *Pain, 131*, 63-69.

McCracken, L. M., & Keogh, E. (2009). Acceptance, mindfulness, and values-based action may counteract fear and avoidance of emotions in chronic pain: An analysis of anxiety sensitivity. *Journal of Pain, 10*, 408-415.

McCracken, L. M., & Vowles, K. E. (2007). Psychological flexibility and traditional pain management strategies in relation to patient functioning with chronic pain: An examination of a revised instrument. *Journal of Pain, 8*, 700-707.

McCracken, L. M., & Vowles, K. E. (2008). A prospective analysis of acceptance and values in patients with chronic pain. *Health Psychology, 27*, 215-220.

McCracken, L. M., Vowles, K. E., & Eccleston, C. (2004). Acceptance of chronic pain: Component analysis and a revised assessment method. *Pain, 107*, 159-166.

McCracken, L. M., & Yang, S. (2006). The role of values in a contextual cognitive-behavioral approach to chronic pain. *Pain, 123*, 137-145.

Nicholas, M. K., & Asghari, A. (2006). Investigating acceptance in adjustment to chronic pain: Is acceptance broader than we thought? *Pain, 124*, 269-279.

O'Loughlin, R. E., & Zuckerman, M. (2008). Mindfulness as a moderator of the relationship between dehydroepiandrosterone and reported physical symptoms. *Personality and Individual Differences, 44*, 1193-1202.

Segal, Z. V., Williams, J. M., & Teasdale, J. D. (2002). *Mindfulness-based cognitive therapy for depression: A new approach to preventing relapse*. New York: Guilford Press.

Tapper, K., Shaw, C., Ilsley, J., Hill, A. J., Bond, F. W., & Moore, L. (2009). Exploratory randomised controlled trial of a mindfulness-based weight loss intervention for women. *Appetite, 52*, 396–404.

Vieten, C., & Astin, J. (2008). Effects of a mindfulness–based intervention during pregnancy on prenatal stress and mood: Results of a pilot study. *Archives of Women's Mental Health, 11*, 67–74.

Vowles, K. E., & McCracken, L. M. (2008). Acceptance and values–based action in chronic pain: A study of effectiveness and treatment process. *Journal of Consulting and Clinical Psychology, 76*, 397–407.

Vowles, K. E., McCracken, L. M., McLeod, C., & Eccleston, C. (2008). The Chronic Pain Acceptance Questionnaire: Confirmatory factor analysis and identification of patient subgroups. *Pain, 140*, 284–291.

Walach, H., Buchheld, N., Buttenmuller, V., Kleinknecht, N., & Schmidt, S. (2006). Measuring mindfulness—the Freiburg Mindfulness Inventory(FMI). *Personality and Individual Differences, 40*, 1543–1555.

Westin, V., Hayes, S. C., & Andersson, G. (2008). Is it the sound of your relationship to it? The role of acceptance in predicting tinnitus impact. *Behaviour Research and Therapy, 46*, 1259–1265.

Wicksell, R. K., Olsson, G. L., & Melin, L. (2009). The Chronic Pain Acceptance Questionnaire(CPAQ)—further validation including a confirmatory factor analysis and a comparison with the Tampa Scale of Kinesiophobia. *European Journal of Pain, 13*, 760–768.

Wicksell, R. K., Renöfält, J., Olsson, G. L., Bond, F. W., & Melin, L. (2008). Avoidance and cognitive fusion—central components in pain related disability? Development and preliminary validation of the Psychological Inflexiblity in Pain Scale(PIPS). *European Journal of Pain, 12*, 491–500.

Witek–Janusek, L., Albuquerque, K., Chroniak, K. R., Chroniak, C., Durazo–Arvizu, R., & Mathews, H. L. (2008). Effect of mindfulness based stress reduction on immune function, quality of life and coping in women newly diagnosed with early stage breast cancer. *Brain, Behavior, & Immunity, 22*, 969–981.

Zettle, R. D., Hocker, T. L., Mick, K. A., Scofield, B. E., Petson, C. L., Song, H., & Sudarijanto, R. P. (2005). Differential strategies in coping with pain as a function of level of experiential avoidance. *Psychological Record, 55*, 511–524.

제4부

# 임상적 방법

제9장  건강행동 변화를 위한 수용전념치료와
동기화 면담

제10장  노출 기반 및 전통적 CBT 기법과
수용 및 마음챙김의 통합

Mindfulness and Acceptance
in Behavioral Medicine

제9장

건강행동 변화를 위한
수용전념치료와 동기화 면담

데이비드 길랜더스(David Gillanders)
University of Edinburgh and NHS Lothian

만성적인 건강 문제를 지닌 채 살기란 쉽지 않다. 만성질환이라고 다 그런 것은 아니지만 많은 경우 정서적으로나 행동적으로 적응과 조절이 필요하다. 건강한 상태가 되기 위해서는 식이요법, 운동, 자기점검, 복약 준수, 자기조절에 변화가 있어야 한다. 그러한 행동 변화는 평생 동안 필요할지도 모른다. 거의 모든 질환에서 사람들이 건강 관련 행동을 바꿀 수 있도록 도우려 할 때, 우리는 저항과 '부정', 퇴행, 재발, 좌절, 부정적 감정을 일반적으로 경험한다. 건강행동 변화는 또한 대인관계 맥락에서도 일어난다. 중요한 타인들과 건강 전문가들은 환자들의 건강행동 변화를 촉진하거나 약화시키는 방식으로 환자와 교류하기도 한다.

1980년대부터는 두드러지게 동기화 면담(Motivational Interviewing: MI)(Miller, 1983; Miller & Rollnick, 1991, 2002)으로 알려진 임상 기법에 관한 임상과 연구 작업이 이루어졌다. 보건의료 분야에서 일하는 많은 전문가들은 동기화 면담에 대해서 들어 보게 될 것이다. 한동안 MI는 건강 관련 행동을 변화시키는 문제들에 적용되었지만, 많은 경우에 그것은 여전히 물질 남용 치료 분야와 관련이 있다(Rollnick, Mason, & Butler, 1999; Rollnick, Miller, & Butler, 2008). 이 장의 목적은 MI와 수용전념치료(ACT) 간의 유사점과 차이점을 살펴보고, 이러한 접근법들을 어떻게 통합할 수 있는지를 고찰하는 것이다.

# 동기화 면담의 주요 특징

MI는 "변화 동기를 유도하고 강화하기 위한 협력적, 인간중심적인 안내 방식"(Miller & Rollnick, 2009)이다. 저자들은 MI에 대한 또 다른 설명에서, MI는 사람들로 하여금 변화에 대한 양가감정 또는 갈등적인 동기를 해결하도록 도움으로써 변화 동기를 유도하고 강화한다고 말했다(예: Hettema, Steele, & Miller, 2005). 이러한 진술들은 MI가 무엇인지 명확히 기술해 주는데, 즉 개인이 자신의 건강과 관련하여 적응적인 행동 변화를 이끌어 낼 가능성을 증가시키도록 설계된 임상 기법 또는 상호작용 방식이다. MI를 실행하는 데 두 가지 중요한 요소는 면담자의 대인관계 유형(때때로 'MI의 정신'이라 부름)과 동기화 면담의 기술적인 도구다(Miller & Rose, 2009).

첫 번째 요소인 MI의 정신은 인본주의 심리학, 특히 칼 로저스의 내담자 중심 치료에 기원이 있다(Rogers, 1951). MI의 정신은 "협력적이고, 촉발적이며, 환자의 자율성을 존중해 주는"(Rollnick et al., 1999, p. 6) 대인관계 유형을 특징으로 한다. '협력적'이라는 말은 임상가가 자기 자신을 환자와 대등한 위치에 두기 위한 방식으로 행동한다는 의미다. 임상가는 강의를 하거나, 설득하거나, 충고하지 않는다. 환자와 임상가는 적극적으로 협력하며 함께 의사결정을 한다. 임상가는 가능하면 전문가처럼 행동하는 것을 피한다.

MI의 정신은 촉발적인데, 그것이 변화에 대한 환자 자신의 지각과 이유,

동기를 불러일으켜 명료화하는 것을 목표로 하기 때문이다. 동기화 면담은 환자가 어떤 면에서 부족하다고 여기는 기술이나 지식, 동기를 '제공'하는 것이 아니다. 대신에, 적응적인 건강행동 변화에 대한 환자 자신의 이유를 이끌어 내고 촉발시킨다. 환자의 자율성 존중에 관해 임상가로 하여금 사람들에게는 변화를 할지 말지를 선택할 권리가 있다는 사실을 알게 해 준다. 임상가는 환자의 선택에 관심을 가지면서도, "그 결과로부터 일정한 거리"(Rollnick et al., 1999, p. 7)를 두도록 한다. MI 정신의 이러한 세 가지 기초는 작업에 임하는 임상가의 마음가짐을 보여 준다. MI 대인관계 유형의 특징은 정확한 공감, 희망과 낙관주의 장려, 경청 그리고 바꾸거나 바꾸지 않는 것에 대한 환자 자신의 동기와 염려, 이유 그리고 변화하려는 데서 겪게 되는 힘겨움을 인정하는 것이다.

MI의 기법적 도구와 관련하여 전통적인 내담자 중심 치료와 다른 부분은 의식적으로 목표 지향적이라는 것이다(Miller & Rollnick, 2009). 동기화 면담 중에 임상가는 내담자가 고려하는 행동 변화에 대해 그들이 펼쳐 놓는 이야기 중 다른 형태를 주의 깊게 듣는다. 내담자의 언어행동은 '유지 발언(sustain talk)'과 '변화 발언(change talk)'으로 구분된다. 유지 발언은 변화에 대한 모호성, 변화에 대한 저항, 변화와 관련된 어려움이나 투쟁, 변화하지 않으려는 이유, 변화에 대한 실패 예상 따위의 언어를 나타낸다. 반대로, 변화 발언은 변화 잠재력, 변화의 이익, 변화를 가져오는 것에 대한 확신, 변화가 시작될 거라는 믿음을 나타내는 언어행동이다.

임상가가 유지 발언에 대해 공감적인 반응을 할지라도, 면담하는 동안 별도로 변화 발언을 강화할 것이다. 임상가는 이를 행할 때, 유도하기, 격려하기, 저항에 대처하기, 변화에 대한 내담자 자신의 관심, 걱정거리, 이유에 초점 두기를 한다. 환자의 변화 발언에 선택적으로 반응함으로써 임상가는 동기화 면담을 하는 동안 변화 발언이 더 늘어나고, 유지 발언은 줄어드는 현상을 보게 된다.

MI는 물질 남용 분야의 임상 기법으로 처음 개발되었다. 1990년대 초부터 다른 보건의료 장면에서 사용되었고, 지금은 체계적인 개관 연구와 메타분석을 포함한 영향력 있는 여러 증거들에 의해 MI의 효과가 입증되고 있다(예: Dunn, DeRoo, & Rivara, 2001; Hettema et al., 2005; Martins & McNeil, 2009; Emmons & Rollnick, 2001 참조). 이들 개관 연구는 광범위한 건강 문제에서 MI의 긍정적인 결과를 보여 주는데, 심장 문제, 당뇨병, 식생활 변화, 운동, 고혈압, 고지혈증, 천식, 구강 건강, HIV 위험, 흡연 등을 포함한다(좀 더 분석적인 검토를 원하면 Knight, McGowan, Dickens, & Bundy, 2006 참조).

근거를 바탕으로 할 때, 사람들이 건강 관련 행동을 바꾸도록 하는 데 MI가 많은 도움이 된다는 것은 분명하다. 또한 치료적 자세를 분명히 인정하기, 행동 변화에 초점 두기, 환자 저항의 '정상화' 같은 MI의 핵심 개념들의 많은 부분이 ACT와 공통이라는 것도 분명하다. 최근에 MI 창시자들은 MI가 기존의 적극적 치료법에 한 구성요소로 더해질 때 상승 효과가 있을 것이라고 했다(Miller & Rose, 2009). 치료적 자세와 행동 초점의 측면에서 ACT와 MI가 유사하다는 사실을 고려하면, 이 방법(MI)이 만성적인 건강 문제를 가진 사람들과의 작업을 위한 ACT 모형에 쉽게 통합된다 해도 놀라울 것이 없다. 이 장의 나머지는 ACT와 MI의 유사점과 차이점을 대략적으로 기술하는데, 철학 및 이론적 토대뿐만 아니라 건강행동 변화의 임상적 쟁점들도 살펴볼 것이다.

# ACT와 MI의 유사점

ACT와 MI는 상당 부분 유사하다. 이러한 유사점을 이어지는 절에서 다룰 것이다.

## 치료적 자세

MI 창시자들이 MI를 성공적으로 수행하기 위해서 임상가에게 요구되는 자세를 분명하게 설명했듯이, ACT 모형의 창시자들도 ACT의 치료적 자세에 대해 상세히 제시했다(예: Hayes, Strosahl, & Wilson, 1999; Luoma, Hayes, & Walser, 2007; Pierson & Hayes, 2007; Wilson & Dufrene, 2008).

ACT의 치료적 자세는 평등이라는 것이다. 치료자도 환자도 '마음'이 있는 인간이다. 둘 다 때로는 아픔과 마음고생, 기쁨, 슬픔, 갈망, 상처를 겪는 사람들이다. 둘 다 행동하고 나서 후회하며, (특히 치료자로서) 어떻게 '살아야 한다'거나 언제 무엇을 '해야 한다'는 식의 틀에 매여 사는 사람들이다. ACT 치료자는 이러한 인류 보편성을 환영하고, 관계에서의 평등을 이루려고 한다. 이것은 내담자의 가치나 노력에 도움이 된다면 치료자가 자기를 개방할 수 있음을 말한다. 성공적인 ACT 치료자는 마음챙김과 탈융합의 유연한 공간을 창조할 수 있는데, 이러한 공간에서는 모든 것을 다룰 수 있으며, 특히 양쪽 모두에게 해당되는 치료 관계에 의해 야기되는 경험을 포함하여 회기 중에 일어나는 매 순간의 심리적 경험이 논의되기도 한다.

동시에 ACT 치료자는 내담자가 더욱 성공적이고 가치 있는 삶을 살아가도록 돕기 위해 있는 것이므로, 상대적으로 지시나 지도를 하게 되기도 한다. 내담자는 낡은 패턴을 포기하고, 새로운 것을 시도하며, 어려운 문제에 직면하기 위해서 많은 격려와 치료의 힘이 필요할지도 모른다. ACT 치료자는 능동적이고 목표 지향적이다. 그렇다 하더라도 목표가 고통스러운 경험과 기꺼이 더 잘 마주하도록 하는 것이라면, 치료자는 말없이 앉아서 공감하고, 부드럽게 격려하며, 정서가 견고하게 머물 수 있는 공간을 허용한다. 또한 내담자가 고통스러운 경험에 대해 수용적이고, 유연하며, 탈융합되고, 현재 초점적인 태도를 키우도록 도울지도 모른다. 한편, 당면한 치료 목표가 괴로운 생각을 가볍게 여기는 것이라면, 치료자는 그러한 생각을 완전히 무시해 버리거나 재미나게 유머와 게임, 연습 과제를 활용하여 내담자가 생각을 그저 생각으로만 경험하도록 만들기도 한다. 이러한 치료자의 태도는 항상 내담자 그리고 치료 관계의 특성에 따라 결정되며, 결코 내담자를 내려다보는 경우는 없다. ACT 모형은 치료자가 ACT의 모형과 방법을 자신의 행동에 적용하려면 자신의 직접경험을 통해 배우는 것이 가장 효과적이라는 것을 명시적으로 지적한다. 특히, 이렇게 경험으로 배우는 능력에는 환자의 고통스러운 경험에 대한 반응이나 이에 대한 치료자 자신의 반응에서 융합과 회피가 일어날 때 효과적으로 작업하는 능력과 치료자가 쓸데없는 '마음의 재잘거림'에 휘말리거나 사건을 분석하고 재분석하는 문자 수준에 갇혀 버릴 수도 있을 때 유연하게 반응하는 능력이 포함된다.

그러한 치료적 자세를 고려하면 동기화 면담이 ACT 치료에 쉽게 통합될 수 있다는 사실은 놀라울 것도 없다.

MI에서 치료자는 작업에서 저항이 나타날 때 이런 저항에 유연하게 대처하도록 지도받는다. 마음챙김과 경험 학습을 활용한 치료자의 자기지각은 저항을 잘 다루기 위한 능력을 방해할 수도 있는 생각을 치료자가 알아차리도록 도와준다. 치료자에게 '이 내담자는 동기가 없군.' '이 내담자는 나를 이용하고 있어.' '나는 이 내담자가 행동을 바꾸도록 도와야만 해.'와 같은 생각들이 나타날 때, 결국 공감은 사라지고 치료자의 이야기나 설명, 설득 같은 것들이 증가할 가능성이 커진다. 그러한 생각들을 탈융합적이고 유연한 방식으로 알아차리는 치료자는 어떤 순간에도 내담자에게 유연하고 공감적으로 반응하기가 쉽다. '해야 하는' 것에 대한 생각에서 한 발 뒤로 물러날 수 있는 치료자는 탈융합적이고, 유연하며, 강제적이지 않은 공간을 창조하기 쉽다. 이럴 때 내담자가 자신의 삶에서 선택하는 능력에 초점을 맞출 수 있게 된다.

## 행동 변화에 대한 초점

ACT와 MI 모두 일차적인 목표는 외현적인 행동 변화다. ACT와 MI는 또한 행동 분석이라는 점에서 이론적 배경을 공유한다. 이러한 공통된 뿌리가 직접적으로 ACT와 MI의 몇 가지 이론적 개념과 치료자 행동으로 이어진다.

ACT에서나 MI에서나 치료자는 내담자의 치료 목표 방향으로 내담자의 행동을 조성하기 위해 수반성 관리(contingency management)라는 원리를 사용할 것이다. 예를 들면, MI의 첫 단계에서 치료자는 환자의 '변화 발언'에 선택적으로 주의를 기울이고, '유지 발언'과 비교하여 차별적으로 강화한다. 강화는 치료자의 격려와 칭찬, 관심, 주의 유지를 통해서 이루어진다. 반대로 유지 발언에는 공감적으로 유연하게 반응해 주고, 변화 발언과 관련된 주제를 더 탐색하도록 부드럽게 격려한다.

마찬가지로, ACT 치료자는 행동 변화가 일어나도록 도와주기 위해서 (문제행동에 대한 ACT 기반 기능 분석에 근거해서) 여섯 가지 ACT 과정 중 어떤 것을 먼저 촉진해야 하는지를 결정한다. 모든 치료 상황에서 ACT 치료자는 어떤 종류의 개입법이 유용할지를 판단하기 위해 치료자 자신과 내담자의 과정을 모니터링한다. 치료자는 내담자가 선택한 가치를 향해 구체적인 행동을 취하도록 하는 방편으로 더욱 자발적으로, 더 탈융합된 자세로, 지금-여기에 존재하도록 내담자의 행동을 조성하려고 할 것이다. 매 치료 순간에서 치료자는 내담자에게 필요한 행동의 모범을 보이고, 그런 행동을 격려하거나 또는 그런 행동에 근접하는 내담자의 연속적 행위들을 강화해야만 한다(Luoma et al., 2007, p. 233). 치료자가 선택적 강화와 수반성 관리를 이용해 치료 맥락에서 내담자의 행동을 적극적으로 조성한다는 개념은 ACT와 MI가 일치한다. 숙제 활용과 행동 목표에 전념하기는 그러한 행동 조성이 치료 장면을 넘어서 일반화되도록 만드는 방법이다.

## 철학적 쟁점

기법이나 이론을 넘어서, ACT와 MI는 몇 가지 철학적 토대를 공유한다. 먼저 둘 다 분명히 과학적인 임상심리학 전통에 뿌리를 두고 있다(Hayes et al., 1999; Miller & Rollnick, 2009). 둘 다 임상심리학이 발전하려면 경험적 임상 과학과 직접 관찰, 측정 가능한 행동에 대한 관심, 좁은 의미의 행동 목표에 한정되지 않고, 광범위한 문제에 일반화될 수 있는 원리를 이끌어 내는 것이 중요하다고 가정한다. 예를 들면, 흡연행동을 줄일 때와 당뇨 환자가 혈당에 대해 자기관리하도록 격려할 때 같은 원리가 도움이 되어야한다. 경험적 임상심리학 전통에서 ACT와 MI는 모두 기법이 효과를 보이는 것이 각자가 가정하는 과정에 의한 것인지를 검증하기 위해 매개분석의 활용을 장려했다(예: Hayes, Luoma, Bond, Masuda, & Lillis, 2006; Miller & Rose, 2009). 또한 일부 영역에서 차이가 있긴 하지만, 두 기법을 뒷받침하는 철학과 가치 사이에는 상당한 정도의 일치점이 있다.

ACT는 '기능적 맥락주의(functional contextualism)'로 알려진 과학 철학에 기초하고 있다(Pepper, 1942; Hayes, Hayes, & Reese, 1988; Hayes, Hayes, Reese, & Sarbin, 1993 참조). 기능적 맥락주의는 어떤 현상이 맥락 내에서 갖는 기능의 관점에서 그 현상을 설명하는 세계관이다. 기능적 맥락주의를 따르는 행동 과학자들은 생각이나 동기와 같은 행동의 이론적 원인을 찾는 것이 아니라 '맥락 내의 행위'를 분석의 단위로 본다. 덧붙여서 기능적 맥락주의에서, 우주는 발견되기를 기다리는 독립적인 '사물'로 존재한다고 가정하지 않는다. 대신에 과학자의 행동은 연구되는 현상 분석의 일부다. 이러한 이유로 기능적 맥락주의를 (존재론적이지 않다는 의미로) '비존재론적(a-ontological)'이라고 한다(Hayes et al., 1999, p. 20). 어떤 기능적 맥락 분석에서도, 주어진 진술의 진짜 가치는 그것의 유용성에 의해 설명된다. 이러한 철학적인 가정의 흐름에서 ACT는 기능과 맥락에 대한 민감성과 실효성에 초점을 둔다.

기능적 맥락주의에서는 또한 ACT 모형의 창시자들이 그 모형이나 이론이 '정확한지' 또는 '참인지'에 대한 개념을 다루는 것이 가능해진다. 주류 과학에서 보면, 그러한 개념들은 과학자가 현실이 작동하는 원리를 발견하는 역할을 하는 존재론적 현실을 가정한다. 이러한 관점은 때때로 '기계론'(Pepper, 1942), 또는 더 최근에는 '근본적 사실주의'(Hayes, 2009)로 불린다. 기능적 맥락주의는 그러한 존재론적 가정을 공유하지 않기 때문에, 경험적 타당성이라는 물음은 '유용성' 또는 '실효성'으로 대체된다. ACT 모형의 예측이 실효성 있는 해결책을 가져오고, ACT 모형에 근거한 개입법들이 그런 특정 개입법의 목적과 관련해서 유용하다면, ACT 모형은 참인 것으로 간주된다.

MI의 철학적 기초는 심리학에서 인본주의 운동이 일어난 사회적·역사적 맥락과 관련해서 이해되어야 한다. 심리학 운동으로서 인본주의는 당시 심리학을 지배했던 정신분석과 방법론적 행동주의에 대한 심리학의 반대 흐름으로 발달했다(Wertz, 1998). 행동주의가 환원주의와 비인간화로 비쳐진 데 반해, 심리학의 인본주의는 인간의 전체성을 강조하고, 인간의 경험을 단순화시키지 않으며, 가치와 개인성장, 개성, 자기실현과 같은 인간적 개념을 이해하려고 했다.

심리학의 인본주의는 인본주의와 현상학, 실존주의라는 철학 사조로부터 나왔다. 인본주의 철학은 인간의 윤리와 이성, 덕이라는 가치를 가정한다. 현상학은 인간의 의식 경험을 이해하려는 시도인 반면, 실존주의는 더 넓은 의미로 존재라는 개념과 관련된다. 이론적으로는 그러한 철학적 토대가 ACT 모형에 아무런 문제가 되지 않는다. 임상 모형으로도 ACT는 지금-여기에서의 인간 경험과 인간 가치의 중요성, 자기의 의미, 존재의 개념을 그 자체로 다룬다. MI와 ACT는 임상적 목적은 물론 인간의 관심사에 대한 실용주의 관점이라는 측면에서 철학적으로나 기법상으로 상당한 유사점을 가진다.

# ACT와 MI의 차이점

ACT와 MI 사이에는 상당한 유사점이 있기도 하지만 중요한 차이점도 존재한다. ACT와 MI의 차이점은 기법이나 목적, 초점에 있다기보다 주로 개념과 설명 차원에서 나타난다.

## 설명적 개념

인본주의라는 현상학적 토대에서 발생한 MI는 어떤 유심론적 구성개념의 존재를 가정하며, MI는 이러한 구성개념에 작용하여 행동 변화를 낳는다고 가정한다. 예를 들어, MI는 '내적 동기'를 향상시켜서 변화를 만들어낸다. 이런 식으로 치료자는 동기를 거의 '물질 같은 것'으로 간주하여 다룰 가능성이 크다. 치료자의 목표는 변화 발언을 자극함으로써 그러한 내적 동기를 늘리는 것이 된다. 내적 동기라는 개념은 그 자체로는 문제가 안 되는 것이지만, 기능적 맥락주의의 관점에서 보면 불필요한 설명적 구성개념이다. 이런 관점에서 '동기'를 말하는 것은 '맥락 내의 행위' 너머에 있는 어떤 인과기제가 되며, 따라서 다른 세계관에 적합한 것이 된다. 마찬가지로, MI는 행동 변화를 향한 양가감정을 해결함으로써 변화를 위한 내적 동기를 증가시키려 한다.

기능적 맥락주의의 관점에서 보면 양가감정 또한 가설적인 설명적 구성개념이며, 따라서 맥락 내의 행위를 넘어서서 분석하려는 시도가 된다. '양가감정'에 대한 기능적 맥락주의의 분석은 맥락 내의 행위에 대한 분석이 될 것이다. 그것은 다음과 같은 식이다. 행동 변화라는 바람직한 결과를 기대하는 맥락에서는 반대되는 사적 사건의 조절을 행동 변화의 전제 조건으로 간주하고 이에 지나치게 초점을 맞추는 것은 오히려 행동 변화가 시작될 가능성을 감소시킬 수 있다. 더 넓은 기능적 맥락주의의 분석에서는 (생각과 규칙처럼) 언어행동을 이용해서 행동을 통제하려는 시도를 계속하는 행동의 유용성에 의문을 제기할 것이다.

우리는 MI나 ACT 중 무엇이 더 유용한지, 혹은 건강행동 변화라는 분야에서 둘 중 어느 것이 더 잘 작동할지를 경험적으로 비교할 수는 있지만, 그 둘의 철학적 토대를 비교하는 일은 별 의미가 없다. 이것은 두 가지 여행을 비교하는 것에 비유된다. 즉, "뉴욕에서 출발해서 가능하면 서쪽으로 걸어서 가는 것과 뉴올리언스에서 출발해 가능하면 북쪽으로 배를 타고 가는 것"(Hayes, Strosahl, Bunting, Twohig, & Wilson, 2004, p. 18)처럼 말이다. 둘 중 어느 것도 절대적으로 옳거나 좋다고 말할 수 없다.

## 모형 개발

MI와 ACT가 갈라지는 몇몇 다른 개념 영역이 있다. ACT는 임상 모형으로서, 인간의 인지와 언어에 대한 기초 실험에서 파생된 이론인 관계 틀 이론(RFT)(Hayes, Barnes-Holmes, & Roche, 2001)에서 나온 모형이다. RFT를 검토하는 것은 이 장의 범위를 넘어서는 작업이기는 하지만, RFT는 과학의 기능적 맥락주의 철학 전통 안에서 체계적인 과학적 노력으로부터 나온 인간의 언어와 인지에 대한 행동 분석적 설명이다. 따라서 ACT는 세부적인 이론적 토대와 일관된 철학적 가정에 기반한 임상 모형을 제시한다.

이와 달리, MI는 하나의 이론이라기보다 임상 기법이라 할 수 있다. 저자들은 MI의 효과를 인지 부조화(Festinger, 1957), 자기지각이론(Bem, 1972), 심리적 반발(Brehm & Brehm, 1981)과 같은 개념을 인용하면서 사후적으로 이론화한다(예: Miller & Rollnick, 2002). 또한 사회심리학의 다른 이론들에 근거해 임상 기법들을 설명하려는 성공적인 사후 시도들이 있다 (예: Leffingwell, Neumann, Babitzke, Leedy, & Walters, 2007). 그러한 접근은 MI의 이론적 기초가 되기도 하지만, 사후의 '합리적 근거 대기' 는 확증 편향에 쉽게 영향을 받을 수 있다.[1] 게다가, 비록 MI가 특정 이론의 관점에서 이해될 수 있다 해도, MI의 효과가 그런 설명적 개념들로 인한 것인지는 알려져 있지 않다. 물론 ACT도 마찬가지이기는 하지만, 기능적 맥락주의 토대에서는 ACT가 이러한 경로에 의해 작동되느냐를 알아내는 것이 분석의 목적은 아니다. 오히려 분석의 목적은 풀어야 할 문제가 설명적 행동 과정에 의해 유용하게 분석되는가를 밝히는 것이다.

최근의 논문에서 밀러와 로즈(Miller & Rose, 2009)는 MI 이론에 관해 명확하게 보여 준다. 이 논문은 매개분석과 구성요소 연구로, MI가 제시된 과정 각각의 구체적인 기제에 의해 작동한다는 증거를 제공한다. 문제 음주자 대상 연구들에서, 공감적 대인관계 유형이 개입 후 6개월과 12개월, 24개월에 음주 결과 변화량의 상당 부분을 예측한다는 것이다(Miller, Taylor, & West, 1980; Miller & Baca, 1983). MI의 구체적인 행동 요소 측면에서, MI의 활용은 회기 중 변화 발언의 비율을 증가시킨 것으로 나타났다 (예: Miller, Benefield, & Tonigan, 1993; Moyers & Martin, 2006; Moyers et al., 2007). 회기 중 변화 발언은 또한 변화를 지지하는 내담자의 표현의 강도, 즉 '전념 언어의 강도'를 예측하며, 면담 후반부에 전념 언어의 변화는 이후의 행동 변화를 직접적으로 예측한다(Amrhein, Miller, Yahne, Palmer, & Fulcher, 2003).

이러한 '분해적(dismantling)' 접근은 확실히 MI가 그 모형이 가정하는 구성요소에 의해 작용한다는 증거를 제공한다. 그러나 이러한 정도의 과학적 엄격함은 바람직하고 유용하며 사실 행동 변화 연구에서는 필요하다고

--------------------

1) 확증 편향(confirmatory bias)이란 신념의 실제적이고 논리적인 타당도에 관계없이 기존의 신념과 일치하는 결론에 동의하는 경향성을 말한다―역주.

도 할 수 있지만, 그것은 실제 이론의 구성이라기보다는 일종의 방법론의 정교화이며, 기법에 대한 검증이라는 반론이 가능하다. 그러한 매개분석 들은 ACT 연구의 특징이기도 하다(예: Hayes et al., 2006). 그러나 이런 과 학적 노력은 ACT 연구자들이 제공하는 매개분석들은 일반 원리와 기초 이 론에서 나온 심리적 과정들의 관계에 대한 가정에 근거한다는 사실에서 MI의 그것과는 다르다. MI 연구자들이 제공하는 매개분석은 치료자 효과 에 대한 임상 관찰과 그러한 효과에 대한 실용적 개념화, 이런 실용적 개념 화로부터 나오는 개입법에 대한 체계적인 검증, 구성요소 분해, 매개분석 에 토대를 둔다. 비록 이것이 잘 정의된 임상 방법에 풍부함과 엄격함을 가 져다준다 해도, 그러한 과학적 활동은 비교적 시야가 좁은 이론을 도출할 수 있다. 사실 MI는 그것의 효과를 설명하기 위해 다른 이론들을 고려해 볼 수도 있으며, 그 점에서 ACT와 RFT, 기능적 맥락주의는 MI에 유용하게 더해질 수 있다. MI의 철학적 배경(즉, 인본주의와 현상학)은 밀러와 로즈 (2009)가 기술한 귀납적 이론화를 전개하는 데 적합하다. ACT는 행동 분석 을 언어와 인지에 적용하려는 초기 시도들과 임상 관찰에 근거하여 귀납적 과정과 연역적 과정이 결합되어 발전했다[ACT의 발달에 대한 설명은 Zettle (2005) 참조].

# 임상적 쟁점

그렇다면 ACT와 MI는 이 장의 서두에서 살펴본 건강행동 변화와 관련 된 쟁점에 대해 어떻게 개념화하고 접근하는가? 행동을 바꾸고 싶은 '욕 구'에 대한 자각은 종종 변화에 대한 저항과 양가감정, 회피, 고투, 부정 및 그 외의 다른 여러 생각과 느낌을 불러일으킨다. 사람들은 건강행동 변화 에 대한 그런 내적 경험뿐만 아니라, 변화 욕구에 대해 타인과 소통하고 있는 자신을 발견할지도 모른다. ACT와 MI 모두 건강 관련 행동을 변화시키고 싶은 욕구에 반응해서 올라오는 이러한 다양한 문제들을 이해하는 데 사용될 수 있다.

## 변화에 대한 양가감정과 저항

MI에서는 많은 사람들에게 변화는 별 개입 없이도 자연스럽게 일어난다고 보지만(Miller & Rollnick, 2002, p. 4), ACT와 MI는 인간에게 변화에 대한 저항은 당연한 부분이라는 관점을 공유한다. 두 접근 모두 그 이유를 설명한다. 예를 들면, ACT에서는 변화에 대한 저항은 심리적 경직성을 반영하는 행동 특성으로 보는데, 이러한 심리적 경직성은 행동 변화의 필요를 암시하는 맥락에서 일어나는 원치 않는 사적 사건들(생각, 감정, 충동)로 인해 생겨날 가능성이 크다. ACT 분석은 문제가 되는 행동 변화가 그러한 사적 사건들의 통제하에 주로 있고, 결과적으로 그러한 사적 사건들이 나타날 때, 행동 변화의 가능성은 상대적으로 낮다는 점을 보여 주려고 한다. ACT 분석을 더 자세히 하면, ACT 모형에 의해 구체화되는 심리적 과정은 행동의 기능 분석을 수행하기 위해 사용되는데, 비록 줄이려는 목표에도 불구하고 계속해서 나타나는 행동들을 확인하는 것, 또한 강화하려는 목표에도 불구하고 나타나지 않거나 지속되지 않는 행동들을 확인하는 것을 포함한다. 각각은 '변화에 대한 저항'의 구성 성분이다.

예를 들어, 심장질환을 앓고 있는 사람이 체중을 줄이고 운동을 늘리라는 충고를 들었다고 해 보자. ACT 치료자는 그 사람이 스포츠센터 가기와 같은 구체적인 행동을 고려할 때, 어떠한 내적 사건이 일어나는지 볼 것이다. ACT 치료자는 생각과 감정, 충동, 행동 사이의 기능적인 관계를 고려할 것이다. 핵심 질문은 다음과 같다. '무엇을 회피하는 것일까?' '내담자는 문자적인 진실로서, 그리고 행동하거나 혹은 행동하지 않는 이유로서

자신의 사적 사건들과 어떻게 융합되는가?' '행동 변화는 내담자의 가치
와 얼마나 강하게 결합되어 있는가?' 이러한 분석은 구체적인 행동 변화
라는 수준에서 시작되겠지만 곧바로 어떻게 하면 내담자의 다른 삶의 영역
에까지 이런 기능 분석 과정을 적용할 수 있을까 하는 것으로 확장될 것이
다. 특히, ACT 치료자는 필요한 행동 변화가 이 내담자의 전반적인 가치들
에 얼마나 핵심적이었는지, 변화 노력에 대한 개인의 경험이 어떠했는지,
가치 있는 삶을 산다는 면에서 그러한 전략들이 얼마나 효과가 있었는지를
명확히 하고 싶을 것이다. 이러한 기능적 평가는 내담자의 전념행동을 방
해하는 과정들을 드러내 보여 줄 것이다.

　ACT에서 변화에 대한 저항은, 예를 들어 실패감과 마주하기, 나쁜 경과
에 대한 두려움, 생활양식이나 건강과 관련한 상실감과 같은 힘든 사적 사
건들의 회피를 야기하는 것들과 같이 행동 과정들에 근거하는 것으로 보인
다. 이러한 분석에서 변화에 대한 회피는 '그건 너무 어려워요.' '난 못해
요.' '난 하고 싶지 않아요.'와 같은 생각과의 융합, 그리고 특히 '행동하
는 이유' '행동하지 않는 이유'와의 융합에 의해 강화될 가능성이 크다.
이와 같은 과정이 일어날 때는 행동이 주로 이러한 혐오 자극의 통제하에
놓이기 쉽고, 혐오 자극을 회피하는 협소하고 경직된 행동을 만들어 낸다.
혐오 자극으로는 행동을 변화시킬 필요가 있다는 타인의 말, 행동 변화에
대한 그 사람 자신의 생각, 질병의 증상 등이 있다. 내담자는 또한 상대적
으로 좁게 정의된 자기관에 얽매일 수도 있고, 내담자의 행동은 두려운 미
래와 관련된 언어적 사건이나 과거에 대한 특정한 관점에 의해 지나치게
통제될지도 모른다. ACT에서 그러한 과정들은 삶의 많은 영역에서 행동에
대한 언어적 통제를 바람직한 결과라고 강화했던 언어 공동체의 지지를 받
는 정상적인 과정이라 개념화한다. 그러나 행동을 그런 식으로 과도하게
언어적으로 통제한 결과, 특히 힘겨움과 고투, 부담, 두려움, 상실과 관련
된 관계 틀에 엮이게 되면서 바람직한 결과를 가져올 수도 있는 행동의 변

화를 회피하게 된다.

동기화 면담의 입장 역시 저항을 건강행동 변화의 정상적인 부분으로 받아들일 것이다. 레핑웰 등(Leffingwell et al., 2007)은 저항을 '심리적 반발'(Brehm & Brehm, 1981), 즉 "타인이 행동 변화를 요구할 때처럼, 타인의 지시나 권한에 의해 선택이 위협받는다고 지각될 때, 개인은 주체적 자율감을 지키는 방식으로 행동하려고 하는 과정"(Leffingwell et al., 2007, p. 32)으로 이해할 수 있다고 설명하였다. 변화에 대한 저항은 또한 인지 부조화로 알려진 행동과 태도 사이의 불일치를 최소화하려는 개인의 욕구라는 측면에서 이해할 수 있다(Festinger, 1957). 그러한 이론적 분석들은 다소 사후적이다. MI는 치료자의 행동과 변화에 대한 저항을 암시하는 내담자의 언어 과정(즉, 유지 발언)의 증가나 감소 간의 기능적 관계를 밝히는 실용적인 영역에 관심을 둔다.

MI 전문가들은 현재의 행동과 바람직한 결과물 간의 불일치를 세부적으로 찾아가면서 내담자의 저항이나 양가감정을 다룰 것이다. 가능한 전략으로는 특정 행동이나 상태에 대한 찬반 탐색하기, 내담자의 가치(예: Wagner & Sanchez, 2002)나 더 큰 삶의 목표, 행동 변화가 얼마나 적절한지(또는 적절하지 않은지)를 더욱 완전하게 탐색하기, 내담자에게 변화에 대한 이유를 분명히 하거나 정교화하도록 요청하기, 척도 질문지의 사용 등이 있다.

변화에 대한 이유를 탐색하기 위해 척도 질문지가 사용되기도 한다. 대체로, 면담자는 고려 중인 행동 변화가 내담자에게 얼마나 중요한지를 물어볼 것이다. 예를 들어, 만약 내담자가 운동을 늘리는 것의 중요성을 10점 중 2점으로 평정했다면, 치료자는 알았다고 하고 나서, "예를 들면 0점을 주지 않고, 2점을 준 이유는 무엇입니까?"라고 물어볼 것이다. 이러한 이유들에 대해 말하기 시작하면서, 내담자는 변화에 대한 이유를 지지하는 언어적 진술을 해 나가게 된다. 이러한 이유들을 얼마간 탐색하고 나서, 면담자는 "운동을 늘리는 것의 중요성을 2점에서 3점이나 4점으로 올리기 위해서는 어떤 것들이 필요합니까?"라고 물어볼지도 모른다. 이런 질문은 변화에 대한 이유를 더 많이 이끌어 내고, 내담자가 변화를 위한 조건을 더 많이 만들도록 해 준다.

이러한 종류의 개입이 의도하는 바는 내담자로 하여금 변화에 대한 양가감정을 해결하게 하려는 것이다. 변화에 대한 양가감정은 인간의 자연스러운 경험이며, 이러한 양가감정의 해결이 MI에서는 핵심 과제가 된다(Leffingwell et al., 2007). 특히, 기법 차원에서 이것의 어떤 요소는 ACT와 상당히 일치하지만(예: 가치와 삶의 목표 탐색하기, 현재 행동의 실효성과 삶의 목표 사이의 불일치를 세밀히 검토하기, 기꺼이 변화하고자 하는 마음 강화하기), 양가감정의 해결이라는 개념은 ACT와 다르다. ACT의 관점에서 보면, 변화 발언을 장려하는 것은 내담자가 보통은 회피해 왔던 변화에 관한 생각과 느낌을 경험하는 데 도움이 되며, 그래서 하나의 수용 전략이 될 수 있다.

MI는 변화의 이유를 회피하거나 그것과 갈등하는 것보다는 나은 대안이기는 하다. 그러나 ACT는 언어적 사건과 양가적 사고, 일반적으로 행동을 통제하는 이유들의 기반을 허물려는 시도를 한다. 양가감정이 해결되고 나서야 삶의 목표로 향할 수 있다는 생각은 ACT 접근과 일치하지 않는다. 대신에, ACT는 내담자에게 행동 변화에 관한 혼란스러운 생각과 느낌을 위한 '자리를 내주거나' 그것들을 '기꺼이 경험하면서' 그러한 변화들에 전념하도록 요청할지도 모른다. 그러한 전략은 좀 더 전반적인 이익이 있는 것으로 보이는데, 사적 사건에 의한 행동 통제의 강도가 감소되면서 개인은 점차로 좀 더 적응적인 행동에 도움이 되는 식으로 작동하는 직접적인 수반성과 접촉할 수 있게 된다.

## 자기효능감

MI는 많은 부분, 특히 기법 수준에서 자기효능감으로 구성된다(예: Miller & Rollnick, 2002, pp. 111-125). 자기효능감은 특정 목표를 성취할 수 있는 능력이 있다는 개인의 신념을 일컫는다(Bandura, 1997). 건강행동의 변화라는 MI 맥락에서 자기효능감은 필요한 행동 변화의 성공에 대한 신념과 기대라는 개념으로 바뀐다. 이는 '확신 증진'이라는 주제하에서 더욱 구체적인 용어로 논의된다(Miller & Rollnick, 2002, p. 111). MI에서는 변화의 이유를 탐색하는 데 사용되었던 척도 질문지를 사용해 구체적 행동을 변화시키는 능력에 대한 확신을 살펴볼 수 있다. 이 기법은 내담자들이 변화를 위한 지지나 확신 증진의 여러 측면을 언어화하는 데 도움이 되며, 또한 향후 자기효능감을 증진하는 전략을 밝히는 데도 도움이 된다.

MI에서 자기효능감은 변화를 위한 중요한 전제 조건이면서, 내담자의 행동 변화 가능성을 높여 주는 인지적·정서적 요인으로 간주한다. 자기효능감에는 인지적 요소와 정서적 요소가 모두 있다. 인지적 요소로는 행동 변화 능력에 대한 신념을 포함하여, 행동 변화가 얼마나 어려울지에 대한 평가, 가능한 결과에 대한 판단 등이 있다. 이러한 인지적인 측면에 더해, 자기효능감은 희망과 낙관성, 확신, 결단력같이 긍정적인 정서 또는 그 반대의 부정적인 정서 요소를 포함한다. 본질적으로, 동기화 면담자는 행동 변화의 전제 조건이면서 행동 변화를 지지하고 유지하는 방법이기도 한 이러한 인지 및 정서 요소들을 조성하는 원리를 가지고 작업한다. MI가 표면적으로 '인지행동치료'의 형태는 아니지만(Miller & Rollnick, 2009, p. 134), 행동 변화의 전제 조건으로서 인지와 정서를 수정한다는 점은 인지행동치료와 원칙적으로 유사하다.

건강행동 변화를 위한 ACT에서 자기효능감은 다양한 사건들(생각과 판단, 평가, 예측, 충동, 정서)을 지칭하는 설명적 구성개념이다. 이러한 내현적 행동을 사적 사건이라는 기능적 범주로 묶는 것은 행동 변화의 기능적 분석에는 유용할지 모르나, ACT 모형에서는 이를 가설적 구성개념으로 끌어들이는 것이 불필요한 것으로 간주된다(Wilson, 2001 참조). 더 근본적으로, 내담자의 사고나 감정 모두가 행동 변화와 일치하고 긍정적이어야 한다는 것을 행동 변화의 선행 요건으로 부과하는 것은 ACT와는 어긋나는 것이다. ACT는 일반적으로 행동을 조절하는 주체로서 생각과 느낌의 영향을 줄이려는 것에 관해 더욱 급진적인 개념을 제안한다. 이런 주장은 대단히 반문화적이어서 많은 내담자와 치료자가 이해하고 사용하기에는 어려울 수도 있다(Hayes et al., 1999, pp. 3-12).

　　ACT 치료자는 다양한 관점에서 자기효능감이라는 문제에 접근하는데, 예를 들면 행동 변화에 관한 내담자의 생각과 느낌을 해결해야만 하는 어떤 문제로 보지 않고 오히려 그것들과 기꺼이 접촉하려는 태도를 증가시킨다. 또 다른 예는 그러한 생각이나 느낌과 싸울 때의 익숙하고 '오래된' 느낌이, 그리고 행동 변화에 대해 '바르게 생각하고' '좋은 느낌'을 가지려는 시도에 대한 내담자의 경험이 궁극적으로 '실효성이 없다.'는 사실에 주의를 기울이게 하는 것이다. 행동 변화에 전념하기에 앞서 확신이 필요하다는 것에 관해서도 다양한 탈융합 연습이 활용되기도 한다. 치료자는 언어가 의도하지 않게 행동에 미치는 영향력을 보여 주기 위해 단어들을 해체할 수도 있다(Blackledge, 2007). 예를 들어, 내담자가 "운동하러 스포츠센터에 가려고 하지만, 확신은 없어요."라 말한다고 하자. ACT 치료자는 '확신'이라는 단어의 본질을 환자와 함께 살펴볼 수도 있다. 그 단어는 라틴어 'confidere'에서 온 것으로 '~에 대한 믿음이나 신념을 갖는다.'는 의미다. 내담자에게 "자신에 대한 믿음을 가지고 스포츠센터에 간다면 어떨 것 같습니까?"라고 물어볼 수도 있다. 이런 대화에서 치료자는 내담자가 스스로에 대한 믿음을 가지고 어떤 것을 하기 위해 '확신의 느낌'이 반드시 필요한 것은 아님을 깨닫도록 도울 수 있다(Sonja Batten, 2008년

7월, 사적인 대화). 언어의 숨겨진 영향력을 봄으로써, 치료자는 행동 통제의 일차적인 자원으로 좋은 느낌과 옳다는 생각이 반드시 필요하다는 언어 기반 과정을 줄이려 시도한다. ACT와 MI는 가치와 행동의 중요성에 초점을 둔다는 점에서 더욱 중첩된다. ACT 치료자는 행동 변화가 어떻게 내담자가 정말로 관심을 가지고 있는 부분과 연결되는지를 내담자와 함께 살펴볼 것이고, 이런 식의 대화는 ACT와 MI 모두와 잘 일치한다. 앞의 예에서 '성실하게' 스포츠센터에 가는 것이 의미하는 바를 명확히 정의함으로써 내담자가 행동 변화에 관한 중요한 것과 접촉하도록 도울 것이고, 그렇게 함으로써 가치를 다른 사적 사건들보다 더 실효성 있는 행동 통제자로 강화할 것이다. 요약하면, ACT는 자기효능감을 인정하지만 이를 단순히 과학적·철학적 본질이라는 잠재적 문제를 야기할 수 있는 설명적 가설 구성 개념으로 간주한다. 자기효능감이 변화를 위한 필요조건이라는 이야기는 ACT와는 맞지 않지만, 자기효능감이 일종의 신념과 감정이라는 기능적 분류의 약칭이라는 점을 명확히 한다면, 자기효능감이 허용된다고 말하는 것은 ACT와 불일치하는 것이 아니다.

## 변화 동기

MI에서는 내적 동기라는 개념이 핵심적인 데 반해, ACT에서 그것은 가설적인 설명적 구성개념의 또 하나의 예일 뿐이다. 변화 동기란 치료자와 내담자가 행동 의도에 대해 이야기할 수 있는 매우 편리한 방식 중 하나일 수 있다. 더 구체적으로, 내담자가 변화에 대한 강한 동기를 보여 주는 식으로 말할 때, 우리는 이러한 언어행동을 실제 행동의 가능성을 강화시킬 수도 있는 하나의 전조로 볼 수 있다. 우리는 또한 그것을 단순히 이미 존재하는 행동력을 나타내는 부차적 사건으로 이해할 수도 있다.

언어행동과 실제 행동의 변화 사이의 관계를 밝혀 주는 흥미로운 MI 연구가 몇 가지 있다. 암레인 등(Amrhein et al., 2003)은 물질 남용 환자와의 동기화 면담을 담은 오디오 녹음에 대한 언어 분석을 실시했다. 그들은 동기화 면담에서 나타나는 내담자의 발언 양상을 확인할 수 있었는데, 이는 장기적인 추수 연구에서 약물 복용 행동의 유지나 변화와 안정적인 상관을 보였다. 또한 언어 분석은 면담 초반에 나타난 내담자의 변화에 대한 발언이 면담 후반의 전념에 대한 발언의 강도를 예측했음을 보여 주었고, 또한 면담 과정에서 전념에 대한 발언의 강도 변화가 행동 결과치를 신뢰할 수 있게 예측한다는 것을 보여 주었다(Amrhein et al., 2003; Miller & Rose, 2009).

암레인 등(2003)의 연구는 MI의 기본 원리들에 대해 명확히 지지하고 있다. 즉, 내담자의 변화 발언은 변화를 향한 전념행동을 강화하며, 이는 다시 실제 행동의 변화로 이어진다. ACT에서는 행동 변화를 시작하는 방법으로서 내담자로 하여금 구체적인 행위에 대한 전념행동의 표명을 격려하기 위해 대단히 많은 작업을 한다(Hayes et al., 1999; Luoma et al., 2007). 이러한 방법들은 기법상으로는 유사하지만, ACT에서는 '변화 동기'라는 개념의 가치가 의문시된다.

ACT의 관점에서 변화 동기의 위험성은 (지나치게 단순화하자면) 치료자가 실제 변화에 앞서서 내담자로 하여금 행동 변화에 대해 '옳다고 생각하고, 좋은 느낌을 갖도록' 도와야 한다는 것이다. 대립되는 생각과 충동을 MI로 제거하기는 어려울 것이며, 그래서 이런 상반되는 생각과 충동이 나타났을 때 그것이 행동에 미치는 영향은 MI를 시작하기 전과 마찬가지로 강력하게 남아 있을 것이다. 반면에, ACT 개입법의 본질은 행동에 대한 사적 사건, 특히 도움이 되지 않는 것으로 보이는 사건들의 행동 통제 기능을 감소시키는 것이다. 그래서 이 개입법은 대립되는 충동과 생각, 느낌이 나타날 때도 행동의 지속성을 최대화하도록 설계된 것이다.

## 행동 변화의 유지

동기화 면담 자체에 대한 문헌은 행동 변화의 유지에 관해 별로 언급이 없지만, 동기화 면담의 사촌 격인 변화에 대한 범이론적 모형(transtheoretical model of change: TTM)은 이에 대해 기술한다(DiClemente & Velasquez, 2002). TTM을 전체적으로 살펴보는 것은 이 장의 범위를 넘어서는 것이기 때문에, 관심 있는 독자들은 프로차스카와 디클레멘테(Prochaska & DiClemente)의 1984년 문헌을 참조하기 바란다. 간단히 말해서, TTM은 행동 변화에 대한 단계 모형이다. 개인은 어떤 행동 변화에서든 그 모형의 단계를 거치면서 앞으로 나아가거나 정체된다. 이러한 단계는 고려 전(precontemplation) 단계, 고려(contemplation) 단계, 행동(action) 단계, 유지(maintenance) 단계, 재발(relapse) 단계로 분류된다. 고려 전 단계에서 개인은 행동 변화를 적극적으로 고려하지 않는다. 고려 단계에서 개인은 변화를 위해 하는 것은 없어도 변화에 대한 고려는 한다. 행동 단계에서 개인은 행동 변화를 시작한다. 일단 행동 변화가 확고해지면 개인은 유지 단계에 있다고 할 수 있으며, 이 단계에서는 행동 변화와 유지에 대한 지속적인 전념이 요구된다. 마지막 단계인 재발 단계는 TTM의 어떤 단계에서도 올 수 있으며, 어떤 행동 변화에서도 공통적이다.

MI는 TTM 어느 단계에서도 유용할 수 있다(DiClemente & Velasquez, 2002). 건강행동 프로그램에서 행동 변화를 유지하는 것과 관련하여, MI는 건강행동의 실패와 재발을 다루는 데 도움이 되기도 한다. 재발 위험에 처해 있는 사람들에 대한 정확한 공감과 진실한 이해는 개인이 재발에서 방향을 바꾸어 변화를 위해 더욱 전념하도록 돕는 일종의 지지적인 환경을 제공하는 데 유용하다. 마찬가지로, 내담자가 행동 변화를 유지하는 이유를 살펴보도록 하고, 또한 행동 변화의 유지를 위한 효능감을 강화하기 위해서 중요성과 확신에 대한 척도 질문지를 사용할 수 있다. 유사하게 건강

행동에 대해 오랫동안 전념할 때 나타나는 일부 장애들에 대해 공감적인 반응을 한다면 건강행동 유지에 대한 저항을 유용하게 감소시킬 수 있다.

ACT에서 행동 변화의 유지는 가치와 전념행동에 계속 전념하는 것으로 이해된다. 개인이 건강행동을 유지하기 어려운 문제를 경험한다면, ACT 모형에 기반한 기능적 분석은 ACT의 여섯 가지 과정 중에서 어느 것이 행동 유지 문제를 이해하고, 그에 대한 개입을 하는 데 가장 유용한지를 기술하려 할 것이다. 예를 들어, 내담자는 생각과 느낌, 충동과 기꺼이 접촉하려 하지 않을 수 있고, 이런 태도는 행동 변화에 장애가 되기도 한다. 그런 상황에서, 비유나 '카드 내용(contents on cards)'(Hayes et al., 1999, p. 162)과 같은 연습, 실효성 탐색, 그 밖의 다른 기법을 통해 그런 사건들을 기꺼이 경험하도록 격려할 것이다. 내담자는 그러한 생각과 신념과 융합되기도 하고, 행동 변화에 대한 분노감과 융합되기도 한다. 이 경우에 탈융합을 연습할 수 있는데, 예를 들면 만약 그런 생각이나 감정이 치료실이 아닌 '저 바깥에' 있는 것이라면 그 괴로움이 어떻게 보일지를 시각화하는 것이다 (Hayes et al., 1999, p. 170, 171).

그 사람은 건강행동은 필요치 않았고, 삶의 즉흥성에 흥미를 두고 있었던 비교적 '개념화된 과거'에 사는지도 모른다. 내담자가 현재 순간에 대해 마음챙김 수련을 하고, 자기에 대해 대안적인 관점을 취하는 것이 도움이 될 수 있다. 이는 자기를 과거의 기억과 과잉 동일시하는 것이 아니라, 자기를 그러한 기억이 경험되는 하나의 맥락으로 보도록 하는 것이다. 이런 재료를 가지고 작업하는 예는 헤이스 등(Hayes et al., 1999)이 특정 단원에 그 연습들의 기능적 요소(기꺼이 하기, 탈융합, 맥락적 자기 등)와 관련하여 기술해 놓은 '좋은 컵과 나쁜 컵' 연습(p. 169), '체스판 비유'(p. 193), '관찰자 자기' 연습(p. 193) 등이 있다. 하지만 현실에서 각각의 연습은 다양한 심리적 과정을 대상으로 하며, ACT 모형의 이론적 진술은 그러한 과정을 '중첩되고 상호 관련된 것'으로 기술한다(Hayes et al., 2006, p. 9).

재발한 내담자에 대해서 ACT 치료자들은 (MI 전문가들과 마찬가지로) 공감적이면서도 타당한 것으로 보는 태도를 취할 것이다. 또한 치료자들은 내담자가 가능하면 재발에 대한 생각과 느낌을 모두 충분히 경험하도록 격려할 것이다. 내담자와 치료자는 내담자가 재발의 맥락에서 자신에게 친절하고, 수용적이며, 용서하는 태도를 갖도록 격려하기 위해 함께 작업할 것이다. 그들은 건강행동이 이러한 태도와 어떻게 연결되는지를 살펴보면서 가치에 대한 전념행동을 재확인할 가능성이 크다. 마지막으로, 계속해서 존재하는 많은 장애를 능숙하게 다루는 심리적 유연성이 강화되면서 내담자와 치료자는 건강행동 변화에 대한 전념행동을 다시 확립할 것이다.

# 요 약

건강행동 변화라는 영역에서 ACT와 MI는 기술과 태도, 행동 목표, 행동 개념, 과학의 가치, 인간성의 관점에서 많은 유사점을 지닌다. ACT와 MI는 범위와 이론적 구성개념, 철학적 가정에서는 원칙적으로 다르다. 철학과 개념 측면에서 ACT와 MI는 몇 가지 차이가 있기는 해도, 이 두 방법은 잘 양립할 수 있다. MI는 치료자의 태도와 언어를 유용하게 개발할 수 있는, ACT와 매우 일치하는 전략을 제공한다. 따라서 MI의 방법들은 ACT 치료자의 기법에서도 유용한 요소로 볼 수 있다.

ACT 모형은 임상가가 어떠한 건강행동 변화 수행에서든 발생하는 다양한 문제들과 장애들을 개념화하고, 이러한 문제와 장애들을 가지고 작업하기 위한 전략을 개발하도록 해 준다. 이 부분에서 특히 유용한 ACT 모형의 한 가지 요소는 ACT의 여섯 가지 핵심 과정이 내담자에게 적용되는 것처럼 임상가에게도 똑같이 적용된다는 것이다(Luoma et al., 2007, p. 221). MI는 치료자들이 "변화에 대한 논박을 피하고, 저항에 직접적으로 맞서지 않

음으로써…… 저항과 함께 굴러갈 수 있다."(Miller & Rollnick, 2002, p. 40)
라고 말한다. ACT 모형이 이러한 핵심 MI 기술을 강화해 줄 수 있는 부분
은 치료자가 자기알아차림을 더 잘 개발하고, 현재에 머무는 능력을 더 키
우고, 어떻게 치료자 자신의 '생각'이 MI와 일치하지 않는 바로 그런 종류
의 행동에 자신을 끌어들이는지에 대해 더 잘 자각하도록 돕는다. 치료자
자신의 판단과 환자와 치료에 대한 신념, 자신의 훈련에 대한 신념, 불편한
감정과 기꺼이 함께하려는 마음(의 부족)은 모두 치료자를 MI와 일치하는
방식으로 행동하지 못하도록 하는 사적인 내용의 예들이다. ACT는 내담자
의 변화 능력을 최대화하는 방식으로 내담자에게 반응하려 할 때, 치료자
가 자신의 심리적 유연성을 개발하기 위해 사용할 수 있는 틀과 명시적인
훈련 프로그램을 제공한다. 그러한 태도는 동기화 면담과 수용-전념치료가
전적으로 일치한다.

# 참·고·문·헌

Amrhein, P. C., Miller, W. R., Yahne, C. E., Palmer, M., & Fulcher, L. (2003). Client commitment language during motivational interviewing predicts drug use outcomes. *Journal of Consulting and Clinical Psychology, 71*, 862-878.

Bandura, A. (1997). *Self-efficacy: The exercise of control.* New York: Freeman.

Bem, D. J. (1972). Self-perception theory. In L. Berkowitz (Ed.), *Advances in experimental social psychology* (Vol. 6, pp. 1-62). New York: Academic Press.

Blackledge, J. T. (2007). Disrupting verbal processes: Cognitive defusion in acceptance and commitment therapy and other mindfulness-based psychotherapies. *Psychological Record, 57*, 555-576.

Brehm, S. S., & Brehm, J. W. (1981). *Psychological reactance: A theory of freedom and control.* New York: Academic Press.

DiClemente, C. C., & Velasquez, M. M. (2002). Motivational interviewing and the stages of change. In W. R. Miller & S. Rollnick (Eds.), *Motivational interviewing: Preparing people for change* (2nd ed.). New York: Guilford Press.

Dunn, C., DeRoo, L., & Rivara, F. P. (2001). The use of brief interventions adapted from motivational interviewing across behavioral domains: A systematic review. *Addiction, 96*, 1725-1742.

Emmons, K. M., & Rollnick, S. R. (2001). Motivational interviewing in healthcare settings: Limitations and opportunities. *American Journal of Preventive Medicine, 20*, 68-74.

Festinger, L. (1957). *A theory of cognitive dissonance.* Evanston, IL: Row, Peterson.

Hayes, S. C. (2009, July). *The importance of RFT to the development of contextual behavioral science.* Presidential address at the Association for Contextual Behavioral Science Third World Congress, University of Twente, Netherlands.

Hayes, S. C., Barnes-Holmes, D., & Roche, B. (Eds.). (2001). *Relational frame theory: A post-Skinnerian account of human language and cognition.* New York: Plenum Press.

Hayes, S. C., Hayes, L. J., & Reese, H. W. (1988). Finding the philosophical core: A review of Stephen C. Pepper's World Hypotheses. *Journal of the Experimental Analysis of Behavior, 50*, 97-111.

Hayes, S. C., Hayes, L. J., Reese, H. W., & Sarbin, T. R. (Eds.). (1993). *Varieties of scientific contextualism.* Reno, NV: Context Press.

Hayes, S. C., Luoma, J. B., Bond, F. W., Masuda, A., & Lillis, J. (2006). Acceptance and commitment therapy: Model, processes and outcomes. *Behaviour Research and Therapy, 44*, 1-25.

Hayes, S. C., Strosahl, K. D., Bunting, K., Twohig, M., & Wilson, K. G. (2004). What is acceptance and commitment therapy? In S. C. Hayes & K. D. Strosahl (Eds.), *A practical guide to acceptance and commitment therapy.* New York: Springer.

Hayes, S. C., Strosahl, K. D., & Wilson, K. G. (1999). *Acceptance and commitment therapy: An experiential approach to behavior change.* New York: Guilford Press.

Hettema, J., Steele, J., & Miller, W. R. (2005). Motivational interviewing. *Annual Review of Clinical Psychology, 1*, 91-111.

Knight, K. M., McGowan, L., Dickens, C., & Bundy, C. (2006). A systematic review of motivational interviewing in physical health care settings. *British Journal of Health Psychology, 11*, 319-332.

Leffingwell, T. R., Neumann, C. R., Babitzke, A. C., Leedy, M. J., & Walters, S. T. (2007). Social psychology and motivational interviewing: A review of relevant principles and recommendations for research and practice. *Behavioural and Cognitive Psychotherapy, 35*, 31-45.

Luoma, J. B., Hayes, S. C., & Walser, R. (2007). *Learning ACT: An acceptance and commitment therapy skills-training manual for therapists.* Oakland, CA: New Harbinger Publications.

Martins, R. K., & McNeil, D. W. (2009). Review of motivational interviewing in promoting health behaviours. *Clinical Psychology Review, 29*, 283-293.

Miller, W. R. (1983). Motivational interviewing with problem drinkers. *Behavioural Psychotherapy, 11*, 147-172.

Miller, W. R., & Baca, L. M. (1983). Two-year follow up of bibliotherapy and therapist-directed controlled drinking training for problem drinkers.

*Behavior Therapy, 14*, 441-448.

Miller, W. R., Benefield, R. G., & Tonigan, J. S. (1993). Enhancing motivation to change in problem drinking: A controlled comparison of two therapist styles. *Journal of Consulting and Clinical Psychology, 61*, 455-461.

Miller, W. R., & Rollnick, S. (1991). *Motivational interviewing: Preparing people to change addictive behavior.* New York: Guilford Press.

Miller, W. R., & Rollnick, S. (Eds.). (2002). *Motivational interviewing: Preparing people for change* (2nd ed.). New York: Guilford Press.

Miller, W. R., & Rollnick, S. (2009). Ten things that motivational interviewing is not. *Behavioural and Cognitive Psychotherapy, 37*, 129-140.

Miller, W. R., & Rose, G. S. (2009). Toward a theory of motivational interviewing. *American Psychologist, 64*, 527-537.

Miller, W. R., Taylor, C. A., & West, J. C. (1980). Focused versus broad-spectrum behavior therapy for problem drinkers. *Journal of Consulting and Clinical Psychology, 48*, 590-601.

Moyers, T. B., & Martin, T. (2006). Therapist influence on client language during motivational interviewing sessions: Support for a potential causal mechanism. *Journal of Substance Abuse Treatment, 30*, 245-251.

Moyers, T. B., Martin, T., Cristopher, P. J., Houck, J. M., Tonigan, J. S., & Amrhein, P. C. (2007). Client language as a mediator of motivational interviewing efficacy: Where is the evidence? *Alcoholism: Clinical and Experimental Research, 31*(Suppl. 3), 40-47.

Pepper, S. C. (1942). *World hypotheses: Prolegomena to systematic philosophy and a complete survey of metaphysics.* Berkeley, CA: University of California Press.

Pierson, H., & Hayes, S. C. (2007). Using acceptance and commitment therapy to empower the therapeutic relationship. In P. Gilbert & R. Leahy (Eds.), *The therapeutic relationship in cognitive behaviour therapy.* London: Routledge.

Prochaska, J. O., & DiClemente, C. C. (1984). *The transtheoretical approach: Crossing traditional boundaries of therapy.* Homewood, IL: Dow/Jones Irwin.

Rogers, C. (1951). *Client-centered therapy: Its current practice, implications and theory*. London: Constable.

Rollnick, S., Mason, P., & Butler, C. C. (1999). *Health behavior change: A guide for practitioners*. New York: Churchill Livingstone.

Rollnick, S., Miller, W. R., & Butler, C. C. (2008). *Motivational interviewing in health care*. New York: Guilford Press.

Wagner, C. C., & Sanchez, F. P. (2002). The role of values in motivational interviewing. In W. R. Miller & S. Rollnick, (Eds.), *Motivational interviewing: Preparing people for change* (2nd ed.). New York: Guilford Press.

Wertz, F. J. (1998). The role of the humanistic movement in the history of psychology. *Journal of Humanistic Psychology, 38*, 42–70.

Wilson, K. G. (2001). Some notes on theoretical constructs: Types and validation from a contextual behavioural perspective. *International Journal of Psychology and Psychological Therapy, 1*, 205–215.

Wilson, K. G., & Dufrene, T. (2008). *Mindfulness for two: An acceptance and commitment therapy approach to mindfulness in psychotherapy*. Oakland, CA: New Harbinger Publications.

Zettle, R. (2005). The evolution of a contextual approach to therapy: From comprehensive distancing to ACT. *International Journal of Behavioral Consultation and Therapy, 1*, 77–89.

# 제10장

노출 기반 및 전통적 CBT 기법과
수용 및 마음챙김의 통합

리커드 K. 윅셀(Rikard K. Wicksell)
Behavior Medicine Pain Treatment Services,
Astrid Lindgren Children's Hospital,
Karolinska University Hospital; Department of Clinical
Neuroscience, Karolinska Institute

지난 30년간 인지행동치료(CBT)에는 많은 변화가 있었다. CBT 내의 다른 전통에 기반한 방법들을 통합하는 것은 CBT 개발 과정에서 중요한 부분이었다. 최근에 수용 지향 개입법들, 특히 수용전념치료(ACT)와 관련해서는 경험적인 지지가 증가했지만(Hayes, Masuda, Bissett, Luoma, & Guerrero, 2004; McCracken & Eccleston, 2005; Wicksell, Melin, Lekander, & Olsson, 2009), 그러한 개입법이 기존 임상 모형과 관련해서 어떻게 활용되고 시행될 수 있는지가 항상 명확한 것만은 아니다.

이 장에서는 ACT 방법들과 다양한 CBT 전통 방법들 간의 관계를 구체적으로 살펴보고, 이 개입법들이 만성질환 치료에 어떻게 통합될 수 있는지를 고찰할 것이다. 초점은 구체적인 치료 방법에 있지만, 이론적 가정과 치료 과정에 대한 논의가 이 분석을 위한 틀로 제공된다.

# 배경과 이론 틀

대체로 CBT 기반 치료법들은 오늘날 잘 확립되어 있는 편이며, 행동의학 분야에서는 특히 그렇다(Compas, Haaga, Keefe, Leitenberg, & Williams, 1998; Keefe et al., 2002; Morley, Eccleston, & Williams, 1999). 그러나 이들 치료법은 이론적 가정과 치료 목표, 기법이 매우 다양할 수 있다(Turk & Okifuji, 2002). 이는 수용전념치료, 변증법적 행동치료(Dialectical Behavior Therapy: DBT), 기능 분석 심리치료(Functional Analytic Psychotherapy: FAP), 행동 활성화(Behavior Activation: BA), 마음챙김 기반 인지치료(Mindfulness-Based Cognitive Therapy: MBCT)와 같이 소위 '제3의 동향'의 일부라 불리는 비교적 최근에 등장한 수용 및 마음챙김 기반의 CBT에서 더욱 두드러진다(Hayes, Follette, & Linehan, 2004).

'제3의 동향' 치료들 가운데서 ACT는 아마도 가장 잘 발달된 통합적 이론 틀을 가지고 있는 것으로 보인다. ACT 접근의 일부인 수용과 마음챙김 전략은 행동에 대한 기능 분석에 근거한다. 여기서 '행동'이란 생각을 포함해서 개인이 행하는 모든 것이라고 대략적으로 정의된다. 예를 들어, 통증이나 피로, 두려움과 같이 혐오적인 사건들을 지연시키거나 억제하기 위해 하는 행동은 회피로 분류되고, 반응적 조건화나 조작적 조건화의 결과라고 본다. 중요한 점은 그러한 행동들이 '무거운 상자 들지 않기'나 '학교에 가지 않고 집에 있기'처럼 외견상 형태는 다를 수 있지만 그 행동의 기능은 동일하게 회피라는 것이다. 회피는 장애의 핵심으로 보이며, 덜 불쾌해지거나 타인에게 더 많은 관심과 도움을 받는 것처럼 대체로 단기적인 결과를 강화함으로써 발달되고 유지된다. 그러나 회피는 수동적이고 활기 없는 생활양식을 야기하기 쉽다. 회피 양식이 건강에 미치는 나쁜 영향으로는 근육 강도 감소와 심혈관 위험 증가, 우울증 같은 문제들이 있다.

ACT에서 회피행동은 감각이나 감정(수치심, 두려움, 죄책감), 사고와 같이 바람직하지 않은 사적 경험과 관련해서 나타나는 것으로 본다. 회피의 원인으로서 심리적 경험을 강조하기 때문에 '경험 회피(experiential avoidance)'라는 용어를 사용하게 되었다.

ACT는 기능적 맥락주의(Hayes, 2004)에 기반하고 있으며, 여기서 분석의 단위는 맥락 내의 행위(act)다. 그러므로 이러한 '행위'가 생각이든 정서적 반응이든 또는 눈에 보이는 행동이든 간에, 이 행위가 나타나는 상황과 그 상황에 관련된 개인 역사와 연결해서 보지 않는다면 이 행위는 심리적인 의미를 갖는 사건이 아니다. 따라서 비록 행위와 맥락적 특징을 분리해서 살펴볼 수 있다 하더라도, 전체 맥락 내의 행위가 여전히 일차적인 단위다. 임상적으로, 이런 예는 표적 행동의 전후에 발생한 맥락 요인을 파악함으로써 그 행위의 기능을 이해하려는 기능 분석에서 찾아볼 수 있다. 한 상황의 심리적 경험은 그 시점에서 보고, 듣고, 느낀 것에만 국한되는 것이 아니고, 과거 경험에 의해 부가된 이 경험의 의미와 이런 의미가 끼친 영향까지를 포함하는 것이다. 기능적 맥락주의는 좀 더 기계론적인 관점과 대비될 수 있는데, 기계론적 관점은 행동을 일차적으로 상황의 형식적 특성과 그 사람 내에서 일어나는 과정의 결과로 간주하며, 형식과 기능 간의 차이나 역사의 역할은 상대적으로 크게 고려하지 않는다. 이 차이는 임상적으로 시사하는 바가 있다. 인지이론에 근거한 개념화는 두 가지 주된 이유로 사고의 형식과 내용에 초점을 둔다. 첫째, 단순히 부정적인 사고가 있다는 것만으로도 심리적 안녕감에 중요하다고 간주된다. 둘째, 사고를 비효율적 행동과 부실한 자기관리의 원인으로 본다. 인지적 개입은 사고를 탐색하여 기저에 있는 인지 도식과 핵심 신념을 찾아내어, 통증 신념과 미래 사건에 대한 부정확한 예측, 자기효능감에 대한 평가 등과 같은 사고 내용과 빈도를 줄이거나 바꾸려는 시도를 한다. 따라서 이 이론 틀에서는 인지 과정이 변화의 핵심적인 매개변수로 간주되며, 행동 변화가 일어나려면 결국 인지 과정이 목표가 되어야 한다.

이와 달리, ACT는 내적 사건에 대한 설명적 가치 하나만을 고려하거나 심리적 경험과 외현적 행위 간의 직접적인 인과관계를 중요시하지 않는다. 대신에 행동이란 맥락 요인들과 상호작용하는 여러 다른 경험들과 사고의 조정을 통해 나타나는 것으로 본다. 쉽게 바꾸기 어려운 증상이 있을 때, 기능적 맥락주의는 증상이 나타나는 맥락을 바꾸어 줌으로써 그 증상이 행동에 미치는 부정적인 영향을 감소시키는 방식으로 접근할 것이다. 예를 들어, 만성통증을 경험하는 경우 그 맥락은 통증 감소에 초점을 두는 것이 특징이고, 통증과 연합된 상황은 회피하려 하기 쉽다. 수용 의지를 특징으로 하는 대안적 맥락에서는 증상의 존재를 허용하며, 통증의 존재가 더 이상 회피로 이어지지 않으며, 통증이 신체 및 사회적 기능의 장애가 되지 않을 것이다.

ACT의 중요한 측면은 진실이 무엇인가에 대한 실용적 접근이며, 분석이나 개입의 타당성은 그것이 명시한 목표에 관해 얼마나 효과적으로 작동하는가에 의해 측정된다. 이것은 개념이 어떻게 현실과 부합하는지, 또는 특정 이론에 적합한지의 문제와는 다르다. 달리 표현하면, 진실의 기준으로 '실효성(workability)'이 강조되며, 특정 전략의 실효성을 평가하기 위한 기준으로 개인의 삶의 가치를 사용한다.

ACT는 관계 틀 이론(RFT)에서 개념화된 것으로 학습과 인지 과정에 근거한다(Hayes, Barnes-Holmes, & Roche, 2001). 요약하면, RFT는 부정적인 사고의 빈도를 줄이는 것이 왜 적절한 치료 목표가 되지 못하는지, 또는 왜 외현적인 행동 변화를 달성하는 데 필요하지 않은지를 분명히 밝힌다. RFT는 이 책의 다른 장에서도 논의되며 RFT를 자세히 다루는 것은 이 장의 범위를 벗어난다.

## 사례 개념화

대개 만성질환에서 그렇듯이 치료나 완전한 증상 완화가 어려운 환자들에게서 자기관리 향상은 기능과 삶의 질에 결정적이라 할 수 있다. CBT의 영향을 받은 대부분의 임상 모형에서 부정적인 사고와 정서는 물론 역기능적 행동도 치료의 중심 목표가 된다. 그러나 이론 틀에 따라 문제 개념화는 다양할 수 있다(Lappalainen et al., 2007). 예를 들면, 통증관리에서 중점을 두는 부분은 재앙화나 통증 신념, 불안 민감성, 통증에 대한 공포, 운동 공포 등을 포함한다(Turk, Meichenbaum, & Genest, 1983; Turk & Okifuji, 2002; Vlaeyen & Linton, 2000). 심지어 단일 구성개념도 다른 방식으로 개념화될 수 있다. 재앙화는 공포와 회피를 불러일으키는 부정적인 자동적 사고 범주 또는 불안 감소 기능을 통해 강화되는 내현적인 역기능적 조작행동(반추)으로 개념화될 수 있다. 만성통증과 장애에 대한 공포 회피 모형은 인지 기제는 물론 반응적 조건화와 조작적 조건화도 포함한다. 통증행동의 인지 개념화와 마찬가지로, 미래 사건에 대한 부정확한 예측은 회피행동의 설명에 핵심 역할을 한다(Vlaeyen & Linton, 2000).

일반적으로 기능 분석 접근법으로서 ACT는 재앙적 사고와 통증 신념 또는 재발에 대한 부정적 예측과 같은 것을 본질적으로 자극 특성에 대한 언어적 반응으로 간주한다. ACT에서는 혐오적 사고나 정서, 신체감각 그 자체만으로 문제가 된다고 개념화하지는 않는다. 문제는 이러한 경험들, 그리고 삶의 질과 건강을 달성하기 위한 방식으로서 이 경험들을 통제할 필요가 있는 맥락에 근거한다.

## 치료 목표와 치료 과정

전통적으로는 증상 감소를 일차적 결과 변수로 보았지만, ACT를 포함한 대개의 만성질환 관리용 임상 모형들은 기능 향상과 삶의 질을 강조한다. 하지만 목표 달성을 위한 방법은 다양하다. 사실상 CBT 관련 치료법들에서조차 다양한 변화 목표와 과정이 있는데, 증상 감소와 증상 관련 고통감소, 자기효능감 증가, 근긴장 감소, 역기능적 사고 양식의 변화, 통증 공포의 감소 등이 포함되지만, 여기에만 국한되지는 않는다(Morley et al., 1999; Turk et al., 1983). ACT는 대체로 증상의 감소나 통제, 사고의 빈도나 내용 변화를 목표로 하지는 않으며, 이런 방식의 유용성에 의문을 제기한다(Hayes, Strosahl, & Wilson, 1999). 대신 기능과 삶의 질 향상은 심리적 유연성이 증가한 결과로 보는데, 심리적 유연성이란 부분적으로 방해 증상이나 괴로운 감정이 있든 없든 자신의 가치에 맞게 행동할 수 있는 능력으로 정의된다. ACT와 좀 더 전통적인 CBT 방법들은 많은 점에서 다르기는 하지만, 공통 부분도 주목을 받는다. 예를 들어, 자기효능감과 심리적 유연성은 두 구성개념 모두 통증이나 고통과 같은 방해가 되는 사적 경험을 할 때 적절한 행동을 수행할 수 있는 능력을 포함한다는 점에서 어느 정도 연관이 있어 보인다. 그러나 두 개념은 이런 능력이 가능하다는 긍정적인 신념에 기초해야 하는지 아닌지에 있어 차이가 있다. 즉, 자기효능감은 이러한 신념이 필요하지만, 심리적 유연성은 그렇지 않다.

## 전통적인 방법과 함께 ACT 개입법 시행하기

최근 연구들을 보면 수용과 마음챙김 기반 접근법과 같이 심리적 유연성을 촉진하는 방법은 통증이나 피로, 정서적 고통과 같은 증상을 가진 채 활력 있게 살아가는 능력을 증가시키는 데 특히 도움이 될 수 있다. 그러나 전통적 형태의 CBT가 ACT 같은 접근법의 원리와 과정을 어떻게 통합할 수 있는지가 항상 분명한 것만은 아니다. 다음 논의에서 수용과 관련 기법의 시행이 치료 프로그램의 광범위한 변화를 요구하지 않으면서도 가능할 수 있음을 보여 줄 것이다. 사실, 오히려 작은 차이들이 치료 효과를 높이는 데 도움이 될지도 모른다. CBT의 전략은 다양하기 때문에 ACT 기반 과정들을 몇 가지 핵심 개입법과 관련해서 논의할 것이다. 이들 과정과 방법에 대해서는 익숙하다고 가정하고, 이것들은 유사점과 차이점, 가능한 시행을 설명하기 위해서만 검토할 것이다.

## 수 용

수용은 심리치료에서 오랫동안 초점이 되었지만, 그 정의와 개입법에서 큰 차이가 있다. 수용은 ACT의 핵심 과정이기 때문에, 개념을 명확히 할 필요가 있다. ACT에서 수용은 부정적인 사적 사건들(정서, 사고, 신체감각)을 통제하거나 회피하는 전략을 포기하고, 그런 사건들을 있는 그대로 경험하기 위해 개방하는 과정이다. 수용이 목적 자체가 아님을 주목해야 한다. 그보다 수용은 행동 변화의 핵심 과정으로, 특히 잠재적으로 방해가 되고, 대개는 바람직하지 않은 신체적이거나 정서적인 경험이 있더라도 가치 활동에 참여할 수 있는 특질로 이해된다. 따라서 수용은 형식적인 연습이나 구체적인 기법이라기보다 부정적인 경험과 관계하는 과정을 의미한다. 그렇게 보면 수용은 다양한 방법들로 접근할 수 있을 것이다. 중요한 사실은 수용이 수동적인 것이 아니라 경험 회피를 인지하면서, 심리적 경험에 대한 자각을 늘려 그것들의 영향력을 줄이는 과정인데, 이때는 회피가 아닌 다른 기능을 하는 행동을 선택하면서 이전에 회피했던 사적 경험들과 함께 머무르게 된다. 수용을 촉진하는 데 유용해 보이는 많은 구체적인 절차가 있다(Hayes et al., 1999).

## 인지적 재구조화와 탈융합

CBT는 주로 회피 상황에 대한 부정확한 예측(예: '운동을 하면 다칠지 몰라.')을 수정하기 위한 인지 재구조화를 목적으로 하는 개입법으로서 궁극적으로는 역기능적 도식이나 핵심 신념을 바꾸는 것이다. 이러한 목적을 달성하기 위해 여러 인지 기법이 사용되는데, 이를테면 생각 검증하기, 소크라테스식 질문법, 인지적 논박이 있다. 반대로, ACT에서 사용 가능한 많은 방법 가운데 하나는 생각을 사실이 아닌 하나의 가능성으로 받아들임으로써 생각의 문자적 의미에서 벗어나 생각하기 자체를 계속되는 과정으로 자각하도록 하는 것이다. 부정적 사고는 기능적인 관점에서 분석될 수 있는데, 이를테면 어떤 생각을 믿거나 추종할 때 나타나는 행동을 살펴보는 것이다. 다른 말로 하면, 생각의 기능은 환자가 정의하는 가치 있는 삶과 관련하여 평가된다. 한 예로, 특정 생각('파티에 가면 통증이 심해질지도 몰라.'와 같은)이 현실과 일치한다는 의미에서 사실인지 아닌지는 별로 관심이 없다. 대신 그 생각에 따라 행동하는 것이 가치 있는 삶을 살아가는 것을 용이하게 하는지에 근거해서 평가한다.

인지적 탈융합(cognitive defusion) 기법은 사적 사건이 행동을 과도하게 제약하는 힘을 줄이려는 목적으로 시행된다. 본질적으로 성공적인 탈융합 과정을 따르면, 환자는 재앙적 사고나 부정확한 예측을 동일한 빈도와 기간 및 강도로 계속해서 하면서도 그 내용을 믿거나 그것들에 대해 반응하지 않을 수 있다. 탈융합을 작업하는 방법으로는 비유나 경험 과제 활용을 포함해 여러 가지가 있다. 기본적으로 인지적 탈융합은 생각하는 과정과 생각의 내용 간의 차이를 반복적으로 만들어 내는 것이다. 따라서 기능 분석 자체가 탈융합 과정의 중요한 부분이다. 생각이 일어났을 때, 생각을 생각으로 알아차리는 것은 마음챙김 지향 훈련으로 쉽게 실시할 수 있는 특히 유용한 탈융합 전략이다. 다른 기법들은 생각의 과정을 분리하고 객관화하는 방식, 예컨대 카드에 생각을 써서 하루 동안 가지고 다니기, 산책 중에 환자의 '재잘거리는 마음'이 되어 보기 등이 있다(Hayes et al., 1999).

인지적 재구조화 또는 인지적 탈융합이라고 불리는 기법들은 유사한 과정들을 촉진할 것이라는 주장이 있을 수 있다. 사실, 인지적 탈융합 과정은 결과적으로 생각의 빈도와 형태를 바꿀 수 있으며, 인지적 재구조화로 더 큰 자각(알아차림)과 함께 행동에 대한 부적절한 영향을 줄여 나갈 수 있다. 이것은 결국 실증적 문제로, 이러한 형태의 개입에서 변화 과정을 탐색하는 것의 중요함을 보여 준다.

## 노 출

노출 기반 기법들, 예컨대 체계적 둔감화와 홍수법, 점진적 실제 노출법 등은 CBT 내에서 오랜 역사를 가지고 있다. 노출법은 일반적으로 특정 사회적 상황과 신체감각, 통증, 정서적 경험처럼 과거에 회피했던 경험들과 접촉을 하거나 그 접촉을 늘리는 것이 특징인 절차다. CBT에 기초한 대부분의 치료 모형은 어떤 형태로든 노출법을 포함하며, 여러 가지 다양한 방식으로 시행되는데, 가령 과거 회피했던 상황에서 보내는 시간을 늘리기(실제 노출법), 재앙적 사건이나 미래 계획을 생각하거나 논의하기(심상적 노출법), 신체감각에 주의 기울이기(내수용기 노출법) 등이 있다. 표면적인 수준에서 노출법들은 ACT와 DBT, BA를 포함한 다양한 CBT 접근법 간에 비교적 유사할 수도 있다. 그러나 치료의 근거와 목표는 상당히 다르다. 예를 들어, 실제 노출법은 요통이나 복합 부위 통증 증후군과 같이 통증 증상과 고통을 줄이기 위한 둔감화 과정에서 사용될 수 있다(De Jong et al., 2005). 또한 증상 유도 절차에 대한 점진적 노출법은 통제감과 자기효능감을 증가시키기 위한 것으로서 이완과 호흡, 정신 활동(주의 분산) 같은 통제 전략을 연습하기 위해 시행되기도 한다. 이러한 예들은 CBT라는 좀 더 전통적인 형태의 몇몇 접근들과 ACT 간의 기능적 차이를 보여 준다. ACT는 대체로 증상을 감소시키거나 그것들을 통제하는 기술을 늘리거나 사고나 신념의 내용을 바꾸기 위해서 노출 절차를 사용하는 것은 아니다. 그보다 ACT에서의 노출법은 자발성과 현재 순간과의 접촉하기, 가치 기반 전념행동을 촉진하려는 것이며, 증상을 그대로 두면서도 행동 목록을 확장하기 위해 시행된다. 요약하면 ACT에서 노출법은 느끼거나 생각한 것을 바꾸려는 것이 아니라 느끼거나 생각한 것에 관한 유연성을 촉진하려는 것이다. 어떤 집단의 환자는 높은 수준의 인지적 융합과 미묘한 형태의 경험 회피로 인해 노출이라는 좀 더 전통적인 형태에 그리 잘 반응하지 않을 수도 있다. 그런 경우, 인지적 탈융합을 적용하고 통제 어젠다를 겨냥하는 것이 유익할지도 모른다. 일부 환자의 경우에는 질병으로 인한 신체감각이 공포와 재앙적 사고를 유발하기도 한다. 이러한 환자들에게는 노출법을 마음챙김과 결합시킬 수 있다. 즉, 심리적 유연성 향상을 목적으로 하는 과정에서, 내수용기의 신체감각에 주의를 기울이면서 이런 반응들에 대한 탈융합적인 관점의 관찰과 수용을 촉진하는 식으로 통합할 수 있다. 따라서 노출 기반의 방법들은 다양한 목적으로 적용될 수 있으며, 그중 일부는 수용과 마음챙김, 탈융합, 유연성의 촉진을 포함한다.

## 마음챙김과 이완

마음챙김은 복합적이어서 다양하게 정의되기도 한다. 최근에 제시된 바로는 마음챙김은 다차원적으로 개념화되어야 하며, 내적 경험에 대한 비반응성과 감각 관찰하기, 자각하여 행동하기, 말로 묘사하기, 경험에 대한 비판단 등을 포함한다(Baer, Smith, Hopkins, Krietemeyer, & Toney, 2006). 앞서 본 것처럼 ACT에서 볼 수 있는 과정들과 마음챙김 간에는 커다란 공통점이 있다. 또한 마음챙김은 심리적 증상을 감소시키고 건강을 증진하는 일련의 기술로 간주되었다(Baer et al., 2006). 이러한 마음챙김 기술은 ACT 와 DBT에서 주로 행해지는 단기 훈련에서부터 좀 더 길고 공식적인 명상 에 이르기까지 여러 가지 방식으로 훈련이 가능하다(7장과 12장 참조).

　'마음챙김'이라는 용어는 방법이기도 하고 과정이기도 한데, 그래서 혼 란스러울 수 있다. 수용과 심리적 유연성을 촉진하기 위한 치료들이 반드 시 명시적인 마음챙김 훈련을 포함할 필요는 없다. 예를 들면, ACT와 더불 어 마음챙김은 현재 순간과 접촉하는 과정을 촉진하고, 잠재적으로 부정적 인 심리적 경험들과 함께 머무는 것을 목적으로 하는 일련의 절차들에 의 해 강화되기도 한다. 마음챙김 절차는 어떤 점에서는 노출법 절차들과 비 슷한데, 환자로 하여금 불편한 반응을 유발하는 행동을 해 보도록 격려한 다는 점에서 그렇다. 경험을 회피하거나 변경하려 하지 않으면서 이렇게 할 수 있을 때, 수용을 촉진할 수 있다. 게다가, 마음챙김 절차들은 주로 탈 융합 과정을 용이하게 하는 감각 관찰 및 묘사하기를 포함한다. 마음챙김 수련은 이완 훈련과 많은 부분 유사하고, 확실히 명상이나 공식적 마음챙 김 수련은 보통 좀 더 이완된 상태를 유도하는 방식으로 이루어진다. 그러 나 이완은 대개 증상 감소나 경험에 대한 통제 또는 둘 다를 목적으로 하는 데 반해, 마음챙김의 주된 목적은 "연합된, 이차적인 의미로 인한 순수한 지각의 왜곡 없이…… 온전한 알아차림으로…… 현상을 지각하려는 순간 순간의 노력을 전개하는 것"(Kabat-Zinn, Lipworth, & Burney, 1985, p. 165) 으로 기술된다.

　이완은 다양한 기법들과 여러 형태로 결합해서 사용되는데, 이런 기법 에는 둔감화와 바이오피드백 훈련, 최면, 요가 등이 있다. 좀 더 구체적인 주 목적은 근육 긴장을 완화하여 증상을 감소시키거나 통증이나 스트레스 의 초기 신호를 인식하는 법을 익혀서 이완 상태와 각성 상태를 구별함으 로써 통증을 통제하는 것이다. 때때로 이완은 학습된 행동 반응을 억제하 고 생리적 반응을 감소시키는 것은 물론, 괴로운 상황에서 좀 더 효율적인 행동을 촉진하기 위한 기술 습득 프로그램의 일부분으로 사용된다. 이와 같이 이완은 괴로운 상황에 머물 수 있는 개인의 능력을 강화함으로써 노출을 촉진하는 데 사용되기도 하는데, 이로써 증상을 감소시키고, 행동 목록을 확장하게 된다. 만약 근육 긴장의 버티고 방어하는 성질이 일종의 경험 회피로 기능하고, 어떤 가치와 관련해서 역기능적인 것으로 드러나면, 이완은 사실상 노출과 수용 의지 행위로 보일 수 있다. 그러나 맥락에 따라서 이완이 때때로 혐오 자극과의 접촉을 줄이고, 회피 전략으로 기능할 수 있다는 점을 주목해야 한다. 따라서 ACT 치료자는 증상 감소를 위한 수단이 아니라 수용을 늘리고 현재 순간과 접촉하고 또한 탈융합 과정에서 나타나는 증상을 살펴보기 위한 수단으로서 이완을 사용할 수 있다. 그러므로 이완과 마음챙김을 형식 면에서 비교하기도 하지만, 기능 면에서도 유사점과 차이점을 고려해야 한다.

## 주의 분산

증상 때문에 행동을 철회하는 환자는 외적 자극의 양이 줄어서 결과적으로 주의를 사적 사건들에 한정시키는 경향이 있는데, 이는 증상에 대한 자각을 악화시킬 뿐 아니라 부정적인 사고와 정서에 대한 주의를 증폭시킬 수 있다. 그래서 고통스러운 자극으로부터 주의를 거두어들이는 기술을 당연히 사용하게 되는데, 이 과정을 주의 분산이라 한다. 기능적 용어로 주의 분산은 맥락에 따라 이익이 되기도 하고 그렇지 않기도 하는 회피행동의 한 유형이다. 잠재적으로 해로운 자극이 유발한 통증은 보통 급성 단계에서만큼은 적절한 조치를 취하기 위해 주의를 기울여야 한다. ACT의 관점에서 보면, 이러한 통증에 주의를 기울이지 않는다는 것은 그 상황의 실제 수반성에 대한 무감각함을 보여 주는 것이다.

예방 접종은 잠깐의 통증을 준다. 대부분 우리는 고개를 돌리거나 다른 것에 집중하는데, 이런 통증과 고통을 지켜보는 일에는 뚜렷한 가치가 없기 때문이다. 그러나 고통이 유익하지도 않으면서 계속 존재한다면, 회피 전략은 재평가될 필요가 있을지도 모른다. 궁극적으로 이는 옳고 그름의 문제가 아니라, 특히 가치 있는 삶과 관련해 그렇게 하는 것이 도움이 되느냐의 문제다. 전통적인 CBT에서 주의 분산은 통증을 참거나 변화시켜서 통제감을 늘리려는 대처전략으로 사용되었다. 만약 이렇게 했는데 효과가 없거나, 효과가 일시적이거나, 또는 기능과 삶의 질을 향상시키기에는 충분하지 않다면, 환자에게는 이러한 통제 전략이 역효과를 낳는다는 사실을 믿을 만한 좋은 이유가 생긴 것이다.

주의 분산과 같은 개입법은 보통 증상 지각을 감소시키거나 증상에 대한 통제를 증가시키는 것이 목적이라는 견해를 기반으로 한다. 그러나 불쾌한 증상과 그에 따른 고통을 주목하고, 뒤이어 가치를 찾아내고 적절한 조치를 취하는 것은 심리적으로 유연한 것으로 간주될 것이다. 후자가 형식적으로는 주의 분산과 비슷해 보일지 모르지만 회피라 하지 않는 이유는 그것이 배타적이지 않으며, 일차적 기능이 불쾌감에서 벗어나는 것이 아니기 때문이다. 가령 DBT에서 사용하는 정서 조절도 이와 비슷한 방식으로 주의 분산 기법을 활용한다. 수용과 주의 분산의 기능을 비교할 때, 각각 언제 사용하면 좋은지, 그것들이 효과가 있다면 왜 그런지, 유연하고 효과적인 기능을 최적화해 주는 행동양식에 어떻게 통합될 수 있는지와 같은 질문을 제기할 수 있다.

## 심상화

최면이나 유도심상과 같이 다양한 형태의 심상화에 기초한 전략들은 보통 통증과 고통을 감소시키는 데 목적이 있다. 이들 전략 또한 환자에게 자기통제감을 주기도 하는데, 결과적으로 이는 사회활동의 증가를 가능하게 할 것이다. 보통 이러한 방법은 이완기법과 결합되고, 어느 정도는 구조화되어 있으며, 자기관리 기술로 가르칠 수 있다. 만약 명시적 목표가 환자에게 증상에서 주의를 돌려 통증과 고통을 줄이는 법을 가르치는 것이라면, 주의 분산과 같은 심상화는 회피로 개념화될지도 모른다. 그렇다면 주의 분산은 수용과 마음챙김, 현재 순간과의 접촉하기와는 상반되는 것일 수 있다.

그러나 심상화 기법들 역시 다른 목적으로·사용될 수 있다. 현재 순간과 접촉할 수 있게 짧은 마음챙김 연습을 하고 난 후에 심상화를 통해 외상기억이라는 정서적으로 고통스러운 자극을 이끌어 낼 수도 있다. 이것은 확실히 회피가 아니라, 오히려 상상적인 노출이다. 이러한 유형의 개입법 또한 정서적 고통의 감소를 목표로 하기보다는 고통스러운 자극과 관련해서 다른 종류의 행동, 말하자면 수용 의지와 마음챙김, 탈융합이라는 특성을 지닌 행동을 훈련하는 데 사용할 수도 있다. 결론적으로, 이완과 심상화는 노출을 용이하게 하려고 시행되기도 하고, ACT에서 강조하는 과정을 촉진하기도 한다.

앞에서 살펴봤다시피, 궁극적으로 개입법을 특징짓는 것은 일차적으로 그 개입법의 외현적 형식이 아니라 그것의 기능이라는 사실을 분명히 해야 한다. 심상화와 이완 '처럼 보이는' 개입법은 기능적으로는 경험 회피와 유사할 수도 있고 수용과 유사할 수도 있는데, 이는 논리적 근거와 시행의 질, 치료 목표에 따라 달라진다. 흥미로운 점은 이완과 주의 분산, 마음챙김, 수용 기법들이 통제감의 증가라는 유사한 효과를 낳지만, 그런 효과가 발생하는 과정은 전혀 다르다. 즉, 통증을 통제하는 기술이 늘어서 그럴 수도 있고, 아니면 삶을 통제하기 위해 반드시 통증을 통제할 필요가 없다는 경험을 통해서 그렇게 되기도 한다.

## 교 육

비록 ACT에서는 학습의 체험적 측면을 강조하지만 공식 교육도 중요한 역할을 할 수 있는데, 그 이유는 잘못된 정보나 오해를 받아들이거나 거부하는 것이 특별히 의미가 있거나 반드시 필요한 것도 아니기 때문이다. 대부분의 만성질환 관리 프로그램은 어떤 형태로든 환자 자신이 앓고 있는 병의 본성에 대한 이해를 돕는 교육을 포함하고 있다. 다른 방법들과 마찬가지로 그런 교육의 목적은 이론에 따라 다르게 설명할 수도 있는데, 가령 역기능적 사고 패턴 바꾸기나 불안 감소시키기, 이에 비해 그러한 증상이 일어나는 맥락 바꾸기가 있을 수 있다. ACT 관점에서 교육은 해롭지 않은 증상을 증가시킬 수도 있음을 분명히 알려 줌으로써 활동 증가라는 궁극적인 목표를 위한 노출과 수용의 토대를 만드는 데 도움이 될 수 있다. 따라서 유용한 교육은 가치와 수용, 행동 선택의 장단기 효과와 같은 적절한 측면을 다룰 수 있고, 또한 변화 동기와 관련한 쟁점을 다루기도 한다.

## 가치 명료화와 목표 설정

CBT의 중요한 측면은 목표 설정 과정인데, 이 단계에서 치료 목표가 명확해진다. 표적 행동과 목표는 보통 환자가 목표의 진전과 달성을 확인할 수 있도록 설정하는데, 이때 표적 행동과 목표는 명백하게 구체적이며, 측정 가능하고, 행동 지향적이며, 또한 현실적이고, 시간 제한적이며, 바람직한 것으로 설정되어야 한다. 목표의 중요한 부분은 그것이 행동을 '동기화'하느냐에 놓여 있다. 그러나 동기 측면은 행동(예: 산책하기)과 목표 달성(친구들과 도보 여행하기) 간의 지연으로 인해 제약이 있을 수 있는데, 이것이 잠재적으로 목표의 강화적 특성을 감소시킬 수도 있다. 게다가, 일단 목표가 달성되고 나면 새로운 목표가 설정될 때까지는 행동 변화의 진행이 느려질 수도 있다. 행동 변화를 설정된 미래의 목표와 직접적으로 관련시키는 경우, 해당 행동 자체의 본래 가치에 주의를 기울이지 않고 다른 유형의 비본질적인 수반성, 즉 임의적이거나 사회적이거나 그 외의 다른 것들로 주의가 옮겨질 수 있다. 따라서 수행과 목표 달성에 초점을 두는 것은 단기적으로는 행동 변화를 증가시킬지 모르지만, 이는 활동 자체의 생생한 측면에 주의를 기울이는 것을 어렵게 하며, 활동 자체가 가지는 강화적 성질을 감소시킬 뿐 아니라, 그 활동이 장기적인 새로운 행동 양상으로 통합되는 것을 방해할 수 있다.

ACT에서 가치 작업은 대부분의 CBT 지향 치료 프로그램의 목표 설정과 유사하지만 좀 더 광범위하다. ACT에서 가치 명료화는 "당신의 삶이 어떠하기를 원합니까?" 또는 "당신은 중요한 사람들에게 어떤 사람이 되고 싶은가요?"와 같은 질문과 관계가 있다. 좀 더 기술적으로 말하자면, 가치란 행위의 질을 말하는 것이며, 바람직한 미래의 수반성에 대한 언어적 구성을 반영하는 것이다. 그러므로 이러한 미래 사건에 대한 언어적 표상은 현재 시점의 경험이며, 그래서 행동에 대해 큰 영향력을 가질 수 있다.

보통 가치는 '스톡홀름'과 같은 목적지가 아니라 '동쪽'과 같은 방향이며, 평생 그 방향으로 향하는 과정인 여정으로 묘사된다. 어떤 목적지에 도달하는 것도 중요하지만, 가치의 방향으로 진행하는 것 그 자체도 중요하다. 그러므로 좋은 친구 되기나 새로운 아이디어 배우기와 같은 삶의 지향으로서의 가치는 친구에게 주 2회 전화하기나 학교 가기와 같은 목표와는 다르다. 만성통증이나 그 밖에 잘 줄어들지 않는 증상을 가진 환자들의 행동 변화를 목표로 하는 경우, 가치 작업은 특히 핵심적인 것 같다. 가치에 대한 논의는 초점을 증상 완화가 아니라 증상 안에서의 활력 있는 삶으로, 즉 노출과 행동 활성화가 합당한 것이 되는 맥락으로 바꾸게 한다. 달리 표현하면, 가치 작업은 통증과 괴로움을 증가시키기 쉬운 행동을 반복하게 만드는 유인가들이 무엇인지를 드러내 준다는 점에서 동기적이다. 그러나

ACT는 궁극적으로 행동 변화에 관한 것이고, 가치는 그런 연후에 행동적 용어로 조작되고 묘사된다. 따라서 좀 더 전통적인 형태의 목표 설정은 ACT가 설명하는 가치 작업과 유용하게 결합될 수 있다.

가치 작업이 목표 설정과 동기 이상의 것을 낳는다는 사실을 주목할 필요가 있다. 대부분의 환자는 자신의 삶을 가치 지향성과는 거리가 먼 것으로 경험한다. 가치를 논의하는 것은 실망과 두려움, 좌절과 같은 부정적인 반응을 다양하게 유발할 수도 있다. 이들 논의에 포함되는 심리적 기능은 경험 회피와 마지못해 하기, 인지적 융합의 양상을 드러낼 수 있다. 가치에 대해 말하기는 그 자체로 노출을 위한 맥락을 제공하며, 활력 있는 삶과 관련된 통증과 괴로움을 다룰 수 있는 기회를 제공한다. 가령 정서적 장애물은 두려움 때문에 미래를 계획하지 않는 것처럼 경험 회피에 기여했을 수도 있다. 이런 경우라면, 수용을 적용함으로써 가치 명료화와 목표 설정 작업에 대한 참여를 촉진할 수 있다. 또한 가치와 장기 목표를 논의할 때, 환자들은 때때로 '아무 소용없어.'와 같은 생각과 많이 융합되는데, 이때는 이러한 사고 내용과 탈융합하도록 하는 연습이 필요할 수도 있다.

## 신체 운동과 행동 활성화

만성질환 관리에서 흔히 신체 운동은 중요한 것으로 간주되며, 많은 목적에 기여한다. 첫째, 힘과 이동성을 증가시키고, 무기력의 부정적인 효과를 방지한다. 둘째, 자기효능감 또는 어떤 신체 활동을 수행하기 위한 지각된 능력을 증가시킨다. 대부분의 환자는 신체 운동이 중요하다고 여김에도 불구하고, 이런 종류의 개입법에서 "해야 한다는 것을 알고 있어요. 통증이 조절되면 바로 해 볼게요."라는 말을 자주 한다. ACT 관점에서 이러한 반응은 상반되는 것일 수 있는 두 가지 어젠다를 반영하는데, 힘을 늘리는 것과 증상을 줄이는 것이 그것이다. 여기서 경험 회피의 욕구를 약화시키는 전략들이 도움이 될 수 있는 이유는 그러한 전략이 행동 변화의 장애물을 직접 다루기 때문이다. 예를 들면, 탈융합을 위한 훈련은 '증상이 심해지는 것을 하면 안 된다.'는 생각과 좀 더 유연하게 접촉하게 할 수 있고, 이런 생각이 들 때조차도 적극적인 노출을 시도할 수 있게 한다. 또한 치료자는 증상을 기꺼이 받아들이는 것을 직접 다룸으로써 증상이 행동에 미치는 영향을 약화시키는 이득을 얻을 수도 있다. 만약 신체 활동이 처음에는 그 자체로 보상적이지 않다면, 가치에 대해 논의하는 것이 쓸모가 있을 것이다. 더욱이 부정적 사고와 정서, 신체감각을 유발하는 신체 운동은 마음챙김 개입법을 통해서 사적인 사건들에 대한 자각을 높이고, 관계 방식을 바꿀 수 있는 매우 좋은 기회가 된다.

행동 활성화는 신체 운동과 깊은 관련이 있으며, 위와 유사하게 다양한 목적을 위해 다양한 방식으로 시행할 수 있다. 보통 CBT에는 다양한 형태의 행동 활성화가 포함되며, 증상 감소나 역기능적 사고의 검증 그리고 결국은 이런 사고를 바꾸려는 목적으로 시행된다. 또한 행동 활성화는 가치 지향적 활동을 증가시키고, 행동 목록을 확장하고 풍부하게 하기도 한다. 마텔 등(Martell, Addis, & Jacobson, 2001)이 설명한 것처럼 행동 활성화는 많은 점에서 ACT와 유사한데, 예를 들면 CBT에서 행동 활성화도 지속적인 기능 분석을 토대로 한다. 두 가지 접근 모두 통증이나 고통스러운 감정과 같은 사적 경험의 내용보다는 행동과 맥락의 상호작용을 강조한다. 그러나 둘 사이에는 ACT가 RFT를 이론적 토대로 삼는 것처럼 차이점도 있다. 또한 구체적인 기법도 어느 정도 차이가 있다. 예를 들어, 행동 활성화 모형은 목표 설정과 단계적 활동을 더 지향하며, 기술 습득을 더 강조한다. 반면에 ACT는 통증과 고통을 기꺼이 경험하려는 환자의 마음과 인지적 탈융합 전략, 가치 작업, 심리적 유연성 증가에 더 초점을 둔다.

## 회기 안팎에서의 기술 훈련

CBT는 어려운 상황에서 효과적으로 행동하는 능력을 향상시키기 위해 전통적으로 스트레스 대처와 문제해결, 의사소통, 행동관리 전략과 같은 자기관리 기술을 강조했다. 기능 분석 결과, 이러한 형태의 개입이 필요한 것이라면, ACT는 기술 습득의 중요성을 거부하지 않는다. 그러나 사람들은 이미 필요한 기술을 가지고 있지만, 이런 기술이 심리적 경직성이라는 측면에서 억압되거나 차단된다는 사실이 종종 확인된다. 사실상 만약 기술 습득이 기대 이하로 진행된다면, 기능 분석을 통해 경험 회피와 인지적 융합이 드러날 수도 있다. 그래서 특정 맥락에서 성공적이려면, 전에는 회피했던 불안이나 좌절, 소외의 두려움 등을 경험하면서도 주장행동을 하는 것 같은 행동 변화가 필요할 수 있다. 정서적 반응에 대한 회피가 효과적인 행동의 핵심 방해물로 드러나는 경우, 통제 어젠다와 정서적 고투를 수용과 탈융합의 표적으로 삼을 수 있다. 이 경우, 기술 훈련은 노출 작업을 위한 방법과 매우 유사해진다.

마음챙김 기반 접근법과 ACT 모두 교육과 소감 나누기, 시연, 매일 과제 훈련과 같은 기술 훈련법을 가지고 있다. ACT에서는 치료 목표에 아직 미발달한 행동양식이나 환자의 현재 행동 목록에 있는 행동양식이 포함되는 경우, 기술 훈련은 언제든 타당하다. 게다가, 가치 작업을 더하는 것은 특히 기술 훈련의 생동감 증진에 도움이 될 수 있다.

청소년을 대상으로 하는 기술 향상 개입법에도 부모들에게 수반성 관리를 교육하고 훈련하는 것이 포함된다. 하지만 부모가 이런 원리를 배웠어도 새로운 전략 채택을 어려워하는 경우, 기능 분석을 해 보면 수반성 관리의 활용을 저해하는 경험 회피와 인지적 융합이 드러날 수 있다. 이러한 상황이라면 기술 훈련에 ACT 지향적 전략을 결합하는 것이 유용할 수 있다. 심리적 유연성을 증가시키는 노출과 수용, 탈융합 전략을 통해 결정적인 상황에서 유발되는 정서적 혼란을 직접 다룰 수도 있다. 마찬가지로, 경험 회피가 있음이 확인되고 이를 노출로 다루는 경우, 어느 정도의 기술 훈련 은 새로운 행동이 강화될 가능성을 증가시킬 수도 있다.

ACT나 기타 제3의 동향의 CBT는 회기 안팎에서 일어나는 행동들의 기 능적 유사성을 강조한다. 그래서 회기 중에 표적 행동을 직접 다룸으로써 좀 더 적응적인 행동양식을 조성하고자 한다. 따라서 인지적 융합과 경험 회피를 특징으로 하는 행동을 찾아내고 바꾸는 데 체험적 연습이 중요한 역할을 한다. 하지만 환자가 회기와 회기 사이에 적절한 행동에 참여하도 록 격려한다면 이들 개입법의 효과성은 분명히 강화된다. 잘 구조화된 CBT에는 보통 어느 정도의 공식적인 숙제가 포함되며, 이는 ACT나 기타 제3의 동향 치료에서도 마찬가지다.

## 약물 사용

의사와 같은 임상가들이 약물 사용처럼 증상 감소를 일차 목표로 하는 전략들과 ACT가 결합될 수 있는지와 그 방법에 대해 질문하는 것은 드문 일이 아니다. 이런 논의에도 개입법의 외견상의 형식뿐 아니라 기능을 포 함시켜야 한다. 의학치료와 관련해서 구분해야 할 중요한 차이가 있다. 이 는 어떤 치료는 염증성 관절염, 암, 당뇨병, 고혈압, 울혈성 심부전과 같은 질환의 기저 과정을 관리하기 위해 고안되는 반면, 또 다른 치료는 증상에 대한 느낌을 바꿔 주거나 치명적이지 않은 만성통증이나 불안 증상, 불면 증 같은 문제들을 완화하기 위해 고안된다는 것이다.

잠재적으로 해로운 기저 질환을 관리하기 위해 처방하는 약물이 심각한 부작용을 일으키는 것은 흔한 일이다. 그런 질환에서 장기적인 건강을 위 한 복약행동을 촉진하기 위해 심리학적 방법이 적용될 수 있다. 사실상 효 과적인 약을 복용하지 않는 것은 경험 회피와 인지적 융합에서 오는 심리적으로 경직된 행동 양상일지도 모른다(예: '약한 사람만이 약을 먹어.' '약을 먹는다는 것은 내가 이걸 다루지 못한다는 걸 인정하는 거야.' '난 아프지 않아.'). 이러한 상황에서 복약 준수와 효과성을 강화하기 위해 수용 지향 전략을 시행할 수 있다.

약물이 기저 질환을 치료하기 위한 것이 아니라 단지 증상관리만을 위한 것이라면, 상황이 다르다. 부작용 없이 증상을 감소시키고, 활기차게 살아가는 능력을 증대시키는 약물치료는 분명히 계속될 필요가 있어 보인다. 그러나 약물은 이러한 점에서 종종 비효과적이거나 단지 부분적으로만 효과적이다. 습관화와 중독 또는 다른 종류의 치료 실패까지도 만성질환자에게 생길 수 있고, 일부 환자들의 경우는 장기적 건강을 위해 약물을 줄일 필요가 생기기도 한다. 약물치료가 실패하거나 약물을 줄여야만 할 때 CBT는 쓸모가 많은데, 여기에는 복약 교육과 일정 관리(필요할 때만 먹는 것이 아니라)가 포함된다(Turk et al., 1983). 환자에게 약을 끊도록 할 때도 ACT는 수용 의지와 탈융합과 같은 과정에 기반한 부가적인 전략을 제공할 수 있을 것이다. 약물을 줄이는 과정에서 증상이 다시 나타나는 것에 대한 우려와 두려움으로 저항이 일어날지도 모른다. 따라서 환자가 금단 효과와 심리적 고통, 증상 증가와 같은 여러 가지 문제에 직면할 가능성이 크며, 이때 수용은 약물 중단을 포기하지 않도록 하는 데 특히 도움이 될 것으로 보인다. 또한 과장된 사고, 예를 들면 '나는 이것을 할 수 있을 만큼 강하지 못해.' '내가 너무 고통스럽다는 것과 정말 약이 필요하다는 것을 사람들은 몰라.' '절대 좋아지지 않을 거야.' 라는 식의 사고는 이러한 사고가 행동에 미치는 영향을 줄이기 위한 탈융합 기법으로 다룰 수도 있다. 마찬가지로, 가치 작업은 환자가 아마도 즉각적으로는 보상이 안 되지만 가치 지향적이라고 할 수 있는 행동을 하기 위한 동기를 명확히 하는 데 도움이 될 수 있다.

그러므로 '기분이 나아지려면 약을 먹어야 해.' 또는 '약을 먹으면 중요한 일을 더 잘할 수 있으니까 약을 먹는 거야.' 와 같이 약물 복용의 목적이 다를 수 있다는 사실을 다룸으로써 복용행동이 일어나는 맥락을 바꾸는 것은 쓸모가 있다. 약물 복용행동에 관한 유연성을 키우는 것은 약물 복용의 장기 효과를 최적화하기 위한 과정의 유용한 단계가 될지도 모른다.

# 치료자 고통의 수용

모든 치료자는 환자를 치료할 때 정서적인 문제가 치료를 방해할 수 있는 상황을 마주한다. 치료자는 환자들이 꽉 막혀 있거나, 동기가 없거나, 의심을 할 때 상당히 고통스러운 감정이 올라온다.

누구나 그렇듯이, 치료자도 고통스럽거나 건설적이지 않은 사적인 경험들을 바라보고, 수용하고, 탈융합하는 것이 힘들 수 있으며, 스스로 무능하다거나 별로 뛰어나지 못하다거나 무지하다는 느낌으로부터 자신을 보호하려는 것은 당연한 일이다. 따라서 치료자가 환자의 실패 가능성과 관련하여 괴로움을 경험한다면, 여기에는 인지적 융합과 경험 회피가 중요한 역할을 했을 가능성이 있다. 결과적으로 우리는 환자의 성공적인 행동 변화나 치료의 진전에 전념하는 행동보다는 무능감 회피를 목적으로 하는 행동을 할지도 모른다. 이러한 상황에서 우리는 치료의 진전에 대한 합리적 근거나 효과가 없는데도 더 많은 처치를 하고, 회기를 늘리거나 동기화하려고 애쓰는 자신을 발견할 수도 있다. 사실상 불쾌한 경험에 대한 통제감은 환자와 마찬가지로 치료자에게도 매력적인 일이다. 그러나 통제를 내려놓는다는 것은 우리가 때때로 걱정과 좌절, 실망이라는 경험과 함께 있을 수 있어야 한다는 의미다. 치료의 진전을 위해 우리 스스로를 그러한 고통스러운 감정에 기꺼이 노출하고, 이러한 상황을 다루기 위해 수용과 탈융합 전략을 적용하는 것은 치료 작업의 질을 극대화하는 것과 큰 관련성이 있다.

# 요 약

전통적인 CBT는 잘 구조화된 심리치료 접근으로 알려져 있다. 마찬가지로, 수용과 마음챙김 전략을 적용할 때 명백한 합리적 근거와 구조를 갖추는 것이 타당하지만, 물론 이것이 유연하고 환자 중심적인 방식을 포기하는 것이어서는 안 된다. 이와 관련해서 ACT에서는 타당화와 정서적 개방성, 연민 등이 모두 중요한 요소다. 하지만 성공은 어떤 치료기법을 적절하게 활용하는 능력에 의해 결정되며, 이는 결국 우리 자신의 사적 경험을 효과적으로 다루는 능력에 의해 결정된다. 셀 수 없이 다양한 치료 양식이 존재하는 것이 사실이다. 그렇지만 허술하게 시행되는 기법은 하나의 '스타일'이 아니다. 즉, 우리는 연민을 가지고 행동해야 하는 것과 마찬가지로 능숙함을 가지고 행동해야 한다. 광범위한 CBT 전통에는 우리가 사용할 수 있고 또 사용해야 하는 잘 확립된 치료법 훈련이 많이 있으며, 여기에는 규칙적이고 구조화된 슈퍼비전과 자기관찰, 역할 연기 같은 것들이 포함된다.

향후 만성질환 환자들을 위한 효과적인 치료법 개발에 관해 수용과 마음챙김 과정이 좀 더 표준적인 CBT 프로그램 안에서 쉽게 시행될 수 있다는 제안이 있다. 이것은 특히 환자가 비효과적인 자기관리 행동을 한다거나, 자신의 질환에 지배당한다고 느낀다거나, 필수적인 의학적 처방에 따르지 않는다거나, 그 밖에 인지적 융합과 경험 회피 등으로 인한 심리적으로 경직된 행동양식을 보이는 등의 문제를 가지고 있는 경우에 특히 도움이 될 수 있다. 서로 다른 전략의 효용성이나 전략들을 조합하는 것은 결국 경험적 검증의 문제다. CBT가 효과를 발휘하는 과정은 부분적으로는 CBT의 정의가 광범위하다는 문제 때문에 여전히 불명확한 편이다. ACT와 좀 더 친숙한 CBT 기반 치료 프로그램을 배타적으로 비교하기보다는 상대적인 과정과 치료 요소를 분석하는 것이 유용할 수 있다. 이러한 분석을 통해 많건 적건 관련이 있는 이론 틀을 지속적으로 개발하는 것에 초점을 맞출 수 있을 것이다(Wicksell, Lekander, Sorjonen, & Olsson, 발간 중; Wicksell, Olsson, & Hayes, 발간 중; Vowles, McCracken, & Eccleston, 2008).

암묵적으로, 그리고 어떤 점에서는 불완전하지만, 행동의학의 임상적 관행에 있어서 변화와 정련 과정이 진행되고 있다. 이론과 모형, 방법들 간의 이동은 신속하거나 깔끔하게 이루어지지 않는 경우가 많다. 현재의 CBT 접근법들의 주류가 발전이 일어날 수 있는 관대하고 허용적인 공간을 얼마나 잘 제공하고 있는지 생각해 볼 가치가 있다. ACT와 마음챙김, 제3의 동향 치료들의 이론과 기술들은 다수의 임상가와 연구자들을 만나기 시작했고, 이 장은 통합이 가능하며 그 과정에서 배울 것이 많다는 것을 보여 주기 위해 썼다. 행동의학의 진정한 혁신 분야는 치료나 방법의 '명칭'이 아니라 기능과 과정에 일차적인 관심을 두는 것에서 그 모습이 드러날 것이다.

# 참·고·문·헌

Baer, R. A., Smith, G. T., Hopkins, J., Krietemeyer, J., & Toney, L. (2006). Using self-report assessment methods to explore facets of mindfulness. *Assessment*, *13*(1), 27-45.

Compas, B. E., Haaga, D. A., Keefe, F. J., Leitenberg, H., & Williams, D. A. (1998). Sampling of empirically supported psychological treatments from health psychology: Smoking, chronic pain, cancer, and bulimia nervosa. *Journal of Consulting and Clinical Psychology*, *66*(1), 89-112.

De Jong, J. R., Vlaeyen, J. W., Onghena, P., Cuypers, C., den Hollander, M., & Ruijgrok, J. (2005). Reduction of pain-related fear in complex regional pain syndrome type I: The application of graded exposure in vivo. *Pain*, *116*, 264-275.

Hayes, S. C. (2004). Acceptance and commitment therapy, relational frame theory, and the third wave of behavioral and cognitive therapies. *Behavior Therapy*, *35*, 639-665.

Hayes, S. C., Barnes-Holmes, D., & Roche, B. (Eds.). (2001). *Relational frame theory: A Post-Skinnerian account of human language and cognition*. New York: Plenum Press.

Hayes, S. C., Follette, V. M., & Linehan, M. M. (Eds.). (2004). *Mindfulness and acceptance: Expanding the cognitive-behavioral tradition*. New York: Guilford Press.

Hayes, S. C., Masuda, A., Bissett, R. T., Luoma, J., & Guerrero, L. F. (2004). DBT, FAP and ACT: How empirically oriented are the new behavior therapy technologies? *Behavior Therapy*, *35*, 35-54.

Hayes, S. C., Strosahl, K. D., & Wilson, K. G. (1999). *Acceptance and commitment therapy: An experiential approach to behavior change*. New York: Guilford Press.

Kabat-Zinn, J., Lipworth, L., & Burney, R. (1985). The clinical use of mindfulness meditation for the self-regulation of chronic pain. *Journal of Behavioral Medicine*, *8*(2), 163-190.

Keefe, F. J., Smith, S. J., Buffington, A. L., Gibson, J., Studts, J. L., & Caldwell, D. S. (2002). Recent advances and future directions in the biopsychosocial assessment and treatment of arthritis. *Journal of Consulting and Clinical*

*Psychology, 70*(3), 640–655.

Lappalainen, R., Lehtonen, T., Skarp, E., Taubert, E., Ojanen, M., & Hayes, S. C. (2007). The impact of CBT and ACT models using psychology trainee therapists: A preliminary controlled effectiveness trial. *Behavior Modification, 31*(4), 488–511.

Martell, C., Addis, M., & Jacobson, N. (2001). *Depression in context. Strategies for guided action.* New York: Norton & Company.

McCracken, L. M., & Eccleston, C. (2005). A prospective study of acceptance of pain and patient functioning with chronic pain. *Pain, 118*(1–2), 164–169.

Morley, S., Eccleston, C., & Williams, A. (1999). Systematic review and meta-analysis of randomized controlled trials of cognitive behaviour therapy and behaviour therapy for chronic pain in adults, excluding headache. *Pain, 80*(1–2), 1–13.

Turk, D. C., Meichenbaum, D., & Genest, M. (1983). *Pain and behavioral medicine: A cognitive-behavioral perspective.* New York: Guilford Press.

Turk, D. C., & Okifuji, A. (2002). Psychological factors in chronic pain: Evolution and revolution. *Journal of Consulting and Clinical Psychology, 70*(3), 678–690.

Vlaeyen, J. W., & Linton, S. J. (2000). Fear–avoidance and its consequences in chronic musculoskeletal pain: A state of the art. *Pain, 85*(3), 317–332.

Wicksell, R. K., Lekander, M., Sorjonen, K., & Olsson, G. L. (in press). The Psychological Inflexibility in Pain Scale (PIPS)—statistical properties and model fit of an instrument to assess change processes in pain related disability. *European Journal of Pain.*

Wicksell, R. K., Melin, L., Lekander, M., & Olsson, G. L. (2009). Evaluating the effectiveness of exposure and acceptance strategies to improve functioning and quality of life in longstanding pediatric pain—a randomized controlled trial. *Pain, 141*(3), 248–257.

Wicksell, R. K., Olsson, G. L., & Hayes, S. C. (in press). Processes of change in ACT–based behavior therapy—psychological flexibility as mediator of improvement in patients with chronic pain following whiplash injuries. *European Journal of Pain.*

Vowles, K. E., McCracken, L. M., & Eccleston, C. (2008). Patient functioning and catastrophizing in chronic pain: The mediating effects of acceptance. *Health Psychology, 27*(Suppl. 2), S136–143.

제5부

# 보건의료 전문가의 교육 훈련

제11장 보건의료의 편향과 편견 및 격차

제12장 보건의료 전문가를 위한 마음챙김 수련

제13장 보건의료의 협력 작업과 사회적 맥락

Mindfulness and Acceptance
in Behavioral Medicine

# 제11장

## 보건의료의 편향과 편견 및 격차

마일즈 톰슨(Miles Thompson)
Bath Centre for Pain Services, Royal National Hospital for Rheumatic Diseases,
Bath, United Kingdom

우리는 지금 분열과 불평등의 시대에 살고 있으며, 보건의료 분야에서도 마찬가지다. 이러한 분열은 사회경제적 수준과 국적, 민족성, 연령, 성, 진단, 정신건강 상태 등 다양한 영역에 걸쳐 나타난다. 이러한 분열과 불평등은 근본적으로 언어와 정서, 행동이라는 심리적 과정과 연결된다. 이 과정은 우리가 '편향'과 '편견'이라고 말할 때 의미하는 것들에 영향을 미친다. 이 장은 이런 과정에 대해 관계 틀 이론(relational frame theory: RFT)과 수용전념치료(ACT)라는 증거 기반의 준거 틀이 제공하는 통찰에 관한 것이다. 우선 보건의료 분야의 많은 장면에서 상당히 다양한 불공평한 격차가 존재한다는 사실을 강조할 필요가 있다. 불공평한 격차가 보고된 사례를 상세히 기술하려면 이 장 전체, 아니 책 한 권 분량이 될지도 모른다. 이 장에서는 그것을 모두 기술하기보다는 격차가 어디서 발견되든, 그 격차를 개념화하는 데 도움이 되는 관점을 제공할 것이다.

이 장은 먼저 세계 보건의료 불평등의 정도를 살펴본 후에 주로 미국의 소수 인종 · 민족 집단이 경험하는 보건의료의 격차에 대한 증거를 좀 더 세밀하게 검토할 것이다. 다음으로 특히 보건의료 전문직을 대상으로 하는 개입법을 개괄적으로 볼 것이다. 그리고 나서 RFT가 제공하는 통찰이 편향과 편견의 근원을 이해하는 데 어떤 설명을 더해 주는지 살펴볼 것이다. 마지막으로, 그러한 과정에 영향을 주려는 ACT의 시도를 알아보고, 이 틀의 다른 잠재적인 적용에 관해 검토할 것이다.

# 세계 보건의료 격차

연구자들은 '건강 격차' '건강 불평등' '건강 형평성'과 같은 용어들이 어느 정도 비슷한 의미로 사용된다는 사실에 주목한다(Braveman, 2006). 마거릿 화이트헤드(Margaret Whitehead)는 세계보건기구(WHO)가 '건강 형평성'을 언급하면서 "이상적으로는 누구나 충분한 건강 잠재력을 얻기 위한 기회를 공평하게 가져야 하며, 좀 더 현실적으로는 누구나 이런 잠재력의 성취를 가로막는, 피할 수 있는 어떠한 불이익도 당해서는 안 된다." (Whitehead, 1990, p. 7)라고 선언한 것을 주목한다.

전 세계적으로 격차는 어렵지 않게 발견된다. 세계보건기구의 보고에 따르면, 미국은 전 세계 질병 부담의 10%만을 차지하지만, 세계 보건 종사자의 37%, 세계 보건 재정의 50%를 차지한다. 반대로, 아프리카는 부담의 24%를 차지하지만 단지 보건 종사자의 3%, 세계 보건 지출의 1% 미만을 차지한다(WHO, 2006, pp. xviii-xix). 다른 격차들도 마찬가지로 쉽게 보여 줄 수 있다. 전반적인 출생 시 기대 수명과 관련하여, UN 사무국 경제사회분과 인구 부문(Population Division of the Department of Economic and Social Affairs of the United Nations Secretariat, 2009)의 보고에 따르면, 현재 전 세계 평균 기대 수명은 67.6세이며, 최상위 3개국(일본, 중국, 스위스)은 순서대로 82.7~81.8세로 나타났고, 반면 최하위 3개국(아프가니스탄, 짐바

브웨, 잠비아)은 43.8~45.2세로 나타났다. 아동 사망률 수치를 보면 나아지고는 있지만 건강 형평에 도달하려면 훨씬 많은 노력이 필요하다. 5세 미만 영아 사망자 수는 2000년 1,040만 명에서, 2009년에는 880만 명으로 나타났다(You, Wardlaw, Salama, & Jones, 2010). 블랙, 모리스, 그리고 브라이스(Black, Morris, & Bryce, 2003)는 2000년 자료에 근거해 대부분의 사망이 신생아 질환과 설사, 폐렴, 말라리아로 인한 것으로 추정했다. 존스 등(Jones, Steketee, Black, Bhutta, & Morris, 2003)은 이들 자료를 분석하면서 영아 사망의 90%가 발생한 42개국에 대한 이해를 토대로 이런 사망의 약 3분의 2는 간단한 예방법이나 아니면 방법은 있지만 저소득 국가에서는 쉽게 접근할 수 없는 치료법들로 방지할 수 있는 것들이라고 결론지었다.

## 미국 보건의료에서 소수인종과 소수민족 격차

미국 보건의료에서 소수인종과 소수민족의 격차 부분에 대한 연구는 새로운 것은 아니다. 두보이스(DuBois, 2003)는 동료 학자들과 함께 1900년대 초반의 아프리카계 미국인의 사망률이 타고난 신체의 취약성을 반영한다고 주장했던 프레드릭 호프만(Hoffman, 1896)의 연구를 반박했다. 대신에 두보이스는 그러한 격차가 사회경제적 상태의 결과라고 주장했다. 10년 후, 스웨덴의 경제학자이자 정치가이며 노벨상 수상자인 군나르 뮈르달(Gunnar Myrdal)은 "모든 분야, 모든 계층에서 흑인들은 백인들이 질병 예방과 치료에서 얻을 수 있는 동일한 이점을 얻을 수 없다."(1944, pp. 171-172)라고 썼다.

20세기 후반에 걸쳐 이 분야의 연구는 메이버리 등(Mayberry, Mili, & Ofili, 2000)이 처음으로 개관 논문을 발간하면서 지속적으로 성장했다. 비슷한 시기인 1999년에 미의회는 미국국립의학연구소(Institute of Medicine:

IOM)에 보건의료 서비스 분야에서 소수인종 및 소수민족 격차의 증거를 조사하도록 요청했다. IOM은 2002년에 『불평등한 치료: 보건의료의 소수 인종 및 소수민족 격차에 대한 대처(Unequal Treatment: Confronting Racial and Ethnic Disparities in Health Care)』를 발간했다(Smedley, Stith, & Nelson, 2002). 이 보고서는 자료를 단지 보험 가입의 영향에 대한 일부 통제나 조정을 제시한 연구로 국한하면서도, 여전히 통각 상실증, 천식, 암, 심혈관 질환, 뇌혈관 질환, 아동 보건의료, 당뇨병, 응급 서비스, 눈 관리, 담낭질환, HIV/AIDS, 모자 보건, 정신건강, 말초혈관 질환, 약학 분야, 의사의 인식, 환자의 인식, 방사선 사진, 재활 서비스, 신장관리, 이식, 서비스와 절차의 (일반) 사용, 예방접종, 여성 건강 등에서 있을 수 있는 격차의 증거를 인용하고 있다(Smedley et al., 2002, appendix B, pp. 285-383 참조).

IOM 보고서의 주요 결과는 보건의료 현장에서 백인과 유색인종 간에 유의한 차이가 있다는 것이다. 저자들은 "보건의료에서 인종적 · 민족적 격차가 존재하며, 그러한 격차들은 대부분 결과 악화와 연관이 되기 때문에 용납될 수 없다."(Smedley et al., 2002, Finding 1-1, p. 6)라고 썼다. 민간조직인 인권의사회(Physicians for Human Rights: PHR) 역시 기존 자료를 검토한 후, "상식적인 의혹을 넘어서 보건의료 체제에 만연해 있는 골치 아픈 문제가 있다는 증거는 강력하며, 이는 심각한 우려를 낳고 있다."라고 지적함으로써 IOM 보고서의 결론을 확증하고 확대했다(Physicians for Human Rights, 2003, p. 1).

격차의 가장 강력한 증거는 심혈관 질환 분야에서 나오는 것일 텐데, 이 분야에서 "대규모 표본을 이용한 연구들의 결과가 일치한다는 것은 매우 놀랍다."(Smedley et al., 2002, p. 43) 이 분야의 증거에는 행정 자료 연구도 포함되는데, 예를 들어 백인 환자들은 아프리카계 미국인에 비해 관상동맥 우회수술을 받는 비율이 4배 이상 높다($n = 86,000$; Goldberg, Hartz, Jacobsen, Krakauer, & Rimm, 1992). 임상 자료에서 나온 증거도 포함되는

데, 가령 전향적 연구에서 연구자들은 다른 요인들 중에서 동반이환과 질환의 심각도를 통제했을 때조차도 아프리카계 미국인이 백인보다 우회수술을 적게 받는다는 것을 발견했다(Peterson, Shaw, & Califf, 1997; Taylor, Meyer, Morse, & Pearson, 1997). 다른 건강 분야를 보면, IOM 보고서는 뇌혈관 질환을 가진 아프리카계 미국인의 진단이나 치료 절차의 수준이 더 낮다는 것을 발견했다(Oddone et al., 1999; Mitchell, Ballard, Matchar, Whisnant, & Samsa, 2000). 신장 이식 분야에서는 아프리카계 미국인들의 신장질환 유병률이 더 높은데도 여전히 격차가 존재한다는 증거가 제시된다(Kasiske, London, & Ellison, 1998; Young & Gaston, 2000). HIV/AIDS와 관련한 증거들에서도 마찬가지로 소수인종과 소수민족들에 대한 격차가 나타난다(Moore, Stanton, Gopalan, & Chaisson, 1994; Shapiro et al., 1999).

IOM과 PHR 보고서 이후, 증거는 꾸준히 축적되고 있다. 클로노프(Klonoff, 2009)는 최신 연구들을 선별해서 검토하면서, 혈관 질환 분야에서 최근의 증거는 아프리카계 미국인과 기타 다른 민족 집단은 심근경색 치료를 적게 받거나 다른 치료 및 다른 혈액응고방지제를 처방받는다는 것을 보여 준다고 보고한다(Sonel et al., 2005; Bhandari, Wang, Bindman, & Schillinger, 2008). 연구는 이식형 심장제세동기(Implantable Cardioverter Defibrillators: ICD) 같은 새로운 기술 역시 백인보다 아프리카계 미국인에게 덜 사용된다고 보고한다(Stanley, DeLia, & Cantor, 2007). 헤르난데즈 등(Hernandez et al., 2007)의 연구에서는 백인 남성과 비교할 때 흑인 남성에 대한 ICD 사용의 조정된 승산비(odds ratio)[1]는 0.73이고, 흑인 여성은 0.56으로 나타났다. 외과 수술에서 소수민족과 소수인종은 신장 이식을 받

---

1) 승산비(odds ratio)는 (p1/(1-p1))/(p1/(1-p1))로 정의된다. 위의 예에서 0.73은 흑인 환자 중 심장제세동기 시술 비율을 백인 환자 중 시술 비율로 나눈 값이다. 즉, 흑인 환자의 심장제세동기 시술률은 백인 환자에 비해 .73배로 낮다는 뜻이 된다. 조정된 승산비는 이 비율을 구할 때, 인종 변수 외에 심장제세동기 시술에 영향을 주는 다른 변수의 영향을 통계적으로 통제한 후에 구한 비율이라는 뜻이다—역주.

을 가능성이 적고(Stolzmann et al., 2007), 비슷한 격차가 간이식 대기 중인 아프리카계 미국인들에서도 나타났다(Reid, Resnick, Chang, Buerstatte, & Weissman, 2004). 이러한 유사한 격차 양상은 정형외과 수술에서도 존재하는 것 같다(Skinner, Weinstein, Sporer, & Wennberg, 2003). 스키너 등(Skinner, Zhou & Weinstein, 2006)은 슬관절 전치환술(total knee arthroplasty) 분야에서 인종 격차를 보고하는데, 백인 남성을 기준으로 흑인 남성의 수술에 대해 조정된 승산비가 0.36이고, 아시아계 남성의 경우는 0.28이었다. 또한 클로노프는 유방암에서의 격차를 보고하는데, 예를 들면 맨델블래트 등(Mandelblatt et al., 2002)은 백인 여성에 비해 흑인 여성이 유방보존술보다 유방절제술을 받는 비율이 높고, 승산비는 1.36이었으며, 방사선 치료를 하지 않고 유방보존술을 받을 가능성이 더 높은데, 승산비는 1.48이었다. 마지막으로 유방암 발생 위험이 높을 때, 아프리카계 미국인 여성은 동일한 백인 여성보다 유방암 유전자 BRCA1/2 검사에 대한 유전자 상담을 덜 받는 것으로 나타났다(승산비 0.22; Armstrong, Micco, Carney, Stopfer, & Putt, 2005).

IOM 보고서는 700쪽이 넘는 긴 분량이다. 보고서는 수백 편의 연구논문을 포함하고, 그 이후로도 많은 논문들이 작성되었다. 보건의료에 소수인종과 소수민족 격차가 존재하는 경우 두 가지 주요 쟁점이 제기되는데, 하나는 그러한 격차 문제의 원인이 무엇인가이고, 다른 하나는 어떻게 대응해야 하는가다.

# 이유와 해결책

IOM 보고서는 왜 격차가 존재하는지에 대한 이유를 많이 제시한다. 보고서는 (다른 많은 가능한 설명 요인들과 함께) 환자의 생물학적 차이나 인종

간 행동의 차이가 그러한 격차를 설명할 수는 없다는 점을 분명히 한다 (Smedley et al., 2002). 당연하게도 저자들은 과거는 물론 현재에도 미국과 세계 전역에 존재하는 인종 및 민족 불평등과 차별이라는 훨씬 더 큰 맥락 안에서 보건의료 격차에 대한 설명을 시도한다. 그러나 이에 대해 저자들은 보고서의 첫 부분에서 보건의료의 격차는 보건 체계와 보건 전문가들, 환자들 간의 영향과 상호작용에 의해 유지될지도 모른다고 결론짓는다.

보건의료 체계의 분열과 저비용의 보건 계획, 보건의료 전문가들이 제공하는 서비스를 제한하는 유인 체계와 같은 체계 요인들이 한몫할지도 모르지만, IOM은 환자와 보건의료 전문가들 간의 만남 안에 있는 요인들이 격차를 가져올 수도 있다는 점을 분명히 한다. 또한 보건의료 전문가와 환자의 관계는 각 개인의 역사와 맥락 안에서 복잡한 상호작용을 수반한다는 인식이 있다. 그러나 IOM이 보건의료 전문가들의 '편향과 고정관념, 편견, 임상적 불확실성'이 역할을 했을 수 있다고 강조하는 것은 주목할 만하다(Smedley et al., 2002, Finding 4-1, p. 178). IOM 위원회는 이에 대해 "강력하면서 정황적인 증거"(Smedley et al., 2002, p. 178)가 있다고 결론을 내리면서 더욱더 많은 연구를 권장하고 있다.

보건의료 전문가의 편견이 하는 역할과 이러한 편견과 격차의 관련성은 단순히 가설적인 것이 아니며, 이에 대한 실증 연구도 이루어졌다. 한 연구에서 슐만 등(Schulman et al., 1999)은 의사들이 심장 카테터법을 권장할 때 있을 수 있는 편견의 역할을 연구했다. 그 연구는 720명의 의사들을 대상으로 조사했는데, 흉통이 있는 환자들에 대한 평가를 모형화한 컴퓨터 프로그램을 사용했다. 의사들에게 (8명의 배우들 중 1명이 대본에 따라 연기하는) '환자들'을 면담하는 장면을 보도록 했는데, 그 환자들은 55세이거나 70세, 백인이거나 흑인, 남성 아니면 여성이며, 또한 흉통의 형태와 스트레스 검사 결과에 따라서 다양했다. 의사들은 144개의 가능한 조합들 가운데 하나를 평가했고, 그들이 심장 평가를 좀 더 하도록 지시하고 싶었는지 아니면 환자가 심장 카테터법을 받도록 의뢰하고 싶었는지를 물어보았다. 결과는 관상동맥 질환의 가능성에 대한 의사의 평가에서 환자의 인종은 유의미한 차이를 보이지 않은 반면에, 여성과 흑인에 대해서는 둘 다 심장 카테터법 시술 의뢰가 덜 이루어졌는데, 흑인 여성은 백인 남성에 비해 시술 의뢰의 가능성이 유의하게 낮은 것으로 나타났다(승산비 0.4). 이러한 결과들은 연구자들이 증상의 다양성과 환자 성격에 대한 의사의 인식을 조정한 이후에도 그대로였다. 저자들은 자신들의 연구가 배우들과 비디오를 사용했고, 따라서 생태적 타당성을 잃을 수도 있다는 점을 마땅히 인정했다. 그러나 유사한 주제에 대한 또 다른 연구들은 실제 임상 데이터를 사용했다.

반 린과 버크(Van Ryn & Burke, 2000)는 환자의 인종과 사회경제적 지위(SES)가 의사의 환자 인식에 미치는 효과에 관한 연구를 발표했다. 그들은 사후 혈관촬영(post-angiogram) 환자들에 대한 의사의 진료 618건에서 자료를 모았는데, 환자 능력과 환자 행동의 가능성에 대한 다양한 의사 보고와 함께 환자의 인종과 SES에 대한 정보를 수집했다. 저자들은 (연령과 성, 인종, 전문성을 포함한) 의사 요인들과 (연령과 성, 건강 위험 수준을 포함한) 환자 요인들을 통계적으로 통제하고, 환자의 인종이나 SES에 대해 다양하게 통제했다. 결과를 보면 흑인 환자는 덜 지적인 것으로 인식되었고, 의사들은 흑인 환자를 덜 선호하는 것으로 나타났다. 흑인 환자는 또한 백인 환자에 비해 좀 더 비순응적이고, 약물 남용 가능성이 더 높을 것이며, 사회적 지지 정도는 더 열악할 것으로 인식되었다. 마찬가지로, SES가 더 낮은 환자들은 덜 자기통제적이고, 가족 구성원에 대한 책임감이 덜하며, 신체적으로 덜 활동적이고, 덜 지적이고, 더 비합리적이며, 더 비순응적인 것으로 인식되었다.

# 향후 방향

　이처럼 만약 증거들이 의사나 다른 보건의료 제공자들의 행동에서 보이는 편향과 편견이 소수인종과 소수민족이 보건의료에서 겪는 격차의 정도에 영향을 주는 요인이라는 것을 의미한다면, 이러한 현상에 대해 할 수 있는 것은 무엇일까? 현대 문헌들을 검토해 보면, 그 쟁점을 다루기 위한 현재 시도들 중에서 가장 큰 관심을 받고 있는 것은 환자 중심 진료와 문화적 역량이라는 것을 알 수 있다.

　환자 중심 진료와 문화적 역량은 공통적이면서도 독특한 측면을 가진 연관 개념이다(Beach, Saha, & Cooper, 2006). 두 가지 개념의 핵심은 개별 환자에 대한 이해다. '환자 중심 의학(patient-centered medicine)'은 발린트(Balint)의 표현인데, 그는 환자를 '하나의 독특한 인간 존재'로 이해하는 것의 중요성을 강조했다(Balint, 1969, p. 269). 좀 더 일반적으로 환자 중심 진료는 전문가와 환자 사이의 개별화된 상호작용과 의사소통을 더욱 용이하게 하는 것을 추구한다(Mead & Bower, 2000). 문화적 역량에 관한 작업은 다양한 문화적 맥락과 전통에 대한 자각이 늘어나면서 시작되었지만, 이후 한 개인이 자신의 편향과 고정관념에 대해 자각한다는 개념을 포함하는 것으로 확장되었다. 문화적 역량은 "문화적 차이를 대체하는 효과적인 대인관계와 일 관계를 확립할 수 있는 개인의 능력"(Cooper & Roter, 2002, p. 554)으로 정의된다. IOM 보고서는 장래의 모든 훈련과 현재의 모든 전문가 양성 프로그램에 비교문화적 교육을 통합할 것을 권고한다(Smedley et al., 2002).

　비치 등(Beach et al., 2005)은 1980~2003년에 발간된 문화적 역량 분야 연구에 대한 체계적인 개관 연구를 수행했다. 저자들은 34편의 적합한 연구를 찾아서 기존 체계를 적용하여 연구의 질을 A(가장 우수한)부터 D(가장 약한)까지 평가했다(West et al., 2002). 이들 연구는 제공자의 지식과 제공자의 태도, 제공자의 기술에 대해 보고한 사람들로 분류되었다. 최우수 증거(A급)는 문화적 개념에 대한 지식의 향상을 검증한 연구들에서 나왔는데, 19편의 연구 중 17편의 연구가 그러한 향상을 보여 주었다. 25편 연구 가운데 21편의 연구는 문화적 자기효능감과 같은 태도의 변화를 검증했다(B급). 의사소통과 사회적 상호작용과 같은 기술과 관련해서는 14편 전부가 향상을 보여 주었다(역시 B급). 이러한 연구 흐름의 눈에 띄는 성공에도 불구하고, 단지 3편의 연구만이 환자에 대한 효과를 측정했고, 이 3편 모두 환자 만족도를 측정했지만, 건강 관련 효과를 검증한 연구는 없었다. 훈련이 문화적 역량과 관련된 지식과 태도를 향상시킬 수 있다는 증거에도 불구하고, 문화적 역량의 증가가 격차에 대해 어떤 영향을 주는지는 아직 어떠한 증거도 없는 것으로 보인다는 점을 주목할 필요가 있다.

환자 중심 진료와 관련하여, 177명의 의과대학 3학년 학생들에 대한 간단한 코호트 연구에서 모든 학생들이 백인 환자와의 상호작용은 똑같이 잘 수행했지만, 인간 중심적 태도 수준이 높은 학생들은 아프리카계 미국인 환자와 상호작용할 때, 그리 높지는 않아도 유의하게 더 나은 수행을 보였다(Beach et al., 2007). 이와 같은 증거가 환자 중심적 태도와 상호작용 사이의 관계를 지지해 주기는 하지만, 환자 중심적 태도 자체를 어떻게 조작할 것인가와 관련한 질문들이 아직 해결되지 않은 채로 남아 있다. 이 분야의 다른 문헌에서, 연구자들은 전문가를 교육하고 환자 중심 진료를 향상시키기 위해 광범위한 틀을 제시한다(Cooper, Beach, Johnson, & Inui, 2006; Burgess, van Ryn, Dovidio, & Saha, 2007). 그들은 적절한 정서 표현과 정서 조절 같은 요인의 중요성을 강조한다.

보건의료에서 건강 전문가가 소수인종과 소수민족 격차에 미치는 잠재적 영향에 초점을 둔 연구는 초기 단계에 있는 것 같다. 문화적 역량과 환자 중심 진료와 같은 개념들의 직관적 중요성에도 불구하고, 이러한 과정들을 어떻게 강화할 것인지, 혹은 그렇게 하는 것이 건강이나 격차 관련 결과의 향상을 직접적으로 가져온다는 것을 제시하는 데이터는 거의 또는 전혀 없다. 아마도 편견의 핵심이 되는 심리 과정을 좀 더 자세히 살펴보는 것이 더 나은 해결을 위한 수단이 될 것이다.

## 편견에 대한 심리학적 설명

'편견(prejudice)'이란 단어는 라틴어 'praejudicium'에서 왔으며, 미리(prae) 판단(judicium)한다는 의미다. 옥스퍼드 영어 소사전은 편견을 근거나 경험에 기초하지 않은 사전에 형성된 견해 또는 그렇게 형성된 불공정한 행동으로 정의한다(AskOxford, n.d). 전통적인 심리학적 설명에서, 편견은 종종 인지적, 평가적/정서적, 행동적 요소를 포함하는 '극단적인' 태도로 본다. 편견의 기원에 대한 이론은 다양하다. 성격 이론가들은 개인의 성격에서 근원을 찾는 설명을 제시한다. 그 예로는 권위주의적 성격(Adorno, 1950), 개방적 생각과 폐쇄적 생각(Rokeach, 1960), 엄하거나 상냥한 성격(Eysenck, 1954)과 같은 것들이 있다. 사회심리학자들은 예를 들어, 집단 간 갈등(Sherif, 1966)과 사회정체성 이론이나 최소 집단(Tajfel, Bilig, & Bundy, 1971)과 같이 사회를 좀 더 강조한다. 좀 더 최근에 사회인지이론에서는 사회적 도식의 역할(Macrae & Bodenhausen, 2000)과 암묵적·명시적 편견(Devine, 1989)을 강조했다. 많은 이론들에서 편견은 분명히 문제가 있기는 해도 기능적인 측면이 있어서, 특히 새롭거나 위협적인 상황에서 문제해결의 필요성을 감소시킴으로써 인지적 지름길을 제공하기도 한다고 결론짓는다(Macrae, Milne, & Bodenhausen, 1994).

편견의 감소를 위한 일반적인 방안은 세 가지 주요 범주로 나뉜다. 첫째는 동등한 지위 접촉(equal-status contact)으로, 이는 동등한 위치에서 타인과 상호작용하는 것을 포함한다(Aronson, 1980). 두 번째 접근은 상호 의존적인 목표를 향한 성공적인 협력 추구다(Sherif, Harvey, White, Hood, & Sherif, 1961). 세 번째 접근은 앞에서 강조한 교육이다. 그러나 이 분야의 결과는 혼재되어 있다. 동등한 지위 접촉에 대한 고전적 연구에서 행동은 단지 관련된 개인(들)에 대해서 변화했을 뿐이지 일반적으로 집단에 대해서는 그렇지 않았다는 것(Hewstone & Brown, 1986)과, 편견은 또한 특정한 사회적 장면에서만 감소했다는 것(Minard, 1952)이 밝혀졌다. 마찬가지로, 집단 간 접촉에 대한 연구는 긍정적인 결과들이 장기적으로 영향을 미치지 않을 수 있다는 것을 제안한다. 그러나 이 분야의 연구는 계속해서 확장되고 있다(Hewstone, Rubin, & Willis, 2002). 교육 문헌에서도 역시 혼재된 결과들이 나왔는데, 정보를 제공하는 것이 편견을 심화시키는 것처럼 보이는 역설 효과나 반동 효과의 위험에 대한 의문과 함께 긍정적인 증거와 혼합된 증거가 모두 나타났다(Macrae, Bodenhausen, Milne, & Jetten, 1994). 교육 분야의 수많은 연구들은 정신건강 분야에서 이루어졌다(Corrigan et al., 2001; Corrigan, Watson, Warpinski, & Gracia, 2004).

위의 증거는 편견에 대한 부정적인 효과를 감소시키기 위해 좀 더 새롭고 효과적인 접근이 분명히 필요함을 보여 준다(Lillis & Hayes, 2007, p. 390). 이 장의 나머지 부분에서는 관계 틀 이론(RFT)과 수용전념치료(ACT)에서 편견을 어떻게 설명하는지를 보여 줄 것이다. RFT는 치료적 접근(ACT)의 바탕이 되는 기본적인 심리학 이론을 제공한다.

# 관계 틀 이론

관계 틀 이론(RFT)은 인간의 언어와 인지에 대한 과학적인 이해를 제공한다. 그 틀은 행동 분석과 일치하며, 행동 분석의 토대 위에서 형성되었다. RFT는 언어와 인지 각각에 대한 이해를 돕는 것은 물론이고, 이러한 과정이 복잡한 인간의 상호작용, 예컨대 편향과 편견, 그리고 종종 정신병리학과 발달심리학, 사회심리학이라는 우산 아래에서 기술되는 여타 행동들에 어떻게 영향을 미치는지에 대한 이해에도 도움이 된다는 것을 주목할 필요가 있다(Hayes, Barnes-Holmes, & Roche, 2001). 연구 기반이 늘어나면서 인간의 언어는 다음에서 기술될 과정에 의해 결정된다는 것을 알게 되었으며, 비록 RFT를 완벽하게 소개하는 것은 이 장의 범위를 넘어서는 일이지만 독자들은 이 정보를 다른 문헌(Hayes et al., 2001; Ramnerö & Törneke, 2008)에서 찾아볼 수 있다.

RFT의 R은 인간의 언어와 인지에 대한 관계의 중요성을 강조하지만, 이것이 의미하는 바를 명확히 하는 것이 중요한데, 왜냐하면 인간 이외의 존재도 관계에 따라서 행동할 수 있기 때문이다. 예를 들어, 붉은 털 원숭이는 실험 장면에서 두 개의 자극 중에서 '더 긴' 것을 고를 수 있다. 그 원숭이들은 비록 현재의 선택 사항들 중에서 더 짧은 것이 이전에는 가장 긴 것이었다고 해도 계속해서 그렇게 할지도 모른다(Harmon, Strong, & Pasnak, 1982). 이것은 그 원숭이들이 자극 간의 관계에 기초해서 행동한다는 것을 암시하는데, 즉 관계적 반응을 한다는 의미다. 앞의 실험에서 하나의 자극은 다른 하나와 물리적으로 다르다는 것, 즉 그 세상에는 관계가 존재한다는 것을 아는 것이 중요하다. 다른 한편, 인간은 대상의 형식적 특성에 기대지 않는 관계를 토대로 행동할 수도 있다. 우리는 자극의 물리적 특징과 별개로, 사회적 맥락이나 우리 자신의 개별적인 역사로 인해 그냥 존재하는 관계를 만들기도 한다. 이로 인해 우리는 사실상 어떤 것을 그 밖의 다른 어떤 것과의 관계 안으로 가지고 올 수 있다. 이 능력은 '임의로 적용 가능한 관계적 반응하기'로 알려져 있다.

관계적 반응하기의 획득은 우리가 아주 어릴 때 시작된다. 유아일 때 우리는 대상을 이름과 관련시키도록 배운다(예를 들어, 'teddy' 같은 대상과 그것에 상응하는 이름, 't-e-d-d-y'). 흥미롭게 들리지만, 우리가 대상과 관련시키기 위해 사용하는 말들은 임의적이다. 단어 't-e-d-d-y'는 그 대상 'teddy'와 관계를 맺는데, 이는 그저 역사와 맥락, 사회적 관습 때문이다. 그 관계는 우리에게 당연해 보이는데, 우리가 수많은 경우에 그 두 가지를 짝지었던 역사가 있기 때문이다. 우리가 이러한 관계들을 처음 배울 때는 각각의 관계를 명시적으로 배우고 강화하지만, 시간이 지나면서 '일반화된 관계적 반응하기'가 나타난다. 이것은 각각의 개별적인 관계는 더 이상 배울 필요가 없다는 것을 의미하는데, 반응하기는 일반화되어서 간접적으로 나타날 수 있기 때문이다.

물론 관계들은 말과 대상 사이에서만 만들어지는 것이 아니라, 말과 말, 대상과 대상, 사람과 말 등에서도 만들어진다. 게다가, 이러한 관계들은 훈련될 필요도 없다. 종종 자각 없이도 '파생될' 수 있다. '파생된 자극 관계'라는 개념은 자극 동등성이라는 개념으로 확장된다(Sidman, 1971). 시드맨(Sidman)의 고전적인 실험에서, 학습장애를 가진 피험자에게 말을 그림과 짝짓도록 가르쳤고, 또한 이 말을 인쇄된 단어들과 짝짓도록 가르쳤다. 이 외에도 관계를 직접적으로 가르치지 않았음에도 불구하고, 피험자는 인쇄된 단어들을 그림들과 짝지을 수 있게 되었다. 이 마지막 관계, 즉 인쇄된 단어들과 그림들 사이의 관계는 자생적으로 만들어졌다. 다른 말로 하면, 그 자극들은 훈련이나 강화 없이 각각 동등해졌다. 단순히 말해서, 파생된 자극 관계는 직접적으로 훈련되거나 학습된 적이 없는 두 개 이상의 자극들 사이의 관계다.

인간의 언어와 인지에는 RFT의 핵심인 세 가지의 중요한 특징이 있는데, 상호적 함의와 조합적 함의, 자극 기능의 전이가 그것이다. 상호적 함의에서 만약 'a'에서 'b'로의 관계가 학습되고 강화되면, 그 반대의 관계, 즉 'b'에서 'a'로의 관계 또한 그 자체로는 전혀 강화되지 않았음에도 불구하고 파생된다. 조합적 함의는 세 개 이상의 자극을 수반한다. 여기서 만약 'a'에서 'b'로의 관계와 'b'에서 'c'로의 관계가 만들어지면, 'a'에서

'c' 그리고 'c'에서 'a'로의 관계가 직접적인 학습 없이 파생된다. 세 번째 특징은 자극 기능의 전이인데, 여기서 자극들은 특징들을 교환하면서 그것들이 관계하는 다른 자극들과 '기능적으로 동등' 해진다. 이것은 예를 들어, 자극 'a'가 한 개인에게 혐오적이고, 그 개인이 'a'가 'b'와 유사하다는 것을 학습하면 'b' 역시 혐오적인 것이 되는데, 이는 그 기능이 'a'에서 'b'로 전이되기 때문이다.

자극이 서로 관련지어질 때, 그 자극들은 '관계 틀' 안에 있다고 할 수 있다. 만약 대상 'teddy'가 단어 'teddy'와 관계 틀 안에 있다면, 그것들은 서로가 조화(또는 동일성)의 틀 안에 있다고 말할 수 있다. 앞에 주어진 'a'에서 'b'로의 예시들 역시 조화의 틀 내에 있다. 또 다른 종류의 관계 틀이 있는데, 가령 반대(예: 'a'는 'b'의 반대다.)와 구별('a'는 'b'가 아니다.), 비교('a'는 'b'보다 크거나 작다, 또는 좋거나 나쁘다.)가 있다. 위계적이고, 시간적이며, 공간적이고, 지시적인 관계 틀이나 조건 관계나 인과 관계 같은 관계 틀도 있다(Hayes, Fox, et al., 2002 참조). 기억할 것은 이러한 틀의 작용이 처음에는 훈련되고 강화되지만, 관련짓는 능력은 마침내 자동적이며 비자각적으로 일반화되고 정교화된다는 점이다.

종합해 보면, 이러한 과정들은 언어와 함께하는 인간의 삶에 많은 효율성(그리고 동시에 문제점)을 제공한다. 임의로 적용 가능한 관계적 반응하기와 파생된 자극 관계 그리고 관계 틀로 인해서 '단어(words)' (발화된 언어와 생각)는 환경과의 직접적인 접촉 없이도 우리의 행동이 형성되도록 만든다. 단어를 경험하는 것만으로도 우리가 생각하고, 느끼고, 행동하는 것을 바꿀 수 있는데, 그 이유는 단어만으로도 우리는 그 단어와 관련된 대상의 기능과 접촉하는 것이 가능하기 때문이다. 그뿐 아니라 자극 기능의 전이 때문에 대상 자체와 직접 접촉하지 않더라도 대상의 기능은 바뀔 수 있고, 실제로 계속 바뀌어 왔다. 하나의 예를 가지고 이러한 과정이 어떻게 작동하는지 살펴볼 수 있다.

당신이 아동이라 가정하고 '남성과 여성은 서로 반대의 성이다.' (반대의 관계 틀)와 '남성은 강하다.' (조화의 관계 틀)를 학습한다고 상상해 보라. 이로부터 전혀 학습하지 않고도 '여성은 약하다.' (조화)는 것을 이끌어 낼 수 있다. 만약 당신이 나중에 '강인함은 나이와 함께 온다.'는 것을 학습하면, 당신은 또한 '젊은 여성은 나이 든 여성보다 약하다.'와 '젊은 여성은 나이 든 남성보다 약하다.'는 것을 이끌어 낼지도 모른다(Roche, Barnes-Holmes, Barnes-Holmes, & Stewart, 2002, p. 76 수정 인용).

이런 과정이 시사하는 바는 엄청나다. 우리의 세상을 구성하고 우리의 행동을 안내하는 언어 관계는 우리의 통제 없이 자동적으로 형성될 수 있다. 이에 더해 연구자들은 그러한 과정이 스스로 유지되며, 우리를 관계 틀 밖의 세상에 대해서 둔감해지게 한다고 주장한다(Hayes, Niccolls, Masuda, & Rye, 2002; Roche et al., 2002).

## RFT와 편견

우리는 앞서 편견이 심리학 내에서 어떻게 다양하게 이해되고 다루어졌는지를 보았다. 지금부터 RFT의 관점에서 그것을 살펴보도록 하자. 연구자들은 "언어에 대한 이론이며 기술인 RFT가 편견의 형성과 유지, 개선에 관한 사회적 담론 양식과 그것들의 역할을 분석하기 위한 경험적이며 개념적인 도구를 제공한다고 제안한다."(Dixon, Dymond, Rehfeldt, Roche, & Zlomke, 2003, p. 134) 다른 RFT 연구자들은 인간의 편견을 "인간이 언어 평가적 범주에 참여하는 것 때문에 생겨난 인간 존재의 대상화와 비인간화"(Hayes, Niccolls, et al., 2002, p. 298)로 정의했다. 이것이 의미하는 바는 앞에서 기술한 과정들을 통해 개인이나 인간 집단이 임의적이고 자동적으로 학습되고 파생된 관계 틀 안에 놓이게 된다는 것이다. 그러면 이러한 개인이나 집단에 대한 우리의 행동은 관계 틀 안에서 자극 기능의 전이에 의해 영향을 받고, 언어를 기반으로 하는 과정에 얽히게 되는 것이다. 안타깝게도 우리의 행동이 언어적 범주와 그에 수반하는 임의적 기능의 통제하에 놓이게 될수록 이러한 언어 과정에 의해 구성되지 않은 세상과의 접촉은 더욱 끊어지게 된다. RFT가 편견을 비정상적인 과정이 아니라 인간 언어에 대한 좀 더 타당한 과잉 확장으로 본다는 것을 주목하라. 사실상 편견은 "인간 존재에 내재한 것으로 볼 수도 있는데, 이는 편견이 언어 자체로 구성되기 때문"(Hayes, Niccolls, et al., 2002, p. 297)이다.

RFT는 또한 기존의 편견 연구 결과에 대한 가능한 설명을 제공한다. 동등한 지위 접촉의 이득이 개인을 넘어 더 광범위하게 확장되지 않는 이유를 RFT를 통해 가정해 볼 수 있다. 그것은 동등한 지위 접촉이 집단이 아니라 단지 개인과 연합된 관계 틀에 복잡한 특성들을 추가하는 것에 불과할 수 있다는 것이다. 사실상 접촉은 자극 기능의 전이를 통해 무심코 개인과 집단 간의 결속을 약화시킬지도 모르지만, 집단과 연합된 관계 틀은 그대로 둘 수 있다. 또한 RFT는 편견을 감소시키기 위해 고안된 선의의 교육 기법들이 역효과를 낳을 수 있다고 제시한다. 건강 격차와 관련해서 작업하는 몇몇 연구자들은 이미 특정 문화 정보를 촉진하는 것이 고정관념화를 감소시키기보다 오히려 조장할 수 있다는 문제를 제기했으며(Beach et al., 2005), 또 다른 연구는 편견의 태도를 바로 보고 교정하기 위해 교육을 활용하는 것이 언제나 도움이 되는 것은 아니라고 제시한다(Thornton & Wahl, 1996; Wahl & Leftkowits, 1989). RFT는 이것을 설명하는 데 도움을 주는데, 즉 편견 집단에 관해 정보를 제공하는 것이 처음에는 그것을 말함으로써, 두 번째는 그것의 속성을 더함으로써 단순히 차별적인 관계 틀의 강도를 강화할지도 모른다는 것을 주목한다(Dixon et al., 2003; Roche et al., 2002). RFT에 대한 또 다른 연구는 사람들에게 어떤 생각을 하는지 말하게 하면 생각이 좀 더 자주 떠오르고, 생각이 행동에 미치는 영향도 증가시킬 수 있다고 제시한다(Wenzlaff & Wegner, 2000).

RFT와 편견에 대한 최근 연구의 대부분은 2001년 9월 11일의 테러 공격이라는 사건과 그 여파의 결과였다(Dixon et al., 2003; Dixon, Zlomke, & Rehfeldt, 2006; Hayes, Niccolls, et al., 2002). 이 연구에 나온 한 가지 예는 얼마나 쉽게 편견이 만들어지고 퍼져 나갈 수 있는지에 대한 또 다른 실례를 제공한다.

> 한 미국인이 9.11 테러를 목격하고(A), 그러고 나서 분노와 혐오라는 정서를 경험한다(B). 얼마 후, 매체는 또한 테러(A) 용의자로 추정되는 테러리스트들의 이미지를 내보낸다(C). A가 B와 관련지어지고, A는 또한 별도로 C와 관련지어진다는 것을 주목하라. 그러나 파생된 관계들은 또한 B와 C 사이에도 생겨날 것이고, 그래서 테러리스트의 이미지들은 분노와 혐오의 느낌을 불러일으킨다. 테러리스트 집단의 독특한 특징(C)에는 그들의 인종, 피부색, 종교, 출생지를 포함한다. RFT는 테러리스트를 향해서만이 아니라 테러리스트 집단과 같은 특성을 지닌 중동 출신의 모든 개인을 향해 느껴지는 혐오 감정이 얼마나 쉽고 자동적으로 형성되는지를 보여 준다(Dixon et al., 2003, p. 135).

## RFT 개입법

RFT는 인간의 언어와 인지를 이해하기 위한 상향식의 자료 주도적 (data-driven) 접근이며, RFT 연구의 많은 경우는 실험실 조건에서 이루어진다. RFT와 편견에 관한 핵심 과정 중의 하나는 자극 기능의 전이다. 그것은 앞의 예시에 나온 쌍둥이 빌딩이 무너지는 것과 연합된 감정이 중동 출신의 개인들과 어떻게 연합될 수 있는지, 의사가 흑인 여성과 백인 남성을 치료할 때 어떻게 다른 선택을 할 수 있는지를 설명하는 과정이다. 연구자들은 비만과 연합된 자극들과 임의적이고 중성적인 자극들 사이에 자극 기능의 전이가 일어날 수 있는지를 연구하였다. 피험자들은 '대응 표본 구성 (matching-to-sample)' 과정에 참여했는데, 여기서 피험자들은 수평선과 수직선이 각기 비만이나 마름과 연합된 자극인 것처럼 반응하도록 하는 간접적인 훈련을 받았다. 결과는 중성 자극이 파생된 훈련을 통해 비만 자극의 기능을 획득했다는 것을 보여 준다. 더구나, 연구는 이러한 종류의 전이가 단지 매우 간단한 훈련 이력만으로도 이루어짐을 보여 준다(Weinstein, Wilson, & Kellum, 2008).

기초 연구는 편견에 대한 RFT의 개념화를 위한 토대를 제공하며, 실험실 기반의 절차들은 편견을 약화시키는 방법을 알려 줄 수 있다. 핵심은 관계적 연결망을 느슨하게 하는 능력이며, 아마도 집단 기능을 부가하거나 아니면 고정관념화된 집단의 관계 틀을 다른 집단과 중첩시키거나 병합함으로써 가능할 것이다(Dixon et al., 2006). 그러나 실험실 조건에서는 이렇게 하기가 어렵다는 것이 밝혀졌다.

자극 동등성 실험에서, 연구자들은 북아일랜드에서는 성(姓)이 종종 종교적 배경(예: 개신교 또는 가톨릭)을 구분해 준다는 점을 주목했다(Watt, Keenan, Barnes, & Cairnes, 1991). 그들은 북아일랜드와 잉글랜드 출신을 피험자로 하여 연구를 수행했다. 피험자들은 3개의 가톨릭 성을 3개의 무의미한 음절과 관련짓고, 그다음 그 3개의 무의미한 음절을 3개의 개신교 상징과 관련짓는 훈련을 받았다. 그리고 나서 동등성 관계가 만들어졌는지를 보기 위해 피험자들은 검사를 받았다. 피험자들에게 개신교의 상징을 제시하고, 훈련받을 때 이용했던 가톨릭 성씨와 새로운 개신교 성씨 중에서 선택하도록 했다. 잉글랜드의 피험자 모두는 그들이 훈련했던 가톨릭 성씨를 선택했지만, 19명의 북아일랜드 피험자들 중 12명은 새로운 개신교 성씨를 선택했다. 실험실 기반 훈련은 북아일랜드 피험자들에게 이미 구축된 기존의 관계보다 더 약했던 것 같다. 이러한 결과들이 드문 것은 아니다. 2001년 9월 11일의 사건들에 대한 반응에서, 연구자들은 편견을 줄이기 위한 노력으로 피험자들에게 테러리스트와 미국인 이미지 사이의 조정 틀을 형성하기 위한 시도를 했다(Dixon et al., 2006). 그러나 두 실험에 걸쳐서 대부분의 참가자들은 그러한 틀을 형성하지 않았고, 연구자들은 실험실 기반 실험 내의 훈련이 충분치 않다고 결론지었다.

아직까지 RFT와 관련된 실험실 기반 절차들은 편견에 대한 실제 세계의 예들을 반박하기 위해서는 충분치 않은 것 같다. 그러나 생산적인 연구가 이미 "의식적으로 RFT에서 이끌어 낸"(Wilson, Hayes, Gregg, & Zettle, 2002, p. 231) 임상적·행동적 접근, 즉 ACT를 활용해서 이루어졌다.

# 수용과 전념 훈련

RFT가 어떻게 편견이 인간의 언어로부터 나오는지를 설명하기 위해 기본적인 심리학적 이론을 제공하는 반면에, ACT는 행동적인 치료법을 제공한다. 간단히 말해서, ACT 모형은 6개의 상호 관련된 상반된 과정들이 대부분의 인간의 고통이나 또는 반대로 심리적 유연성(심리적 유연성은 다른 말로 하면, 현재 순간을 온전히 경험하면서 당신에게 진실로 중요한 것을 향해 지속적으로 나아가는 능력이다)에 핵심이라고 제안한다. ACT 모형에 대한 저술은 상당히 많다(Luoma, Hayes, & Walser, 2007; Hayes, Luoma, Bond, Masuda, & Lillis, 2006; Hayes, Strosahl, & Wilson, 1999). 간단히 말하면, ACT는 우리에게 편견적 사고나 느낌을 멈추게 하는 것이 아니라, 마음이 하는 대로 내버려두고, 동시에 우리가 가장 가치 있다고 생각하는 것과 일치하는 삶을 살도록 하는 능력을 제공할 수 있다. 그것은 우리 마음이 하는 것에 대해, 이것이 어떻게 우리의 행동에 영향을 주는지에 대해, 그리고 어떻게 이러한 자각이 일상의 매 순간 우리가 하는 것을 좀 더 통제할 수 있게 하는지에 대해 개인적이고 경험적인 통찰을 제공한다.

심리학의 다른 접근들과 달리 ACT는 (편견을 포함해서) 사고의 형태나 내용을 바꾸는 것이 아니라, 그 사고들이 우리와 우리 행동에 주는 영향을 포함하여 기능이나 맥락을 바꾸는 것을 목표로 한다. 보통 우리가 생각에 얽매여 있을 때, 우리는 그 생각들에 따라 반응하거나 그 생각들이 재잘거리는 대로 한다. 편견적 사고는 인간 존재의 자연스러운 부분으로 보이지만, 그렇다고 우리의 행동이 편견에 이끌려도 된다는 의미는 아니다. ACT가 제안하듯이 (떠올랐거나 재잘거리는) 생각을 바꾸려고 하는 대신, 우리는 그 사고에 대한 우리의 관계를 바꾸는 것이 더 유용하다는 것을 알게 될 수도 있다. ACT는 그러한 사건들에도 불구하고 경험에 대한 수용 의지를 포함하여 유연성을 격려한다. 그 작업은 우리의 편견과 편향, 편협함을 좀 더 자각하는 것을 포함한다.

편견적 사고를 바꾸려 하거나 도전하지 않으면서 그것들과 함께 작업하는 것은 이상해 보일지 모르지만, 이러한 식으로 성공적으로 작업한 증거는 ACT가 하나의 접근법으로 존재하기 이전에도 있었다. 한 실험에서, 한 반에 있는 아동들에게 옆방에 장애아동이 있다고 말해 주었다. 그리고 나서 아동들에게 그들이 가지고 있는 모든 편견적 사고에 이름을 붙이도록 요청했다. 한 집단의 아동들은 그들의 사고를 인정하도록 했고, 다른 집단의 아동들은 그것들을 교정하도록 했다. 그리고 나서 두 집단을 모두 장애아동이 있는 방으로 들여보냈다. 자신의 사고를 교정하도록 했던 아동집단은 그러한 사고를 인정하도록 했던 아동집단보다 장애아동을 더 많이 피했다(Langer, Bashner, & Chanowitz, 1985). 이런 결과는 ACT의 작동 방식을 지지하는 것은 물론이고 우리로 하여금 어떤 형태의 교육이든 예기치 않은 부작용을 가져올 수 있다는 점을 다시 생각해 보게끔 한다.

정신건강과 행동의학 분야 모두에서 치료적 접근법으로서 ACT를 사용하는 것에 대한 연구 증거는 꾸준히 늘고 있다(Hayes et al., 2006). 또한 조직 장면에서도 유용하다는 증거가 있다(Bond & Hayes, 2002). 아직 적지만 점차 늘고 있는 증거들은 편견의 개선에 ACT가 유용할 수 있음을 보여 준다. 조금 성급해 보일지 몰라도, 이 분야의 연구자들은 편견에 잠재적으로 수반되는 사고(가령 '가난한 사람들은 자격이 없다.')는 사람들을 치료받으러 오게 할 수도 있는 사고(가령 '나는 자격이 없다.')와 다르지 않다고 주장한다(Lillis & Hayes, 2007에서 인용).

## ACT 개입법

다음에 ① 학생들의 소수인종과 소수민족에 대한 편견, ② 정신건강 문제가 있는 사람과 관련된 낙인, ③ 약물과 알코올 상담자의 환자에 대한 편견을 줄이기 위해 ACT를 사용한 세 가지 개입을 기술했다. 이러한 집단 기반 개입법에서 보통은 '치료(therapy)'를 나타내는 ACT의 T가 '훈련(training)'의 T로 대체된다.

ACT와 RFT 관점에서 보면, 세 가지 사례 모두에서 편향과 편견, 낙인의 핵심은 인간이 언어적·평가적 범주화를 하기 때문에 인간의 대상화와 비인간화가 생겨나는 것으로 여겨지며, ACT 연구가 다루려고 했던 것이 바로 이 과정이다.

2007년 릴리스와 헤이스는 소수인종과 소수민족에 대한 편견을 줄이는 데 ACT를 적용한 연구를 발표했다(Lillis & Hayes, 2007). 이 연구에서 ACT 개입법의 효과성을 교육에 기반한 개입법과 비교했다. 연구는 역균형화된 집단 내 설계를 사용했고, 피험자들은 32명의 대학생으로 모두 ACT와 교육 조건 양쪽에 참가했다. 연구를 위해 '선입견적 편향의 자각과 탈융합, 행위 질문지(Prejudicial Biases Awareness, Defusion, and Action Questionnaire)'라는 이름의 새로운 질문지를 만들었다. 여기에는 긍정적인 행위 의도와 ACT 모형 내의 다른 관련 영역을 측정하는 문항(편향의 자각과 인정, 수용과 유연성, 일반적 융합 기술)을 담았다. 질문지 평가는 다섯 번 이루어졌다(첫 회기 전후, 2회기 전후, 일주일 후 추수 회기). 매 회기는 75분간 진행되었다.

교육 개입법은 비교문화적 상담에 대한 대중 심리학 교재에 있는 자료에 기초했다. 그것은 인종이 다른 세 집단(아프리카계 미국인, 아시아계 미국인, 히스패닉이나 라틴계 미국인)의 특징, 특히 그들의 강점과 일반적인 고정관념을 탐색했다. 또한 자신의 편향을 확인하여 수정하고, 타인의 독특한 양상을 이해하는 작업도 이루어졌다. ACT 개입법은 개인의 사적 사건(생각, 느낌, 행동)에 대한 자각을 높이고, 사적 사건에 대한 수용을 늘리고, 다른 일반적 평가 언어 과정을 알아차리는 능력을 향상시키며, 개인의 가치에 따라 행동할 수 있는 능력을 증가시키려는 것이다.

ACT 개입법은 치료 후와 일주일 추수에서 주요 결과 변수, 즉 긍정적인 행위 의도를 유의하게 향상시켰다. 그것은 18~19% 평균 향상을 가져왔다. 교육은 긍정적인 행위 의도에서 유의한 전반적 변화를 가져오지 않았다. 과정 변화라는 측면에서 '수용과 유연성'은 질문지로 측정했을 때 모든 시점에서 가장 큰 차이가 나타났다. 이후 분석에서 수용과 유연성은 긍정적인 결과 변수에 대한 ACT 개입법의 영향을 부분 매개하는 것으로 나타났다.

2007년에도 역시 또 다른 연구가 심리장애와 관련된 낙인에 대한 ACT 개입법의 영향을 분석했다(Masuda et al., 2007). 그 연구는 대학생 95명을 대상으로, 절반은 ACT 조건에, 나머지 절반은 교육 조건에 할당했다. 두 개입법 모두 2시간 30분간 지속되었다. 사용된 질문지는 정신질환자에 대한 지역사회 태도 질문지(Community Attitudes Toward the Mentally Ill: CAMI questionnaire)(Taylor & Dear, 1981)인데, 대학생용으로 재설계되었고, 다른 하나는 수용행동척도(Acceptance and Action Questionnaire: AAQ)(Hayes, Strosahl, et al., 2004)다. AAQ 점수는 피험자가 심리적으로 경직되었는지($\leq 66$) 유연한지($\geq 67$)를 평가하기 위해 사용되었다. 훈련 전에 ACT 조건에 있는 피험자의 30%와 교육 조건에 있는 피험자 26%는 심리적으로 경직된 것으로 분류했다. 개입 전과 개입 후, 1개월 추수에 측정이 이루어 졌다.

교육 조건에는 집단활동과 토론, 교훈적인 발표가 포함되었다. 교육 자료는 역설적 효과를 피하기 위해 대립적이지 않은 방식으로 전달되었지만, 여전히 피험자들의 낙인적 사고를 새롭고 비낙인적인 사고로 대체하는 것을 목적으로 한다. 반대로, ACT 조건은 낙인이 자연 언어 안에 이미 들어 있는 것이라는 점을 강조하고, 자료를 고전적 ACT 교재에 기초한 일련의 경험 과제에서 가져왔다(Hayes et al., 1999).

사전에 심리적 유연성 수준이 높았던 피험자는 낮은 피험자와 비교하여 CAMI 점수에서 낙인화를 덜 보고했다. 사후 결과는 ACT 개입법이 심리적 유연성이 높은 사람들과 낮은 사람들 모두에서 낙인 점수를 감소시켰다는 것을 보여 주었다. 교육 조건은 사전 심리적 유연성 수준이 높은 사람에게 서만 낙인을 감소시켰다. 추수에서 모든 점수는 유의하지는 않지만 약간의 감소를 보여 주었다.

마지막으로, ACT 개입법을 포함한 세 번째 연구는 약물과 알코올 남용 상담자들의 낙인화 태도에 영향을 주기 위해 설계된 것이다(Hayes, Bissett, et al., 2004). 이 연구에는 세 가지 조건, 즉 통제 조건과 다문화 훈련, ACT 가 있다. 상담자 93명이 참가했으며(그중 30명은 ACT 조건에, 34명은 다문화 훈련에, 29명은 통제 조건에 들어갔다), 훈련은 하루 동안 실시되었으며, 모든 개입법은 6시간 동안 지속되었다.

측정은 사전(하루를 시작할 때)과 사후(하루를 마칠 때)에 실시되었고, 추수 자료는 3개월 후에 수집되었다. 연구를 위한 주된 도구는 약물 남용자에 대한 지역사회 태도(Community Attitudes Toward Substance Abusers: CASA)척도, CAMI의 수정판(Taylor & Dear, 1981), 마슬렉 소진척도 (Maslach Burnout Inventory: MBI)(Maslach, Jackson, & Leiter, 1996) 그리고 연구를 위해 구성된 '낙인화 태도 신뢰성(Stigmatizing Attitudes-

Believability: SAB)' 이라 불리는 ACT 척도다. SAB는 약물 사용 문제를 가진 개인들에 대한 일반적인 사고 20가지를 담고 있으며, 피험자들에게 그러한 사고에 대해 믿는 정도를 평정하도록 했다.

통제집단은 다른 여러 가지 가운데, 약물 중독과 관련된 생물학적 요인과 치료를 강조한 교육을 받았다. 다문화 훈련 조건은 문화와 인종, 민족, 가족 구조, 영성, 언어에 대한 정보를 포함했는데, 후자는 피험자들이 문화적 편향의 낙인 효과를 좀 더 인식하도록 하는 데 초점을 두었다. 앞의 연구들과 마찬가지로 ACT 조건은 상담자와 내담자의 관계에서 자연 언어 과정의 역할을 탐색했다.

결과를 보면, (CASA로 측정한) 낙인의 측면에서 통제 조건은 사전에 비해 사후 또는 추수에서 유의한 변화가 없었다. 다문화 개입법은 사후에서 유의한 변화가 나타났지만, 추수에서는 그렇지 않았으며, ACT는 사후에 아무런 변화가 없었지만 추수에 유의한 향상이 있었다. 소진 측면에서도 통제 조건은 어떤 시점에서도 변화를 보이지 않았다. 다문화 개입법은 사후에 변화가 나타났지만 추수에서는 그렇지 않았던 반면에, ACT는 사후와 추수 모두에서 유의한 변화를 가져왔다. 과정과 관련해서 SAB로 측정했을 때, ACT는 낙인화 사고에 대해 믿는 정도를 변화시켰고, 이것이 바로 ACT 조건에서 낙인과 소진 점수에 대한 영향을 매개하는 것으로 나타났다.

종합하면, 이 연구들은 편견과 그것이 보건의료 격차에서 할 수 있는 역할을 이해하고 개선하는 데 RFT와 ACT의 잠재적 가능성을 시사한다. 앞의 연구는 연구의 맥락을 고려해서 조심스럽게 다루어질 필요가 있다. 연구의 일부는 표본크기가 비교적 작으며, 모두 그 연구의 목적을 위해 구성된 척도를 사용했으며, 어떤 것도 직접적인 행동 측정을 포함하고 있지 않다(자기보고식으로만 이루어짐). 말하자면, 유용한 변화가 그러한 간단한 개입에 의해 달성될 수 있다는 제안은 그러한 접근법의 잠재적 효과성을 의미한다. 연구자들은 이러한 연구들에 대해 다문화와 교육 접근법은 사용하지 말아야 한다는 식으로 받아들여서는 안 된다는 점을 명백히 한다. 대신에 ACT 관련 자료들이 교육 정보의 '심리학적 오용'을 방지할 수도 있기 때문에 다문화와 교육 접근법을 ACT 개입법과 결합하는 것이 좀 더 유용할지도 모른다(Hayes, Bissett, et al., 2004).

# 범위 확장하기

이 장은 전문가 수준의 보건의료에 초점을 두고 있다. 동시에 IOM과 PHR 보고서들은 여러 수준(일반인과 환자, 보험회사, 정책입안자, 보건의료 전문가)에서 자각과 변화의 필요성을 논의하고 있다. 각 수준에 포함된 사람들은 RFT가 설명하고 분석하는 언어 과정과 사고 과정을 동일하게 겪는다. 우리 모두는 유사하게 인간의 언어에 의해 만들어진 편견의 덫에 걸릴 수 있는 잠재성을 가지고 있다. 따라서 개인들이 함께 살아가도록, 그리고 자신의 심리적 경험에 지배되지 않도록 하려고 고안된 ACT 방법을 폭넓게 적용함으로써 다양한 이득을 성취할 수 있다. 이 분야의 연구는 이제 막 시작되었고, 이러한 초기 결과들을 실증하고, 앞에서 기술한 방법의 잠재적 범위를 철저하게 연구하기 위해서는 훨씬 더 많은 연구가 필요하다.

이 장은 미국의 보건의료가 소수인종과 소수민족에 대해 갖는 편향과 편견에 의도적으로 관심을 기울였다. 사실상 미국 내에서 '건강 격차'라는 용어는 그러한 관심을 반영한다(Braveman, 2006). 그러나 미국이 보건의료의 편견이 발견되는 유일한 장소도 아니며, ACT와 RFT의 적용이 유용할 수 있는 유일한 장소도 아니라는 점은 명백하다. 편향과 편견, 그것으로 인한 잠재적인 격차는 어떤 형태로든 우리가 살펴보려고 하는 어느 곳에서나 그리고 사람들에게 부과된 범주적 속성이 그들의 개별적 인간 특성을 지배하는 어느 곳에서나 발견될 수 있다. 이러한 경우에 인간 존재는 일상적이고 자동적인 언어 평가 과정 속으로 들어감으로써 대상화되고 비인간화될 수 있다.

격차는 다른 여러 건강 분야에서도 보고되었다. 예를 들어, 만성통증 연구는 통증 지각에서 보이는 소수인종과 소수민족의 두드러진 차이가 근본적인 생물학적 차이를 반영할지도 모른다고 제안하곤 했으나(Edwards, Fillingim, & Keefe, 2001), 이제는 점차 여타 변인들에 관해 좀 더 철저하게 피험자를 짝지으면 이러한 차이가 감소하거나 사라질 수 있다는 것이 보고되고 있다(Edwards, Moric, Husfeldt, Buvanendran, & Ivankovich, 2005; McCracken, Matthews, Tang, & Cuba, 2001). 그러나 만성통증 치료에서 격차는 앞에서 한 이야기가 그대로 되풀이되며(Bonham, 2001; Carey & Garrett, 2003), 이는 정신건강 연구에서도 마찬가지다(Cook, McGuire, & Miranda, 2007; McGuire et al., 2008; Zito, Safer, Zuckerman, Gardner, & Soeken, 2005). 분열과 불평등이라는 많은 문제가 있고, 연구자들은 이제 심지어 다중적 격차의 역할을 검토하고 있다. 여기서 개인들은 두 가지 이상의 강력한 언어 평가 범주, 예컨대 소수인종 및 소수민족 집단과 사회경제적 하층(Williams & Jackson, 2005; Chu, Miller, & Springfield, 2007) 또는 '의학적으로 설명되지 않는' 만성통증과 관련된 범주들과 '신체화'로 간주되는 범주들, '정신질환'과 관련된 범주들에 속함으로써 받게 되는 복합적인 영향과 싸워야 할지도 모른다.

물론 소수인종 및 소수민족 분야에서만 격차 문제가 연구된 것은 아니다. 사회경제적 지위(Braveman, 2006; Morenoff et al., 2007; Krupski, Kwan, Afifi, & Litwin, 2005)와 성별(Healy, 1991; Orth-Gomer, 2000) 그리고 성별과 장애 같은 다중적 격차(McCarthy et al., 2006)의 영역도 포함한다. 사실, 격차에 대한 편향을 제공할 수 있는 개인차의 목록은 끝이 없다. 현재의 질병 종류, 동반이환 질환, 인종, 민족적 태생, 성, 연령, 체중, 키, 말씨, 종교, 지능, 직업 상태, 직책, 사회계층, 성적 지향성, 정신건강, 정서적 상태, 장애, 지각된 매력, 복장 등은 단지 다른 사건이나 경험들과 임의적으로 관련짓는 단어들의 사소한 선택일 뿐인데, 때로는 그러한 사건과 경험들이 타인을 향한 우리의 행동에 영향을 줄지도 모른다.

브레이브먼(Braveman, 2006)은 누구나 공정하고 평등하게 이용할 수 있는 보건의료의 추구는 윤리의 문제가 아니라 인권의 문제라고 지적하면서, "건강에 대한 권리는 사회의 가장 특권층이 누리는 건강 수준에 도달하기 위한…… 모든 사회집단의 권리로 조작화될 수 있다."(Braveman & Gruskin, 2003; Braveman, 2006, p. 184)라고 말한다. 점차 연구자들은 건강의 격차와 불평등의 문제를 국경 내에서뿐만 아니라 국경을 넘어서도 다루고 있다 (Wallace, 2008).

보건의료의 격차는 다면적이고 복합적인 역사적 원인에 뿌리를 둔다. 그것들은 언어와 범주화, 판단의 자연적인 과정에 이미 내포되어 있는 것이다. 이러한 과정들은 지금 이 장을 읽고 있을 때도 당신의 행동에 작용한다. 보건의료 서비스 접근과 건강 불평등을 다루는 것은 감염이나 심장질환, 암, 그 밖의 다른 질환들의 효과를 다루는 것만큼 중요하면서도 어떤 점에서 보면 그 도전은 더 클지도 모른다. 건강 격차의 근본적인 원인을 찾아내고, 이해하고, 치료하는 것에 대한 우리의 방법은 아직 걸음마 단계다. 그러나 RFT와 ACT가 보건의료의 격차를 구성하는, 헤아릴 수 없이 축적된 개인적 선택과 행위 및 맥락을 살펴보는 것을 돕고, 이러한 지식이 지방과 국가 전체, 전 세계적으로 보건의료의 불평등을 줄이는 데 도움을 주는 역할을 한다는 것은 명백하다.

# 참 · 고 · 문 · 헌

Adorno, T. W. (1950). *The authoritarian personality.* New York: Harper.

Armstrong, K., Micco, E., Carney, A., Stopfer, J., & Putt, M. (2005). Racial differences in the use of BRCA1/2 testing among women with a family history of breast or ovarian cancer. *Journal of the American Medical Association, 293*(14), 1729–1736.

Aronson, E. (1980). *The social animal.* San Francisco: W. H. Freeman.

AskOxford. (n.d.). Prejudice. Retrieved December 24, 2009, from http://www.askoxford.com/concise_oed/prejudice

Balint, E. (1969). The possibilities of patient-centered medicine. *Journal of the Royal College of General Practitioners, 17*(82), 269–276.

Beach, M. C., Price, E. G., Gary, T. L., Robinson, K. A., Gozu, A., Palacio, et al. (2005). Cultural competence: A systematic review of health care provider educational interventions. *Medical Care, 43*(4), 356–373.

Beach, M. C., Rosner, M., Cooper, L. A., Duggan, P. S., & Shatzer, J. (2007). Can patient-centered attitudes reduce racial and ethnic disparities in care? *Academic Medicine, 82*(2), 193–198.

Beach, M. C., Saha, S., & Cooper, L. A. (2006). *The role and relationship of cultural competence and patient-centeredness in health care quality.* New York: The Commonwealth Fund.

Bhandari, V. K., Wang, F., Bindman, A. B., & Schillinger, D. (2008). Quality of anticoagulation control: Do race and language matter? *Journal of Health Care for the Poor and Underserved, 19*(1), 41–55.

Black, R., Morris, S., & Bryce, J. (2003). Where and why are 10 million children dying every year? *Lancet, 361*(9376), 2226–2234.

Bond, F. W., & Hayes, S. C. (2002). Acceptance and commitment therapy at work. In F. W. Bond and W. Dryden (Eds.), *Handbook of brief cognitive behaviour therapy.* Chichester, UK: John Wiley & Sons.

Bonham, V. L. (2001). Race, ethnicity, and pain treatment: Striving to understand the causes and solutions to the disparities in pain treatment. *Journal of Law, Medicine & Ethics, 29*(1), 52–68.

Braveman, P. (2006). Health disparities and health equity: Concepts and measurement. *Annual Review of Public Health, 27,* 167–194.

Braveman, P., & Gruskin, S. (2003). Poverty, equity, human rights and health. *Bulletin of the World Health Organization, 81*(7), 539–545.

Burgess, D., van Ryn, M., Dovidio, J., & Saha, S. (2007). Reducing racial bias among health care providers: Lessons from social-cognitive psychology. *Journal of General Internal Medicine, 22*(6), 882–887.

Carey, T. S., & Garrett, J. M. (2003). The relation of race to outcomes and the use of health care services for acute low back pain. *Spine, 28*(4), 390–394.

Chu, K. C., Miller, B. A., & Springfield, S. A. (2007). Measures of racial/ethnic health disparities in cancer mortality rates and the influence of socioeconomic status. *Journal of the National Medical Association, 99*(10), 1092–1104.

Cook, B. L., McGuire, T., & Miranda, J. (2007). Measuring trends in mental health care disparities, 2000–2004. *Psychiatric Services, 58*(12), 1533–1540.

Cooper, L. A., Beach, M. C., Johnson, R. L., & Inui, T. S. (2006). Delving below the surface. Understanding how race and ethnicity influence relationships in health care. *Journal of General Internal Medicine, 21*(Suppl. 1), 21–27.

Cooper, L. A., & Roter, D. L. (2002). Patient-provider communication: The effect of race and ethnicity on process and outcomes of healthcare. In B. D. Smedley, A. Y. Stith, & A. R. Nelson (Eds.), *Unequal treatment: Confronting racial and ethnic disparities in health care.* Washington, DC: National Academy of Sciences (Institute of Medicine).

Corrigan, P. W., River, L. P., Lundin, R. K., Penn, D. L., Uphoff-Wasowski, K., Campion, et al. (2001). Three strategies for changing attributions about severe mental illness. *Schizophrenia Bulletin, 27*(2), 187–195.

Corrigan, P. W., Watson, A. C., Warpinski, A. C., & Gracia, G. (2004). Stigmatizing attitudes about mental illness and allocation of resources to mental health services. *Community Mental Health Journal, 40*(4), 297–307.

Devine, P. G. (1989). Stereotypes and prejudice: Their automatic and controlled components. *Journal of Personality & Social Psychology, 56*(1), 5–18.

Dixon, M. R., Dymond, S., Rehfeldt, R. A., Roche, B., & Zlomke, K. R. (2003). Terrorism and relational frame theory. *Behavior and Social Issues, 12,* 129–147.

Dixon, M. R., Zlomke, K. R., & Rehfeldt, R. A. (2006). Restoring Americans' nonequivalent frames of terror: An application of relational frame theory. *Behavior Analyst Today, 7*(3), 275-289.

DuBois, W. E. B. (2003). The health and physique of the Negro American. 1906. *American Journal of Public Health, 93*(2), 272-276.

Edwards, C. L., Fillingim, R. B., & Keefe, F. (2001). Race, ethnicity and pain. *Pain, 94*(2), 133-177.

Edwards, R. R., Moric, M., Husfeldt, B., Buvanendran, A., & Ivankovich, O. (2005). Ethnic similarities and differences in the chronic pain experience: A comparison of African American, Hispanic, and White patients. *Pain Medicine, 6*(1), 88-98.

Eysenck, H. J. (1954). *The psychology of politics.* London: Routledge & Kegan Paul.

Goldberg, K. C., Hartz, A. J., Jacobsen, S. J., Krakauer, H., & Rimm, A. A. (1992). Racial and community factors influencing coronary artery bypass graft surgery rates for all 1986 Medicare patients. *Journal of the American Medical Association, 267*(11), 1473-1477.

Harmon, K., Strong, R., & Pasnak, R. (1982). Relational responding in tests of transposition with rhesus monkeys. *Learning and Motivation, 13,* 495-504.

Hayes, S. C., Barnes-Holmes, D., & Roche, B. (Eds.). (2001). *Relational frame theory: A post-Skinnerian account of human language and cognition.* New York: Kluwer Academic/Plenum Publishers.

Hayes, S. C., Bissett, R., Roget, N., Padilla, M., Kohlenberg, B. S., Fisher, G., et al. (2004). The impact of acceptance and commitment training and multicultural training on the stigmatizing attitudes and professional burnout of substance abuse counselors. *Behavior Therapy, 35,* 821-835.

Hayes, S. C., Fox, E., Gifford, E., Wilson, K. G., Barnes-Holmes, D., & Healy, O. (2002). Derived relational responding as learned behavior. In S. C. Hayes, D. Barnes-Holmes, & B. Roche (Eds.), *Relational frame theory: A post-Skinnerian account of human language and cognition.* New York: Kluwer Academic/Plenum Publishers.

Hayes, S. C., Luoma, J., Bond, F., Masuda, A., & Lillis, J. (2006). Acceptance and commitment therapy: Model, processes, and outcomes. *Behaviour*

*Research and Therapy, 44*(1), 1-25.

Hayes, S. C., Niccolls, R., Masuda, A., & Rye, A. K. (2002). Prejudice, terrorism, and behavior therapy. *Cognitive and Behavioral Practice, 9*, 296-301.

Hayes, S. C., Strosahl, K. D., & Wilson, K. G. (1999). *Acceptance and commitment therapy: An experiential approach to behavior change.* New York: Guilford Press.

Hayes, S. C., Strosahl, K. D., Wilson, K. G., Bissett, R. T., Pistorello, J., Toarmino, D., et al. (2004). Measuring experiential avoidance: A preliminary test of a working model. *Psychological Record, 54*, 553-578.

Healy, B. (1991). The Yentl syndrome. *New England Journal of Medicine, 325*(4), 274-276.

Hernandez, A. F., Fonarow, G. C., Liang, L., Al-Khatib, S. M., Curtis, L. H., LaBresh, K. A., et al. (2007). Sex and racial differences in the use of implantable cardioverter-defibrillators among patients hospitalized with heart failure. *Journal of the American Medical Association, 298*(13), 1525-1532.

Hewstone, M., & Brown, R. (1986). Contact is not enough: An intergroup perspective on the contact hypothesis. In M. Hewstone & R. Brown (Eds.), *Contact and conflict in intergroup encounters.* Oxford: Blackwell.

Hewstone, M., Rubin, M., & Willis, H. (2002). Intergroup bias. *Annual Review of Psychology, 53*, 575-604.

Hoffman, F. L. (1896). *Race traits and tendencies of the American negro.* New York: American Economic Association.

Jones, G., Steketee, R. W., Black, R. E., Bhutta, Z. A., & Morris, S. S. (2003). How many child deaths can we prevent this year? *Lancet, 362*(9377), 65-71.

Kasiske, B. L., London, W., & Ellison, M. D. (1998). Race and socioeconomic factors influencing early placement on the kidney transplant waiting list. *Journal of the American Society of Nephrology, 9*(11), 2142-2147.

Klonoff, E. A. (2009). Disparities in the provision of medical care: An outcome in search of an explanation. *Journal of Behavioral Medicine, 32*(1), 48-63.

Krupski, T. L., Kwan, L., Afifi, A. A., & Litwin, M. S. (2005). Geographic and socioeconomic variation in the treatment of prostate cancer. *Journal of Clinical Oncology, 23*(31), 7881-7888.

Langer, E., Bashner, R., & Chanowitz, B. (1985). Decreasing prejudice by increasing discrimination. *Journal of Personality and Social Psychology, 49*, 113–120.

Lillis, J., & Hayes, S. C. (2007). Applying acceptance, mindfulness, and values to the reduction of prejudice: A pilot study. *Behavior Modification, 31*(4), 389–411.

Luoma, J. B., Hayes, S. C., & Walser, R. D. (2007). *Learning ACT: An acceptance and commitment therapy skills-training manual for therapists.* Oakland, CA: New Harbinger Publications.

Macrae, C. N., & Bodenhausen, G. V. (2000). Social cognition: Thinking categorically about others. *Annual Review of Psychology, 51*, 93–120.

Macrae, C. N., Bodenhausen, G. V., Milne, A. B., & Jetten, J. (1994). Out of mind but back in sight: Stereotypes on the rebound. *Journal of Personality and Social Psychology, 67*, 808–817.

Macrae, C. N., Milne, A. B., & Bodenhausen, G. V. (1994). Stereotypes as energy-saving devices: A peek inside the cognitive toolbox. *Journal of Personality and Social Psychology, 66*, 37–47.

Mandelblatt, J. S., Kerner, J. F., Hadley, J., Hwang, Y. T., Eggert, L., Johnson, L. E., et al. (2002). Variations in breast carcinoma treatment in older Medicare beneficiaries: Is it black or white. *Cancer, 95*(7), 1401–1414.

Maslach, C., Jackson, S. E., & Leiter, M. P. (1996). *Maslach burnout inventory manual* (3rd ed.). Palo Alto, CA: Consulting Psychologists Press.

Masuda, A., Hayes, S. C., Fletcher, L. B., Seignourel, P. J., Bunting, K., Herbst, S. A., et al. (2007). Impact of acceptance and commitment therapy versus education on stigma toward people with psychological disorders. *Behaviour Research and Therapy, 45*(11), 2764–2772.

Mayberry, R. M., Mili, F., & Ofili, E. (2000). Racial and ethnic differences in access to medical care. *Medical Care Research and Review, 57*(Suppl. 1), 108–145.

McCarthy, E. P., Ngo, L. H., Roetzheim, R. G., Chirikos, T. N., Li, D., Drews, R. E., et al. (2006). Disparities in breast cancer treatment and survival for women with disabilities. *Annals of Internal Medicine, 145*(9), 637–645.

McCracken, L. M., Matthews, A. K., Tang, T. S., & Cuba, S. L. (2001). A comparison of blacks and whites seeking treatment for chronic pain. *Clinical Journal of Pain, 17*(3), 249–255.

McGuire, T. G., Ayanian, J. Z., Ford, D. E., Henke, R. E. M., Rost, K. M., & Zaslavsky, A. M. (2008). Testing for statistical discrimination by race/ethnicity in panel data for depression treatment in primary care. *Health Services Research, 43*(2), 531–551.

Mead, N., & Bower, P. (2000). Patient-centredness: A conceptual framework and review of the empirical literature. *Social Science & Medicine, 51*(7), 1087–1110.

Minard, R. D. (1952). Race relations in the Pocahontas coalfield. *Journal of Social Issues, 8*, 29–44.

Mitchell, J. B., Ballard, D. J., Matchar, D. B., Whisnant, J. P., & Samsa, G. P. (2000). Racial variation in treatment for transient ischemic attacks: Impact of participation by neurologists. *Health Services Research, 34*(7), 1413–1428.

Moore, R. D., Stanton, D., Gopalan, R., & Chaisson, R. E. (1994). Racial differences in the use of drug therapy for HIV disease in an urban community. *New England Journal of Medicine, 330*(11), 763–768.

Morenoff, J. D., House, J. S., Hansen, B. B., Williams, D. R., Kaplan, G. A., & Hunte, H. E. (2007). Understanding social disparities in hypertension prevalence, awareness, treatment, and control: The role of neighborhood context. *Social Science & Medicine, 65*(9), 1853–1866.

Myrdal, G. (1944). *An American dilemma. Vol 1.* New York: Harper and Brothers Publishers.

Oddone, E. Z., Horner, R. D., Sloane, R., McIntyre, L., Ward, A., Whittle, J., et al. (1999). Race, presenting signs and symptoms, use of carotid artery imaging, and appropriateness of carotid endarterectomy. *Stroke, 30*(7), 1350–1356.

Orth-Gomer, K. (2000). New light on the Yentl syndrome. *European Heart Journal, 21*(11), 874–875.

Peterson, E. D., Shaw, L. J., & Califf, R. M. (1997). Risk stratification after myocardial infarction. *Annals of Internal Medicine, 126*(7), 561–582.

Physicians for Human Rights. (2003). *The right to equal treatment: An action plan to end racial and ethnic disparities in clinical diagnosis and treatment in the United States.* Boston: Author.

Population Division of the Department of Economic and Social Affairs of the United Nations Secretariat. (2009). *World population prospects: The 2008 revision. Highlights.* New York: United Nations.

Ramnerö, J., & Törneke, N. (2008). The *ABCs of human behavior: Behavioral principles for the practicing clinician.* Oakland, CA: New Harbinger Publications.

Reid, A. E., Resnick, M., Chang, Y., Buerstatte, N., & Weissman, J. S. (2004). Disparity in use of orthotopic liver transplantation among blacks and whites. *Liver Transplantation, 10*(7), 834–841.

Roche, B., Barnes-Holmes, Y., Barnes-Holmes, D., & Stewart, I. (2002). Relational frame theory: A new paradigm for the analysis of social behavior. *Behavior Analyst, 25*(1), 75–91.

Rokeach, M. (1960). *The open and closed mind: Investigations into the nature of belief systems and personality systems.* New York: Basic Books.

Schulman, K. A., Berlin, J. A., Harless, W., Kerner, J. F., Sistrunk, S., Gersh, B. J., et al. (1999). The effect of race and sex on physicians' recommendations for cardiac catheterization. *New England Journal of Medicine, 340*(8), 618–626.

Shapiro, M. F., Morton, S. C., McCaffrey, D. F., Senterfitt, J. W., Fleishman, J. A., Perlman, J. F., et al. (1999). Variations in the care of HIV-infected adults in the United States: Results from the HIV cost and services utilization study. *Journal of the American Medical Association, 281*(24), 2305–2315.

Sherif, M. (1966). *Group conflict and co-operation: Their social psychology.* London: RKP.

Sherif, M., Harvey, O. J., White, B. J., Hood, W. R., & Sherif, C. W. (1961). *Intergroup cooperation and competition: The robbers cave experiment.* Norman, OK: University Book Exchange.

Sidman, M. (1971). Reading and auditory-visual equivalences. *Journal of Speech and Hearing Research, 14*, 5–13.

Skinner, J., Weinstein, J. N., Sporer, S. M., & Wennberg, J. E. (2003). Racial, ethnic, and geographic disparities in rates of knee arthroplasty among Medicare patients. *New England Journal of Medicine, 349*(14), 1350–1359.

Skinner, J., Zhou, W., & Weinstein, J. (2006). The influence of income and race on total knee arthroplasty in the United States. *Journal of Bone and Joint Surgery, 88*(10), 2159-2166.

Smedley, B. D., Stith, A. Y., & Nelson, A. R. (Eds.). (2002). *Unequal treatment: Confronting racial and ethnic disparities in health care.* Washington, DC: National Academy of Sciences (Institute of Medicine).

Sonel, A. F., Good, C. B., Mulgund, J., Roe, M. T., Gibler, W. B., Smith, S. C., Jr., et al. (2005). Racial variations in treatment and outcomes of black and white patients with high-risk non-ST-elevation acute coronary syndromes: Insights from CRUSADE. *Circulation, 111*(10), 1225-1232.

Stanley, A., DeLia, D., & Cantor, J. C. (2007). Racial disparity and technology diffusion: The case of cardioverter defibrillator implants, 1996-2001. *Journal of the National Medical Association, 99*(3), 201-207.

Stolzmann, K. L., Bautista, L. E., Gangnon, R. E., McElroy, J. A., Becker, B. N., & Remington, P. L. (2007). Trends in kidney transplantation rates and disparities. *Journal of the National Medical Association, 99*(8), 923-932.

Tajfel, H., Bilig, M. G., & Bundy, R. P. (1971). Social categorization and intergroup behaviour. *European Journal of Social Psychology, 1*(2), 149-178.

Taylor, S. M., & Dear, M. J. (1981). Scaling community attitudes toward the mentally ill. *Schizophrenia Bulletin, 7*(2), 225-240.

Taylor, A. J., Meyer, G. S., Morse, R. W., & Pearson, C. E. (1997). Can characteristics of a health care system mitigate ethnic bias in access to cardiovascular procedures? Experience from the Military Health Services System. *Journal of the American College of Cardiology, 30*(4), 901-907.

Thornton, J. A., & Wahl, O. F. (1996). Impact of a newspaper article on attitudes toward mental illness. *Journal of Community Psychology, 24*, 17-25.

Van Ryn, M., & Burke, J. (2000). The effect of patient race and socio-economic status on physicians' perceptions of patients. *Social Science & Medicine, 50*(6), 813-828.

Wahl, O. F., & Leftkowits, J. Y. (1989). Impact of a television film on attitudes toward mental illness. *American Journal of Community Psychology, 17*, 521-528.

Wallace, B. C. (Ed.). (2008). *Toward equity in health: A new global approach to health disparities.* New York: Springer.

Watt, A., Keenan, M., Barnes, D., & Cairns, E. (1991). Social categorization and stimulus equivalence. *Psychological Record, 41*(1), 33-50.

Weinstein, J. H., Wilson, K. G., & Kellum, K. K. (2008). A relational frame theory contribution to social categorization. *Behavior and Social Issues, 17*, 39-64.

Wenzlaff, R. M., & Wegner, D. M. (2000). Thought suppression. *Annual Review of Psychology, 51*, 59-91.

West, S., King, V., Carey, T. S., Lohr, K. N., McKoy, N., Sutton, S. F., et al. (2002). *Systems to rate the strength of scientific evidence*. Evidence report/technology assessment no. 47 (prepared by the Research Triangle Institute-University of North Carolina Evidence-based practice center under contract No. 290-97-0011). Rockville, MD: Agency for Healthcare Research and Quality.

Whitehead, M. (1990). *The concepts and principles of equity and health*. Copenhagen: World Health Organization.

Williams, D. R., & Jackson, P. B. (2005). Social sources of racial disparities in health. *Health Affairs, 24*(2), 325-334.

Wilson, K. G., Hayes, S. C., Gregg, J., & Zettle, R. D. (2002). Psychopathology and psychotherapy. In S. C. Hayes, D. Barnes-Holmes, & B. Roche (Eds.), *Relational frame theory: A post-Skinnerian account of human language and cognition*. New York: Kluwer Academic/Plenum Publishers.

World Health Organization. (2006). *The world health report 2006: Working together for health*. Geneva, Switzerland: World Health Organization Press.

You, D., Wardlaw, T., Salama, P., & Jones, G. (2010). Levels and trends in under-five mortality, 1990-2008. *Lancet, 375*(9709), 100-103.

Young, C. J., & Gaston, R. S. (2000). Renal transplantation in black Americans. *New England Journal of Medicine, 343*(21), 1545-1552.

Zito, J. M., Safer, D. J., Zuckerman, I. H., Gardner, J. F., & Soeken, K. (2005). Effect of Medicaid eligibility category on racial disparities in the use of psychotropic medications among youths. *Psychiatric Services, 56*(2), 157-163.

# 제12장

보건의료 전문가를 위한 마음챙김 수련

니콜 L. 캉가스 & 쇼나 L. 샤피로(Nicole L. Kangas & Shauna L. Shapiro)
School of Education and Counseling Psychology, Santa Clara University

    보건의료 전문가들이 겪는 극심한 업무 부담은 스트레스 증가와 직무 소진으로 이어지는데, 이는 결과적으로 임상가의 신체 및 정신 건강과 환자들에게 제공되는 돌봄의 질에 부정적인 영향을 준다. 따라서 보건의료 전문가는 스트레스를 관리하는 방법을 찾음으로써 자신의 복지를 증가시키는 것은 물론, 환자에게 의미 있고 공감적인 서비스를 제공할 수 있다.

    문헌에서는 타인을 돕는 일에 관여하는 학생들과 수련생, 전문가들의 자기돌봄(self-care)의 중요성을 강조하며(Larson, 1993; Rothschild, 2006; Shapiro & Carlson, 2009 참조), 점차로 수련 프로그램을 담당하는 학부에서도 자기돌봄 문제를 다루고 있다. 그렇지만 교과과정에 자기돌봄을 포함하는 수련 프로그램은 거의 없어서, 대부분의 보건의료 전문가들은 자신의 건강관리를 위해서 스스로의 방법과 전략에 맡길 수밖에 없는 실정이다(Shapiro & Carlson, 2009). 결과적으로 대다수 임상가들에게 공감과 연민 피로와 대리 외상, 소진, 괴로움, 불만족의 문제가 남는다.

    보건의료 전문가들이 업무상 직면하는 무수히 많은 스트레스 요인에 대처하는 데는 지원이 필요하다. 마음챙김 수련은 특히 이러한 목적에 부합한다. 처음에 연구자와 임상가들은 어떻게 마음챙김이 신체적 · 심리적 문제를 가진 환자들에게 도움이 되는지에만 관심을 기울였으나 이제는 마음챙김이 보건의료 전문가들 자신의 스트레스를 감소시키기 위한 효과적인 수단이라는 인식을 하고 있다(Shapiro & Carlson, 2009).

마음챙김 수련은 보건의료 전문가들의 스트레스 관리를 돕는 것 외에도 임상 실무에 필수적인 전문 기술과 자질을 길러 준다(Shapiro & Carlson, 2009). 임상가들은 마음챙김을 자신의 임상 실무에 다양한 방식으로 도입할 수 있다. 임상 업무를 보는 동안 자신의 현존과 주의의 향상을 위해 개인적으로 마음챙김 수련을 할 수도 있다('치료자 마음챙김'이라 함). 또한 환자에게 마음챙김의 이론적 관점을 적용할 수도 있고('마음챙김 설명 치료'), 환자에게 마음챙김 기술을 직접 가르칠 수도 있다('마음챙김 기반 치료') (Germer, Siegel, & Fulton, 2005; Shapiro & Carlson, 2009).

이 장에서는 보건의료 전문가들이 자신의 건강과 환자 돌봄을 증진시키기 위해 마음챙김을 어떻게 활용할 수 있는지를 살펴본다. 첫 번째 절에서는 자기돌봄 기법으로서 마음챙김을 검토한다. 이는 임상가가 직면하는 스트레스와 건강 문제에 대한 개관에서 출발할 것이다. 또한 기존 문헌을 통하여 마음챙김이 이러한 문제들을 최소화하거나 줄이는 데 어떻게 도움을 줄 수 있는지에 대해 자세히 기술한다. 두 번째 절에서는 마음챙김이 어떻게 보건의료 전달자의 전문가적 효능을 강화하는지를 살펴본다. 구체적으로, 치료자 마음챙김과 마음챙김 설명 치료 그리고 마음챙김 기반 치료를 통하여 치료 작업에 마음챙김을 통합하는 것에 대해 자세히 다루고, 각각의 접근이 어떻게 환자에게 이득이 될 수 있는지를 설명한다.

# 보건의료 전문가를 위한 마음챙김과 자기돌봄

조력 전문직에 종사한다는 사실은 종종 극심한 스트레스와 고통을 마주해야 한다는 것을 의미한다. 보건의료 전문가들은 일상적으로 타인의 고통을 줄여 주려고 상당한 에너지와 시간, 자원을 쓴다. 그러면서도 자신에게는 그러한 종류의 주의와 돌봄을 제공하지 못한다. 자신보다 환자들의 안녕을 우선시하는 것은 임상가들에게는 물론, 환자들에게도 궁극적으로 부정적인 결과를 초래할 수 있다(Shapiro & Carlson, 2009).

## 임상가 스트레스의 결과

보건의료 전문가들은 환자의 부정적 정서와 경험에 노출되기 때문에 혐오적 영향에 취약하다. 연구는 사실상 보건의료 전달자의 많은 수가 그들 경력의 어느 시점에 이르면 통상적인 수준의 직업적 성과가 저하된다는 것을 보여 준다(Barnett & Cooper, 2009; Smith & Moss, 2009; Coster & Schwebel, 1997). 보건의료 전문가들은 '연민피로'(Figley, 2002; Weiss, 2004)와 '대리 외상'(Trippany, Kress, & Wilcoxon, 2004; Baird & Kracen, 2006), '이차적 외상 스트레스'(Baird & Kracen, 2006), '소진'(Rosenberg & Pace, 2006; Taylor & Barling, 2004)과 같은 다양한 문제로 고통받을 가능성이 크다. 스트레스와 관련된 심리적 문제들은 특히 병원과 지역사회 기관(Rosenberg & Pace, 2006; Vredenburgh, Carlozzi, & Stein, 1999)처럼 요구가 많은 환경에서 또는 학대(Cunningham, 2003)나 외상을 경험한 환자들(Bride, 2007; Collins & Long, 2003)처럼 특수한 정서적 어려움을 겪는 사람들 그리고 성격장애를 가진 사람들(Linehan, Cochran, Mar, Levensky, &

Comtois, 2000)과 함께 작업하는 보건의료 전문가들에게서 발생하기 쉽다.

보건의료 특유의 스트레스는 우울증과 정서적 고갈, 불안을 증가시킨다는 증거들이 있다(Gilroy, Carroll, & Murra, 2001, 2002; Radeke & Mahoney, 2000; Tyssen, Vaglum, Gronvold, & Ekeberg, 2001). 예를 들어, 심리학자 452명에 대한 길로이 등(Gilroy, Carrol, & Murra, 2002)의 연구에서 62%가 임상가로 일하는 동안 우울 증세를 경험했다고 보고했다. 마찬가지로, 여성 심리학자에 대한 그들의 2001년도 연구에서는 76%가 어떤 형태로든 우울증을 앓았다고 보고했으며, 가장 흔한 진단은 기분부전이었다(Gilroy et al., 2001).

사회적 거리 두기나 고립(Baranowski, 2006)과 업무 만족의 감소(Flanagan & Flanagan, 2002), 인간관계의 붕괴(Myers, 2001), 고독감(Lushington & Luscri, 2001), 자존감 감소(Butler & Constantine, 2005), 자살(Pompili et al., 2006; Reimer, Trinkaus, & Jurkat, 2005), 물질 남용의 증가(Cicala, 2003) 역시 보건의료 전문가들의 문젯거리다. 예를 들어, 시칼라(Cicala, 2003)는 의사들의 약물 남용에 대한 요약 보고서에서 정확한 비율은 모르나 경력의 특정 시점에 약물 남용 문제를 일으킬 수 있는 의사의 비율은 가장 보수적으로 추정할 때조차 (일반인보다 더 높은) 8~12%가 된다고 보고했다(Brewster, 1986; Boisaubin & Levine, 2001). 즉, 실제 일하는 14명의 의사들 중 한 명은 어느 주어진 시점에서 적극적 물질 남용자가 된다는 말이다(Talbott, Gallegos, & Angres, 1998).

보건의료 전문가가 감내하는 스트레스와 신체건강 간의 상관을 밝힌 연구가 있는데, 이들의 업무 스트레스는 특히 피로, 불면증, 심장질환, 비만, 고혈압, 감염, 암의 발병, 조기 노화와 관련이 있었다(Melamed, Shirom, Toker, Berliner, & Shapira, 2006; Melamed, Shirom, Toker, & Shapira, 2006; Spickard, Gabbe, & Christensen, 2002).

보건의료 전달과 관련한 스트레스는 전문가적 효능을 해치게 된다는 점에 주목할 필요가 있다. 예를 들어, 스트레스는 임상가의 주의와 집중력을 감소시키고(Braunstein-Bercovitz, 2003; Mackenzie, Smith, Hasher, Leach, & Behl, 2007; Skosnik, Chatterton, Swisher, & Park, 2000), 의사결정과 의사소통 능력을 약화시키며(Shanafelt, Bradley, Wipf, & Back, 2002), 공감을 방해하고(Beddoe & Murphy, 2004; Thomas et al., 2007), 보건의료 제공자에 대한 환자의 신뢰를 떨어뜨리고(Meier, Back, & Morrison, 2001), 환자와 의미 있는 관계를 맺는 직업적 능력을 감소시킨다(Enochs & Etzbach, 2004). 이런 문제들은 드물거나 신기한 일이 아니다. 즉, 심리학자들 가운데 60% 이상에 이르는 이들이 더 이상 능률이 오르지 않을 만큼 심리적으로 힘든 상황에서도 일을 했다고 보고했으며(Pope, Tabachnik, & Keith-Spiegel, 1987), 사회복지사의 4분의 3이 그들 경력의 어느 시점에서 소진을 경험했다고 보고했다(Siebert, 2005). 종합하면, 이 연구는 만약 보건의료 전문가들이 그들 스스로를 돌보지 않는다면 그들 자신은 물론 환자들의 건강과 웰빙도 위태롭게 한다고 제안한다.

## 자기돌봄 수단으로서의 마음챙김 수련

기존 연구들은 마음챙김을 개발함으로써 정신적·신체적 건강을 증진시킬 수 있다고 가정한다(개관을 위해 Baer, 2003; Grossman, Niemann, Schmidt, & Walach, 2004 참조). 대부분의 마음챙김 논문은 환자의 이익에 초점을 맞춰 왔다. 그러나 최근 연구자들은 그 밖의 다른 인구집단에 대하여 마음챙김을 검토하기 시작했다. 연구자들은 마음챙김 훈련이 특히 보건의료 전문가와 수련생들에게 스트레스 관리와 자기돌봄 증진의 수단으로서 유용하다는 사실을 발견했다(실증 연구에 대한 개관을 위해서는 Irving, Dobin, & Park, 2009 참조; 일차 진료 의사들의 마음챙김에 관한 최신 연구는

Krasner et al., 2009 참조).

## 마음챙김이란

마음챙김은 "개방성과 친절함, 세심함을 가지고 의도적인 주의를 기울여 알아차리는 것"(Shapiro & Carlson, 2009, p. 15)으로 정의할 수 있다. 따라서 마음챙김은 자각(마음챙겨 알아차림)과 수련(마음챙김 수련) 둘 다로 정의될 수 있다. 마음챙김 자각은 하나의 존재 방식으로서, 우리로 하여금 현재 일어나고 있는 것을 깊이 알아차리게 하고, 삶을 매 순간 나타났다 사라지는 것으로 경험하게 한다. 이런 자각은 현재의 모습과 다르게 존재하고자 애쓰고 갈망하는 것에서 자유로워지는 것이며, 이미 이곳에 존재하는 자연적 실재에 머물면서, 모든 경험에 대해 개방적이고 수용적인 방식으로 관계하는 것이다(Shapiro & Carlson, 2009).

마음챙김 수련은 개방성과 수용, 호기심을 가지고, 구체적이고 의도적인 주의 훈련에 초점을 두는 공식적 훈련을 포함한다. 마음챙김 훈련을 하지 않으면, 사람들은 대부분의 시간을 '무심코' 보내게 된다. 즉, 지금 이 순간에 머물기보다는 현재나 과거, 미래에 일어나거나 일어났거나 일어날지 모를 것에 대해 잡다한 생각에 사로잡힌다. 마음챙김 수련은 지금 이 자리의 자연적 실재에 좀 더 자주 머무는 능력을 키우도록 도움으로써 마음챙김 자각을 개발할 수 있게 해 준다. 마음챙김 명상에서 지도자는 어떤 특정한 대상이나 감각에 주의를 기울이기보다는 오히려 '주의가 유연하게 흘러가는(fluid attention)' 상태가 되도록 허용한다(Irving et al., 2009). 인지를 판단하거나 조작하지 않고 그냥 있는 그대로 관찰하고 받아들이게 된다. 가장 잘 알려진 마음챙김 명상 수련 유형은 매사추세츠 의과대학 병원에서 존 카밧진(Jon Kabat-Zinn)과 그의 동료들이 개발한 심리교육 프로그램인 마음챙김 기반 스트레스 감소(Mindfulness-Based Stress Reduction:

MBSR)다. MBSR과 여타의 마음챙김 수련은 마음챙김 기반 심리치료에 관한 장에서 더 자세히 논의할 것이다.

## 왜 마음챙김 수련이 보건의료 전문가에게 특히 유용한가

보건의료 전문가에게 유익할 수 있는 자기돌봄과 스트레스 감소 기법이 많이 있기는 하지만, 마음챙김 수련은 이들에게 특히 유용하다. 마음챙김은 유능한 임상가가 되기 위해 그들에게 필요한 기본적이고 본질적인 자질을 가르치는 것뿐 아니라 그들 자신의 스트레스를 어떻게 관리하는가를 가르치는 것과 같이 이중의 혜택을 제공한다(Shapiro & Carlson, 2009).

연구들은 마음챙김 훈련이 스트레스 대처 능력과 안녕감을 유의하게 증가시킨다는 것을 입증하였다(Newsome, Christopher, Dahlen, & Christopher, 2006; Shapiro, Astin, Bishop, & Cordova, 2005). 게다가, 마음챙김 수련은 효과적인 치료의 결정적 속성인 주의와 공감, 정서 조절, 정서에 대한 내성 등과 관련이 있다. 우리는 자신의 마음이 편안해질 때, 환자들의 내적 세계를 더 잘 탐색할 수 있게 된다(Shapiro & Carlson, 2009). 우리는 정서와 인지가 나타났다 사라지는 것으로서 영원하지 않은 경험이라고 본다. 우리는 부드럽게 수용함으로써 자신의 경험과 함께 머무는 능력을 개발한다. 이런 식으로 우리는 타인의 경험을 함께하고 이해하는 능력을 키운다(Shapiro & Carlson, 2009).

마음챙김 수련은 임상가들이 애쓰지 않고, 수용하는 태도를 개발하도록 돕는다. 많은 보건의료 전문가는 환자를 '고치는 데' 특히 관심을 두지만, 이는 임상가가 현재 순간에 환자의 마음과 조화롭게 머무는 것을 방해할 수 있다. 마음챙김은 임상가로 하여금 최종 목표를 향해 애쓰지 않으면서 그 순간에 환자와 함께 머무는 방법을 가르치며, 특정 시간과 장소에서 있는 그대로 받아들이는 것을 가능하게 해 준다(Shapiro & Carlson, 2009). 이것은 임상가가 자신의 에너지를 집중하는 데 도움이 되며, 환자의 상황을 변화시키거나 개선하려 애쓰는 데서 오는 스트레스를 감소시킨다.

마음챙김은 또한 자기연민(self-compassion)을 가르쳐, 보건의료 전문가들이 스스로를 불완전한, 또는 '지극히 인간적인' 존재로 받아들일 수 있게 해 준다(Shapiro & Carlson, 2009, p. 111). 보건의료 전문가들은 좋은 의도에도 불구하고, 때때로 일이 잘 안 되기도 한다는 것을 인식할 필요가 있다. 임상가들은 이러한 상황에서 자기를 비난하거나 책망하는 대신, 마음챙김을 통하여 자신이 환자에게 주고 싶어 하는 돌봄과 연민을 똑같이 자기 스스로에게도 보낼 수 있다. 거머(Germer, 2009)가 마음챙김과 자기연민에 관한 책에서 말한 바와 같이 "우리가 자신에게 좀 더 친절할수록 남아 있는 삶도 더욱 소중하게 다가오며" 타인에 대해서도 좀 더 공감적으로 느끼게 된다(p. 87). 이러한 견해는 자기연민이 부족한 치료자일수록 환자에 대해서 더욱 통제하려 하고, 비판적이며, 치료 결과도 더 나쁠 수 있다는 것을 보여 주는 연구에 의해 지지된다(Henry, Schacht, & Strupp, 1990).

마음챙김이 특히 보건의료 전문가에게 도움이 될 수 있는 마지막 이유는 그것이 압박을 받고 있을 때뿐만 아니라 모든 형태의 삶의 상황에 적용될 수 있다는 것이다. 달리 말하면, 마음챙김은 보건의료 전문가들이 스트레스 상황에 있을 때 도움이 되는 것은 물론, 자신의 삶(예: Roy, 2007 참조)과 환자(Shapiro & Carlson, 2009)의 삶에서 기쁘고 긍정적인 순간에도 좀 더 깨어 있고 현존할 수 있도록 도와준다.

## 연구 개관

연구가 거듭될수록 보건의료 전문가를 위한 마음챙김 수련의 유용성이 입증되고 있다. 수많은 연구가 의학과 간호학 전공 학생 및 수련생에 대한 마음챙김 훈련의 영향을 검토하였다. 예를 들면, 샤피로 등(Shapiro,

Schwartz, & Bonner, 1998)은 의과대학 학생들 78명을 대상으로, 주당 2시간씩 8주짜리 MBSR 프로그램을 실시하여 불안 증상, 우울, 공감, 영적 경험에 대한 프로그램의 효과를 분석했다. 이 무선 대기 통제 연구는 MBSR 집단이 대기통제집단에 비해 불안 및 우울이 감소하고, 공감과 영성이 증가했음을 보여 주었다. 이러한 결과는 스트레스가 많은 기말 시험 기간에도 지속되었으며, 대기통제집단에 MBSR 개입법을 실시했을 때도 반복 검증되었다.

몇몇 최근 논문들도 이러한 연구를 기반으로 한 것이다. 구체적으로, 제인 등(Jain et al., 2007)은 의예과 학생들에 대한 통제 연구에서, MBSR 개입법을 받고 있는 학생들은 통제집단에 비해 긍정적 기분 상태의 증가와 반추 및 스트레스의 유의한 감소가 나타났다. 특히 MBSR 집단의 효과크기는 중간 크기에서 큰 크기였으나 통제집단은 거의 0에 가까웠다. 더구나 반추의 효과크기는 MBSR 집단의 경우 중간 크기였고, 통제집단은 역으로 작은 크기에서 중간 크기 정도였다. 달리 말하면, 통제집단의 반추는 실제 시간이 경과함에 따라 증가한 것이다.

마찬가지로, 로젠츠웨이그 등(Rosenzweig et al., 2003)은 MBSR 과정에 참여한 의과 대학생들이 통제집단에 비해 기분장애와 고통에서 유의한 감소를 경험했다고 밝혔다. 특히 종합기분장애척도(Total Mood Disturbance Scale: TMD)의 평균 점수는 10주 관찰 기간 동안 MBSR 집단의 경우 전반적인 심리적 고통이 18% 감소했고, 통제집단은 38% 증가했다.

간호 분야에서 영 등(Young et al., 2001)은 MBSR 훈련을 받은 간호학과 3학년 학생들이 통제집단에 비해 자기보고한 심리적 증상이 유의하게 감소했음을 발견했고, 베도와 머피(Beddoe & Murphy, 2004)는 사전·사후 연구로 MBSR 훈련을 받은 간호학과 학생들의 공감, 스트레스, 불안을 측정한 결과, 유의한 향상을 발견했다. 후속 연구에서 참가자들의 75%가 수련 이후 자기확신이 증가했다고 보고했고, 88%는 그들이 더욱 희망적이

되었다고 했으며, 69%는 자신의 느낌과 욕구를 더 잘 표현할 수 있었다고 보고했다. 또한 63%는 생각과 느낌에 대해 자신이 맺는 관계와 그것들에 대한 반응의 변화를 보고했고, 88%는 그들 자신을 어떻게 하면 더 잘 돌볼 수 있을지에 대해 알게 되었으며, 실제로 그렇게 자신을 돌보고 있다고 보고했다.

연구자들은 또한 훈련을 받고 있는 치료자들에 대한 MBSR의 효과를 검증했다. 예를 들어, 샤피로 등(2007)은 상담심리학 대학원 학생들에 대한 MBSR의 효과를 검증했다. 이 연구는 MBSR 과정의 학생들을 강의식 과정에 등록한 대응 통제집단과 비교했다. MBSR 과정의 학생들은 스트레스 지각과 부정적 감정, 반추, 상태불안 및 특질불안에서 유의한 감소를 보였으며, 긍정적 감정과 자기연민의 유의한 향상을 보여 주었다. 크리스토퍼 등(Christopher et al., 2006)은 상담심리학 학생들의 자기돌봄 수련에 있어서 마음챙김 명상 수련 효과에 관한 질적 연구를 수행했다. 이 연구에서 학생들의 대인관계 기능과 스트레스 대처의 향상이 발견되었다. 참가자들은 또한 이 프로그램이 자신의 임상 수련을 향상시켜 준다고 보고했다.

MBSR의 효과 연구는 임상 직업에 종사하는 전문가에게까지 확장되었다. 예를 들어, 샤피로 등(2005)은 8주짜리 MBSR 개입이 재향군인병원 보건의료진들에게 어떻게 영향을 주었는지를 살펴보았다. 이 전향적 통제 연구에서 MBSR 개입법은 스트레스를 감소시켰으며, 보건의료 전문가들의 삶의 질과 자기연민을 증가시킨 것으로 나타났다. 특히 MBSR 집단 참가자의 88%가 스트레스 점수의 향상을 보인 반면, 90%는 자기연민의 증가를 보고했다. MBSR 참가자들은 통제집단에 비해 더 높은 삶의 만족도(19% 대 0%)와 스트레스 감소(23% 대 11%), 업무 소진의 감소(10% 대 4%)를 보고했다. 직접 환자를 돌보는 의료인을 포함한 대학병원 종사자에 대한 사전 · 사후 연구에서, 갈란티노 등(Galantino et al., 2005)은 8주짜리 MBSR 프로그램을 마친 종사자들의 정서 고갈 감소와 기분 향상을 발견했다. 임상 간호사에 대한 많은 연구가 이러한 결과들을 지지한다. 특히 맥켄지 등(Mackenzie et al., 2006)은 간호사들과 간호조무사들이 4주간의 단기 MBSR 프로그램에 참가한 후, 대기통제집단에 비해 소진 증상의 감소와 이완 및 삶의 만족도의 증가를 경험했음을 발견했다. 작은 표본(N = 16)에도 불구하고, 효과크기는 크게 나타나 MBSR 개입이 참가자들에 대해 강력한 효과가 있음을 알 수 있다. 그 외에 많은 연구들도 MBSR 수련이 간호사들에게 주는 유익함을 지지한다. 예를 들어, MBSR 집단 간호사들은 대기통제집단에 비해 소진 양상(개인적 성취와 정서 고갈)에서 유의한 향상을 보고했다(Cohen-Katz, Wiley, Capuano, Baker, & Shapiro, 2004, 2005; Cohen-Katz, Wiley, Capuano, Baker, Deitrick, et al., 2005). 이러한 결과는 개입 후 3개월까지 유지되었다(Cohen-Katz, Wiley, Capuano, Baker, & Shapiro, 2004; Cohen-Katz, Wiley, Capuano, Baker, Deitrick, et al., 2005). 질적인 결과는 간호사들이 이완과 자기돌봄을 촉진하고, 일과 가정에서 관계를 향상시키는 데 이 프로그램이 유용하다고 여겼음을 보여 준다(Cohen-katz, Wiley, Capuano, Baker, & Shapiro, 2004; Cohen-Katz, Wiley, Capuano, Baker, Deitrick, et al., 2005). 간호사들은 자기수용과 자기연민, 자기지각, 자기신뢰가 증가했다고 보고했다. 그들은 또한 의사소통의 향상과 현존 및 공감의 증가, 반응의 감소를 경험했고, 이로 인해 관계가 향상되었다고 보고했다.

1차 진료 의사들을 대상으로 마음챙김 교육 프로그램과 소진, 공감 및 태도 간의 관계를 살펴본 최근 연구(Krasner et al., 2009)는 의사들에게 마음챙김 수련이 유용하다고 강조한다. 이 사전·사후 연구에서 70명의 1차 진료 의사들은 8주간의 마음챙김 집중 과정과 10개월의 유지 단계(월 2.5시간씩)에 참가했다. 프로그램 참여는 소진, 탈인격화, 공감, 종합기분장애, 의식, 정서적 안정에서 중간 크기의 향상과 관계가 있었다. 이는 환자 중심 치료에 대한 태도 향상과도 관계가 있었다. 연결해 보면, 앞에서 언급한 연구의 본론은 보건의료 전문가와 수련 중에 있는 이들에게 자기돌봄의 촉진 수단으로 마음챙김을 교육하는 것의 타당성을 강력하게 입증하는 것이다. 지금부터는 전문가적 효능과 환자에 대한 긍정적 결과를 향상시키기 위한 치료에 마음챙김을 어떻게 통합시킬 수 있는지에 대한 논의로 옮겨갈 것이다.

# 전문가적 효능과 환자 결과 향상을 위한 치료에 마음챙김 통합하기

전문적인 자기돌봄을 통해 환자에 대한 돌봄을 향상시키는 것 외에도, 보건의료 전문가들은 환자들에게 도움을 주기 위해 수많은 방식으로 마음챙김 수련을 다르게 활용할 수 있다. 거머 등(2005)은 전문가적 효능을 증가시키기 위해 치료 작업에 마음챙김을 통합하는 방법으로 세 가지를 구분한다. 첫째, 보건의료 전문가는 자신의 삶에서 마음챙김 명상을 수련함으로써 환자를 대할 때 마음챙겨 현존하는 능력을 키울 수 있다. 둘째, 치료자들은 돌봄을 강화하기 위해 마음챙김에 관한 이론과 연구가 제공하는 이론적 준거 틀을 활용할 수 있다. 셋째, 환자들의 마음챙김을 강화하기 위해 환자들에게 직접적으로 마음챙김 기술을 가르치고 훈련할 수 있다.

샤피로와 칼슨(Shapiro & Carlson, 2009)은 마음챙김을 심리학이나 조력 전문직에 통합하는 것과 관련한 최근 저서에서, 거머 등(2005)이 개념화한 마음챙김을 심리치료에 통합하는 세 가지 방법, 즉 ① 치료자 마음챙김, ② 마음챙김 설명 치료, ③ 마음챙김 기반 치료를 상술했다.

## 치료자 마음챙김

기존 연구는 가령, 치료자와 내담자의 관계와 같은 많은 '공통 요인'이 치료 결과에서 중요한 부분을 차지한다고 제안한다(Weinberger, 2002). 사실상 치료 관계는 모든 유형의 치료적 개입법에서 치료 결과의 강력한 예측 변인이다. 이러한 범주에서 공감과 무조건적이고 긍정적인 존중, 일치성이 특히 이로운 것으로 밝혀졌다(Bohart, Elliott, Greenberg, & Watson, 2002). 마음챙김이 이러한 동일한 특질을 촉진한다는 점을 고려할 때, 치료자가 지향하는 이론이 무엇이든 간에 마음챙김은 이제 성공적인 치료의 공통 요인으로 주목받고 있다는 사실(Martin, 1997; Germer, Siegel, & Fulton, 2005; Shapiro & Carlson, 2009)과 임상가들로 하여금 치료 동맹을 강화하기 위한 기술을 익히도록 돕는 데 마음챙김 수련이 권장된다는 사실은 그리 놀랄 만한 일이 아니다(Anderson, 2005; Shapiro & Izette, 2008).

간단히 말해서, 자신의 삶 속에서 마음챙김을 수련함으로써 임상가는 '마음챙김 치료자'가 될 수 있으며, 이렇게 함으로써 치료 관계가 강화되고, 치료 결과가 향상된다는 말이다. 최근 그렙메어 등이 수행한 두 연구는 이러한 관계를 지지한다(Grepmair, Mitterlehner, Loew, Bachler, et al., 2007; Grepmair, Mitterlehner, Loew, & Nickel, 2007). 첫 번째 연구에서, 연구자들은 비무선화 연속 코호트 예비연구로서, 선 명상을 수행하고 있는 일부를 포함하여 수련 중인 치료자가 처치한 환자 196명의 치료 결과를 비교했다. 그들은 명상 수련 중인 치료자의 환자들이 자신의 내적 과정과 어려움, 목표에 대해 더 잘 이해하고 있음을 보고했다고 밝혔다. 그들은 또한 자신의 문제와 증상을 극복하고, 일상에서 새로운 적응적 행동을 개발하는 데 있어 더 많은 진전을 보고했다.

두 번째 연구에서, 그렙메어 등(2007)은 좀 더 엄격한 무선 통제 설계를 사용했다. 구체적으로, 수련 중인 치료자를 선 명상을 배우는 집단과 그렇지 않은 통제집단으로 무선 할당했다. 그리고 다양한 기분장애 및 불안장애를 겪고 있는 124명의 환자를 치료자에게 무선 할당해서 개인 및 집단 치료 회기를 실시했다. 환자들은 어떤 치료자가 명상 수련을 하고 있는지 알지 못했다. 그들은 치료 과정 전후에 개인치료 매 회기의 질과 전반적 웰빙 상태를 평정했다. 특히 명상을 하는 치료자에게 치료받은 환자들은 '명료화'와 '문제해결'이라는 치료 과정을 높게 평정했고, 그들 자신의 문제의 구조와 특성 및 잠재력과 개발 목표를 더 잘 이해했다고 보고했다. 그들은 또한 불안과 우울, 적개심, 신체화, 강박사고와 강박행동 증상에서 더 큰 호전이 있었다고 보고했다.

샤피로와 칼슨(2009)은 치료자들이 지향하는 이론과 상관없이, 마음챙김이 치료 관계를 강화하는 특별한 자질 개발에 도움을 줄 수 있다고 가정한다. 특히 마음챙김은 임상가의 주의 능력과 현존, 치료 중에 적용하는 태도, 환자에 대한 공감과 조율, 자신의 정서를 조절하고, 역전이를 다룰 수 있는 능력을 강화시켜 줄 수 있다.

## 치료자의 주의와 현존

거머 등(2005)에 따르면, 마음챙김 수련은 "경험의 장에서 한 번에 하나의 대상과 악수하는 것과 같은" 것이다. 마음챙김은 대상을 강하게 움켜잡거나 무심코 쥐는 것이 아니라 대상을 뚜렷이 지각하는 것이다(Germer, Siegel, & Fulton, 2005, p. 14).

성공적인 심리치료를 위해서 치료자가 치료 회기 중에 주의를 기울이고 유지할 수 있어야 한다는 것은 다양한 이론적 전통을 가지고 있는 치료자들이 널리 받아들이고 있는 것이다. 마음챙겨 현존할 수 있는 능력은 모든 치료자에게 내재된 것이지만, 이러한 기술을 좀 더 연마하기 위해서는 체계적인 수련이 필요하다. 기존 연구는 '마음챙김 현존'과 '주의'가 공식적 마음챙김 명상 수련을 통해 개발된다는 것을 보여 준다.

예를 들면, 연구자들은 마음챙김 명상을 경험한 치료자들이 그렇지 않은 이들에 비해 주의 유지와 각성에 관련된 뇌 영역의 피질이 더 두껍다는 것을 발견했다(Lazar et al., 2005). 더구나, 쟈 등(Jha et al., 2007)은 초심자들을 대상으로 한 8주짜리 마음챙김 명상 훈련과 더 숙련된 명상가들의 한 달간의 집중수련 후에 주의망 과제(Attention Network Test)에 대한 반응 시간을 측정해서 전반적인 주의가 향상되었음을 발견했다. 특히 8주 수련에 참가한 초심자들은 요구 시 초점 주의를 기울일 수 있었으며, 한 달간 집중수련에 참가한 사람들은 산만한 상황에서도 지속적으로 주의를 유지할 수 있는 능력이 증가했음을 보여 주었다. 마찬가지로, 상담대학원 학생들을 대상으로 한 마음챙김 훈련에 대한 질적 연구에서, 학생들은 마음챙김 훈련을 마친 후 치료 회기 중에 좀 더 주의력 있고, 더 잘 자각하며, 회기 중의 침묵이 좀 더 편안하게 느껴졌다고 보고했다(Schure, Christopher, & Christopher, 2008).

연구는 또한 마음챙김 명상이 주의 배분에 대한 통제를 강화시킬 수 있음을 보여 주었다. 예를 들어, 하나의 자극에 지나치게 많은 주의가 가면 다른 자극은 놓칠 것이다. 마음챙김 훈련은 두 번째 자극이 무시되지 않도록, 주의 배분을 도울 수 있다(예: Slagter et al., 2007 참조). 이것은 임상가가 환자의 빠르고 미묘한 정보를 다루어야 할 때, 특히 중요하다.

## 치료자 태도

주의를 기울이는 것도 중요하지만, 어떻게 기울이는가도 환자의 긍정적 결과에 중요하다. 치료 관계를 저해할 수 있는 임상적 강조점들 때문에 주의는 차갑고 딱딱해질 수 있다. 이는 마음챙김 수련의 특징인 수용적 태도와 내려놓기, 집착하지 않기, 애쓰지 않기, 판단하지 않기, 인내, 신뢰, 온화함, 친근함, 친절과 상반된다(Kabat-Zinn, 1990; Shapiro & Schwartz, 2000; Segal, Williams, & Teasdale, 2002). 이러한 태도들은 완전하지는 않아도 치료 동맹을 강화할 수 있는 방식의 주의를 강조한다. 이러한 태도들은 환자가 돌봄을 받고 있으며, 안전하다고 느끼도록 해 주며, 자기에게 맞는 속도를 유지하고, 수치스럽거나 힘겨운 생각과 경험을 개방하도록 해 준다.

예비적인 증거는 마음챙김을 통해 개발되는 태도가 치료적 만남을 강화한다는 것을 지지한다. 예를 들면, 브라운과 라이언(Brown & Ryan, 2003)은 마음챙김의 증가가 NEO 5요인 검사(NEO-Five Factor Index)로 측정한 일반적 성격 특성의 지표인 '경험에 대한 개방성'과 상관이 있음을 발견했다. 이와 유사하게, 톰슨과 왈츠(Thompson & Waltz, 2007)는 특성 마음챙김이 신경증과 역상관이 있으며, 친화성 및 성실성과는 정상관이 있음을 발견하였다. 샤피로와 칼슨(2009)이 지적한 것처럼 아직 그 관계를 검증한 연구는 없지만 이런 개방성의 특질은 무조건적인 긍정적 존중과 강력한 치료 관계의 발달에 도움이 될 것이다.

## 자기연민과 조율

연민은 효과적인 치료의 토대가 되는데, 이 또한 마음챙김을 통해 강화된다. 연민은 자신 또는 타인의 고통에 대해 공감하는 능력과 고통을 덜어 내기 위해 이러한 공감에 기반하여 행동하려는 욕구 두 가지를 모두 포함한다.

조율(attunement)은 연민의 촉매 역할을 하는데, 왜냐하면 조율이 자기 자신이나 타인의 내적 경험과 접촉하는 것을 포함하기 때문이다. 자신과 조율한다는 것은 '목격자 의식'의 개발을 수반하는데, 이는 자신의 경험 내용을 거리를 두고 바라보며, 판단이나 개입 없이 있는 그대로를 받아들이는 것이다. 임상가가 스스로를 비난하는 자신을 발견할 때, 그것들에 진실이라는 딱지를 붙이거나 반응하는 것이 아니라 그 생각을 바라보는 훈련을 할 수 있다.

마음챙김 수련은 보건의료 전문가들이 자기조율과 자기연민을 강화할 수 있는 하나의 방법이다. 사실상 마음챙김 수련의 중심 원리는 자기판단을 내려놓는 법을 배우는 것이며, 연민과 친절로 자신과 관계를 맺는 것이다. 마음챙김 명상을 통하여 우리의 개인적 고통이 특별한 것이 아니며 인간 존재의 보편성의 일부라는 것을 알기 시작한다(Shapiro & Carlson, 2009).

특히 자기연민을 개발하는 데 도움이 될 수 있는 한 가지 마음챙김 명상은 자애(loving-kindness) 명상이다(Kornfield, 2008; Shapiro & Carlson, 2009 참조). 이 명상은 참가자들에게 행복을 비는 4~5구절을 되풀이하도록 요청하는데, '내가 평화롭고 행복하기를. 내가 건강하기를.'과 같은 것이다. 이러한 구절을 읊조리는 동안 참가자들에게 몸과 마음에서 사랑과 친절함의 성품을 느껴 보도록 요청한다. 자주 반복하면, 자신에 대한 사랑이 확립된다. 자애 수련은 이어 타인들(가족과 친구들, 그냥 알고 지내는 사람들, 최종적으로 나를 힘들게 하는 사람들)로 확장된다.

연구는 마음챙김과 자기연민의 증가 사이의 관계를 지지한다. 예를 들면, 샤피로 등(2005)은 재향군인 병원에서 일하는 보건의료 전문가들을 대상으로 무선 통제 연구를 실시했다. 그들은 마음챙김 수련에 참가한 후 보건의료 전문가들의 자기연민이 참가 전에 비해 유의하게 증가한 것을 발견했다. 이와 유사하게, 상담심리학 대학원 학생들에 대한 연구에서 MBSR 집단은 대응 통제집단에 비해, 개입 전과 개입 후의 자기연민이 유의하게 향상된 결과를 나타냈다. 주목할 부분은 개입 후 마음챙김의 향상이 자기연민의 변화를 직접 매개했다는 것이다. 앞에서 살펴본 바와 같이 자기수용은 특히 중요한데, 스스로에 대해 가장 비판적인 치료자들은 환자들에 대해서도 가장 적대적이고, 통제적이며, 비판적이라는 사실이 연구에서 밝혀졌다(Henry et al., 1990). 따라서 치료자의 자기수용은 내담자들과 지지적이며 수용적인 관계를 맺도록 하는 데 결정적이다.

## 타인에 대한 공감과 조율

공감 또는 "[환자]의 사적 세계를 마치 자신의 것처럼 느끼면서도, '마치 ~ 인 것처럼'이라는 특질을 잃지 않는" 능력은 효과적인 치료에 있어 중요한 것으로 간주되었다(Rogers, 1957, p. 95; Arkowitz, 2002; Bohart et al., 2002). 연구는 명상이 임상가들의 공감을 유의하게 향상시킬 수 있다고 제안한다. 예를 들면, 레시(Lesh, 1970)는 상담심리학 학생들이 대기통제집단에 비해 선 명상 개입 후, 유의하게 더 많은 공감을 보여 주었다고 보고했다. 공감은 비디오테이프에 등장한 환자들이 표현한 감정을 학생들이 정확히 알아내는 능력으로 측정했다. 이와 유사하게, 샤피로 등(1998)이 실시한 무선 통제 실험에서 MBSR 8주 개입 후, 의과대학 학생들의 공감 능력이 대기통제집단에 비해 증가했음을 발견했다. 상담심리학 대학원 학생들에 대한 최근의 사전·사후 연구는 8주짜리 MBSR 훈련이 타인에 대한 공감적인 관심을 유의하게 증가시켰음을 입증했다(Shapiro et al., 2007). 더구나, 마음챙김의 증가는 공감의 증가와 상관이 있었는데, 이는 학생들이 좀 더 마음챙김하게 되면서 타인에 대한 공감적 관심이 증가했다는 것을 의미한다.

상담심리학과 대학원 학생들의 질적 연구 결과들은 이러한 양적 결과들을 지지한다(Schure et al., 2008). 마음챙김 훈련을 받고 난 후 학생들은 환자의 고통에 대한 더 많은 공감을 보고했다. 예를 들면, 한 학생은 "마음챙김 수련으로 현재에 더 잘 머물 수 있고, 그들이 나와 함께 나누는 경험을 더 많이 공감할 수 있게 되었다."라고 보고했다.

신경생물학 연구에서 소위 거울 신경세포(mirror neurons) 또는 마치 관찰자가 행동하고 있는 것처럼 타인의 행동을 반영하는 신경세포가 존재한다고 밝혀졌다. 언젠가 이러한 신경세포들아 공감의 근거를 제공하고, 마음챙김의 과정들을 구체화해 준다는 것이 밝혀질지도 모른다. 이러한 연구는 영장류에 대한 직접적인 관찰로 시작되었다(Di Pellegrino, Fadiga,

Fogassi, Gallese, & Rizzolatti, 1992; Rizzolatti, Fadiga, Gallese, & Fogassi, 1996; Rizzolatti & Criaghero, 2004). 이어서 연구자들은 뇌활동이 인간의 전측도(anterior insular)와 전대상피질, 하측두정피질 안에 있는 거울 신경세포와 일치한다는 것을 보여 주었다(Botvinivk et al., 2005; Cheng, Yang, Lin, Lee, & Decety, 2008).

비록 인간의 거울 신경세포에 대한 연구가 잘 확립된 것은 아니지만, 인간의 정서에서 거울 신경세포의 기능적 중요성은 여전히 논의 중이며(예: Lingnau, Gesierich, & Caramazza, 2009 참조), fMRI와 뇌파검사, 자기뇌파검사를 이용한 수많은 실험은 사람이 어떤 정서를 체험하거나 다른 이의 정서 경험을 보았을 때 특정 뇌 영역이 활성화된다는 것을 보여 주었다(Botvinivk et al., 2005; Cheng et al., 2008; Morrison, Lloyd, Di Pellegrino, & Roberts, 2004; Wicker et al., 2003; Singer et al., 2004; Lamm, Batson, & Decety, 2007). 자비 등(Jabbi et al., 2006)은 자기보고 질문지에 근거해 좀 더 공감적인 사람은 정서에 대한 거울 신경체계가 좀 더 강하게 활성화된다는 것을 입증했는데, 이는 거울 신경세포가 공감과 관련된다는 견해를 추가로 지지하는 것이다.

보통 관찰자의 거울 신경세포 발화 수준은 처음 그 정서를 전달한 사람의 발화 수준에 비해 더 낮다(Goleman, 2006). 마음챙김 자각은 상대가 보내는 작은 신호에 대한 민감성을 향상시키는 역할을 할 수도 있고, 그 결과 두 사람 간의 조율을 증가시킬 수도 있다. 다니엘 시걸(Daniel Siegel, 2007)은 이런 형태의 조율을 '치료적 변화의 핵심'이라 주장한다.

## 정서 조절

긍정적인 치료 관계를 위해서는 보건의료 전문가가 자신의 정서를 어떻게 조절하는지 알아야 하며, 언제 자신의 정서를 표현하는지도 알아야 한다. 치료 회기 중에 종종 강한 정서가 올라올 수 있다. 자신의 정서적 반응을 돌보고 조절함으로써 치료자들은 정서적으로 고조된 다양한 치료 상황에서 현재에 좀 더 머물 수 있고, 환자를 더 잘 수용할 수 있다.

최근 연구자들은 마음챙김 수련이 경계선 성격장애와 주요우울장애처럼 정서조절장애를 가진 환자들에게 어떻게 이득이 될 수 있는지에 대해 상당한 관심을 기울였다(Linehan, 1993a, 1993b; Segal et al., 2002). 임상가의 정서 조절에 대한 관심은 그다지 크지 않았지만, 연구자들은 치료자들이 자신의 정서를 견디고 버틸 수 있게 돕고, 환자가 드러내는 것에 대한 정서적 반응을 억제하기 위해 마음챙김 수련의 중요성을 강조하고 있다(McCartney, 2004; Shapiro & Carlson, 2009). 마음챙김 훈련을 통해 보건의료 전문가는 자신의 몸과 마음에 익숙해지기 때문에 환자들의 행동에 대한 자신의 개인적 반응을 알 수 있고, 그 결과 환자와의 관계를 방해할 수도 있는 자신의 정서를 조절할 수 있다.

## 마음챙김 설명 치료

마음챙김 설명 치료는 마음챙김을 심리치료에 통합하되, 환자에게 공식적인 명상 수련을 가르치지는 않는 것을 말한다(Germer, Siegel, & Fulton, 2005). 마음챙김 설명 치료는 불교 경전과 마음챙김에 관한 심리학 문헌, 그리고 개인적 마음챙김 수련에서 얻은 지혜와 통찰을 심리치료에 통합하기 위한 틀을 제공한다.

현재까지 마음챙김 설명 치료 절차를 어떻게 개발할 것인가에 대한 명시적인 지침이 없었고, 또한 마음챙김 설명 치료와 환자에 대한 임상 결과 간의 관계를 탐색한 연구도 없었다. 그러나 샤피로와 칼슨(2009)은 마음챙김에 대한 통찰과 가르침이 어떻게 치료 관계의 강화를 위한 임상 실제에 통합될 수 있는가의 예를 제공한다. 여기에서 제시한 견해들은 포괄적인 것이 아니라, 임상가들이 마음챙김 설명적 접근법의 일부로 도입한 몇 가지 주제를 소개하려는 것이다.

## 유한성

유한성(impermanence) 또는 실체의 끊임없는 변화는 불교의 핵심이다. 비엔(Bien, 2006)이 설명했듯이, 우리 모두가 유한성에 직면해 있다는 것은 피할 수 없는 사실이다. 현실적인 질문은 우리가 유한성과 타협할 것인가에 대한 여부다. 우리가 현실에 저항하면, 고통은 증가한다. 따라서 환자들이 유한성을 받아들이도록 돕는 것은 중요한 임상적 함의를 가질 수 있다. 임상가들은 유한성의 예들을 보여 주고, 늘 변화하는 인간 경험의 본질을 강조하는 언어를 사용하여 유한성을 수용하도록 할 수 있다. 임상가는 환자들이 자신의 삶과 경험의 변하는 속성을 살피고, 변하는 생각과 정서, 감각에 초점을 맞추도록 안내할 수 있다(Shapiro & Carlson, 2009).

탁월한 사업가인 에드(Ed)는 위장 문제로 힘들어하고 있었다. 때때로 그는 복부 팽만과 메스꺼움을 경험했다. 설사와 변비가 번갈아 나타났다. 몇 차례 받은 의학적 검사로는 그것이 어떤 병인지, 그러한 증상들의 구조적 원인이 무엇인지를 찾아내지 못했다. 에드는 자신의 증상이 적절치 못하거나 난처한 상황에서 나타나지 않을까 계속 신경을 쓰며, 자신이 먹은 음식을 주의 깊게 살피고는 먹은 음식과 증상 간의 관련성을 알 수 있기를 기대했다. 에드는 자기 질병의 치료법을 찾는 데 매달렸다. 에드는 증상에 대한 불안한 생각을 마음챙겨 바라보고, 자신의 문제를 거부하지 않고 수용하는 태도를 익혔다. 자신의 증상을 개선하고자 애쓰지 않고, 자신의 정서와 생각, 증상과 '함께하는' 노력을 했다. 마침내 그는 치료법을 찾아 헤매는 일들이 무익한 것임을 알게 되었고, 자신의 위장 증상을 받아들이게 되었다. 에드는 증상들이 마음대로 오고 가도록 내버려두면서, 평소대로 다시 먹기 시작했다.

중요한 사실은 그가 통제하려는 갈망이 고통의 뿌리였다는 것을 배운 것이다(Germer, Siegel, & Fulton, 2005에서 인용).

## 무 아

불교심리학은 또한 자기(self)의 유한성을 강조한다. 이는 사람들이 실제가 아니라는 뜻이 아니라 끊임없이 변화한다는 의미다. 현대 사회의 많은 부분이 개인주의에 초점을 맞추고 있어서, 대다수 사람들은 이런 생각에 어려움을 겪을 것이다. 비엔(2006)이 설명한 것처럼 우리는 보통 우리 자신을 시공간을 따라 움직이는 개체로서, 경험이 축적되기는 하지만 근본적으로는 동일하다고 생각한다. 하지만 실제로 사람들이 집착하는 '자기'라고 부를 만한 견고한 것은 없다. 우리의 몸과 느낌, 생각, 지각은 모두 흘러가며, 순간순간 변화한다. '무아(no self)'라는 개념은 처음에는 포착하기 어렵지만, 나라는 존재는 나의 덧없는 경험 그 이상이라는 것을 인식하게 함으로써 결국에는 우리를 자유롭게 한다. 감정은 그저 감정일 뿐이며, 생각도 그저 생각일 뿐이다. 감정과 생각이 곧 '우리(us)'는 아니다. 치료에서 임상가는 환자가 이러한 개념을 깨닫도록 도울 수 있는데, 감정과 생각을 "왔다가 떠나는 손님처럼"(Goodman & Greenland, 2008, p. 422) 덧없는 것으로 이야기함으로써 가능하다.

치료 중에 리처드(Richard)는 자신의 개인적인 이야기를 다시 쓰는 힘든 시간을 보내고 있었다. 자신의 애인과 그녀의 전 남자 친구에 대한 불편한 심상들이 계속 떠오르면서 애인의 배신과 연합된 고통스러운 정서를 경험하고 있었다. 치료자는 명상을 포함해서, 이러한 반응이 현재 순간의 실체, 즉 신체감각과 자연의 색깔, 음식의 맛과 향 바깥에 존재하는 것임을 이해하도록 리처드를 도왔다. 리처드는 자신을 괴롭히던 심상들이 단지 생각과 환상에 불과하며, 자신이나 그녀의 삶에

대한 '단언'이 아님을 알게 되었다(Germer, Siegel, & Fulton, 2005에
서 인용).

## 수 용

수용은 경험에 대해 판단이나 호불호 없이 친절과 호기심으로 받아들이
는 방식이다. 수용에 관한 불교의 가르침은 '사람들이 현재의 모습과는 다
르기를 갈망할 때 고통이 생겨난다.'는 것이다. 간단히 말해, 사물이나 사
건을 수용하지 않고 저항할 때 사람들은 괴로움을 겪는다.

수용이 길러질 수 있는 기술이란 점을 알 필요가 있다. 치료자는 환자가
'부드럽고' '편안하게' 수용을 경험하도록 격려한다(Germer et al., 2005).
골드스타인(Goldstein, 1993)은 '내버려둬.' 혹은 '괜찮아. 그냥 느껴 보는
거야.' 와 같은 주문을 사용하도록 제안한다. 치료자는 어떤 말을 쓰느냐에
관계없이 환자가 자신의 모든 정서를 기꺼이 포용할 수 있도록 도와주는
것이 중요하다. 사람들은 종종 부정적인 생각과 정서를 떨쳐 내려고 한다.
마음챙김은 고통을 인식하고 그것에 주의를 기울이면 지혜와 명료함을 가
지고 의식적으로 고통에 반응할 수 있다는 사실을 가르친다.

주앙(Juan)은 열두 살 때부터 범죄 조직에 가담해 왔으며, 어느 누
구도 믿어서는 안 된다고 배워 왔다. 다른 범죄 조직의 일원이 그를 죽
이려 하자, 공황발작이 일어났다. 결국 주앙은 공황발작이 사라지기를
바란다며 심리치료를 시작했지만, 불안에 대해서는 말하고 싶어 하지
않았다. 치료자는 마음챙김 접근을 통하여, 주앙이 문제를 명료하게
바라보면서 그것에 효과적으로 반응하도록 가르쳤다. 치료자는 주앙
에게 만약 그 일원들이 뒤에서 다가온다면, 그대로 기습당하기를 바라
는지, 아니면 정면을 향해 돌아서서 그들이 가진 무기를 바라볼 것인지
에 대해 물었다. 주앙은 그것들을 똑바로 바라보겠다고 대답했다. 치

료자는 그가 느닷없이 당할 것인지, 아니면 실제로 일어나고 있는 것을 분명히 알아차릴 것인지 공황발작도 마찬가지라고 설명했다. 첫 번째 단계는 공황발작이 일어나는 순간에 무엇이 일어나고 있는지를 알고 수용하는 것이었다. 비록 치료가 불안에 대한 인지행동치료에 초점이 맞추어져 있었지만, 현재 나타나고 있는 것을 받아들이게 하는 마음챙김 접근을 활용함으로써, 주앙은 치료에 개방적이고 협력적으로 임하게 되었다(Shapiro & Carlson, 2009에서 인용).

## 의식적 반응

불교의 핵심 가르침은 고통이란 자동적으로 반응하는 습관적인 방식에서 생겨난다는 것이다. 현대 신경과학은 우리의 과거 반응들이 서로 신호를 전달하는 시냅스에 새겨져 미래에 동일한 반응을 일으킬 수 있다고 말한다. 주의를 기울여 보면, 우리의 경험이 얼마나 자주 자동 반응으로 생겨난 것인지 알 수 있다. 마음챙김은 우리에게 좀 더 건강한 반응을 할 수 있는 선택권을 부여한다. 명확하게 볼 수 있을 때, 우리는 좀 더 적절한 반응을 할 수 있다.

치료 중에 제레미(Jeremy)는 한때 친구였지만 사업상 그를 배신한 잭(Zach)이라는 친구를 볼 때마다 화가 나고, 슬프고, 걱정스럽고, 불행하게 느껴진다고 말했다. 잭을 보는 것만으로도 배신의 기억이 떠올라 그의 몸과 마음은 저절로 고통으로 오그라들었다. 제레미와 그의 치료자는 반응이라는 개념을 살펴보았고, 제레미는 잭에 대한 그의 반응에서 마음챙기는 법을 배웠다. 마침내 제레미는 잭을 만났을 때, 멈추어서 다르게 반응하려고 했다. 고통이 느껴질 때마다 더 깊은 자신의 내면을 보려고 했다. 비록 상처는 있지만, 또 다른 상실로부터 자신을 보호하기 위해 필요한 단계들을 밟아 갔다. 새로운 문제는 없었고, 걱정거리는 지난날 갈등의 결과로 보였다. 시간이 흐르면서 제레미는 배신을 인정하면서도, 불행한 상태에 빠지지 않는 법을 배우게 되었다. 그는 분노 대신 평화와 휴식을 경험할 수 있었다(Kornfield, 2008에서 인용).

## 상호 의존성

불교의 핵심 교리는 모든 것이 연결되어 있거나 상호 의존한다는 것이다. 이 말이 의미하는 바는 우리의 행복이나 불행이 타인에게 영향을 주며, 그들의 행복이나 불행도 우리에게 영향을 준다는 것이다. 심한 우울 상태에 있는 사람과 한 시간의 치료 회기를 보내고 나서 치료자가 진이 빠지는 것을 보면 알 수 있다. 실제로 보통 생각하는 것처럼 우리는 분리되어 있지 않다.

우리가 타인과 분리된 것처럼 살아갈 때, 혼란과 절망, 투쟁, 외로움이 생겨난다(Shapiro & Carlson, 2009). 이것은 전 세계적인 차원에서도 마찬가지다. 예를 들면, 한 국가가 특정 석유 부국과 우호적인 관계를 맺기로 했다면, 결과적으로 싼 에너지 공급을 누릴 것이다. 하지만 그러한 국가와의 우호적인 관계는 타국에는 위협으로 보일지도 모른다. 이런 국가들은 공포나 증오로 반응할 것이며, 일부는 그에 대한 비판과 공격, 테러라는 작전을 구사할지도 모른다(Bien, 2006). 간단히 말해, 전 세계 공동체와 그것을 구성하는 개인들은 상호 의존한다.

치료 중에 치료자는 환자와 함께 복잡하게 연결된 상호 의존적인 연결망 속에서 현상들이 어떻게 전개되는지 살펴본다. 환자의 생각과 견해, 행동은 미래의 순간을 알려 주는 결과를 가져온다. 환자가 자신의 삶 속의 상호 연결성의 작은 예들을 알아 가기 시작하면서, 그들은 우주의 모든 것이 어떻게 서로 의존하는지를 깨닫게 되고, 이는 모든 존재에 대한 책임감과 유대감을 불러일으킨다.

제인(Jane)은 부부 문제가 있었으며, 남편으로부터 소외감과 단절된 기분을 경험하고 있었다. 치료를 받으면서, 제인은 남편 역시도 혼자이고 소외되었다고 느끼고 있을지 모르며, 남편도 자신처럼 행복하기를 원한다는 것과 상호 의존성에 대해 알게 되었다. 제인은 어떤 대가도 바라지 않으면서 남편에게 더 많은 친절과 애정을 쏟았다. 제인은 거의 매일 따뜻한 마음으로 자신의 의도를 실행으로 옮겼고, 주말에 남편은 꽃다발과 함께 "사랑해"라고 쓴 카드를 주었다. 수년간 살면서 이런 모습은 처음이었다. 그녀는 작으나마 자신의 행동과 의도가 영향을 주었다는 것을 알게 되었다. 남편에게 더 많은 사랑과 친절을 보임으로써 그녀는 전체를 바꿀 수 있었다(Shapiro & Carlson, 2009에서 인용).

## 마음챙김 기반 치료

마음챙김 기반 치료는 치료 계획의 핵심 요소로서 마음챙김 명상 수련을 직접적으로 가르치는 것을 말한다. 최근 십여 년 동안 전통적인 마음챙김 수련들은 잘 연구하여 실증적으로 입증된 치료 접근법 안에 통합되었다. 여기에는 MBSR(Kabat-Zinn, 1990)과 MBCT(Segal et al., 2002), 변증법적 행동치료(DBT)(Linehan, 1993a, 1993b), ACT(Hayes, 2005; Hayes, Strosahl, & Wilson, 1999)가 포함된다(다양한 마음챙김 기반 접근법에 대한 증거 기반과 적용에 대해서는 Baer, 2006 참조).

앞서 살펴본 것처럼 MBSR은 가장 널리 사용된 마음챙김 기반 치료다. MBSR은 매우 경험적인 8주짜리 프로그램으로, 많게는 35명의 참가자가 매주 2시간 반에서 3시간씩 모임을 갖는다. 6회와 7회 사이에 6시간의 묵언 명상 수련을 포함한다. MBSR을 통해 참가자들은 다양한 명상 수련을 배우는데, 보디스캔, 정좌 명상, 걷기 명상, 부드러운 요가, 자비 명상, 비공식적인 일상의 마음챙김 수련이 포함된다(자세한 것은 Kabat-Zinn, 1990;

Shapiro & Carlson, 2009 참조). 수업 중에 이러한 명상 수련을 하며, 참가자들은 집에서 주 6일, 45분씩 명상과 부드러운 요가를 하도록 되어 있다. 수련 프로그램 내내 비판단과 인내, 수용, 초심자의 마음, 애쓰지 않기, 내려놓기, 집착하지 않기, 믿음과 같은 마음챙김 태도를 모델로 삼고 적용한다.

수많은 통제 연구는 임상 집단에 대한 MBSR의 효과성을 보여 주었는데, 만성통증과 암을 포함하여, 우울과 범불안장애 등의 정신의학적 장애에 효과가 있었다(Kaplan, Goldenberg, & Galvin, 1993; Williams, Teasdale, Segal, & Soulsby, 2000; Randolph, Caldera, Tacone, & Greak, 1999; Goldenberg et al., 1994; Kabat-Zinn et al., 1998; Speca, Carlson, Goodey, & Angen, 2000; Carlson, Ursuliak, Goodey, Angen, & Speca, 2004). 또한 수많은 연구가 건강한 사람들과 스트레스 감소 및 웰빙의 증가를 원하는 사람들을 대상으로 마음챙김 기반 치료의 효과를 분석했다. 이러한 연구들은 MBSR과 면역 기능, 인지, 주의 향상 및 스트레스 감소의 관련성을 보여 주었다(Chiesa & Serretti, 2009; Irving et al., 2009; Shapiro & Carlson, 2009 참조).

MBCT는 인지행동치료(CBT)를 활용한 우울증 치료 전문가인 존 티스데일(John Teasdale)과 마크 윌리엄스(Mark Williams), 진델 시갈(Zindel Segal)이 개발했다(Segal et al., 2002). 이와 같이 CBT와 MBSR을 통합한 정형화된 치료는 특히 우울증에서 회복된 사람들의 재발 방지에 도움이 된다. MBCT에서는 생각은 사실이나 현실이 아니며, 나타났다가 사라지는, 그저 지나가는 '마음의 순간들'이라는 개념을 강조한다.

MBCT는 8주짜리 프로그램으로, 많게는 12명의 참가자로 구성된다. MBSR과 같이 MBCT도 보디스캔, 정좌 명상, 걷기 명상, 일상의 비공식 마음챙김 수련을 포함한다. 하지만 자비 명상은 포함되지 않으며, MBSR에서처럼 스트레스 반응보다는 우울에 대한 이해에 더 초점을 맞춘다. MBCT는 다른 인지치료 요소들뿐만 아니라 '3분 호흡 공간(three-minute breathing space)' 기법을 포함한다(이 기법에 대한 자세한 논의는 Segal et al.,

2002; Shapiro & Carlson, 2009 참조).

두 가지 무선화된 임상 연구가 우울증 재발 치료에 대한 MBCT의 효과성에 대해 강력한 실증적 근거를 제공한다(Teasdale et al., 2000; Ma & Teasdale, 2004). 좀 더 소규모의 연구들은 양극성장애와 단극성 주요우울장애(MDD)(Williams et al., 2008), 범불안장애(Evans et al., 2008)를 가진 사람들에 대한 MBCT의 효과를 보여 주었다. 기타 다양한 MBCT의 적용이 논문 초록이나 학위논문, 사례 보고서 형태로 나오고 있다.

MBCT 이외에도, MBSR을 모델로 삼은 일련의 다른 치료들이 행동건강 분야에서 관심을 끌고 있다. 이러한 치료법들은 치료 효과에 대한 증거 기반을 막 개발하기 시작했다(이러한 치료법에 대한 기존 연구의 검토를 위해서는 Shapiro & Carlson, 2009 참조).

그러한 치료법 중 하나는 마음챙김 기반 섭식 각성 훈련(Mindfulness-Based Eating Awareness Training: MBEAT)인데, 폭식장애를 앓거나 비만한 사람들을 돕기 위하여 유도된 먹기 명상에 MBSR과 CBT 요소들을 통합한 것이다. 이와 유사하게, 마음챙김 기반 재발 방지(Mindfulness-Based Relapse Prevention: MBRP)(Marlatt & Gordon, 1985; Marlatt & Witkiewitz, 2005)는 MBCT를 모방하여, 잘 확립된 위험 회피 치료의 원리를 마음챙김에 통합한 것이다. 마음챙김 기반 관계 증진(Mindfulness-Based Relationship Enhancement: MBRE)(Carson, Carson, Gil, & Baucom, 2006)은 비교적 관계가 좋은 남녀 쌍의 관계 증진을 위해 개발되었다(Carson, Carson, Gil, & Baucom, 2006). MBRE는 형태와 기법 면에서 MBSR과 유사하지만 남녀 쌍을 위해 일부 요소는 두 사람이 하는 연습으로 수정했다. 마지막으로 마음챙김 기반 예술치료(Mindfulness-Based Art Therapy: MBAT)(Monti et al., 2005)는 임상 집단에서 사용하기 위해 개발되었으며, 유방암에 걸린 여성들에 대한 예비실험을 거쳤다. 이러한 접근법은 전통적인 MBSR 요소에 예술과 창의성을 결합함으로써 지지치료와 표현치료의 특성을 증가시키는 것을 목적으로 한다. 그 밖의 많은 마음챙김 기반 치료들은 아직까지는 실증적 검증이 되지 않은 채로 나오고 있다. 후속 연구로 이들 접근법의 효과를 검증할 필요가 있다.

마음챙김 기반 치료에 더해, DBT(Linehan, 1993a, 1993b)와 ACT(Hayes, 2005; Hayes et al., 1999)는 다른 이론적 토대를 가진 치료법에 마음챙김을 적용한다. 이러한 치료법들은 앞에서 논의한 치료법들에 비해 더 짧고, 덜 공식적이며, 좀 더 마음챙김 수련에 초점을 두면서, 변화 기반 전략을 직접적으로 강조한다. ACT는 보통 개별적으로 실시되지만, DBT는 개별 요소와 집단 요소를 모두 포함한다.

이렇게 다른 마음챙김 기반 치료법과 차이가 좀 있지만, DBT와 ACT도 핵심이 되는 마음챙김 요소들을 통합하고 있다. 특히 이성과 정서처럼 대립되는 개념의 균형을 강조하는 DBT는 환자가 균형을 발달시키도록 돕기 위해 마음챙김 기술을 활용한다. DBT는 다수의 마음챙김 기술을 소개하는 구체적인 '마음챙김 모듈'을 포함한다. 다른 세 가지 DBT 모듈도 핵심 마음챙김 모듈의 영향을 받으며, 마음챙김 모듈과 밀접하게 결합되어 있다.

MBCT와 마찬가지로 ACT는 언어 과정이 환자로 하여금 그들의 내적 삶을 통제하려는 헛된 시도를 하게 만든다고 가정한다. 마음챙김 수련은 환자로 하여금 두려워서 회피한 생각과 감정을 접촉하고 확인하는 법을 익히게 하는 한 가지 방법이다. 이는 마음챙김 수련을 통해 환자를 두려운 내적 경험에 노출시킴으로써 환자가 이러한 내적 사건을 수용하는 법을 배우게 된다는 것인데, ACT의 핵심 치료 과정 중 하나다.

# 요 약

마음챙김은 보건의료 전문가에게 도움이 되도록 개인 돌봄과 전문가적 효능, 구체적인 치료 개입법을 포함한 다양한 응용이 가능하다. 이 장에서는 마음챙김을 보건의료에 통합하는 방식을 ① 치료자 마음챙김, ② 마음챙김 설명 치료, ③ 마음챙김 기반 치료라는 틀에서 살펴보았다. 마음챙김이라는 주제를 보건의료 전문가를 위한 자기돌봄 수단으로 살펴보기도 했다. 마지막으로, 치료자들을 위한 훈련 프로그램에 마음챙김을 통합하는 선구적인 모형을 제공했다. 이러한 각각의 분야에 대한 관심을 정당화해 주는 중요한 후속 연구 방향이 있다.

치료자 마음챙김과 관련하여, 보건의료 전문가들이 중요한 임상 기술을 개발하는 데 도움을 주기 위해 마음챙김을 어느 정도까지 사용할 수 있는 가에 대한 연구가 이루어져야 한다. 보건의료 제공자의 마음챙김과 임상 결과 사이의 관계를 밝히기 위한 연구도 필요하다. 앞에서 살펴본 바와 같이, 예비연구는 마음챙김 하는 치료자에게서 공감과 주의가 늘어났다는 사실을 보여 주는데, 이는 임상 맥락에서 중요한 부분이다. 그렙메어 등의 연구를 보면, 치료자의 마음챙김이 환자의 이득을 증가시켰을지도 모른다. 하지만 보건의료 전문가들의 마음챙김 기술이 어떻게 환자들의 치료 개념과 증상에 영향을 주는지에 대해 과학적으로 엄격한 연구는 드물다. 그러한 목적을 위해서는 환자들의 자기보고와 행동 관찰, 임상가 평정 척도를 포함하여 측정에 대한 폭넓은 연구가 필요하다(Grepmair, Mitterlehner, Loew, Bachler et al., 2007; Grepmair, Mitterlehner, Loew, & Nickel, 2007). 이러한 효과가 발생하는 기제를 밝히는 연구 또한 중요하다.

마음챙김 설명 치료는 경험적으로 검증되지 않았다. 따라서 마음챙김을 임상 실제에 통합하는 개별 임상가들의 설명 외에는 마음챙김 설명 치료가 환자에게 어떻게 도움이 되는지에 대해 거의 알지 못한다. 다양한 마음챙김 기법들을 치료 장면에 통합한 것에 관한 결과를 살펴보는 연구가 필요하며, 또한 치료자가 마음챙김에 관한 불교와 기타 심리학 문헌의 다양한 개념과 가르침을 임상 실제에 어떻게 통합할 수 있을까에 관한 문헌 연구도 필요하다.

마음챙김 기반 접근법의 향후 연구는 건강한 사람을 포함한 다양한 인구 집단에 대한 마음챙김 기반 치료의 효과성에 대한 기존 연구를 더 늘리는 것뿐 아니라 새롭게 도입되는 모든 치료법에 대한 평가를 요구한다. 더욱이 다양한 종류의 임상 훈련에 대한 연구와 치료자의 자기 명상 수련이 주는 효과에 대한 연구는 마음챙김 기반 치료 전달자의 자격에 대한 논쟁이 계속되기 때문에 중요해질 것이다.

마지막으로, 우리는 건강 전문가의 자기돌봄이 치료자 자신의 건강과 웰빙을 위해서는 물론이고 환자에 대한 효과를 극대화하기 위해서도 중요하다는 것을 안다. 따라서 마음챙김이 보건의료 전문가의 정신적·신체적 건강에 어떻게 영향을 미치는가에 대한 기존 연구를 확장하는 것이 중요하다. 교육 프로그램이나 전문가를 위한 평생교육 프로그램에 있어서 자기돌봄과 마음챙김 훈련에 대한 좀 더 체계적인 접근이 필요하다. 여기에는 마음챙김 훈련을 교과목으로 통합하는 문제에 관심을 갖는 것도 포함된다 (Shapiro & Carlson, 2009).

보건의료 전문가를 위한 마음챙김의 잠재적 적용 가능성은 광범위하다. 우리는 이 분야에 대한 지속적인 연구와 조사가 스트레스가 많은 힘든 상황에서 일하는 보건의료 전문가들과 더 건강하고 행복한 삶을 찾는 그들의 환자 모두에게 이익을 가져다줄 것으로 낙관한다.

# 참·고·문·헌

Anderson, D. T. (2005). Empathy, psychotherapy integration, and meditation: A Buddhist contribution to the common factors movement. *Journal of Humanistic Psychology, 45*, 483-502.

Arkowitz, H. (2002). Toward an integrative perspective on resistance to change. *Psychotherapy in Practice, 58*, 219-227.

Baer, R. A. (2003). Mindfulness training as clinical intervention: A conceptual and empirical review. *Clinical Psychology: Science and Practice, 10*, 125-143.

Baer, R. A. (Ed.). (2006). *Mindfulness-based treatment approaches: Clinician's guide to evidence base and applications.* San Diego: Elsevier.

Baird, K., & Kracen, A. (2006). Vicarious traumatization and secondary traumatic stress: A research synthesis. *Counseling Psychology Quarterly, 19*, 181-188.

Baranowski, K. P. (2006, March). Stress in pediatric palliative and hospice care: causes, effects, and coping strategies. NHPCO (National Hospice and Palliative Care Organization). Children's Project on Palliative/Hospice Services (CHIPPS). CHIPPS Newsletter.

Barnett, J. E., & Cooper, N. (2009). Creating a culture of self-care. *Clinical Psychology: Science and Practice, 16*, 16-20.

Beddoe, A. E., & Murphy, S. O. (2004). Does mindfulness decrease stress and foster empathy among nursing students? *Journal of Nursing Education, 43*, 305-312.

Bien, T. (2006). *Mindful therapy: Guide for therapists and helping professionals.* Boston: Wisdom Publications.

Bohart, A. C., Elliott, R., Greenberg, L. S., & Watson, J. C. (2002). Empathy. In J. C. Norcross (Ed.), *Psychotherapy relationships that work: Therapist contributions and responsiveness to patients* (pp. 89-108). New York: Oxford University Press.

Boisaubin, E. V., & Levine, R. E. (2001). Identifying and assisting the impaired physician. *American Journal of the Medical Sciences, 322*, 31-36.

Botvinivk, M., Jha, A. P., Bylsma, L. M., Fabian, S. A., Solomon, P. E., & Prkachin, K. M. (2005). Viewing the facial expressions of pain engages cortical areas involved in the direct experience of pain. *NeuroImage, 25,* 312–319.

Braunstein-Bercovitz, H. (2003). Does stress enhance or impair selective attention? The effects of stress and perceptual load on negative priming. *Anxiety, Stress and Coping, 16,* 345–357.

Brewster, J. (1986). Prevalence of alcohol and other drug problems among physicians. *Journal of the American Medical Association, 255,* 1913–1920.

Bride, B. E. (2007). Prevalence of secondary traumatic stress among social workers. *Social Work, 52,* 63–70.

Brown, K., & Ryan, R. (2003). The benefits of being present. Mindfulness and its role in psychological well-being. *Journal of Personality and Social Psychology, 84,* 822–848.

Butler, S. K., & Constantine, M. G. (2005). Collective self-esteem and burnout in professional school counselors. *Professional School Counseling, 9,* 55–62.

Carlson, L. E., Ursuliak, Z., Goodey, E., Angen, M., & Speca, M. (2004). The effects of a mindfulness meditation-based stress reduction program on mood and symptoms of stress in cancer outpatients: Six-month follow-up. *Supportive Care in Cancer, 9,* 112–123.

Carson, J. W., Carson, K. M., Gil, K. M., & Baucom, D. H. (2006). Mindfulness-based relationship enhancement. *Behavior Therapy, 35,* 471–494.

Cheng, Y., Yang, C. Y., Lin, C. P., Lee, P. R., & Decety, J. (2008). The perception of pain in others suppresses somatosensory oscillations: a magnetoencephalography study. *NeuroImage, 40,* 1833–1840.

Chiesa, A., & Serretti, A. (2009). Mindfulness-based stress reduction for stress management in healthy people: A review and meta-analysis. *Journal of Alternative and Complementary Medicine, 15,* 593–600.

Christopher, J. C., Christopher, S. E., Dunnagan, T., & Schure, M. (2006). Teaching self-care through mindfulness practices: the application of yoga, meditation, qigong to counselor training. *Journal of Humanistic Psychology, 46,* 494–509.

Cicala, R. S. (2003). Substance abuse among physicians: What you need to know. *Hospital Physician, 39,* 39–46.

Cohen-Katz, J., Wiley, S., Capuano, T., Baker, D. M., Deitrick, L., & Shapiro, S. (2005). The effects of mindfulness-based stress reduction on nurse stress and burnout: A qualitative and quantitative study, part III. *Holistic Nursing Practice, 19,* 78-86.

Cohen-Katz, J., Wiley, S., Capuano, T., Baker, D. M., & Shapiro, S. (2004). The effects of mindfulness-based stress reduction on nurse stress and burnout: A quantitative and qualitative study. *Holistic Nursing Practice, 18,* 302-308.

Collins, S., & Long, A. (2003). Working with the psychological effects of trauma: Consequences for mental health-care workers: A literature review. *Journal of Psychiatric and Mental Health Nursing, 10,* 417-424.

Coster, J. S., & Schwebel, M. (1997). Well-functioning in professional psychologists. *Professional Psychology: Research and Practice, 28,* 5-13.

Cunningham, M. (2003). Impact of trauma work on social work clinicians: Empirical findings. *Social Work, 48,* 451-459.

Di Pellegrino, G., Fadiga, L., Fogassi, L., Gallese, V., & Rizzolatti, G. (1992). Understanding motor events: a neurophysical study. *Experimental Brain Research, 91,* 176-180.

Enochs, W. K., & Etzbach, C. A. (2004). Impaired student counselors: Ethical and legal considerations for the family. *Family Journal, 12,* 396-400.

Evans, S., Ferrando, S., Fidler, M., Stowell, C., Smart, C., & Haglin, D. (2008). Mindfulness-based cognitive therapy for generalized anxiety disorder. *Journal of Anxiety Disorders, 22,* 716-721.

Figley, C. R. (2002). Compassion fatigue: Psychotherapists' chronic lack of self-care. *Journal of Clinical Psychology, 58*(11, Suppl. 1), 1433-1441.

Flanagan, N. A., & Flanagan, T. J. (2002). An analysis of the relationship between job satisfaction and job stress in correctional nurses. *Research in Nursing and Health, 25,* 282-294.

Galantino, M. L., Baime, M., Maguire, M., Szapary, P. O., & Farrar, J. T. (2005). Short-communication: Association of psychological and physiological measures of stress in health-care professionals during an eight-week mindfulness meditation program: Mindfulness in practice. *Stress and Health, 21,* 255-261.

Germer, C. K. (2009). *The mindful path to self-compassion: Freeing yourself from destructive thoughts and emotions.* New York: Guildford Press.

Germer, C. K., Siegel, R. D., & Fulton, P. R. (Eds.). (2005). *Mindfulness and psychotherapy.* New York: Guilford Press.

Gilroy, P. J., Carroll, L., & Murra, J. (2001). Does depression affect clinical practice? A survey of women psychotherapists. *Women & Therapy, 23*(4), 13–30.

Gilroy, P. J., Carroll, L., & Murra, J. (2002). A preliminary survey of counseling psychologists' personal experiences with depression and treatment. *Professional Psychology: Research and Practice, 33*, 402–407.

Goldenberg, D. L., Kaplan, K. H., Nadeau, M. G., Brodeur, C., Smith, S., & Schmid, H. C. (1994). A controlled study of a stress-reduction, cognitive-behavioral treatment program in fibromyalgia. *Journal of Musculoskeletal Pain, 2*, 53–66.

Goldstein, J. (1993). *Insight meditation: The practice of freedom.* Boston: Shambhala.

Goleman, D. (2006). *Emotional intelligence: Why it can matter more than IQ* (10th ed.). New York: Bantam Books.

Goodman, T. A., & Greenland, S. K. (2008). Mindfulness with children: Working with difficult emotions. In F. Didonna (Ed.), *Clinical handbook of mindfulness* (pp. 417–430). New York: Springer.

Grepmair, L., Mitterlehner, F., Loew, T., Bachler, E., Rother, W., & Nickel, M. (2007). Promoting mindfulness in psychotherapists in training influences the treatment results of their patients: A randomized, double-blind, controlled study. *Psychotherapy and Psychosomatics, 76*, 332–338.

Grepmair, L., Mitterlehner, F., Loew, T., & Nickel, M. (2007). Promotion of mindfulness in psychotherapists in training: Preliminary study. *European Psychiatry, 22*, 485–489.

Grossman, P., Niemann, L., Schmidt, S., & Walach, H. (2004). Mindfulness-based stress reduction and health benefits. A meta-analysis. *Journal of Psychosomatic Research, 57*, 35–43.

Hayes, S. C. (2005, July). Training. Retrieved February 10, 2009, from Association for Contextual Behavioral Science website: http://www.contextualpsychology.org/act_training

Hayes, S. C., Strosahl, K., & Wilson, K. G. (1999). *Acceptance and commitment therapy: An experiential approach to behavior change.* New York: Guilford Press.

Henry, W. P., Schacht, T. E., & Strupp, H. H. (1990). Patient and therapist introject, interpersonal process, and differential psychotherapy outcome. *Journal of Consulting and Clinical Psychology, 58*, 768–774.

Irving, J. A., Dobkin, P. L., & Park, J. (2009). Cultivating mindfulness in health care professionals: A review of empirical studies of mindfulness–based stress reduction. *Complementary Therapies in Clinical Practice, 15*, 61–66.

Jabbi, M., Swart, M., & Keysers, C. (2006). Empathy for positive and negative emotions in the gustatory cortex. *NeuroImage, 34*, 1744–1753.

Jain, S., Shapiro, S. L., Swanick, S., Roesch, S. C., Mills, P. J., Bell, I., et al. (2007). A randomized controlled trial of mindfulness meditation versus relaxation training: Effects on distress, positive states of mind, rumination, and distraction. *Annals of Behavioral Medicine, 33*, 11–21.

Jha, A. P., Krompinger, J., & Baime, M. J. (2007). Mindfulness training modifies subsystems of attention. *Cognitive, Affective and Behavioral Neuroscience, 7*, 109–119.

Kabat-Zinn, J. (1990). *Full catastrophe living: Using the wisdom of your body and mind to face stress, pain and illness.* New York: Delacorte.

Kabat-Zinn, J., Wheeler, E., Light, T., Skillings, A., Scharf, M. S., Cropley, T. G., et al. (1998). Influence of a mindfulness meditation–based stress reduction intervention on rates of skin clearing in patients with moderate to severe psoriasis undergoing phototherapy (UVB) and photo–chemotherapy (PUVA). *Psychosomatic Medicine, 60*, 625–632.

Kaplan, K. H., Goldenberg, D. L., & Galvin, N. M. (1993). The impact of a meditation–based stress reduction program on fibromyalgia. *General Hospital Psychiatry, 15*, 284–289.

Kornfield, J. (2008). *The wise heart: A guide to the universal teachings of Buddhist psychology.* New York: Bantam Books.

Krasner, M. S., Epstein, R. M., Beckman, H., Suchman, A. L., Chapman, B., Mooney, C. J., et al. (2009). Association of an educational program in mindful communication with burnout, empathy, and attitudes among primary care physicians. *Journal of the American Medical Association, 302*, 1284–1293.

Kristeller, J. L., Baer, R. A., & Quillian-Wolever, R. (2006). Mindfulness-based approaches to eating disorders. In R. A. Baer (Ed.), *Mindfulness-based treatment approaches: Clinician's guide to evidence base and applications* (pp. 75–91). London: Academic Press.

Lamm, C., Batson, C. D., & Decety, J. (2007). The neural substrate of human empathy: Effects of perspective-taking and cognitive appraisal. *Journal of Cognitive Neuroscience, 19*, 42–58.

Larson, D..G. (1993). *The helper's journey.* Champaign, IL: Research Press.

Lazar, S. W., Kerr, C. E., Wasserman, R. H., Gray, J. R., Greve, D. N., Treadway, M. T., et al. (2005). Meditation experience is associated with increased cortical thickness. *Neuroreport, 16*, 1893–1897.

Lesh, T. V. (1970). Zen meditation and the development of empathy in counselors. *Journal of Humanistic Psychology, 10*, 39–74.

Lingnau, A., Gesierich, B., & Caramazza, A. (2009). Asymmetric fMRI adaptation reveals no evidence for mirror neurons in humans. *Proceedings of the National Academy of Sciences, 106*, 9925–9930.

Linehan, M. M. (1993a). *Cognitive-behavioral treatment of borderline personality disorder.* New York: Guilford Press.

Linehan, M. M. (1993b). *Skills training manual for treating borderline personality disorder.* New York: Guilford Press.

Linehan, M. M., Cochran, B. N., Mar, C. M., Levensky, E. R., & Comtois, K. A. (2000). Therapeutic burnout among borderline personality disordered clients and their therapists: Development and evaluation of two adaptations of the Maslach Burnout Inventory. *Cognitive and Behavioral Practice, 7*, 329–337.

Lushington, K., & Luscri, G. (2001). Are counseling students stressed? A cross-cultural comparison of burnout in Australian, Singaporean and Hong Kong counseling students. *Asian Journal of Counseling, 8*, 209–232.

Ma, S. H., & Teasdale, J. D. (2004). Mindfulness-based cognitive therapy for depression: Replication and exploration of differential relapse prevention effects. *Journal of Consulting and Clinical Psychology, 72*, 31–40.

Mackenzie, C. S., Poulin, P. A., & Seidman-Carlson, R. (2006). A brief mindfulness-based stress reduction intervention for nurses and nurse aides. *Applied Nursing Research, 19*, 105–109.

Mackenzie, C. S., Smith, M. C., Hasher, L., Leach, L., & Behl, P. (2007). Cognitive functioning under stress: Evidence from informal caregivers of palliative patients. *Journal of Palliative Medicine, 10*, 749-758.

Marlatt, G. A., & Gordon, J. R. (Eds.). (1985). *Relapse prevention: maintenance strategies in the treatment of addictive behaviors*. New York: Guilford Press.

Marlatt, G. A., & Witkiewitz, K. (2005). Relapse prevention for alcohol and drug problems. In G. A. Marlatt & D. M. Donovan (Eds.), *Relapse prevention* (pp. 1-44). New York: Guilford Press.

Martin, J. R. (1997). Mindfulness: A proposed common factor. *Journal of Psychotherapy Integration, 7*, 291-312.

McCartney, L. (2004). *Counsellors' perspectives on how mindfulness meditation influences counsellor presence within the therapeutic relationship*. Unpublished master's thesis, University of Victoria, British Columbia, Canada.

Meier, D. E., Back, A., & Morrison, S. (2001). The inner life of physicians and the care of the seriously ill. *Journal of the American Medical Association, 286*, 3007-3014.

Melamed, S., Shirom, A., Toker, S., Berliner, S., & Shapira, I. (2006). Burnout and risk of cardiovascular disease: Evidence, possible causal paths, and promising research directions. *Psychological Bulletin, 32*, 327-353.

Melamed, S., Shirom, A., Toker, S., & Shapira, I. (2006). Burnout and risk of type 2 diabetes: A prospective study of apparently healthy employed persons. *Psychosomatic Medicine, 68*, 863-869.

Monti, D. A., Peterson, C., Kunkel, E. J., Hauck, W. W., Pequignot, E., Rhodes, L., et al. (2005). A randomized, controlled trial of mindfulness-based art therapy (MBAT) for women with cancer. *Psycho-Oncology, 15*, 363-373.

Morrison, I., Lloyd, D., Di Pellegrino, G., & Roberts, N. (2004). Vicarious responses to pain in anterior cingulate cortex: Is empathy a multi-sensory issue? *Cognitive and Affective Behavioral Neuroscience, 4*, 270-278.

Myers, M. F. (2001). The well-being of physician relationships. *Western Journal of Medicine, 174*, 30-33.

Newsome, S., Christopher, J. C., Dahlen, P., & Christopher, S. (2006). Teaching counselors self-care through mindfulness practices. *Teachers College*

*Record, 108,* 1881–1900.

Pompili, M., Rinaldi, G., Lester, D., Girardi, P. Ruberto, A., & Tatarelli, R. (2006). Hopelessness and suicide risk emerge in psychiatric nurses suffering from burnout and using specific defense mechanisms. *Archives of Psychiatric Nursing, 20,* 135–143.

Pope, K. S., Tabachnik, B. G., & Keith-Spiegel, P. (1987). Ethics of practice: The beliefs and behaviors of psychologists as therapists. *American Psychologist, 42,* 993–1006.

Radeke, J. T., & Mahoney, M. J. (2000). Comparing the personal lives of psychotherapists and research psychologists. *Professional Psychology: Research and Practice, 31,* 82–84.

Randolph, P. D., Caldera, Y. M., Tacone, A. M., & Greak, M. L. (1999). The long-term combined effects of medical treatment and a mindfulness-based behavioral program for the multidisciplinary management of chronic pain in West Texas. *Pain Digest, 9,* 103–112.

Reimer, C., Trinkaus, S., & Jurkat, H. B. (2005). Suicidal tendencies of physicians—an overview. *Psychiatric Praxis, 32,* 381–385.

Rizzolatti, G., & Criaghero, L. (2004). The mirror-neuron system. *Annual Review of Neuroscience, 27,* 169–192.

Rizzolatti, G., Fadiga, L., Gallese, V., & Fogassi, L. (1996). Premotor cortex and the recognition of motor actions. *Cognitive Brain Research, 3,* 131–141.

Rogers, C. R. (1957). The necessary and sufficient conditions of therapeutic personality change. *Journal of Consulting Psychology, 21,* 95–103.

Rosenberg, T., & Pace, M. (2006). Burnout among mental health professionals: Special considerations for the marriage and family therapist. *Journal of Marital and Family Therapy, 32,* 87–99.

Rosenzweig, S., Reibel, D. K., Greeson, J. M., Brainard, G. C., & Hojat, M. (2003). Mindfulness-based stress reduction lowers psychological distress in medical students. *Teaching and Learning in Medicine, 15,* 88–92.

Rothschild, B. (2006). *Help for the helper: Self-care strategies for managing burnout and stress.* New York: W. W. Norton & Company.

Roy, D. (2007). *MOMfulness: Mothering with mindfulness, compassion, and grace.* San Francisco: Jossey-Bass.

Schure, M. B., Christopher, J., & Christopher, S. (2008). Mind-body medicine and the art of self-care: Teaching mindfulness to counseling students through yoga, meditation, and qigong. *Journal of Counseling & Development, 86,* 47-56.

Segal, Z. V., Williams, M. G., & Teasdale, J. D. (2002). *Mindfulness-based cognitive therapy for depression: A new approach to preventing relapse.* New York: Guilford Press.

Shanafelt, T. D., Bradley, K. A., Wipf, J. E., & Back, A. L. (2002). Burnout and self-reported patient care in an internal medicine residency program. *Annals of Internal Medicine, 136,* 358-367.

Shapiro, S. L., Astin, J. A., Bishop, S. R., & Cordova, M. (2005). Mindfulness-based stress reduction for health care professionals: Results from a randomized trial. *International Journal of Stress Management, 12,* 164-176.

Shapiro, S. L., Brown, K. W., & Biegel, G. M. (2007). Teaching self-care to caregivers: Effects of mindfulness-based stress reduction on the mental health of therapists in training. *Training and Education in Professional Psychology, 1,* 105-115.

Shapiro, S. L., & Carlson, L. E. (2009). *The art and science of mindfulness: Integrating mindfulness into psychology and the helping professions.* Washington, DC: American Psychological Association.

Shapiro, S. L., & Izette, C. (2008). Meditation: A universal tool for cultivating empathy. In D. Hick & T. Bien (Eds.), *Mindfulness and the therapeutic relationship* (pp. 161-175). New York: Guilford Press.

Shapiro, S. L., & Schwartz, G. E. (2000). Intentional systemic mindfulness: An integrative model for self-regulation and health. *Advances in Mind-Body Medicine, 16,* 128-134.

Shapiro, S. L., Schwartz, G. E., & Bonner, G. (1998). Effects of mindfulness-based stress reduction on medical and pre-medical students. *Journal of Behavioral Medicine, 21,* 581-599.

Siebert, D. C. (2005). Personal and occupational factors in burnout among practicing social workers: Implications for researchers, practitioners, and managers. *Journal of Social Service Research, 32,* 25-44.

Siegel, D. (2007). *The mindful brain: Reflection and attunement in the cultivation of well-being.* New York: Norton.

Singer, T., Seymour, B., O'Doherty, J., Kaube, H., Dolan, R. J., & Frith, C. D. (2004). Empathy for pain involves the affective but not sensory components of pain. *Science, 303,* 1157–1162.

Skosnik, P. D., Chatterton, R. T., Swisher, T., & Park, S. (2000). Modulation of attentional inhibition by norepinephrine and cortisol after psychological stress. *International Journal of Psychophysiology, 36,* 59–68.

Slagter, H. A., Lutz, A., Greischar, L. L., Francis, A. D., Nieuwenhuis, S., Davis, J. M., et al. (2007). Mental training affects distribution of limited brain resources. *PLoS Biology, 5,* e138.

Smith, P. L., & Moss, S. B. (2009). Psychologist impairment: What is it, how can it be prevented, and what can be done to address it? *Clinical psychology: Science and Practice, 16,* 1–15.

Speca, M., Carlson, L. E., Goodey, E., & Angen, M. (2000). A randomized, wait-list controlled clinical trial: The effect a mindfulness meditation-based stress reduction program on mood and symptoms in cancer outpatients. *Psychosomatic Medicine, 62,* 613–622.

Spickard, A., Gabbe, S. G., & Christensen, J. F. (2002). Mid-career burnout in generalist and specialist physicians. *Journal of the American Medical Association, 288,* 1447–1450.

Talbott, G. D., Gallegos, K. V., & Angres, D. H. (1998). Impairment and recovery in physicians and other health professionals. In A. W. Graham & T. K. Schultz (Eds.), *Principles of addiction medicine* (2nd ed., pp. 1263–1279). Chevy Chase, MD: American Society of Addiction Medicine.

Talyor, B., & Barling, J. (2004). Identifying sources and effects of career fatigue and burnout for mental health nurses: A qualitative approach. *International Journal of Mental Health Nursing, 13,* 117–125.

Teasdale, J. D., Segal, Z. V., Williams, J. M., Ridgeway, V. A., Soulsby, J. M., & Lau, M. A. (2000). Prevention of relapse/recurrence in major depression by mindfulness-based cognitive therapy. *Journal of Consulting and Clinical Psychology, 68,* 615–623.

Thomas, M. R., Dyrbye, L. N., Huntington, J. L., Lawson, K. L., Novotny, P. J., Sloan, J. A., et al. (2007). How do distress and well-being relate to medical student empathy? A multicenter study. *Journal of General Internal Medicine, 22*, 1525-1497.

Thompson, B. L., & Waltz, J. (2007). Everyday mindfulness and mindfulness meditation: Overlapping constructs or not? *Personality and Individual Differences, 43*, 1875-1885.

Trippany, R. L., Kress, V. E. W., & Wilcoxon, S. A. (2004). Preventing vicarious trauma: What counselors should know when working with trauma survivors. *Journal of Counseling & Development, 82*, 31-37.

Tyssen, R., Vaglum, P., Gronvold, N. T., & Ekeberg, O. (2001). Suicidal ideation among medical students and young physicians: A nationwide and prospective study of prevalence and predictors. *Journal of Affective Disorders, 64*, 69-79.

Vredenburgh, L. D., Carlozzi, A. F., & Stein, L. B. (1999). Burnout in counseling psychologists: Type of practice setting and pertinent demographics. *Counseling Psychology Quarterly, 12*, 293-302.

Weinberger, J. (2002). Short paper, large impact: Rosenzweig's influence on the common factors movement. *Journal of Psychotherapy Integration, 12*, 67-76.

Weiss, L. (2004). *Therapist's guide to self-care.* New York: Routledge.

Wicker, B., Keysers, C., Plailly, J., Royet, J. P., Gallese, V., & Rizzolatti, G. (2003). Both of us disgusted in my insula: the common neural basis of seeing and feeling disgust. *Neuron, 40*, 655-664.

Williams, J. M., Alatiq, Y., Crane, C., Barnhofer, T., Fennell, M. J., Duggan, D. S., et al. (2008). Mindfulness-based cognitive therapy (MBCT) in bipolar disorder: Preliminary evaluation of immediate effects on between-episode functioning. *Journal of Affective Disorders, 107*, 275-279.

Williams, J. M. G., Teasdale, J. D., Segal, Z., & Soulsby, J. (2000). Mindfulness-based cognitive therapy reduces over general autobiographical memory in formerly depressed patients. *Journal of Abnormal Psychology, 109*, 150-155.

Young, L. E., Bruce, A., Turner, L., Linden, W. (2001). Evaluation of a mindfulness-based stress reduction intervention. *Canadian Nurse, 97*, 23-26.

제13장

● ● ● ● ● ● ● ● ●
## 보건의료의 협력 작업과 사회적 맥락
● ● ● ● ● ● ● ●

제레미 곤틀렛-길버트(Jeremy Gauntlett-Gilbert)
Bath Centre for Pain Services, Royal National Hospital for Rheumatic Diseases,
Bath, United Kingdom

급성의학[1]이 잘 작동해서 건강을 담보해 주는 분야에서는 수용전념치료
(ACT)의 기술을 가진 임상가를 필요로 할 것 같지 않다. 그러나 일부 임상
적 문제는 현대 의학적 접근들에 반응하지 않는다. 이러한 문제들은 정확
한 의학적 진단이 불가능할 수도 있고, 만성적일 수도 있으며, 약물이나 다
른 개입법들에 부분적으로만 반응할 수도 있다. 그런 문제들에서는 또한
환자의 행동 변화가 많이 요구될 수도 있는데, 이런 변화가 없으면(예: 당뇨
병 환자가 식이요법을 철저하게 지키는 것) 치료가 실패할 것이다. 이 책은 이
런 범주에 들어맞는 많은 의학적 문제들에 대한 ACT와 마음챙김 접근을
설명하였다.

의료 장면에서 ACT 개입법이 성공하기 위해서는 종종 ACT의 어떤 원칙

---

1) 급성의학(acute medicine)이란, 여러 가지 질병 때문에 내원한 응급환자에 대해 즉각적인
전문의료를 제공하는 의학 분야다. 이런 점에서 '응급의학'이라는 개념이 더 적절한 번역어
다. 하지만 이 글의 맥락에서는 발병과 치료에 오랜 시간이 필요한 만성질환과 달리 발병과
진행, 치료가 빠른 전염성 질환과 같은 급성질환을 다루는 분야라는 뜻으로 사용되었다 —
역주.

을 실행하거나 아니면 최소한 ACT의 접근법을 이해하고 받아들일 수 있는 전체 의료팀이 필요하다. 이것은 성취하기 어려울 수도 있다. 수십 년간의 연구는 정신건강 임상가, 즉 새로운 심리치료에 대한 관심과 능력을 가지고 있어야 하는 임상가들에게 심리치료 접근법을 전파하는 것이 얼마나 어려운지를 보여 주었다(Andrews & Titov, 2009; Shafran et al., 2009). 급성의학자의 역할을 훈련받아 그 역할에 동화된 의료진이나 의학 교수진에게 ACT를 전파하는 것은 이보다 더 어려울 수 있다. 게다가, ACT 훈련가들은 정신건강이나 심리학을 배경으로 한 사람이 많기 때문에 급성의학의 현실과 의료팀의 태도 및 문화를 완전히 이해하지 못할 수도 있다.

그러나 ACT는 상대적으로 급성의학적 접근에 더 익숙한 건강 전문가들에게 잠재적인 이득을 준다. 특히 환자로 하여금 약을 복용하도록 설득하는 단순한 시도조차 안타깝게도 한계가 있음이 명백할 경우에는, 가치와 수용의 틀 안에서 복약 순응도를 다루는 것이 의사를 매우 자유롭게 해 줄 수 있다. 물리치료사와 다른 재활 임상가들은 운동과 재활을 증상 통제 어젠다에 고정시키는 것이 아니라 기능 자체를 위해 노력할 수 있게 되어 긍정적으로 받아들이기도 한다. 이 장이 의도하는 바는 ACT 접근의 훈련과 실행이 순조롭게 이루어지도록 돕는 것이다. 경험상 ACT 지도자들이 급성의학 배경을 갖지 않으면서 급성 의료진과 의사소통하려 하는 곳에서는 오해와 의사소통의 문제가 발생할 수 있다. 이러한 장벽은 극복될 수 있다. 또한 팀과 서비스는 이미 문화와 사고방식 안에 자리 잡고 있으며, 팀 구성원들은 이미 심한 임상적ㆍ재정적 압박에 대응하고 있는 경우가 많다. 이 장에서는 현재 의료 문화의 모습과 이 모습이 ACT 접근을 돕거나 방해하는 (또는 돕거나 방해하는 듯한) 몇 가지 방식을 설명하려 한다. 논의한 쟁점의 일부는 어떠한 행동적ㆍ심리사회적 조망을 급성의학 장면에 도입하고자 할 때도 나타나는 것이지만, 많은 쟁점들은 ACT에 국한될 것이다. 저자는 심리 전문가를 미심쩍어 하는 환자들을 치료에 협조적으로 만드는 문제와 같은 행동의학의 일반적인 쟁점들에 대해서는 상세히 다루지 않을 것이다. 그러나 다음에 제시한 내용의 도움을 받아 ACT의 도입에 관한 구체적인 장애물을 이해하고 절충할 수 있기를 기대한다.

ACT는 환자와 치료자 모두에게 많은 요구를 하며, 이것이 종종 의료 장면에서는 생소해 보이거나 쉬 납득이 가지 않을 수 있다. ACT 모형은 이 책의 곳곳에서 기술되었다. 그러나 ACT 치료자의 자세는 의료 전문가에게 기대되는 태도와는 현저하게 다를 수 있다. 예를 들어, 다음과 같은 ACT 주제는 어려움을 유발할 수 있다. 즉, 치료자의 비통제적 태도, 불확실한 상태를 기꺼이 받아들임, 솔직한 정서 표현, 어려운 순간에서도 변화할 수 있는 환자의 고유한 능력에 대한 존중, 정보 제공과 안심시키기에 대한 회의적인 연구 결과, 만성적인 증상을 기꺼이 받아들이고 그 증상들에 대해 어떠한 것도 하지 않기, 치료적 성공을 증상 완화가 아닌 자신의 가치에 따라 사는 것으로 정의하는 것 등이 그것이다. 이 개념들 모두를 의료 장면에서 설명할 수 있고 적용할 수도 있지만 그것은 인내를 요구하며, 또한 질병에 맞서 생명을 구하고, 위험한 시술을 행하고, 즉각적인 위험을 다루는 훈련을 받아 온 동료들의 사고방식에 대한 진정한 이해와 끈기가 필요하다. 우리는 먼저 우리 동료들의 배경을 살펴볼 것이다. 용어와 관련하여 이 장은 급성의학과 만성질환 관리 분야에서 일하는 모든 비정신건강 분야의 임상가들을 지칭할 적절한 용어가 필요하다. 각 장면들은 서로 확연하게 다를 수도 있지만, 더 적절한 용어가 없어서 여기서는 포괄적으로 '신체건강' 장면 및 동료들이라 칭할 것이다.

# 전문가 훈련과 문화

"이런 목적에 가장 잘 부합하는 그런 종류의 환자란 큰 고통을 겪거나 심신의 건강이 위협받을 때 자신의 주치의가 관심 있어 하는 치료에 신속하게 반응하고, 그래서 완전히 건강을 회복한 사람이다. 그러나 회복이 느리거나 불완전한 사람들은 덜 만족스럽다."(Main, 1957, p. 129)

어떤 저자가 '문화' 또는 전체 전문가 집단의 사고방식의 특징을 기술하려는 시도를 하는 경우에는 항상 어리석은 일반화의 위험이 있다. 그러나 이런 점에서 주저하는 것은 도움이 되지 않으며, 간호와 의료 전문가들은 종종 당당하게 자신의 전문직 문화의 스타일과 강점을 인정한다. 일반화하면, 사람들은 남을 돕고 싶어서 신체건강 전문직에 들어온다. 즉, 그들은 전문가 지위에 합당한 전문지식을 바탕으로 정교하고 숙련된 방법을 적용하여 도움을 주고자 한다. 그들은 자원봉사자나 목사, 증권 대리인과는 달리, 간호사, 의사 또는 물리치료사가 되기로 한 것이다. 전문가 수련에서 그들은 '의학모형'이라는 특징을 갖는 고정관념화된 임상 실무를 이해해야 한다(Engel, 1989).

심리학과 사회학에서는 질병과 장애에 관한 의학모형을 비판하는 전통이 있었다. 이러한 전통에 합류하기보다는 이러한 개념을 이해하고 그것의 유용성을 좀 더 보편적인 질병 치료의 틀로 인식하는 것이 유용할 것이다. 여러 다른 기술들이 있어 왔는데, 다음은 저자 자신이 기술한 것이다. 의학모형에 따르면,

> 환자의 가시적 증상의 기저에는 내재적인 조건이 있으며, 그것이 환자의 잘못은 아니다. 그 조건을 다루기 전에는 환자의 삶이 개선될 가능성이 적기 때문에 전문가는 이러한 조건을 규명하고 적극적으로 다룰 필요가 있다. 만일 문제를 진단하는 것이 불가능하다면, 문제가 심리적인 것일지도 모른다. 환자는 자신의 조건에 관한 정보를 필요로 한다. 이러한 정보는 환자가 치료 및 관리 측면에서 올바른 행위를 하도록 이끈다. 환자는 올바른 행동이 좋은 결과를 낳는다는 것을 깨닫기

위해 올바른 행동을 하고자 할 것이다. 환자의 심리적 요인과 행동이 중요할 수도 있지만, 내재적 조건을 다루어야 한다는 일차적 과제에 비해 부차적인 것이다. 정신건강 문제가 존재하지만 그것들은 드물고 극단적인 경향이 있어서 역시 신속한 전문가 평가와 치료가 필요하다.

이런 의학모형은 매년 무수히 많은 생명을 구한다. 이 모형의 훈련은 다음과 같이 특정한 방식으로 행동하는 임상가들을 배출한다.

- 명백한 진단 및 접근법을 구하고자 하며, 그것이 달성 가능한 것이라 여긴다.
- 아무것도 하지 않는 것 대신에 행동한다. 즉, 상황을 통제한다.
- 증상과 고통 완화를 위해 치료한다.
- 환자의 이해를 높이고, 불안을 줄이기 위해 교육한다.
- 전문지식을 토대로 해결책을 제공하거나 제안한다.

기타 비의학적 치료와 재활 전문가들은 그들의 임상적 욕구를 '고치고' '안심시키고' '자문하는' 것으로 보았다. 이러한 욕구는 일부 연구에서 주목을 받아 왔다. 예를 들어, 한 연구에서는 두통을 호소하지만 다른 우려할 만한 증상은 없는 '환자(사실은 연기자)'가 의사에게 MRI 촬영을 요구하도록 했다. 의사들은 일반적으로 고가의 부적절한 검사 요구에 대해 거부하지만, 그래도 많은 의사들은 그 '환자'를 전문의에게 의뢰하였다. 의사들은 환자의 고통에 직면하면 '무언가를 하고 싶어 하는' 것으로 보인다(Gallagher, Lo, Chesney, & Christensen, 1997).

앞에서 본 것처럼 이들 임상적 욕구는 대부분 타당하지만 질환이 특발성이거나, 만성적이거나, 환자의 힘든 행동 변화를 요구하는 경우에는 유용하지 않다. ACT의 관점은 이러한 행동 양상이 어떤 경우에 실효성이 없는지 식별할 수 있게 하며, 그런 경우에 대해 대안적인 행동 방침을 내놓는다.

'의학모형'과 반응 양식의 특성을 살펴보고 나면, 심리치료 전문가의 스타일을 인정하는 것도 똑같이 도움이 된다고 생각할 수 있다. 이 장을 읽고 있는 많은 독자들은 말로 하는 치료(talk therapies) 분야에서 전문가 또는 전문가 자격 후 수련 경험이 있을 것이다. 외부 관점, 예를 들면 금융이나 군대 또는 의학적 관점에서 보면 말로 하는 치료를 둘러싼 문화는 상당히 특이하다. 심리치료사가 6시간의 개인치료를 '단기' 개입으로 간주할 수 있다는 사실은 이러한 문화적 차이를 시사한다. 이 치료 '모형'은 다음과 같이 일반화될 수도 있다.

한 개인에게 많은 시간 귀를 기울인다. 일반적으로 문제들은 오래 지속되었으며, 따라서 장기간의 개입을 필요로 한다. 치료 관계 내에는 상당한 자율성이 있으며, 관리나 감독의 실수는 많지 않다. 진단은 종종 분명치 않지만 이것이 크게 문제가 되지는 않는다. 진단이 명확할 때 그것은 전혀 도움이 되지 않을 수도 있다. 고조된 정서, 예를 들면 오래 지속되는 울먹임은 분명히 건강한 것일 수 있다. 까다롭고 힘들게 하는 사람들이 종종 취약성을 표현할 때, 그대로 믿어 주어야 한다. 환자가 변화하거나 동기를 찾는 데 계속해서 실패하면 이는 공감과 추가적인 분석으로 다루어져야 한다.

신체건강 분야의 동료들에게는 앞에 묘사한 많은 가정들이 호사나 사치로 보일 수 있기 때문에, ACT 훈련가들은 문제와 치료에 대한 자신의 '모형'을 자각하고 있는 것이 도움이 된다.

## 의학적 계명

의료 장면에서 작동하고 의료진에 영향을 주려면 ACT 임상가들은 이러한 '의료 문화'의 형성 원인과 진정한 이득을 이해할 필요가 있다. 급성의학과 입원환자 병동에서 정확성과 성실성, 절차 준수, 위험 회피는 실질적인 덕목이다(Gawande, 2007). 이런 덕목이 정신건강과 기타 심리사회사업 분야에도 있기는 하지만, 입원병동에서는 이런 덕목이 생명을 구하기도 하고, 종종 비극을 막아 주기도 하는데, 이런 일은 정신건강 임상가에게는 친숙하지 않은 것들이다. 심리치료 작업에서 임상적 오류는 가능한 치료 동맹의 균열을 야기하고, 환자의 행동 변화에 실패하면 정체 상태에 빠질 수 있다. 그러나 입원 의료 병동에서 임상적 실수는 죽음을 야기할 수 있으며, 환자 비순응도 마찬가지로 위험할 수 있다. 급성의학 장면은 정신건강 환경보다 절차적 · 기술적 면에서 근본적으로 더 복잡하다.

정보 제공과 기술 훈련은 급성의학에서는 또 다른 무게를 지닌다. ACT는 급성의학이 행동 변화에는 종종 미흡하다고 주장하며, 이것은 의료에서 사실로 받아들여진다. 그러나 약물요법에 관한 정보 또는 기공(stoma)이나 히크만 라인(Hickman line)[2]을 관리하는 기술 훈련은 이에 상응하는 심리치료 작업의 기술 훈련과는 중요성이 전혀 다르다. 더구나, 급성의학에서 정보 제공과 기술 훈련의 방치는 훨씬 더 빠르고 위험한 결과를 낳을 수 있다.

이러한 맥락에서, ACT 임상가들은 ACT의 접근법과 훈련에 대한 저항을 더 잘 이해할 수 있다. 이런 망설임은 새로운 기술을 익히는 것에 대한 일반적인 걱정 또는 ACT에 함축된 정서적 접촉에 대한 두려움으로 인한

---

2) 기공은 치료 등을 위해 신체에 뚫어 놓은 구멍을 말한다. 히크만 라인은 화학요법 등을 시술하거나 투석 등에 자주 쓰이는 중심정맥 카테터를 말한다. 일회성이 아니라 장기간 혈관에 삽입되는 경우가 많다 —역주.

것일 수 있다(이에 대해서는 다음에 더 자세히 분석한다). 그러나 만약 일부 ACT 원리를 부적절한 의료 환경에서 융통성 없이 적용하는 것도 위험할 수 있다. ACT 기법은 행동 변화라는 실용적 목표에 잘 맞으며, ACT의 배경 이론은 목표가 다르면 이에 따라 사고방식과 작업 방식도 달라야 한다는 것을 인정한다. 가장 확고한 ACT 옹호자조차도 만약 그들의 가족이 기사회생하는 것을 목격한다면 모호함에 대한 관용이나 솔직한 정서 표현이 일차적인 목표가 되어서는 안 된다는 점에 동의할 수 있을 것이다. 이것을 이해하면 급성의학 동료들과 의사소통하는 데 도움이 된다.

## 고통에 대한 태도

신체건강 임상가들은 정신건강 임상가들에 비해 수준과 유형이 다른 고통을 감내할 수 있다. 어떤 경험은 누구에게나 괴로운 것이지만, 신체건강 수련과 정신건강 수련은 전문가들로 하여금 각기 다른 종류의 경험을 단련하도록 한다. 이 사실을 알면 정신건강 임상가들이 훈련을 좀 더 정확하게 조정하고 신체건강 임상가들의 두려움을 더 잘 이해할 수 있을 것이다.

일반적으로 급성의학 의료진은 환자가 죽어 가거나 급속하게 악화되는 것, 그리고 갑작스러운 조기 사망을 반복해서 경험해 왔다. 그들은 보통 자주 슬퍼하고, 분노하고, 두려워하고, 혼란스러워하는 환자와 그 가족을 다루어야만 한다. 아마도 그들은 체액과 눈에 보이는 외관 손상에 상당히 잘 견디는 능력을 분명히 가지고 있다. 정신건강 임상가들이 이 영역으로 옮기면, 종종 환자의 죽음이라는 현실과 급성의학에 따라오는 고통스러운 광경과 냄새에 적응해야만 한다.

반대로, 정신건강 전문가들은 그들의 급성의학 동료들에게는 두렵고 고통스러울 수 있는 일련의 경험에 좀 더 익숙하다. 그들은 높은 수준의 정서적 고통에 좀 더 익숙해 있다. 그들은 대체로 자살 위험을 체계적으로 다루어 왔고, 그들이 돌보는 환자가 자해의 위험에 처해 있다는 것을 알면서 귀가하거나 잠드는 것에 익숙하다. 대다수가 아동기 학대, 성인 폭력 및 끔찍한 심리사회적 박탈과 위험에 관한 이야기를 들어 왔다.

종류가 달라서 그렇지 신체건강이나 정신건강 임상가들 모두 일과 관련해서 고통스러운 경험을 할 수 있다고 말하는 것이 정확할 것이다. 많은 의료 병동에서 의료진은 환자를 위로하거나 안심시킨 이후에도 그들이 통제할 수 없이 계속해서 우는 것을 볼 때 진실로 괴로워한다. 시체를 침착하게 처리하거나 비탄에 빠져 있는 가족들을 다룰 수 있는 의료진도 성적 학대나 고통스러운 삶의 이야기를 듣고는 극도로 불쾌해하거나 분노할 수 있다. 그 대신에 그들은 계속되는 고통과 행동 변화의 실패에 직면하여 무시하는 태도로 행동할 수도 있다. ACT 임상가들은 급성의학 의료진을 수련시키는 장면에서, 정신건강 전문가들은 당연시하는 것들인데 이들은 괴로워할 수도 있다는 것을 알 필요가 있다. 마찬가지로, 심리치료사들이 끔찍하다고 느낄 광경과 사건들에는 이들이 동요하지 않는 것처럼 보일 수 있다.

## 전문가 문화: 요약

급성의학 동료들은 임상 문제를 어느 정도 '의학모형'에 따라 보도록 훈련받고 있다. 이것은 신체의학에서는 타당하고 본질적이다. 그러나 그것은 특정한 임상적 욕구, 가령 진단적 명확성을 추구하거나 반복치료를 시작하려는 욕구를 낳기도 하는데, 이렇게 하는 것이 어떤 상황에서는 작동하지 않을 수도 있다. 훈련과 전파에 관여하는 ACT 임상가들은 특발적이거나, 만성적이거나, 자기관리에 도전이 되는 문제들을 다루기 위해 ACT의 가치를 주장할 때 이러한 사고방식을 이해하고, 그것의 타당성을 존중해 줄 필요가 있다. 신체 및 정신 건강 전문가들의 정서적 고통에 대한 서로 다른 인내 수준뿐 아니라 입원병동 문화의 실질적인 차이를 이해하고 존중해야 한다.

# 조직과 시스템 문화

멘지스-리스(Menzies-Lyth, 1960)가 언급한 것처럼, "사회제도의 성공과 실행 가능성은 불안을 담아내기 위해 그 사회제도가 이용하는 기술과 밀접하게 관련되어 있다."(p. 120)

ACT가 의료팀에 도입될 때, 그것은 결코 진공상태의 조직 속으로 들어가는 것이 아니다. 많은 의료 환경은 압력을 받고 있어서, 어떤 태도와 결과는 가치 있다고 여기면서 다른 것은 좌절시켜 버리는 상황을 요구한다. 이것이 ACT 접근에서는 때로 문제가 되기도 하며, 때로 이익이 되기도 한다. 팀 문화나 조직 명령에 의해 반대에 부딪히는 곳에서 한 명의 ACT 임상가나 한 번의 ACT 훈련으로 ACT를 전파할 수는 없다. 시스템을 이해하는 것이 핵심이다.

## 결과와 지불

신체건강 환경과 조직은 어떤 범주적 · 의학적 결과에 가치를 두는 경향이 있다. 의학 저널은 '치료된/재발한' 또는 가장 단순하게 '생존한/사망한'과 같이 결과와 관련한 승산비(odds ratio)라는 관점에서 설명하는 것을 선호한다. 그러한 결과에는 단순 명쾌함이 있기는 하지만 고통의 현존에서 본질적이고 가치 있는 삶을 중요시하는 접근에 대해서는 문제가 될 수 있다. 의료팀과 조직은 종종 명백한 의학적 결과에 따라 평가되고 비용이 지불된다.

통증관리와 통증클리닉들은 이런 어려움에 대한 조직의 사례를 제공한다. 예를 들면(2장 참조), 만성통증 환자는 새로운 개입치료와 약물요법은 피하면서 가치 있는 삶을 위해 질병의 자기관리에 초점을 두는 것으로 이익을 볼 수 있다. 그러나 이러한 접근들을 시행하고자 하는 ACT 임상가들은 주로 마취과 전문의에 의해 약물관리와 마취주사 같은 개입에 초점을 두는 통증클리닉에 소속되어 있다. 종종 이들 클리닉은 그들이 시행하는 절차의 수에 의해 보수를 받는다. 즉, 임상가는 주사 투여 횟수로 간접적으로 급여를 받는다. 이런 상황에서는 분명히 조직이 기대하는 결과에 대한 이해와 주의 깊은 접근이 필요할 것이다.

ACT 개입은 임상가들이 그들의 초점과 기대되는 결과에 대해 당당할 때 성공할 수 있다. 개입에 대한 재정적인 압박이 있을 수 있지만, 통증 연구는 만성통증에 대한 의학적 그리고 중재적 접근이 좀처럼 더 나은 삶을 가져다주지 못한다는 것을 자주 입증해 준다(Turk & Burwinkle, 2005). 이 점에 대한 증거는 불편하게도 명확하며, 주사치료에 가장 열렬한 주창자들이 이의를 제기하기도 어렵다. 그러나 ACT는 다시 한 번 의학 문화의 난관에 봉착하고 있다. 통증치료 실험에서 광범위한 결과 평가를 도입하려는 시도(Dworkin et al., 2005)에도 불구하고, 권위 있는 개관 연구는 대개 단지 통증 완화에 관한 결과만을 보고할 뿐, 기능 개선에 관한 결과는 무시한다. 예를 들면, 통증에 대한 척수자극 효과와 만성통증에 대한 진통제의 효과에 관한 최근의 개관 논문은 통증 완화를 주로 강조하고 기능과 장애의 개선에 대해서는 아주 적은 데이터만을 싣고 있다(Deshpande, Furlan, Mailis-Gagnon, Atlas, & Turk, 2007; National Institute for Health and Clinical Excellence, 2008). ACT에서 우리는 고통을 막으려는 시도가 왜 항상 가치 있는 삶을 가져오는 것은 아닌지를 분명하게 자각할 것을 강조한다. 따라서 ACT 커뮤니티는 과학적·임상적 사고에 결정적인 영향을 미칠 수 있다.

ACT 훈련가들에게는 그들의 개입이 팀과 조직의 우선순위의 어느 지점에 잘 맞는지를 아는 것이 중요하다. ACT 훈련가들은 치료 결과를 어떻게 보는지, 그것이 다른 의학적 접근들과 어떻게 일치하며 또 그것들을 어떻게 보완할 수 있는지를 공개적으로 주장하고 방어할 필요가 있다. 마찬가지로, ACT 치료자들은 그들의 접근이 조직적 성과 측정이나 최소한도의 재정적 요구에 미치지 못하는 것이라고 무시당할 때 놀라서는 안 된다. ACT 훈련가들은 자신이 영향을 미치고자 하는 환경에서 성과를 측정하는 방식이나 비용을 지출하는 방식을 확립하려는 노력을 항상 기울여야 한다.

## 실무 및 관리 문화

병동에서 간호사로 있는 것은 외래 정신건강 클리닉에서 심리치료를 하는 것과는 매우 다를 수 있다. 일하는 문화와 기대가 상당히 다르며, 시간 압박도 다르고, 훈련과 관리에 대한 태도도 큰 차이가 있다. ACT 훈련가가 ACT 접근을 전파하려면 이러한 차이를 도외시할 수는 없다.

다시 한 번 정리하면, 신체건강 문화는 대단히 많은 의료·간호 업무를 짧은 시간 동안 달성해야 한다고 압박하면서 빠른 속도로 움직이는 활동가 같은 경향이 있다. 감독은 종종 통상적이지 않거나 지속적이지 않다. 훈련 예산은 최소화될 수 있고, 훈련 시간은 종종 연간 필수 훈련 요강에 얽매일 수 있다(예: 1차 응급처치와 감염 통제 절차에 대한 보수교육). 또한 훈련은 종종 개인이 특정한 구체적 절차를 잘 따르도록 가르치는 형태다. 앞에서 살펴보았다시피, 이러한 작업 절차들은 복잡한 환경에서 안전을 위해서 필수적이다. 그러나 그것들은 또한 심리적 기능도 한다. 멘지스-리스 등은 1960년대의 일화적인 정신역동 모형하에서 작업하는 동안, 절차와 관행이 어떻게 압박감을 느끼는 간호사들의 불안감에 대한 방어로 작동했는지, 그리고 업무 스트레스의 증가가 어떻게 환자를 점진적으로 이인화하고, 관행에 대한 의존을 가중시키는지를 생생하게 묘사했다(Menzies-Lyth, 1960).

구체적인 증거는 부족하지만, ACT 임상가들은 자신이 속한 장면에서 규칙에 대한 의존과 경험 회피 간의 기능적 관계를 밝혀낼 수 있을 것이다. ACT 훈련가가 이런 문화에 들어갈 때는, 일반적인 훈련 방식에 대한 기대와 체험으로 체득한 교육 방식에 대한 잠재적 불안을 마주하게 될 것이다. 훈련가들은 종종 '그런데 이걸 내가 실제로 어떻게 하지?'라는 질문을 갖게 된다. 이것은 대체로 불안감을 떨치기 위해서 구체적인 기술 훈련을 고집하는 건강함과 기술에 대한 확신을 빨리 가지고 싶은 모호한 바람이 섞여 있는 것임을 반영한다.

의료 환경은 또한 책임 추궁, 과실 보고와 개인적 약점의 인정에 관한 나름의 문화를 가지고 있다. 이런 문화가 보건의료 조직에만 있는 것은 아니지만, 의료 과실 보고를 개선하거나 의료진의 건강과 기능에 대한 인식을 높이려는 시도가 반복되는 것을 보면, 이것들이 병원과 클리닉에서 여전히 문제라는 사실을 확인할 수 있다(Waring, 2005). 이런 문제들에 대한 세련되고 강력한 반응('내부 고발' 절차와 같은)이 조직과 문헌 모두에 나타난다. 그러나 모든 것은 과실이나 개인적인 실수를 인정하는 것이 여전히 어렵다는 전제로부터 출발한다. ACT 임상가들에게 기대되는 솔직성이 ACT 치료자들 모두에게 적용되기는 어렵다. 좀 더 광범위한 맥락에서 지원되지 않는다면 특히 어려울 수 있다.


## 실무 및 관리 문화: 요약

의료 환경에는 ACT 효과와 ACT를 지향하는 치료자들의 행동에 유인가를 제공하지 못하는 것들이 있다. 접근법을 보급하려면, 보건의료팀의 고위직에 ACT의 효과를 지지하고 솔직함과 정서적 개방성을 보이는 데 첫발을 내디딜 수 있는 누군가가 있으면 도움이 된다. 이런 경우에도 의료진이 절차가 명확하지 않은 접근에 적용하려면 시간이 필요할 수 있다. 그러나

ACT가 근거 기반 접근법이라는 점이 이점이 될 수 있는데, 이런 근거는 종종 통상적인 치료의 한계를 명백하게 보여 주고 있다.

# 환자의 가정과 기대

"그들은 화성에 탐사선을 보낼 수도 있습니다. 그런데 왜 나의 통증은 못 줄여 주나요?"

환자의 기대는 다시 신체건강과 정신건강 환경 간의 차이에 관심을 기울이게 한다. 신속하게 그리고 아무 노력 없이 고통에서 벗어날 것을 기대하면서 정신과 의사나 심리학자에게 가는 환자는 거의 없다. 그러나 이러한 기대는 급성의학에서는 흔한 일이다. 이러한 기대는 매체, 직접 마케팅, 야심적인 전문가 단체 및 선의의 국제기구들이 만들어 낸다. 예를 들어, 세계보건기구(WHO)는 건강을 단지 증상이 없는 것뿐만 아니라 개인적인 풍요를 성취하는 상태로 정의하려고 한다(World Health Organization, 2006). 이것이 생생한 삶에 대한 ACT의 강조를 반영할 수도 있지만, 의학을 통한 기적적인 치료에 대한 기대를 불러일으킬 가능성도 크다. ACT는 고통은 정상적인 것이라는 전제에 근거하고 있으며, 이러한 관점은 죽음을 진화적으로 이로운 것으로, 그리고 유익한 생물 시스템(예: 면역계)을 태생적으로 기능 이상에 취약하며 자기 자신을 공격하기 쉬운 것으로 보는 생물의학적 관점을 환기시킨다. 그러나 이러한 관점은 환자가 의사에게 기대하는 것과는 완전히 다를 수 있다.

환자의 만족도는 정기적으로 기록되고 연구된다. 예를 들어, 환자의 사회경제적 상태가 향상되면 만족도는 약간 감소하는 것으로 알려져 있다(Kravitz, 2001). 구체적인 임상가 행동에 관한 연구도 있다. 즉, 환자가 원하는 검사를 받게 하지 않으면 임상가가 관심이 없는 것으로 해석될 수 있다. 의학에 대한 대중매체의 묘사에 관한 연구들은 유용한 정보를 준다. 예를 들어, 현대 TV 의학 드라마는 이전에 비해 좀 더 사실적이고 정서적인 내용을 담아내고 있다. 그러나 시간이 지나면서 주된 변화는 의학의 한계와 자금 압박에 관한 사실성을 늘리기보다는 의료진들의 과실과 정서적인 삶을 묘사하는 쪽으로 이루어진 것 같다(Strauman & Goodier, 2008). 드라마적인 것으로 이해할 수 있지만, 여전히 급성 문제, 즉 낫거나 죽는 문제에 대한 영웅적인 개입에 초점을 두고 있다. 〈ER〉[3]에서 당뇨병을 앓지만 장기 생존하게 되는 일화를 방영한다면 시청률이 낮을 것이다. 그러나 이것은 의학적 개입에 대한 대중의 지각에 영향을 미친다. 자기관리와 개인적 효능감, 의학의 한계 및 만성질환과 함께 살기를 강조하는 ACT 모형으로 전환하는 것을 매체는 쉽게 도와주지 않는다. 한 연구는 의사가 특정 검사를 시행하지 않겠다고 하면 환자들이 자주 불만족스러워하며, 이를 치료 원칙에 따른 결정이나 경험적인 접근이 아니라 치료의 실패로 해석한다는 것을 보여 주었다(Kravitz & Callahan, 2000).

환자들 역시 질병에 관한 특정 관점을 지지하는 가족과 사회적인 연결망 안에서 살아간다. 이를 질병에 관한 암묵적인 사회적 합의로서 '병자 역할(sick role)'이라 하며(Wade & Halligan, 2007) 다음과 같이 요약할 수 있다.

> 질병은 개인이 통제할 수 없는 외적 요인이다. 질병에는 근본적인 병리가 있으며, 그것에 대해 개인은 어떠한 책임도 없다. 사람은 아프거나 건강하다. 만약 아프다면 사람들은 어떤 책임을 정당하게 면제받을 수 있다. 그러나 가능하면 빨리 낫는 것에 관심을 갖도록 기대된다.

---

3) 미국 NBC에서 방영된 의학 드라마—역주.

분명히 이 책에서 기술된 질병의 많은 부분은 이 가정들에 위배된다. ACT 전통의 밖에 있는 일부 임상가들은 '병자 역할' 사고가 아플 때는 무기력하고, 건강할 때는 다시 전적인 책임을 지기를 기대한다는 것을 함축함으로써 환자들을 제약한다는 것을 주목했다. 웨이드와 핼리건(Wade & Halligan, 2007)은 회복기, 즉 치유와 개인적 회복 그리고 한계가 있지만 유용한 노력 기간으로 이해할 수 있는 기간으로 되돌릴 것을 권했다. ACT 개입법은 환자가 아직은 자신의 질병에 대한 책임이 없지만, 즉 환자가 아직은 한계가 있으며 '정상으로 돌아갈' 수 없지만 (어떤 경우에는) 그렇게 위험할 만큼 심각한 것은 아닐 때, 어떻게 스스로 자신을 돕기 위해 노력할 수 있는지 설명하는 데 도움이 되는 방법을 찾아야 한다.

마지막으로, 서구 사회에서 질병은 정당한 특권(재정적인 것을 포함하여)을 부여하고, 일을 해야 하는 것과 같은 부담을 경감시켜 준다. 그것은 또한 책임의 배분에 어느 정도의 역할을 할 수 있다. 질병의 실재와 심각성은, 예를 들면 환자의 상해와 관련된 사람에 대해 책임을 추궁하고 처벌을 조정하는 데도 작용할 수 있다. ACT가 주장하는 행동 변화와 가치 있는 삶은 병자 역할과 거기서 오는 이익 및 책임 회피에 대한 위협으로 받아들여질 수도 있다. ACT 임상가는 이러한 문제들을 다루기 위한 일련의 유용한 도구들을 가지고 있다. 세심하게만 다루어진다면, 가치 작업, 이유 대기 그리고 실효성 같은 것은 모두 강력한 잠재력이 있다.

# ACT 훈련과 적용

"이것은 환상적이다. 내가 만약 그런 식으로 아이들과 소통할 수 있다면 멋진 일이지만, ……나는 당신이 나를 심리학자로 만들려고 한다는 생각이 든다. 그것은 나의 일이 아니다. 나는 그렇게 하고 싶지만 결코 당신이 하는 것처럼 할 수는 없다."

– 동기화 면담 워크숍에 참가한 수석 소아과 의사

근거 기반 치료에서 정신건강 전문가들을 훈련시키는 것은 상당한 도전이다. 우수한 수련을 전파하는 것은 어렵고도 드문 일로 알려져 있다. 전문가들은 종종 그들이 이전에 받았던 수련을 고집하는 이유를 찾아낸다. 의료 현장에서 ACT를 도입하려면, 말로 하는 치료의 배경이 전혀 없는 전문가들이 ACT의 기술과 적절한 치료적 태도를 받아들이고 시행할 수 있도록 도와주어야 할 필요가 있다.

환자를 대상으로 ACT를 시행할 때 전문가들은 경험상의 변화를 강조하며, 환자의 속도로 진행하고 설득과 강제는 피하라고 한다. 정보와 기술 훈련도 중요하다고 간주되지만 행동 변화를 위해서는 그것만으로는 충분하지 않다. 그러나 동료를 훈련시킬 때는 ACT 모형에 관해 교육하고, 그 장점을 설득하고, 팀의 변화 과정을 가속하려는 유혹이 있다. 그러나 임상 관행을 변화시키는 것은 기술 훈련의 문제가 아니다. 임상행동은 복잡하며, 압박 속에서 수행되고, 매우 개인적인 사고와 정서에 의해 촉발될 수 있다. 따라서 ACT의 치료 원칙은 훈련에도 적용될 것이다.

훈련의 초기 목적이 설득일 필요는 없으며, 그보다는 훈련생에게 임상 실습을 통해서 그리고 사적인 경험에 적용해서 ACT의 실효성을 직접 경험할 수 있는 기회를 제공할 수 있다. 훈련가들은 경험적 학습에 신념을 가질 수 있고, ACT의 치료적 태도를 확신을 가지고 솔선해서 보여 줄 수 있다. 훈련가가 경험적 학습의 필요성에 대해 훈련생을 '설득'하려 한다면, 훈련생들은 언어적 메시지가 아니라 모범이 되는 (설득) 행동에 반응할 것이다. 앞서 지적한 것처럼 신체건강 전문가들은 체험적 훈련을 매우 이상한 것으로 받아들일 수 있지만, 경험에 따르면 이들은 실효성과 직접경험을 고취하는 실습과 체험을 강조하는 훈련을 존중한다.

훈련의 형식을 고려하기에 앞서, 훈련생의 참여도에 영향을 줄 수 있는 몇 가지 사항을 주의할 필요가 있다. 급성의학 동료들은 그들이 준비되지 않은 심리학적 역할 속으로 떠밀리는 것을 두려워할 수도 있다. 또한 심리학과 정서적 표현에 대한 기본적인 두려움도 있다. 훈련생은 훈련자가 정서를 드러내고, 예측하기 어렵다는 것이 불편할지도 모른다. ACT 훈련자는 때때로 이러한 평판에 맞게 살아가며, 그들은 정서적으로 기꺼이 드러내는 것이 부지런히 훈련생의 동의를 구하고 모니터링하는 것과 일치한다는 점을 확실히 할 필요가 있다. 또한 훈련생은 자신이 이해하지 못하는 정신건강 용어를 들으면 낙담할 수도 있다. 예를 들어, 'PTSD' '강화' '기본적인 반영적 경청' '2축 진단'과 같은 용어를 아무렇지 않게 사용하면 거리 효과 또는 짜증 효과가 나타날 수 있다. 그러나 훈련의 목표와 기대를 명확히 하는 것은 훈련자와 훈련생이 급성의학 동료들이 가지고 있는 이전 가능한 기술을 이해할 수 있게 하기 때문에 도움이 된다.

## 훈련의 구성과 내용

의료진 훈련에 대한 실증 연구는 '일회성' 훈련은 참된 기술 이전의 가능성이 적다는 것을 보여 준다(Fixsen, Naoom, Blasé, Friedman, & Wallace, 2005). 실증 결과는 실용적 기술 교육 후에 지속적인 슈퍼비전과 추가 학습을 포함하는 훈련을 지지한다. ACT의 관점에서, 기술 훈련은 효과적인 노출과 자발성 연습이 되거나 아니면 근본적인 행동 절차는 건드리지 않는 피상적인 연습이 될 수 있다. 근거 중심 치료의 보급에 대한 조악한 문헌은 실제 효과가 없는 훈련을 수행하는 것이 얼마나 쉬운지를 보여 준다. 그러나 짧은 ACT 개입도 효과가 있는 것으로 나타났으며, ACT 훈련은 비교적 짧은 시간에 역량 있는 치료자들을 양성할 수 있다(Bond & Bunce, 2000;

Lappalainen et al., 2007). 기술 훈련은 의사들의 훈련에서 노출로 기능할 수 있다. 의료 의사소통 훈련은 의료진의 '방어기제'를 바꾸어 주는 것으로 밝혀졌다. 이러한 정신역동 연구는 전문가들이 스트레스와 어려움에 접근하고 피하는 방식을 어떻게 기술 훈련으로 바꿀 수 있는지를 보여 준다 (Bernard, de Roten, Despland, & Stiefel, 2009).

성공적인 훈련은 청중에게 적절한 설명 수준을 설정하느냐에 달려 있다. 정신건강 전문가들은 자신이 의사소통 기술, 역할놀이 및 자신의 의사소통 방식에 대한 의식적인 통제에 관해 높은 수준의 훈련과 사전 경험을 가지고 있는 존재임을 잊을 수도 있다. ACT 기술을 그 토대가 없는 곳에 적용하려는 시도는 실제로 위험하다. 말로 하는 치료 기술의 수준과 훈련생들에게 기대하는 ACT 역량의 성취 수준을 분명히 알고 있을 때, 훈련은 좀 더 쉬워진다.

심리학자가 병동에 가서 캐뉼러를 삽입하는 것을 기대하는 것은 부당하다. 마찬가지로, 신체건강 동료들이 즉각적으로 고급 역할놀이 실습에 무리 없이 참여할 것을 기대하는 것도 비현실적이다. 전문가들은 그들의 임상적 상호작용에 심리학적 기법을 활용하는 훈련을 받은 양이 서로 다르다. 예를 들어, 신체건강 직종의 주된 훈련은 주로 전문적으로 질문하기, 정보 제공, 치료 근거에 대한 설명 등과 같은 목록이다. 이들 목록 안에 심리학적 기법들이 내재되어 있을 수 있으며, 그 안에서 전문가는 동기화 면담을 하거나 CBT 기법을 시행한다. 그러나 이 정도는 전문가 자신의 태도와 방식이 환자의 반응에 어느 정도나 영향을 미치는지를 제대로 인식하는 것과는 여전히 거리가 멀다. 이러한 자각은 대개 역할놀이와 피드백으로만 개발되는 것이다. 속도와 어조, 지시의 수준과 같은 개인의 스타일은 의식적으로 통제될 수 있지만(그리고 어떤 심리치료 훈련에서는 그래야만 한다), 이것이 고차원적 기술은 아니다. ACT 훈련은 훈련생이 빠르게 이러한 문제를 고심하게 한다. 이는 훈련자가 자신이 부가하는 요구와 훈련생이 이런 작업을 했던 이력에 대해서 완전히 알고 있는 한에서만 적절할 수 있다.
또한 훈련자는 스스로에게 '내 훈련생이 얼마만큼의 ACT 역량을 달성하
기를 기대하는가?'를 질문해 보는 것이 도움이 된다. 모든 동료들이 심리
치료사가 되기를 기대하는 것은 비생산적이며, 이는 신체건강 전문가로서
의 핵심 기술을 무시하는 것이기도 하다. 보건의료팀에서는 대체로 간호사
를 ACT 심리치료사로 만드는 것보다는 간호사 기능을 하면서 ACT에 맞는
간호사를 두는 편이 더 이득이다. 따라서 훈련을 계획할 때 다음의 다양한
방안을 반영하는 것이 도움이 된다.

- 정확한 지적 이해    해당 전문가는 ACT를 사용하지는 못해도, 그것
  을 충분히 이해하여 ACT를 훈련받은 동료들과 협력하고, 다른 누군
  가에게 ACT 치료를 받고 있을 수 있는 환자들과 ACT를 정확히 논의
  한다.

- 은유와 기법의 활용    해당 전문가는 ACT의 은유와 기법을 책과 일치
  된 방식으로 활용할 수 있다. 그러나 완전한 ACT 치료의 입장을 적용
  하는 것은 가변적이거나 의식적으로 충분히 통제되지는 않는다.

- 임상 업무에서 치료적 어젠다의 활용    해당 전문가는 자신의 실무에서
  공식적인 ACT 기법을 쓰거나 쓰지 않으면서 ACT의 치료 목적을 추구
  할 수 있다. 예를 들면, 어떤 물리치료사는 공식 ACT 기법이나 은유를
  쓰거나 쓰지 않으면서 가치 있는 삶, 바둥거림에 대한 자각, 매우 정확
  하게 현재 순간에 초점 두기를 촉진하는 것을 목표로 할 수 있다.

- 숙련된 심리 전문가로서 ACT를 완전하게 사용하기    이러한 이상적 수준
  에서는 가장 심한 고통이나 경직된 행동을 치료할 때조차도 ACT 입장

과 기법을 고도의 기술에 유연하게 적용할 수 있어야 한다. 치료자는 높은 수준의 개인적 수용과 자각의 모범이 될 것이다. 이러한 수준은 아마도 심리치료에서 수년의 수련을 통해 달성될 것이다.

앞의 방안의 목적은 ACT 훈련의 인위적인 위계를 만들려는 것이 아니라 훈련자들이 유연하게 자신의 개입 목표를 설정하게 하려는 것이다. 훈련자와 훈련생 모두 개인이 가진 사전 지식과 기술을 고려하는 적절하고 현실적인 개입에서 이익을 얻는다.

정신건강 전문가들은 또한 자살 경향성, 가정 및 아동학대와 같은 심리사회적 '위험 영역'을 다루는 자신의 경험과 능력 정도를 잊고 있을 수 있다. 이러한 영역들은 모두 실제 위험을 수반하며, 더 많은 정서적 표현과 접촉으로 인해 듣는 사람에게는 좀 더 스트레스가 된다. 신체건강 전문가들은 자신의 평상시 소관에서 벗어나서 '판도라의 상자를 여는 것'에 대한 현실적인 두려움을 가질 수 있다. 훈련자는 훈련생으로 하여금 어려움이란 대체로 만들어지는 것이라기보다 드러나는 것이라는 것을 알도록, 그리고 이러한 어려움은 인식되지 않을 때조차도 치료에 매우 중요하다는 것을 알도록 도우면서, 이것을 정당한 것으로서 개방적으로 인정할 필요가 있다.

훈련생은 구조화, 사례 개념화 또는 기능 분석에 관한 전반적인 접근에 익숙하지 않을 수도 있다. ACT 모형에서 그러한 공유된 틀 없이 임상적 사고를 논의하는 것은 어렵다. 신체건강 의료진은 종종 환자의 행동에 관한 예리한 직관적 가설을 만들어 낼 수 있다. 그러나 이러한 개념들은 때때로 거짓이라고 입증할 수 없거나, 영향을 끼칠 수 없는 요인들을 포함할 수 있다. 예를 들면, '문제는 그의 까다로운 아내야.' 또는 '그는 전형적인 외동아들이야.'라고 가정하는 것들이다. 개인 심리치료에서 이런 문제들은 '왜 그가 자신의 아내를 효과적으로 다룰 수 없는지' 그리고 '외동아들인 것이 현재 그의 삶에 어떤 영향을 미치는지'로 개념화될 거라는 것을 아는 훈련생이 없다면, 정확한 ACT 임상적 사고를 논의하기란 어렵다. 더 고급 수준의 ACT를 논의하려면, 거짓이라 입증할 수 없는 가설을 피하는 것은 물론, 신체건강 동료들이 문제를 개별 행동 내에, 그리고 현재 순간의 행동의 장애물 안에 놓도록 돕는 훈련을 먼저 하는 것이 필수적이다. ACT 사고와 구조화가 효과적이고 광범위한 심리사회적 평가나 정신의학적 평가를 대신할 수 없다는 점을 지적하는 것 역시 도움이 된다.

이러한 집단의 전문가들을 훈련하는 일이 복잡하다 해도, 대체로 초기훈련에 도움이 되는 여러 가지 주제가 있다. 실효성이라는 개념은 설명이쉽고, 많은 ACT 개입법의 핵심이 되는 좋은 개념이다. 신체건강 전문가들은 종종 약물 순응도, 식이요법, 운동 또는 성적 행위 등과 같은 영역에서 인간의 행동을 변화시키는 것이 어렵다는 것을 알고 있다. 그들은 정보제공과 기술 훈련을 넘어설 필요가 있다는 것에 대한 풍부한 근거를 가지고 있다. 또한 일반적인 ACT 접근에서처럼 항상 존재하는 행동 양상의 실효성을 분석하는 것은 유용하다. 전문가들은 정보, 안심시키는 말, 진단적 검사, 자문, 전문가가 유도하는 증상 통제와 같은 시도가 작동하지 않는 상황의 예를 이미 많이 가지고 있다. 일부 임상적 충동의 장기적인 실효성에 관한 조심스러운 분석은 변화를 논의하는 데 유용한 전주곡이 될수 있다.

## 의료진 행동 개념화: 육각형 모형

비록 기술 훈련이 심리적으로 강력할 수 있다 하더라도, 대부분의 전문가들에게 임상행동은 개인의 심리적 요인에 의해 영향을 받는다는 것이 분명하다. 의료 행위에 대한 의사의 정서 효과를 훌륭히 설명한 마이어 등 (Meier, Back, & Morrison, 2001)의 논문을 포함하여, 의학과 심리학 저널의 최근 개관 논문들은 이것을 인정하고 있다. 개인적 요인은 ① 임상가들의 행위, ② 그들의 신체적 · 정서적 건강, ③ 좀 더 광범위한 팀의 건강과 기능에 영향을 줌으로써 보건의료에 영향을 미칠 수 있다. 비록 일부 문헌들이 이것을 언급하지만, 가장 훌륭한 논문들은 질적으로 우수한 일화 분석이다. 이런 문제에 명확한 이론 틀을 적용하려는 시도는 없었다. 마이어 등 (2001)은 의사의 정서에 대해 적용상 ACT와 일치하는 정신역동적 관점을 채택한다. 인지행동치료(CBT)의 보급 실패에 대한 다른 연구들은 어려움의 이유로 임상가의 사고와 신념을 언급하였다(Shafran et al., 2009; Waller, 2009). 따라서 임상가의 행동과 건강이라는 쟁점에 대해 개념적 명확성을 도입할 기회가 있다.

임상가들 내에서 중요한 행동 과정은 ACT 과정의 '육각형' 모형 안에서 개념화될 수 있다(1장 참조). ACT 훈련은 대체로 훈련생의 사적인 내용을 다루는 경험적인 연습을 포함한다. 〈표 13-1〉의 예는 훈련생의 개인적인 내용보다는 임상적 삶의 정서적 측면을 선택함으로써 훈련자가 구체적인 과정에서 연습하도록 돕는다. 이것이 훈련에 도움이 되는 이유는 잠재적으로 좀 더 친숙하거나 위협적인 개인적 내용을 피하면서, 환자(그리고 치료자)의 이익에 도움이 될지도 모를, 정서적으로 적절한 임상행동 양상을 다루기 때문이다. 또한 '육각형'은 훈련의 목적이 심리적 유연성이라는 것을 강조한다. 이러한 맥락에서 육각형은 사적인 사건으로 유발되는 경직성이 최소가 되도록 현재의 맥락과 요구에 잘 부합되는 임상행동을 의미한다. 구체적으로, 목표는 단순히 ACT의 은유를 기억해 내거나 ACT의 실습을 적절히 전달할 수 있는 임상가를 양산하는 것만이 아니다.

**〈표 13-1〉 임상행동, 임상가 건강 및 팀 작업의 육각형 분석**

〈ACT에 맞는 임상행동: 유연한/실효성 있는 행동〉

**수용**
- 임상적 불확실성과 무반응 및 실패를 받아들이는 능력
- 실효성이 있을 경우에는 기꺼이 '아무것도 하지 않는' 능력
- 임상적 결정에 대한 완고한 태도를 버리고, 환자의 고통을 주저 없이 마주하는 능력
- 다른 임상 모형을 따르는 동료들과 무리 없이 일할 수 있는 능력

**탈융합**
- 임상적 상황에 대한 자신의 강한 견해와 편견을 인식하는 능력
- 자신의 전문가적 배경 뒤로 물러날 수 있는 능력
- '질병이 정신적인 것이라거나 신체적인 것이라는' 식의 이분법을 피하기
- 의료 및 심리기법에 관한 유연성, 예를 들면 ACT 기법을 기꺼이 포기하기
- 자신의 임상 업무를 변명하고 방어하려는 자신의 성향에 흥미를 갖기

**현재 순간에 초점 두기**
- 환자가 스스로를 의학적 문제로 보여 준다 할지라도 환자를 한 인간으로 만나기
- 계획과 진단, 행위에 마음을 쏟고 있을 때조차도 현재 순간에 초점을 둘 수 있는 능력
- 동료를 팀 내에서의 '역할'로서뿐만 아니라 인간으로 보기

**맥락적 자기**
- 자기 자신을 전문가, 돌보는 사람, 또는 다른 역할로서뿐 아니라 현존하는 인간으로서 자각하기
- 성공, 역할 또는 전문성에 대한 관심을 인정하지만 '자기'의 핵심에 두지는 않기

**전념행동**
- 희석시키거나 얼버무리지 않고 임상행동을 취할 수 있는 능력
- 주제를 피하거나 어려움을 회피하지 않고, 환자와 자유롭게 의사소통할 수 있는 능력
- 그것이 실효성이 있다면, 실제 임상적으로 아무것도 안 할 수 있는 능력
- 다른 견해를 가지고 있는 동료들과 불평하지 않고 기꺼이 협력하거나 개방적인 자세로 차이에 대해 직접적으로 논할 수 있는 능력

**가치**
- 임상 업무에 관해 확고하게 지니고 있는 가치들과 접촉하기
- 임상 업무에 관한 가치들은 어떤 폭을 가지고 있음(예: '돌보기'나 '도와주기' 뿐만 아니라 교육과 성장시키기).
- 가치 맥락 내에서 팀과 팀 작업에 관한 생각과 느낌을 표현하기

〈ACT에 맞지 않는 임상행동: 경직된/잠재적으로 실효성 없는 행동〉

경험 회피
• 자신의 괴로움이나 환자로부터의 스트레스에 대한 반응
• 명료함이나 명확한 치료 활동 과정을 얻기 위해 행동주의자적 시도를 잘하는 성향
• 사고, 정서적 반발과 짜증을 유발하는 '직극적'이고, '전문가적'이려는 시도
• 다른 방식으로 일하는 동료들에 대한 비판적 태도

인지적 융합
• 환자 또는 다른 전문가들을 탓하기
• 완고한 이분법의 적용(예: 신체적/심리적, 안전한/불안전한, 기능적/기질적, 프로
  토콜 유/무, 의학/간호, CBT/ACT)
• 거짓 ACT 관점의 경직된 적용(예: '환자들을 절대 안심시키지 않는다' 또는 '너
  무 융합되어 있으면 어떤 것도 변화하지 않는다.')
• 모든 임상 문제에 대한 해답을 ACT가 쥐고 있다는 신념
• 임상적 판단에 대한 이유를 대고 그것들을 생각 없이 방어하기

과거나 미래에 집착
• 이 환자와 과거에 씨름했던 생각이나 미래의 실패에 대한 두려움에 사로잡힘
• 임상 과제에 사로잡혀 있을 때, 정서 또는 신체 상태에 대해 어떠한 알아차림도 없음
• 동료를 대할 때 팀의 정치와 과거의 분노를 떨쳐 버리지 못하는 마음

행동하지 않기 또는 강한 고집
• 치료 행위를 희석시킴(예: MRI 요청을 거절하거나 '혹시 모르니까' 전문가 의뢰
  에 응하기)
• 자기관리를 격려하지만 전문가 역할을 유지하거나 환자 안전망을 강조함(예: "스
  스로 해내는지 지켜보세요. 그러나 아주 작은 괴로움이라도 있으면 병동으로 연
  락하세요.")
• 의사결정에 관해 팀 내에서 논의하려 하기보다 뒤에서 투덜거림

내용적 자기
• 의사로서, 심리학자로서, 전문가로서 보이는 자기
• 심히 불안감을 야기하는 것으로 경험되는 전문가 역할 또는 전문직에 대한 도전

가치 명료성의 부족
• 더 이상 승진이 없다는 사실 또는 고소나 소송의 회피에 의해 동기화되어 '부적으
  로 강화된 임상가'
• 새로움 없이 경험되는 임상 업무에 가치 두기
• 훈련에 참여하는 것을 임상 업무에 대한 가치와 연결시키기보다 의무적인 일로 여기기

이 육각형 분석(〈표 13-1〉 참조)은 근거 기반이라기보다는 일화적 관찰에 기반하고 있다. 그러나 일부 연구들은 ACT 관련 과정이 임상행동과 임상가의 웰빙에 미치는 영향을 보여 준다. 의사들이 진단적 검사를 지시하는 이유에 대한 개관 연구에서 검사 지시를 덜 하는 것은 의사가 경험이 많아서 자신의 판단에 더 확신을 가지고 있고, 자부심이 더 많고, 위험 감수 및 불확실성에 대한 두려움이 더 적은 것과 관련이 있는 것으로 나타났다. 시간 압박과 소송에 대한 두려움은 더 많은 검사를 지시하는 것과 관련이 있었다(Whiting et al., 2007). 맥크라켄과 양(McCracken & Yang, 2008)은 재활 사회사업가들의 웰빙과 관련하여 ACT 과정을 연구했다. 수용과 마음챙김, 가치 기반 행위들은 모두 웰빙, 소진 감소에 대해 독립적으로 중요한 예측 변인들이며, 이들은 전체적으로 상당한 정도의 변산을 설명한다. 웰빙 그리고 임상 실제와 관련한 마음챙김에 대한 연구도 역시 많이 있으며, 12장에 요약되어 있다. 증거가 너무 부족하기 때문에 잠정적인 것으로 봐야 하며, 정신과 질환을 가진 인구에서 얻은 근거가 항상 잦은 외적 스트레스하에서도 기능적인 임상가들에 적용될 것이라고 생각하지 않는 것이 중요하다. 예를 들면, 미트만스그루버 등(Mitmansgruber et al., 2008)은 긴급 의료 종사자가 자신에 대해 엄격하고 자신의 정서적 반응에 동조하지 않음으로써 이익을 얻는다는 것을 보여 주었다. 이것은 일반적으로 ACT 접근과 일치하지 않는 것으로 받아들여질 것이며, 개방성과 더 많은 연구를 필요로 한다.

## 훈련과 시행: 요약

신체건강 동료들과 함께 훈련하고 근무할 때, 그들의 '대화기술'의 기본 수준과 심리학적 역할을 맡는 것에 대한 두려움을 기억하는 것은 도움이 된다. 때때로 훈련자는 말로 하는 치료 전문가에게 자명할 수도 있는 것에 대해서도 명확히 언급할 필요가 있다. 주요 목표는 훈련생이 ACT 원리의 실효성을 그들 자신의 정서적 경험과 사고, 신체감각 및 욕구와 관련하여 경험하도록 하는 것이지만, 신체건강의 문화라는 맥락에서는 반문화적인 접근일 수 있다. 그러나 신체건강 전문가들은 종종 잘 참여하며, 도전적인 환자들이나 업무 스트레스와 관련하여 자신의 개인적인 내용을 주저하지 않고 논의할 수 있다.

# 요약 및 결론

ACT를 신체건강 장면에 도입하는 것은 보람 있는 일이기도 하고, 어떤 임상 질환에서는 이렇게 하는 것이 분명히 이익이 된다. 이러한 환경에 있는 의료진은 그들의 주요 업무를 ACT와 일치하는 방식으로 실행하는 것에서부터 완전히 ACT 치료자가 되는 것에 이르기까지 여러 수준에서 훈련될 수 있다. 그러나 새로운 심리사회적 관점을 신체건강 팀에 도입하는 것은 좀처럼 쉬운 일이 아니며, ACT는 특히 직관에 어긋나는 것처럼 보일 수 있다. 훈련생의 두려움과 불안을 환영하고, 저항을 방어하지 않고 직면시키면서, 그리고 훈련생의 자발성과 동의 내에서 의식적으로 작업함으로써 점차 파급시킬 수 있다. 훈련의 의도를 분명히 언급하고 적절한 훈련 수준을 정하는 것은 중요하다. 의료진에게 부과되는 정신적 압박과 환자의 기대 효과를 이해하는 것도 기본이다. 그러나 경험학습은 훈련에서도 치료에서만큼 효과적일 수 있으며, 특히 ACT의 결과를 지지하고 정서적 개방성과 같은 ACT의 관점을 따르는 팀의 상사가 그것을 촉진한다면 신체건강 팀에서 잘 작동할 수 있다. 훈련자는 ACT의 표준 육각형 모형을 임상행동 양상에 적용함으로써 이론적 명료성을 획득할 수 있고, 개입법을 효과적으로 겨냥할 수 있다. 가장 유능한 훈련자는 신체건강 '문화'를 이해하고 존중하며, 말로 하는 치료라는 그들 자신의 배경이 그 자체로 특징과 편향을 가지고 있음을 인식한다.

# 참·고·문·헌

Andrews, G., & Titov, N. (2009). Hit and miss: innovation and dissemination of evidence-based psychological treatments. *Behaviour Research and Therapy*, DOI: 10.1016/j.brat.2009.07.007.

Bernard, M., de Roten, Y., Despland, J-N., & Stiefel, F. (2009). Communication skills training and clinicians' defences in oncology: An exploratory, controlled study. *Psycho-Oncology*, DOI: 10.1002/pon.1558.

Bond, F. W., & Bunce, D. (2000). Mediators of change in emotion-focused and problem-focused worksite stress management interventions. *Journal of Occupational Health Psychology, 5*, 156-163.

Deshpande, A., Furlan, A. D., Mailis-Gagnon, A., Atlas, S., & Turk, D. (2007). Opioids for chronic low-back pain. *Cochrane Database of Systematic Reviews, 3*. Art. No.: CD004959. DOI: 10.1002/14651858.CD004959.pub3.

Dworkin, R. H., Turk, D. C., Farrar, J. T., Haythornthwaite, J. A., Jensen, M. P., Katz, N. P., et al. (2005). Core outcome measures for chronic pain clinical trials: IMMPACT recommendations. *Pain, 113*, 9-19.

Engel, G. L. (1989). The need for a new medical model: A challenge for biomedicine. *Journal of Interprofessional Care*, 4(1), 37-53.

Fixsen, D. L., Naoom, S. F., Blasé, K. A., Friedman, R. M., & Wallace, F. (2005). *Implementation Research: A synthesis of the literature*. Tampa, FL: University of South Florida, Louis de la Parte Florida Mental Health Institute, The National Implementation Research Network.

Gallagher, T. H., Lo, B., Chesney, M., & Christensen, K. (1997). How do physicians respond to patients' requests for costly, unindicated services? *Journal of General Internal Medicine, 12*, 663-668.

Gawande, A. (2007). *Better: A surgeon's notes on performance*. New York: Picador.

Kravitz, R. L. (2001). Measuring patients' expectations and requests. *Annals of Internal Medicine, 134*, 881-888.

Kravitz, R. L., & Callahan, E. J. (2000). Patients' perceptions of omitted examinations and tests: A qualitative analysis. *Journal of General Internal Medicine, 15*, 38-45.

Lappalainen, R., Lehtonen, T., Skarp, E., Taubert, E., Ojanen, M., & Hayes, S. C. (2007). The impact of CBT and ACT models using psychology trainee therapists: A preliminary controlled effectiveness trial. *Behavior Modification, 31*(4), 488-511.

Main, T. F. (1957). The ailment. *British Journal of Medical Psychology, 30*, 129-145.

McCracken, L. M., & Yang, S-Y. (2008). A contextual cognitive-behavioral analysis of rehabilitation workers' health and well-being: Influences of acceptance, mindfulness, and values-based action. *Rehabilitation Psychology, 53*(4), 479-485.

Meier, D. E., Back, A. L., & Morrison, R. S. (2001). The inner life of physicians and the care of the seriously ill. *Journal of the American Medical Association, 286*(23), 3007-3014.

Menzies-Lyth, I. (1960). Social systems as a defence against anxiety: an empirical study of the nursing service of a general hospital. *Human Relations, 13*, 95-121.

Mitmansgruber, H., Beck, T. N., & Schüßler, G. (2008). "Mindful helpers": Experiential avoidance, meta-emotions and emotional regulation in paramedics. *Journal of Research in Personality, 42*, 1358-1363.

National Institute for Health and Clinical Excellence. (2008). *Spinal cord stimulation for chronic pain of neuropathic or ischaemic origin (TA159).* London: National Institute for Health and Clinical Excellence.

Shafran, R., Clark, D. M., Fairburn, C. G., Arntz, A., Barlow, D. H., Ehlers, A., et al. (2009). Mind the gap: Improving the dissemination of CBT. *Behaviour Research and Therapy*, DOI:10.1016/j.brat.2009.07.003.

Strauman, E., & Goodier, B. C. (2008). Not your grandmother's doctor show: A review of *Grey's Anatomy, House and Nip/Tuck. Journal of Medical Humanities, 29*, 127-131.

Turk, D. C., & Burwinkle, T. M. (2005). Clinical outcomes, cost-effectiveness, and the role of psychology in treatments for chronic pain sufferers. *Professional Psychology: Research and Practice, 36*(6), 602-610.

Wade, D. T., & Halligan, P. W. (2007). Social roles and long-term illness: Is it time to rehabilitate convalescence? *Clinical Rehabilitation, 21*, 291-298.

Waller, G. (2009). Evidence-based treatment and therapist drift. *Behaviour Research and Therapy, 47*, 119-127.

Waring, J. J. (2005). Beyond blame: Cultural barriers to medical incident reporting. *Social Science and Medicine, 60*, 1927-1935.

Whiting, P., Toerien, M., de Salis, I., Sterne, J. A. C., Dieppe, P., Egger, M., et al. (2007). A review identifies and classifies reasons for ordering diagnostic tests. *Journal of Clinical Epidemiology, 60*, 981-989.

World Health Organization. (2006). Constitution of the World Health Organization. Retrieved October 27, 2009, from http://www.who.int/governance/eb/who_constitution_en.pdf

## 용어정리

| ㄱ | 원어 |
| --- | --- |
| 가치과녁척도 | Bull's-Eye measures/ Values Bull's Eye |
| 간접흡연 | secondhand smoke(SHS) |
| 간질 수용행동척도 | Acceptance and Action Epilepsy Questionnaire(AAEpQ) |
| 간편 통증대처척도-2 (BPCI-2) | Brief Pain Coping Inventory-2(BPCI-2) |
| 관계적 반응 | relational responding |
| 관계 틀 | relational frames |
| 관계 틀 이론 | relational frame theory(RFT) |
| 거울 신경세포 | mirror neurons |
| 경쟁 도입 | competitive recruitment |
| 경직성 | inflexibility |
| 경험적 은유 | experiential metaphors |
| 경험 회피 | experiential avoidance |
| 공중보건 임상실무 편람 | PHS Clinical Practice Guideline |
| 관찰하는 자기 | observing self |
| 근거 기반 치료 | empirically supported treatments(ESTs) |
| 근본적 사실주의 | elemental realism |
| 기계론 | mechanism |
| 기능적 맥락주의 | functional contextualism |
| 기능적 발작 | functional seizures |
| 기능 분석 심리치료 | functional analytic psychotherapy(FAP) |
| 기대 수명 | life expectancy |
| 기분 상태 프로파일 | profile of Mood States(PMS) |

| ㄴ | |
|---|---|
| 낙인화 태도 신뢰성척도 | Stigmatizing Attitudes–Believability(SAB) measure |
| 낮 시간용 수면 과제 | daytime sleep tasks |
| 내담자 중심 치료 | Client Centered Therapy |
| 내용적 자기 | self–as–content |
| 내적 동기 | intrinsic motivation |
| 냉수 인내 과제 | cold pressor task |
| 노력증후군 | effort syndromes |
| 노출 기반 기법 | exposure–based methods |
| 뇌손상 | brain damage |
| 뇌전도 | electroencephalographs(EEGs) |
| 니코틴 대체요법 | nicotine replacement therapy(NRT) |
| ㄷ | |
| 다중입면시간검사 | Multiple Sleep Latency Test(MSLT) |
| 당뇨병 수용행동척도 | Acceptance and Action Diabetes Questionnaire(AADQ) |
| 대사증후군 | metabolic syndrome |
| 대화기술 | talking skill |
| 동기화 면담 | Motivational Interviewing(MI) |
| 동등한 지위 접촉 | equal–status contact |
| ㅁ | |
| 마슬렉 소진척도 | Maslach Burnout Inventory(MBI) |
| 마음챙겨 알아차림 | mindful awareness |
| 마음챙김 | mindfulness |
| 마음챙김 기반 관계 증진 | Mindfulness–Based Relationship Enhancement(MBRE) |
| 마음챙김 기반 섭식 각성 훈련 | Mindfulness–Based Eating Awareness Training(MB–EAT) |
| 마음챙김 기반 스트레스 감소 | Mindfulness–Based Stress Reduction(MBSR) |

| 마음챙김 기반 암 회복 | Mindfulness-based cancer recovery (MBCR) |
| 마음챙김 기반 예술치료 | Mindfulness-based art therapy(MBAT) |
| 마음챙김 기반 인지치료 | Mindfulness-Based Cognitive Therapy (MBCT) |
| 마음챙김 기반 재발 방지 | Mindfulness-Based Relapse Prevention (MBRP) |
| 마음챙김 기반 치료 | mindfulness-based therapy |
| 마음챙김 설명 치료 | mindfulness-informed therapy |
| 마음챙김 수련 | mindful practice |
| 마음챙김 요가/마음챙김 동작 | mindful yoga/movement |
| 『마음챙김의 기술과 과학』 | 『*Art and Science of Mindfulness*』 |
| 마음챙김의 IAA 모형 | IAA model of mindfulness |
| 마음챙김 주의자각 척도 | Mindful Attention Awareness Scale (MAAS) |
| 마음챙김 측정도구 | mindfulness assessment |
| 만성통증 가치척도 | Chronic Pain Values Inventory(CPVI) |
| 만성통증 수용척도 | Chronic Pain Acceptance Questionnaire (CPAQ) |
| 말기질환 | terminal illness |
| 말기 환자 돌봄 | end-of-life care |
| 매개분석 | mediational analyses |
| 맥락적 자기 | self-as-context |
| 메타분석 | meta-analyses |
| 명상 | meditation |
| 목격자 의식 | witness consciousness |
| 무선 통제 시행 | randomized controlled trials(RCTs) |
| 무아 | 'no self' idea |
| 문자적 맥락 | context of literality |
| 문화적 역량 | cultural competence |
| 물질 남용 | substance abuse |

| | |
|---|---|
| 미국국립의학연구소 | Institute of Medicine(IOM) |
| 미국심리학회 | American Psychological Association (APA) |
| ㅂ | |
| 『바이오피드백: 행동의학』 | 『*Biofeedback: Behavioral Medicine*』 |
| 반대 요구 지시문 | counter-demand instructions, |
| 발작성 활동 | paroxysmal activity |
| 배스통증서비스센터 | Bath Centre for Pain Services(BCPS) |
| 범불안장애 | generalized anxiety disorder(GAD) |
| 변증법적 행동치료 | dialectical behavior therapy(DBT) |
| 변화 발언 | change talk |
| 변화에 대한 범이론적 모형 | transtheoretical model of change(TTM) |
| 병자 역할 | sick role |
| 보건의료 | health care |
| 보건의료 전문가 | health care professionals |
| 보디스캔 | body scan |
| 불교의 지혜 | Buddhist wisdom |
| 불면증 심각도 지표 | Insomnia Severity Index(ISI) |
| 『불평등한 치료: 보건의료의 소수인종 및 소수민족 격차에 대한 대처』 | 『 *'unequal treatment'* : Confronting Racial and Ethnic Disparities in Health Care』 |
| 비만 수용행동척도 | Acceptance and Action Questionnaire for Weight(AAQW) |
| 비집착 | nonattachment |
| ㅅ | |
| 사례 개념화 | case conceptualism |
| 사우샘프턴 마음챙김 척도 | Southampton Mindfulness Questionnaire (SMQ) |
| 사회경제적 지위 | socioeconomic status(SES) |
| 상위 인지 | metacognition |
| 상호적 함의 | mutual entailment |
| 선 명상 | Zen meditation |

| 성찰적 수련 | reflective practices |
|---|---|
| 세계보건기구 | World Health Organization |
| 세계보건기구 삶의 질 척도 | WHO Quality of Life(WHOQOL-BREF) measure |
| 수련 안내 | guided practices |
| 수면·각성 활동계 | actigraphy |
| 수면노력증후군 | sleep effort syndrome |
| 수면 전 각성척도 | Pre-Sleep Arousal Scale(PSAS) |
| 수면 효율성 | sleep efficiency |
| 수용 | acceptance |
| 수용 의지 | willingness |
| 수용전념치료 | acceptance and commitment therapy (ACT) |
| 수용행동척도 | Acceptance and Action Questionnaire (AAQ/AAQ-II) |
| 수용 탈융합 과정척도 | Acceptance and Defusion Process Measure(ADPM) |
| 순간의 경험 | moment-to-moment experience |
| 순수한 알아차림 | pure awareness |
| 스트레스 감소 및 이완 프로그램 | Stress Reduction and Relaxation Program (SR&RP) |
| 실제적 노출 | in vivo exposure |
| 실효성 | workability |
| 심리교육 | psychoeducation |
| 심리신경면역학 | psychoneuroimmunology |
| 심리적 경직성 | psychological inflexibility |
| 심리적 반발 | psychological reactance |
| 심리적 유연성 | psychological flexibility |
| 심상화 기법 | imagery techniques |
| ㅇ | |
| 알아차림, 자각 | awareness |
| 알코올 남용 | alcohol abuse |

| 약물 남용 | drug abuse |
|---|---|
| 약물 남용에 대한 지역사회(CASA) | Community Attitudes Toward Substance Abusers(CASA) questionnaire |
| 언어 분석 | linguistic analysis |
| 언어행동 | verbal behavior |
| 연민 | compassion |
| 역설적 의도 | paradoxical intention |
| 완화치료 | palliative care |
| 위절제술 | gastric surgery |
| 유연성 | flexibility |
| 유지 발언 | sustain talk |
| 유한성 | impermanence |
| 융합 | fusion |
| 은유 | metaphors |
| 이명수용척도 | Tinnitus Acceptance Questionnaire (TAQ) |
| 이분법적 사고 | dichotomous thinking |
| 이상대사증후군 | dysmetabolic syndrome |
| 이식형 심장제세동기 | implantable cardioverter defibrillators (ICDs) |
| 인생만족도척도 | Satisfaction with Life Scale(SWLS) |
| 인본주의 심리학 | humanistic psychology |
| 인본주의 철학 | humanist philosophy |
| 인생의 나침반 | life compass |
| 인슐린 저항성 | insulin resistance |
| 인지 부조화 | cognitive dissonance |
| 인지 재구조화 | cognitive restructuring |
| 인지적 융합 | cognitive fusion |
| 인지적 통제 | cognitive control |
| 인지적 탈융합 | cognitive defusion |

| | |
|---|---|
| 인지 · 정서 마음챙김 척도 개정판 (CAMS-R) | Cognitive and Affective Mindfulness Scale-Revised(CAMS-R) |
| 인지 · 정서 자기관찰 과제(CEST) | Cognitive-Emotion Self-observation Task(CEST) |
| 인지치료 | cognitive therapy |
| 인지행동치료(CBT) | cognitive behavioral therapy(CBT) |
| 인지 활성화/불활성화 | cognitive activation/deactivation |
| 일반화된 관계적 반응하기 | generalized relational responding |
| 임상적 시행 | clinical trials |
| 임상행동 | clinical behavior |
| 임의로 적용 가능한 관계적 반응하기 | arbitrary applicable relational responding |
| 의식적 반응 | conscious responding |
| ACT 평가도구 | ACT assessment instruments |
| ㅈ | |
| 자각, 알아차림 | awareness |
| 자극 기능의 전이 | transformation of stimulus functions |
| 자극 동등성 | stimulus equivalence |
| 자기 낙인 | self-stigma |
| 자기돌봄 | self-care |
| 자기연민 | self-compassion |
| 자기조율 | self-attunement |
| 자기효능감 | self-efficacy |
| 자동성 | automaticity |
| 자동 운항 | automatic pilot |
| 자애 명상 | loving-kindness meditation |
| 재앙적 질병 | catastrophic illness |
| 재앙화 | catastrophizing |
| 전념행동 | committed action |
| 전립선 특이 항원(PSA) 수준 | prostate-specific antigen(PSA) levels |
| 점진적 이완 | progressive relaxation |
| 정서 균형 | emotional balance |

| 정서 불활성화 | emotional deactivation |
|---|---|
| 정서적 섭식 | emotional eating |
| 정서 조절 | emotion regulation |
| 정신신체의학 | psychosomatic medicine |
| 정신질환자에 대한 지역사회 태도 질문지 | Community Attitudes Toward the Mentally Ill (CAMI) questionnaire |
| 정좌 명상 | sitting meditation |
| '제3의 동향' 접근법 | "third wave" approaches |
| 조작적 접근법 | operant approaches |
| 조합적 함의 | combinatorial entailment |
| 주의 균형 | attentional balance |
| 주의망 과제 | Attention Network Scan(ANT) |
| 주의 분산 기법 | distraction techniques |
| 주의-의도-노력 경로 | attention-intention-effort pathway |
| 『죽음과 함께 머물기: 죽음 앞에서 연민과 평온을 키우기』 | 『*Being with Dying: Cultivating Compassion and Fearlessness in the Presence of Death*』 |
| 질병인지척도 | Illness Cognitions Questionnaire(ICQ) |
| 집단 간 접촉 | intergroup contact |
| ㅊ | |
| 척도 | measures, questionnaires |
| 체중 감소/유지 | weight loss/maintenance |
| 체질량 지수(BMI) | body mass index(BMI) |
| 촉발적 방식 | evocative style |
| 측정도구 | instruments, measurement |
| 치료 아젠다 | therapeutic agenda |
| 치료자 마음챙김 | mindful therapists |
| ㅋ | |
| 켄터키 마음챙김 척도 | Kentucky Inventory of Mindfulness Skills (KIMS) |
| 코르티솔 수준 | cortisol levels |

| ㅌ | |
|---|---|
| 탄력성 | resilience |
| 탈융합 | defusion |
| 통제적 맥락 | context of control |
| 통증에 대한 관문통제이론 | Gate Control Theory of pain |
| 통증의 심리적 경직성척도 | Psychological Inflexibility in Pain Scale (PIPS) |
| 통증행동 | pain behavior |
| 통합적 부부행동치료 | integrated behavioral couples therapy (IBCT) |
| ㅍ | |
| 파생된 자극 관계 | derived stimulus relations |
| 편견 | prejudice |
| 편향 | biases |
| 평가(측정)도구 | assessment |
| 폭식행동척도 | Binge Eating Scale |
| 프라이버그 마음챙김 척도 | Freiburg Mindfulness Inventory(FMI) |
| 프래더윌리 증후군 | Prader-Willi syndrome |
| 필라델피아 마음챙김 척도 | Philadelphia Mindfulness Scale(PHLMS) |
| ㅎ | |
| 항상성 기제 | homeostatic mechanisms |
| 행동의학 | behavioral medicine |
| 『행동의학지』 | 『*Journal of behavioral Medicine*』 |
| 행동의학회 | Society of Behavioral Medicine |
| 행동하지 않기 | inaction |
| 행동 활성화 | behavioral activation(BA) |
| 현재 순간과 접촉하기 | contact with the present moment |
| 현재 순간 알아차림 | present moment awareness |
| 현재에 머무르기 | being present |
| 현재 중심적 주의 | present-centered attention |

| | |
|---|---|
| 효과 연구 | outcome studies |
| 환자 중심 진료 | patient-centered care |
| 회피경직성척도 | Avoidance and Inflexibility Scale(AIS) |
| 회피행동 | avoidance behaviors |
| **기타** | |
| 2차 조건화 | second order conditioning |
| 5요인 마음챙김 척도 | Five-Facet Mindfulness Questionnaire (FFMQ) |
| ACT의 육각형 모형 | hexaflex model of ACT |
| NEO 5요인 검사 | NEO-Five-Factor Index |
| X증후군 | syndrome X |

## 찾아보기

1형 당뇨병 107-108
2형 당뇨병 108-109
2차 조건화 81
5요인 마음챙김 척도 220-221, 224
ACT의 육각형 모형 408-413
  경직된/실효성 없는 행동 411
  유연한/실효성 있는 행동 410
ACT의 철학적 토대 27-28
ACT의 치료적 자세의 핵심 역량 35
DHEA 수준 223-224
HIV/AIDS 환자 223
NEO 5요인 검사 360
X증후군 117

ㄱ

가치 34
  간질과 88-89, 91
  금연과 137
  당뇨병과 115
  만성통증과 56, 234
  목표와 34, 292-293

  불면증과 170-171
  임상행동과 410
  정의와 기능 137
  측정도구 234-235
가치과녁척도 92, 235
간접흡연 130
간질 79-97
  기능 분석 84
  단기 치료 프로토콜 90-93
  발작의 진행 중지시키기 83
  발작 조건화 80-83
  수용 과정 88-89
  심리적 유연성 측정 230
  심리학적 치료 85
  어원 79
  ACT 접근법 86-95
  ACT 평가 연구 93-95
간질 수용행동척도 92, 230
간편 통증대처척도-2 (BPCI-2) 233
간호사
  MBSR 연구 353-355(보건의료 전문가
    참조)

갈망, 흡연 131-132

과거나 미래의 지배

  만성통증과 56

  임상행동과 411

관계적 반응 319-321

관계 틀 321

관계 틀 이론 318-326

  관계 틀 기반 개입법 324-326

  관계 틀 이론과 편견 322-324

  설명적 개관 29-30, 318-322

  ACT의 토대 27-28, 257, 280

거울 신경세포 362-363

건강행동 변화(행동변화 참조)

경쟁 도입 81

경직성(심리적 경직성 참조)

경험적 은유 91

경험 회피

  만성통증과 56

  비만과 체중 문제 105

  임상행동과 411

고통, 괴로움

  당뇨병 관련 110-111, 113-114

  암 진단과 184

  의료진 394-395

  치료자 298

공감 362-363

공중보건 임상실무 편람 142-143

관찰하는 자기(맥락적 자기 참조)

  정의와 기능 136

교육(훈련 참조)

  수면/불면증 169

  편견 관련 318, 328-332

  ACT 관점 291

군나르 뮈르달 309

근거 기반 치료 24-25

근본적 사실주의 255

금연(흡연 참조)

  금연 관련 심리적 유연성 측정 230-231

  매개효과 142-143

  수용과 133, 135, 142-143

  약물요법 130-131

  인지행동치료 131-134

  전념행동과 133, 135, 137, 142-143

  전화상담 140-142

  ACT 개입법 132-145

  ACT 시행 137-140, 143-144

  ACT의 임상적 개관 135-143

  ACT의 향후 방향 143-145

기계론 255, 279

기능적 맥락주의 28, 254-255

기능적 발작 84

기능 분석 심리치료 278

기대 수명 308-309

기분 상태 프로파일 116

기술

  마음챙김 166-167, 199-200, 218

  훈련/습득 295


ㄴ

낙인(편견 참조)

  비만의 102, 104

  약물과 알코올 남용의 330-331

  정신장애의 329-331

낙인화 태도 신뢰성척도 330-331

낮 시간용 CEST 162
내담자 중심 치료 248-249
내용적 자기
　만성통증과 56
　임상행동과 411
내적 동기 256
냉수 인내 과제 228
노력증후군 163
노출 기반 기법 285-286
뇌손상 82-83
뇌전도 81
니코틴 대체요법 131, 137-138
니콜 L. 캉가스 345

데이비드 길랜더스 247
동기화 면담 247-271
　개발의 기원 249-250
　기법적 도구 249
　대인관계 유형 248-249
　변화 동기 266-267
　변화에 대한 저항 249, 252, 260, 262-263
　설명적 구성개념 256-257
　임상 기법 257-258
　자기효능감 264-266
　정의 248
　철학적 토대 254-255
　치료적 자세 251-252
　행동 변화에 대한 초점 253
　행동 변화의 유지 268-270
　ACT와의 유사점 250-256, 270
　ACT와의 차이점 256-259, 270
동등한 지위 접촉 318, 323
두보이스 309

**ㄷ**

다니엘 시걸 363
다중입면시간검사 161
당뇨병 107-116
　건강 결과 107
　당뇨병 관련 스트레스 111-112
　당뇨병 유형 107-110
　마음챙김과 ACT에 대한 연구 115-116
　마음챙김 개입법 113-115
　비만 107, 109, 117
　수용 모형 112
　심리적 유연성 측정 229
　심리적 특징 110-111
　자가관리 109-110
　ACT 개입법 112-113, 113-115
당뇨병 수용행동척도 230
대사증후군 117-118
대화기술 412

**ㄹ**

라스-군나르 룬드 153
랜스 M. 맥크라켄 17
로버트 카플란 21
루스 A. 베어 213
리 버크 19
리커드 K. 윅셀 277
린다 칼슨 183

**ㅁ**

마거릿 화이트헤드 308

마슬렉 소진척도 330
마음챙겨 알아차림 186, 350
마음챙김
　마음챙김과 결합된 노출법 286
　마음챙김과 수용 216, 367-368
　마음챙김과 ACT 39-41, 48-49, 286-287, 373
　만성통증과 64-65
　말기 환자 돌봄과 197-202
　보건의료에서 마음챙김 기반 접근법 25-27
　보건의료 전문가를 위한 347, 349-356, 373-375
　보건의료 전문가와 마음챙김에 대한 연구 352-356
　불면증과 166-176
　비만/체중 문제와 104-107
　수련 186
　암과 185-196
　역사적 기원 186
　요구되는 기술 166-167
　이론적 모형 164-165
　이완 훈련과 287-288
　자기 돌봄과 마음챙김 수련 349-356
　정의 26-27, 186-187, 214-215, 286-287, 350
　측정도구 216-226
　행동의학과 17-18, 39-41, 213-214
　훈련 215-216
　IAA 모형 186, 198-199
마음챙김 기반 관계 증진 372
마음챙김 기반 섭식 각성 훈련 105, 372
마음챙김 기반 스트레스 감소 370-371

　기원 25-26
　당뇨병과 113, 115-116
　만성통증과 64-65
　메타분석 36-38
　명상수련과 350
　보건의료 전문가와 353-354
　불면증과 171-173, 175
　비만/체중 문제와 105
　암과 185-187, 190, 192-196
　적용 37, 195-196
　측정도구 224-226
　행동의학과 213-214
　CBT와 통합 371
마음챙김 기반 암 회복 187-188
마음챙김 기반 예술치료 195, 372
마음챙김 기반 인지치료 371
　불면증과 171-174
　효과성에 대한 연구 370-371
마음챙김 기반 재발 방지 372
마음챙김 기반 치료 346, 370-374
마음챙김 설명 치료 346, 364-370, 374
마음챙김 수련 186, 350-351
　마음챙김 요가/마음챙김 동작 188
마음챙김 요가 188
『마음챙김의 기술과 과학』(샤피로와 칼슨) 186
마음챙김의 두 가지 요소 164-165
마음챙김의 IAA 모형 186, 198-199
마음챙김 주의자각 척도 217-218, 223-226
마음챙김 측정도구
　마음챙김 주의자각 척도 217-218
　사우샘프턴 마음챙김 척도 219-220
　인지·정서 마음챙김 척도 개정판 219

척도 216-226
켄터키 마음챙김 척도 218-219
토론토 마음챙김 척도 222
프라이버그 마음챙김 척도 217
필라델피아 마음챙김 척도 220
행동의학 장면에서 사용되는 마음챙김 측정도구 223-226
5요인 마음챙김 척도 220-221
마이클 스페카 187
마일즈 톰슨 47, 307
마크 윌리엄스 371
만성질환 232-233
만성통증 47-77
공포 회피 모형 281
마음챙김 연구 64-65, 223-224
만성통증의 부정적 영향 47-48
소수인종/소수민족과 332-333
심리적 유연성과 56-57, 69
심리학적 모형의 발달 49-52
심리학적 접근법 48-49, 69
유병율 47
인지행동 접근법 51-54
임상적 쟁점 65-69
의료적 개입법 47-48, 396-398
환자의 개인력 67-69
ACT 과정 측정 57-58
ACT와 만성통증 측정도구 57-59, 233-234
ACT 접근 54-69
ACT 효과 연구 60-65
CBT식 개념화 281
만성통증 가치척도 59, 234
만성통증 수용척도 58-59, 229

말기질환 197-202
마음챙김 수련과 200-202
마음챙김의 근거 197-200
말기 환자 돌봄 197-202
마음챙김 수련 200-202
마음챙김에 대한 근거 197-200
매개분석 254, 279
맥락적 자기 34
간질과 87
금연과 136
만성통증과 56
임상행동과 411
메타분석
마음챙김 기반 치료법에 대한 메타분석 36-38
수용-전념치료법에 대한 메타분석 38-39
면역 기능 192, 225
명상
당뇨병과 113
마음챙김 수련과 350
불면증과 163, 172
섭식(먹기) 372
암 회복과 187-188
이완과 286-287
자애 361
명상적 개입 198
목격자 의식 360
목표
가치와 34
목표 기반 행동변화 291-292
CBT의 목표 설정 과정 291
MI의 목표 지향성 249
무선 통제 시행 60

무아 366-367
문자적 맥락 31
문화
　보건의료 389-390, 393, 396, 398-399
　치료자 392
문화적 역량 316
물질 남용
　낙인 330-332
　보건의료 전문가와 348
미국국립의학연구소 309-310
미국심리학회 24


ㅂ

『바이오피드백: 행동의학』 (리버크) 19
반대 요구 지시문 167-168
발작(간질 참조)
　기능적 분석 84-85
　발작에 대한 ACT 연구 93-95
　조건화 기제 80-83
　중지시키기 83
　촉진 요인 80
　행동의학 관점 80
발작성 활동 79
배스통증서비스센터 60
범불안장애 159
변증법적 행동치료 215, 278, 372-373
변화 발언 249, 253, 258, 267
변화에 대한 범이론적 모형 268
변화에 대한 저항
　칼 로저스 248
　ACT 관점 261-262
　MI 관점 249, 252, 260, 262-263

병자 역할 401-402
보건의료
　격차 이유 313-315
　대중매체의 묘사 401
　마음챙김 기반 접근법 25-27
　문화적 역량 316-317
　세계 보건의료 격차 308-309
　인종적/민족적 격차 309-312
　환자의 기대 400-402
　환자 중심 315, 316-317
보건의료 전문가
　고통 경험 394-395
　결과 평가 396-397
　마음챙김과 자기돌봄 347, 349-355, 373-374
　문화 389-390, 393, 398-399
　보건의료 전문가가 따르는 의학모형 390-391, 395
　소수인종/소수민족에 대한 편견 313-315
　스트레스 관리 345-346
　스트레스 결과 347-349
　육각형 모형 408-413
　임상행동 분석 410-413
　전문가적 효능 강화 356-373
　정서 효과 408
　ACT 접근법 387-389, 393-395
　ACT 훈련 402-414
　MBSR에 대한 연구 353-355
보디스캔 189
불교의 지혜 364-366, 368
불면증 153-181
　마음챙김과 불면증에 대한 실증 연구

171-176
부정적인 영향 153-154
불면증을 위한 마음챙김 164-168,
169-170, 171-176, 193
수면방해 과정 156-167, 157-168
수면에 대한 기능적 사고 169-170
수면해석 과정 156-157, 168-171
역기능적 신념 168, 170-171
유병률 153
인지/정서 불활성화 157-164
인지행동 기법 154, 155, 171-173
자극 통제 지시 155
잠자리에 있는 시간의 제한 154-155
ACT 기법 170-171, 175-176
불면증 심각도 지표 175
불면증에 대한 자극 통제 155
불안
불면증 159
수용 215
암 진단 184
『불평등한 치료: 보건의료의 소수인종
및 소수민족 격차에 대한 대처』 310
비만 99-107
낙인 102, 104
당뇨병과 107-108, 117-118
마음챙김 개입법 104-107
비만의 건강상 결과 100
생활양식 개입법 100
수치심 102
심리적 특징 101-103
유병률 99-100
이분법적 사고 103-104
의학적 개입법 100-101

정서적 섭식 102-104
체중 감소/유지 참조
ACT 개입법 105-107
비만 수용행동척도 106, 232
비만 수치심 102
비집착 188-189

ㅅ

사고
금연과 136
당뇨병과 111
만성통증과 51
불면증과 160-161
비만과 103-104
사고억제의 쓸모없음 198
사고에 대한 관찰 164
상위 인지 197
수면 초점 사고 160-161
이분법적 사고 패턴 103
인지적 탈융합 33
편견적 326-328
ACT 접근법 33, 280, 284-285, 326-328
CBT 접근법 284-286
사례 개념화 281
사망률
당뇨병 관련 107
아동 309
흡연 관련 129
사우샘프턴 마음챙김 척도 219-220
사회경제적 지위 314, 333-334
상위 인지 197
상호 의존성 369-370

상호적 함의 320
쇼나 L. 샤피로 345
선 명상 357, 361-362
섭식
　마음챙김 105, 372
　정서적 102-104, 113
성격이론 317-318
성찰적 수련 200-202
세계보건기구 183, 308, 400
세계보건기구 삶의 질 척도 92, 94
소수인종/소수민족
　문화적 역량 316-317
　보건의료 격차 309-312, 332-334
　의사의 편견 313-315
　편견 감소를 위한 ACT 328-329
　환자 중심 진료 315-316
손자 배튼 265-266
수련 안내 201-202
수면 · 각성 활동계 158
수면노력증후군 161-163
수면 문제(불면증 참조)
　마음챙김과 수면 문제에 대한 실증 연
　구 171-176
　마음챙김 활용 164-176, 193
　수면 문제에 대한 기능적 사고방식 169
　수면방해 과정과 156-168
　수면해석 과정과 156-157, 168-171
　암 회복과 192-193
　역기능적 신념 168, 170
　인지/정서 불활성화 158-164
　자극 통제 지시문 155
　잠자리에 있는 시간의 제한 154-155
　ACT 개입법 170-171

수면 일지 155, 174, 176
수면 전 각성척도 175
수면 효율성 172-173
수용 32-33
　간질과 86, 88-89
　금연과 133, 135, 143
　당뇨병과 111, 114-115
　마음챙김과 216, 367-368
　만성통증과 55-56, 229
　불면증과 170
　임상행동과 410
　정의 215, 283
　측정도구 226-235
　치료자 고통의 298
수용 의지(수용 참조)
　당뇨병과 115
　만성통증과 56, 229
　수용 의지에 대한 AAQ 하위척도 227
수용-전념치료
　간질과 86-95
　건강 전문가 훈련 403, 414
　관계 틀 이론과 27-30, 258, 280
　교육 291
　금연과 133-145
　기술 훈련 295
　노출 285-286
　당뇨병과 113-116
　동기화 면담과 250-259, 270-271
　마음챙김과 39-41, 49, 286-287, 372-
　373
　만성통증과 54-69, 397
　메타분석 38-39
　모형과 과정 27-36

목표와 가치 292-293
변화에 대한 저항 260-261
불면증과 170-171, 175
비만 문제와 105-107
사례 개념화 281
편견과 326-332
신체 운동과 293-294
심리적 경직성과 31-32
심상화 기법과 289-290
약물 사용과 296-298
육각형 모형 408-413
이완 훈련과 287-288
인지행동치료와 133-135, 278-283
의료 장면 387-388, 393-395
자기효능감 264-266
'제3의 동향' 접근 48, 278
철학적 토대 27-28, 254-255, 279
측정도구 226-235
치료적 자세 35, 65-67, 251-252
치료 목표와 과정 281-282
핵심적 치료 과정 32-34
행동 변화에 대한 초점 253
행동 변화의 유지 268-270
행동의학과 18, 39-40, 213
회피행동 278-279
CBT와 통합하기 282-300
수용행동척도 106, 226-228, 330-331
수용 탈융합 과정척도 235
숙제 296
순간의 경험 33
순수한 알아차림 136
스튜어트 아그라스 19
스트레스

당뇨병 관련 111
불면증과 160
암 관련 193
임상가 스트레스 347-349
MBSR과 스트레스에 대한 연구 353-355
스트레스 감소 및 이완 프로그램 25-26
신념(사고 참조)
만성통증과 51
수면 관련 168, 170
신체 운동 293-294
실존주의 255
실제 노출법 285
실효성 280, 408
심리교육(교육 참조)
심리신경면역학 21
심리적 경직성 30-31
만성통증과 56, 233-234
임상행동과 411
측정도구 230-231, 233-234
심리적 문제
낙인 330-331
스트레스 관련 347-348
심리적 반발 262
심리적 요인
당뇨병과 110-111
불면증과 154, 156-157
비만과 101-103
암 진단과 184-185
편견과 317-318
흡연과 131-132
심리적 유연성
만성통증과 55-57, 69
임상행동과 410

정의 55
측정 227, 229, 233-234
심리학적 치료
  간질에 대한 85-86
  금연 131-132
  만성통증에 대한 48-49, 69
  불면증에 대한 154, 156-157
심리치료(치료 참조)
심상화 기법 289-290
심혈관 질환
  대사증후군과 117-118
  심혈관 질환 치료의 인종 간 격차 310-315

○

아동 사망률 309
아프리카계 미국인
  보건의료 격차 309-312
  환자 중심 진료 316
알아차림 33
  마음챙김 수련과 186
  현재 중심의 199
알코올 남용(물질 남용 참조)
암 183-196
  마음챙김과 암에 대한 연구 189-196
  마음챙김 기반 개입법 185-196
  마음챙김에 대한 효과 연구 189-193
  말기 환자 돌봄 197-202
  병인으로서 흡연 129-130
  심리적 후유증 184-185
  암 생존율 183
  암 치료의 인종 간 격차 311-312

유병율 183
암에 대한 MBSR 주의 질적 연구 193-195
양가감정
  기능적 맥락주의 관점 256
  MI 관점 248-249, 256, 262-263
약물
  금연과 130-131
  체중감소 100-101
  ACT와 약물 사용 296-298
약물 개입법(약물 참조)
약물 남용(물질 남용 참조)
약물 남용자에 대한 지역사회 태도(CASA)
척도 330
언어 분석 267
언어행동
  동기화 면담과 249, 258, 266-267
  만성통증과 51
  불면증과 160
  행동 변화와 266-267
에릭 슈미트 99
연민 352, 360-361
역설적 의도 163
예일 행동의학대회 19
오비드 포메로 19
완화치료 197-202
  마음챙김 수련 200-202
  마음챙김에 대한 근거 197-200
우울증
  암 진단과 184
  언어적 반추 159
  임상가 스트레스 347
  재발 방지를 위한 MBCT 371
  치료법으로서의 ACT 25

위절제술 101

월버트 포다이스 50

유연성(심리적 유연성 참조)

유지 발언 249, 253, 262

유한성 188, 365-366

융합(인지적 융합 참조)

은유 91, 269, 406

이명수용척도 231-232

  종합기분장애척도 353

  토론토 마음챙김 척도 222, 224

  톰 베이커 암센터 185-187, 190

이분법적 사고 103-104

이상대사증후군 117

이식형 심장제세동기 311

이완 훈련

  마음챙김과 286-288

  목적과 사용 287-288

  불면증과 163

인권의사회 310

인생만족도척도 92, 94

인본주의 심리학 248, 255

인본주의 철학 255

인생의 나침반 90

인슐린 저항성 109, 117

인지 부조화 262

인지 재구조화 284-285

인지적 융합

  만성통증과 56

  비만/체중 문제와 103-104

  임상행동과 411

인지적 통제 200

인지적 탈융합 33

  간질과 86-88

과정과 기법들 284-285

  금연과 136

  당뇨병과 114

  만성통증과 56

  비만과 106

  임상행동과 410

  정의와 기능 136

  측정도구 235-236

인지 · 정서 마음챙김 척도 개정판(CAMS-R) 219

인지 · 정서 자기관찰 과제(CEST) 162, 175

인지치료 51

인지행동치료(CBT)

  기술 훈련 295

  노출기반 기법 285-286

  만성통증과 51-54

  목표 설정 과정 291-292

  불면증과 154-155, 171-173

  사고에 대한 관점 279-280

  사례 개념화 281

  심상화 기법 289-290

  약물 사용과 296-298

  역사적 출현 51-52

  이완 훈련 287-288

  인지 재구조화 284-285

  인지행동치료 비판 52-54

  주의 분산 289

  주의의 개념 27

  행동 활성화 294

  흡연과 131-133, 143-144

  ACT와의 차이점 133-135, 278-282

  ACT와의 통합 282-300

  CBT 기반 치료법 278, 281-282

MBSR과의 통합 371-372

인지 활성화/불활성화 157-164

일반화된 관계적 반응하기 320

임상적 시행

　금연을 위한 ACT 137-140

　우울증 재발에 대한 MBCT 370-372

임상적 쟁점 65-69

　치료적 자세 65-67

　환자의 개인력 67-69

임상행동 408-413

　경직된/실효성 없는 411

　유연한/실효성 있는 410

임의로 적용 가능한 관계적 반응하기 319, 321

의도 198-199

의료전문가 (보건의료 전문가 참조)

의사

　마음챙김 훈련 연구 355

　소수인종/소수민족에 대한 편견 313-314

　의학모형 활용 391-392, 395

　정서 효과 408

　ACT 접근법 387-389, 393-395

　ACT 훈련 402-414

의식적 반응 368-369

의학모형 390-392

ACT 평가도구 226-235

　가치과녁척도 235

　간질 수용행동척도 92, 230

　간편 통증대처척도-2 233

　당뇨병 수용행동척도 229-230

　만성통증 가치척도 59, 234

　만성통증 수용척도 58-59, 229

비만 수용행동척도 106, 232

수용행동척도 106, 226-228

수용 탈융합 과정척도 235

이명수용척도 231-232

질병인지척도 232-233

통증의 심리적 경직성척도 234

회피경직성척도 230-231


ㅈ

자각 162, 166, 217, 285, 350

자극 기능의 전이 320-321

자극 동등성 320-321

자기낙인 104

자기돌봄

　보건의료 전문가 347, 349-356, 374

　자기돌봄 수단으로서의 마음챙김 수련 349-356

자기연민 352, 360-361

자기조율 360-361

자기효능감 264-266

자동성 158-160

자동 운항 214

자애 명상 361

재발 268-269

재앙적 질병(말기질환 참조)

재앙화 281

전념행동 35

　간질과 88

　금연과 133, 135, 137, 143

　만성통증과 56

　임상행동과 410

　정의와 기능 137

AAQ 하위척도 226-227
전립선 특이 항원(PSA) 수준 196
전화상담
　금연에 대한 140-142
　ACT 개입 141-142
점진적 이완 163, 175
정서 균형 200
정서 불활성화 157-164
정서적 섭식 102-104, 113
정서 조절 189, 289, 363-364
정신건강 전문가(치료자 참조)
정신신체의학 21
정신질환자에 대한 지역사회 태도 질문
지 329-330
정좌 명상 113
제니퍼 A. 그레그 99
제레미 곤틀렛-길버트 387
제시카 R. 피터스 213
'제3의 동향' 접근법 48, 54-55, 278
조나단 B. 브릭커 129
조안 달 79
조앤 핼리팩스 183, 186, 197, 202
조작적 접근법 50-52
조합적 함의 320-321
존 카밧진 25, 187-188, 198, 350
존 티스데일 371
주의
　개념 27
　마음챙김과 164-165, 358-359
　수면 초점 160
　현재 중심 199
주의 균형 200
주의망 과제 359

주의 분산 기법 288-289
주의-의도-노력 경로 160
『죽음과 함께 머물기: 죽음 앞에서 연민
과 평온을 키우기』(핼리팩스) 202
죽음, 죽어가는, 죽음을 앞둔 말기 환자
돌봄 197-202
지적 이해 406
진델 시갈 371
질병인지척도 232-233
질적 연구
　보건의료 전문가용 MBSR에 대한 353-
　355
　상담대학원 학생 대상 마음챙김 훈련
　에 대한 359, 362
　암 환자에 대한 193-194
　MBSR에 대한 질환
　만성질환 232-233
　말기질환 197-202
　질병에 대한 사회적 관점 401
짐 카모디 195
집단 간 접촉 318
집중력 훈련 200-201


척도[평가(측정)도구 참조]
　간질 수용 92, 230
　당뇨병 수용 229-230
　마음챙김 216-226
　만성통증 수용 58-59, 229
　비만 수용 106-107, 232
　사우샘프턴 마음챙김 219-220
　수용행동 92, 106, 226-230, 232

ㅊ

심리적 유연성 227, 229, 230, 233, 234
약물 남용자에 대한 지역사회 태도 330
이명수용 231-232
정신질환자에 대한 지역사회 태도 329-330
질병인지 232-233
ACT 관련 226-235
5요인 마음챙김 220-221
척도 질문지 262, 268
체중 감소/유지(비만 참조)
  마음챙김 개입법 104-107
  심리적 요인 103-104
  생활양식 개입법 100-101
  수용 측정 232
  의학적 개입법 100-101
  ACT 개입법 105-107
체질량지수(BMI) 100
측정도구(척도 참조)
치료(수용전념치료 참조)
  마음챙김 기반 346, 370-374
  마음챙김 설명 346, 364-370, 374
치료 관계
  치료관계에 마음챙김 통합하기 356-364
  치료자 고통 298
  ACT 접근법 35
치료 모형 392
치료 어젠다 406
치료자
  치료자가 겪는 고통 298, 394-395
  치료자 마음챙김 346, 356-364, 373-375
  MBSR에 대한 연구 354
치료자 마음챙김 346, 356-364
  연민 360-361
  자기연민 360-361
  정서 조절 363-364
  조율 360-361
  주의와 현존 358-359
  태도 359
  후속 연구 373-375
치료적 자세 35-36, 65-67, 251-252

ㅋ

케빈 E. 바울스 47
켄터키 마음챙김 척도 218-219, 225
코르티솔 수준 192

ㅌ

탄력성 197, 200
탈융합(인지적 탈융합 참조)
태도
  마음챙김 치료자 359-360
  IAA 마음챙김 모형의 요소 199
토비아스 룬드그렌 79
통제적 맥락 31
통증(만성통증 참조)
  관문통제이론 49
  내성 측정 228
  대처척도 233
  심리적 경직성 233-234

의학적 접근법 396-398
통증에 대한 관문통제이론 49
통증의 심리적 경직성척도 234
통증클리닉 397
통증행동 50-51
통합적 부부행동치료 88

### ㅍ

파생된 자극 관계 320
편견
  관계 틀 설명 322-324
  교육 318, 328-332
  보건의료 전문가 313-314, 333-334
  비만 관련 낙인과 102
  심리학적 설명 317-318
  정의 322-323
  편견 감소를 위한 개입법 325-326,
  328-332
  편견 감소를 위한 일반적인 방안 318
  ACT와 326-332
편향(편견 참조)
평가(측정)도구
  간질 수용 92
  당뇨병 수용 229-230
  마음챙김 216-226
  만성통증 수용 58-59, 229
  비만 수용(체중 관련 수용) 106-107, 232
  심리적 유연성 226, 229-230, 233
  ACT 관련 226-235
  평가도구의 중요성 214
폭식행동척도 105
폴 브래디 19

프라이버그 마음챙김 척도 217
프래더윌리 증후군 105
프레드릭 호프만 309
프리실라 알마다 99
필라델피아 마음챙김 척도 220, 225

### ㅎ

항상성 기제 158
행동
  동기화 목표(전념행동 참조)
  기능 분석 278
  언어적 통제 261-262
  임상적 408-413
  통증 50-51
  회피 278
행동 변화
  건강 문제와 247-248
  동기 266-267
  동기로서의 가치 87-88
  목표 지향적 134, 291-293
  변화에 대한 저항 260-263
  언어행동과 266-267
  유지 268-270
  인지적 접근 53, 134
  전념행동과 35, 135
  ACT 개입법과 133-134, 253, 260-
  261, 264-266
  MI 접근법 248-250, 253, 260-263,
  266-269
  RFT의 시사점 29-30
행동 변화의 유지 268-270
행동을 바꾸기(행동 변화 참조)

행동의학
  경험적 지지가 있는 치료와 24-25
  과정과 결과 21-24
  마음챙김 및 ACT와 18, 39-41, 213-214
  마음챙김 척도의 활용 223-226
  설명적 개관 17-18
  정의 19-20
  초기 역사 18-20
행동의학지 19
행동의학회 19
행동하지 않기
  만성통증과 56
  임상행동과 411
행동 활성화 278-294
현상학적 철학 256
현재 순간과 접촉하기 33, 136
  간질과 87
  금연과 136
  만성통증과 56
  말기 환자 돌봄 199
  임상 행동과 411
  정의와 기능 136
현재 순간 알아차림(현재 순간과 접촉
하기 참조)
현재에 머무르기(현재 순간과 접촉하기

참조)
현재 중심적 주의 199
협력적 방식 248
효과 연구
  간질에 대한 93-95
  금연에 대한 137-140
  만성통증에 대한 60-65
  암 회복에 대한 189-193
환자
  통증에 관한 개인력 검토 67-69
  환자의 기대 400-402
  환자의 자율성 존중 249
환자의 자율성 249
환자 중심 진료 315, 316
회피경직성척도 230-231
회피행동 278-279
훈련(교육 참조)
  기술 295-296
  마음챙김 215-216
  이완 163, 286-289
  의료 훈련 398
  ACT 402-414
흡연(금연 참조)
  심리적 유연성 측정 230-231
  흡연율 129-130

## 편저자 소개

• **랜스 M. 맥크라켄**(Lance M. McCracken), PhD

현재 킹스 칼리지 런던(King's College London) 심리학과의 건강심리학 교수로 재직 중이며, 행동의학을 가르치고 있다. 바스에 있는 영국 왕립 류마티스 전문병원의 임상심리학자 및 임상감독자를 지낸 바 있으며, 20년 이상 만성통증 관리와 행동의학 분야에서 임상과 연구 활동을 수행해 오고 있다.

## 역자 소개

• **김완석**(Gim Wan-Suk)

고려대학교 심리학과 학부 및 대학원(산업심리학 박사)

서울불교대학원대학교 요가치료전공 박사과정 수료

한국심리학회 인증 건강심리전문가, 산업 및 조직심리전문가

현 아주대학교 심리학과 교수

　　(사)한국명상학회 회장

　　한국건강심리학회 이사

〈주요 역서〉

심리장애의 초진단적 접근(공역, 시그마프레스, 2013)

명상을 통한 수행역량개발(공역, 학지사, 2010)

심신의학: 건강을 위한 마음 다스리기(공역, 학지사, 2008)

〈주요 논문〉

한국형 마음챙김 기반 스트레스 감소(K-MBSR) 프로그램이 마음챙김 수준, 심리적 증상, 삶의 질에 미치는 효과(한국건강심리학회지, 17(1), 79-99)

한국형 마음챙김 기반 스트레스 감소(K-MBSR) 프로그램이 암환자의 혈압, 심리적 증상 및 삶의 질에 미치는 효과(스트레스연구, 20(1), 1-9)

• **김계양**(Kim Kye-Yang)

영국 에든버러대학교 대학원(상담학 석사)

현 아주대학교 대학원 심리학과 박사과정(건강심리학)

# 행동의학과 마음챙김 · 수용
-최신 이론과 실제-

Mindfulness and Acceptance in Behavioral Medicine:
Current Theory and Practice

2014년 3월 20일 1판 1쇄 인쇄
2014년 3월 28일 1판 1쇄 발행

지은이 • Lance M. McCracken
옮긴이 • 김완석 · 김계양
펴낸이 • 김진환
펴낸곳 • ㈜ 학 지 사
　　　　121-838 서울특별시 마포구 양화로 15길 20 마인드월드빌딩
대표전화 • 02)330-5114　　　팩스 • 02)324-2345
등록번호 • 제313-2006-000265호

홈페이지 • http://www.hakjisa.co.kr
커뮤니티 • http://cafe.naver.com/hakjisa

ISBN 978-89-997-0348-5 93180

Korean Translation Copyright ⓒ 2014 by Hakjisa Publisher, Inc.

정가 19,000원

인터넷 학술논문 원문 서비스 **뉴논문** www.newnonmun.com

이 도서의 국립중앙도서관 출판시도서목록(CIP)은 서지정보유통지
원시스템 홈페이지(http://seoji.nl.go.kr)와 국가자료공동목록시스템
(http://www.nl.go.kr/kolisnet)에서 이용하실 수 있습니다.
(CIP제어번호: CIP2014009466)